全国高等师范类院校教育规划教材

信息化教学概论

主　编　张有录

副主编　郭　炳　王国俭　杜建荣

中国铁道出版社
CHINA RAILWAY PUBLISHING HOUSE

内 容 简 介

本书参照教育部《关于推进教师教育信息化建设的意见》，结合编者多年信息化教学实践的经验与学习心得编写而成。全书力求把握时代脉搏，紧跟现代教育技术的发展，精心选择内容，合理安排体例结构。本书共分为 10 章：教育信息化概述，信息化教学的理论基础，信息化教学媒体原理，信息化教学资源，信息化教学模式，信息化教学方法，信息技术与课程整合，信息化教学设计，信息化教学评价，信息化教学环境建设。

本书适合作为高等院校的现代教育专业的公共课程教材，也可作为教师信息化教学能力的培训以及教育类其他专业的教材和参考用书。

图书在版编目（CIP）数据

信息化教学概论/张有录主编.— 北京：中国铁道出版社，2012.4（2013.1 重印）
全国高等师范类院校教育规划教材
ISBN 978-7-113-14446-3

Ⅰ.①信… Ⅱ. ①张… Ⅲ.①计算机辅助教学—师范大学—教材 Ⅳ.①G434

中国版本图书馆 CIP 数据核字（2012）第 058625 号

书　　名：信息化教学概论
作　　者：张有录　主编

策　　划：吴宏伟　　**读者热线：**400-668-0820
责任编辑：杜　鹃
编辑助理：胡京平
封面设计：付　巍
封面制作：白　雪
责任印制：李　佳

出版发行：中国铁道出版社（100054，北京市西城区右安门西街 8 号）
网　　址：http://www.51eds.com
印　　刷：北京京华虎彩印刷有限公司
版　　次：2012 年 4 月第 1 版　　2013 年 1 月第 2 次印刷
开　　本：787mm×1092mm　1/16　**印张：**18　**字数：**443 千
印　　数：3 001～6 000 册
书　　号：ISBN 978-7-113-14446-3
定　　价：33.00 元

前言

FOREWORD

21 世纪的教育是信息化的教育，大力推进信息化，加快建设现代化，成为时代强音。以计算机为核心的信息技术的飞速发展，为教育现代化提供了最为强大的理论与技术支持。我们看到，今天的教育从观念到内容、从方法到手段、从模式到过程等都发生了全方位、系统性和根本性的变革。

20 世纪 90 年代以来，国际教育界出现了以广泛运用信息技术（Information Technology，IT）为特征的发展趋向，我们称之为教育信息化现象。教育信息化一般是指在教育领域运用现代化信息技术，促进教育发展的过程，其结果是形成一种全新的教育形态——信息化教育。在教育信息化的进程中，人们从技术层面，认识其基本特征是数字化、多媒化、网络化和智能化；从教育层面，研讨其具有教材多媒化、资源全球化、教学个性化、学习自主化、任务合作化、环境虚拟化和管理自动化的特点。在这个过程中，“教师教育信息化既是教育信息化的重要组成部分，又是推动教育信息化建设的重要力量。”因此，随着教育信息化的逐步普及，我国广大教师认清教育改革的大方向，懂得如何利用信息技术来支持教育改革和促进教育发展，就显得非常重要。教育部在《关于推进教师教育信息化建设的意见》中也明确指出:“为适应信息化社会的发展要求，以信息化带动教育现代化，促进教师教育跨越式的发展，积极推进教师教育信息化建设是一项紧迫的重要任务。”鉴于此，对未来从事教育的在校大学生进行全面、系统的信息化教学理论与技能培养，意义重大。

编者根据多年信息化教学实践的经验与学习心得完成了本书的编写任务，同时参阅和引用了大量目前比较成熟的研究成果，有关著作和文章已在参考文献中一一列出。一些来自网络的资料由于无法确定作者身份，在参考文献中以网址的方式给出，在此表示衷心的谢意。

编者在本书编写过程中，力求把握时代脉搏，紧跟发展趋势，合理安排体例结构。为了方便教学，本书配有电子学习包，可登录 http://www.51eds.com 进行下载。

本书由张有录任主编，负责确定内容和进行结构设计，并统稿和定稿。由郭炳、王国俭、杜建荣担任副主编，具体编写分工如下：王国俭编写第一章、第四章和第五章；郭炳编写第二章、第九章和第十章；张有录编写第三章；杜建荣编写第六章、第七章和第八章。

由于作者水平有限，在编写过程中难免有疏漏和不当之处，欢迎各位专家及读者不吝赐教，以使本书得到不断完善和提高。

编　者

2012.2

CONTENTS

目录

第一章 教育信息化概述

导言

教育信息化是随着社会的信息化和知识化而产生的，同时借助信息技术、多媒体技术等现代教育技术，在教育领域产生了一次深刻的变革。教育信息化正在迅速改变着现有的教学模式，采用视、听为主的多媒体教学过程，对增强学生的理解力、对信息和知识的吸收、加工及处理能力，提高学生的综合素质和创新思维及能力，均起着极大的促进作用。教育信息化完全符合素质教育的目标和要求。在信息化的教学过程中，丰富多样的教学资源得到了科学的组织和整合，增加了课堂教学的趣味性，提高了学生学习兴趣，有利于学生之间进行合作学习；有利于师生之间的有效沟通和反馈；有利于教师对教学过程进行合理的评价和进一步的完善，达到教学效果的最优化。

学习目标

了解教育信息化与教育现代化的基本概念、基本内容、本质特征；熟悉教育信息化的基本要素和要求；了解教育信息化发展的基本状态和趋势；熟悉信息化教育、信息化教学的基本内涵、教师信息化教学的能力结构和基本内容。

第一节 教育信息化与教育现代化

信息社会的高速发展要求教育必须改革以满足培养面向信息化社会创新人才的要求，同时，信息社会的发展也为这种改革提供了环境和条件。信息技术在教育中的广泛应用必将有效地促使教育现代化。教育信息化是教育面向信息社会的要求和必然结果。

一、教育信息化的概念

信息化的概念最早起源于 20 世纪 60 年代的日本，20 世纪 70 年代传播到西方国家或地区，我国在 1997 年召开的首届全国信息化工作会议上，对信息化和国家信息化的概念定义为：“信息化是指培育、发展以智能化工具为代表的新的生产力并使之造福于社会的历史过程。国家信息化就是在国家统一规划和组织下，在农业、工业、科学技术、国防及社会生活各个方面应用现代信息技术，深入开发广泛利用信息资源，加速实现国家现代化进程。”本质上讲，信息化是将信息作为构成某一系统、某一领域的基本要素，并对该系统、该领域中信息的生成、分析、处理、传递和利用所进行的有意义活动的总称。

教育信息化是将信息作为教育系统的一种基本构成要素，并在教育的各个领域广泛地利用信息技术，促进教育现代化的过程。简单地说，教育信息化是指在教育领域利用信息技术，对教育内容（信息）进行分析处理、加工改造、组织传播、共享使用，以实现教育现代化的过程。教育信息化是国家信息化的重要组成部分，对于转变教育思想和观念，深化教育改革，提高教育质量和效益，培养创新人才具有深远意义，是实现教育跨越式发展的必然选择。教育信息化的全面实施必然会形成一种全新的教育形态——信息化教育。

二、教育信息化的内容

教育信息化的核心是教学信息化，只有构成教学的基本要素人（教师和学生）、教学过程、教学条件等实现了信息化，才能完成教育现代化的进程。

1. 教育环境的信息化

完备的教育信息化环境是实现教育信息化的外部条件和基础。为了实现教育信息化，首先应建立一定的信息化环境，它包括对教育信息进行各种有意义操作的硬件环境和软件环境。例如：现代远程教育项目、西部大学校园计算机网络建设工程等。又如各学校建设的校园网、计算机教室、多媒体教室等。这些工程、教室的建立及其相应软件的开发是教育信息化的重要内容，它为我们在教育系统中广泛地应用信息技术提供了一定的条件和基础。没有一定的信息化环境，是不可能实现教育信息化的。

2. 教师与学生的信息化

在教育信息化的过程中，各种信息设备的使用，对教育系统中各种信息的操作都是通过教师和学生所完成的。教师与学生的信息化在教育信息化中占有重要的位置。教师与学生的信息化是指教师与学生应具备一定的信息素养，应能基于一定的信息环境，利用一定的信息技术解决生活、工作和学习中的问题。教师与学生的信息化对教育信息化是至关重要的。没有教师与学生的信息化是不可能实现教育信息化的。

为了培养学生的信息素养，应该在学校中广泛地开展信息技术教育。信息技术教育是以培养学生的信息素养为基本目标的素质教育。

为了培养教师的信息素养，教育部在《关于推进教师教育信息化建设的意见》中要求“对全体中、小学教师进行一轮现代信息技术和教育技术的培训。要特别加强对骨干教师的信息技术和教育技术的培训。”培养教师与学生的信息素养，实现教师与学生的信息化是实现教育信息化的关键。

3. 教育过程的信息化

教育过程的信息化是指在教育过程中广泛地使用信息技术，用以完善教育过程，实现面向信息社会创新人才的培养。教育信息化的过程中，多种教育信息化的环境，应通过具有一定信息素养的教师和学生，将它用于教育、教学的实践过程中，实现教育过程的信息化。

教育过程的信息化是教育环境信息化、教师与学生信息化的落脚点。教育环境的信息化，教师与学生的信息化，最终应实现教育过程的信息化，并以这种信息化的教育过程，即以各门学科教学的信息化实现面向信息社会创新人才的培养，这是教育信息化的根本目标。

三、教育信息化的目的和意义

教育信息化的根本目的是培养创新型人才，是实现教育的现代化。具体来讲就是要大力推广信息技术在教育领域广泛有效的应用，建立起功能完善的信息化教育环境；要利用信息技术来推动教育的改革和发展，大力开发优质的教育资源，优化教育过程，提高教育质量和效益；培养适应信息社会要求的创新人才，促进教育现代化。

信息社会的发展不仅对人才的数量，更重要的是对人才的质量提出了更高的要求。推动教育信息化的意义在于：

1．教育信息化是教育现代化的必由之路

教育信息化是教育现代化的必由之路，也是教育现代化的重要内容和主要标志。江泽民同志在北师大100周年校庆大会上指出：“进行教育创新，必须充分利用现代科学技术手段，大力提高教育的现代化水平。要通过积极利用现代信息和传播技术，大力推动教育信息化，促进教育现代化。”教育现代化包括教育思想现代化、教育内容现代化、教育方法现代化、教育技术手段现代化、教育设施现代化、教育管理现代化等。在教育现代化的诸多要素中，哪一“化”都离不开教育信息化，教育信息化一方面为教育现代化提供了方法、途径和前提；另一方面，在教育信息化的过程中必然会出现许多新问题，需要我们去认识、去解决，这些问题的解决，不仅会极大地丰富教育信息化的内容，同时其对教育思想、教育内容、教育方法、教育手段、教育管理等诸多方面所产生的深刻变革，将成为教育现代化研究的重要内容，也将成为实现教育现代化的主要标志。因此，没有教育的信息化，就不可能实现教育的现代化，教育信息化是实现教育现代化的重要步骤，是教育现代化的重要内容和主要标志。

同时，教育信息化是国家信息化的重要内容。不仅如此，教育信息化是国家信息化的基础。没有教育的信息化，就不可能为国家信息化提供所需的信息化人才，也不可能实现真正意义上的国家信息化。

未来的社会是人才竞争的社会。教育信息化对增强国家的综合实力，增强国家在国际间的竞争能力上有重要的意义。教育信息化对国家信息化、教育现代化具有十分关键的作用。

2．教育信息化有利于建设学习型社会

教育信息化有利于建设学习型社会、构建终身教育体系，有利于缩小地区间教育差距从现阶段来看，我国教育信息化的重点主要是学校和专门的教育机构，主要内容包括在中小学普及信息技术教育、中小学“校校通”工程和高校“数字校园”建设以及现代远程教育等。

从长远看，教育信息化的领域必然会延伸到家庭和社会的各个方面。其中家庭教育信息化和现代远程教育的实施，将为全体国民提供更多的接受教育的机会，使受教育者的学习不受时间、空间的限制，真正实现学习型社会和终身教育的内涵——人人学习、处处学习、时时学习，保障每一个国民接受教育的平等性；同时有利于从根本上消除由于地区之间经济发展的不平衡所产生的教育水平的差距，使全体国民的综合素质普遍提高。

3．教育信息化有利于素质教育

教育信息化有利于素质教育的实施和创新人才的培养。创新人才的基本特征是具有个性特色，善于独立思考，具有广博的知识，富有创新精神和创造能力，具有高尚的理想和道德情操，是全面发展与个性发展完满结合的人。

培养创新人才是素质教育的根本目标，教育信息化有利于素质教育的实施和创新人才的培养。首先，教育信息化为素质教育的实施创造了良好的环境，使因材施教和个性化教学得以更好地体现。利用教育信息化的优良环境，可实现个别化教学、小组协作学习、远程实时交互的多媒体教学、在线学习、在线讨论等。使学生从过强的共性制约中解放出来，有利于发展学生个人志趣，培养其个性特色；其次，在信息技术环境下，一方面学生可根据个人志趣与个性差异对所学的知识和学习进程在一定程度上进行自主选择，另一方面学生可对某一专题的相关内容通过信息检索、收集和处理，发现问题、解决问题，有利于丰富学生的知识面，培养其独立思考能力和创新能力；第三，利用教育信息化提供的网络资源可将抽象的道理形象化，通过鲜明的形象感化和对比，帮助学生识别假、恶、丑，树立真、善、美的情感，使学生将高尚的理想内化为自己的言行，直至形成良好的思想品德。

总之，教育信息化不仅有利于提高教育质量和教育效率，有利于培养学生的创新精神和实践能力，而且从主观和客观两方面为学生的全面发展和个性发展提供了条件和保障。这对培养新世纪国家现代化所需的创新人才具有极其重要的意义。

四、教育信息化对我国教育的影响作用

我国教育信息化的实践经验告诉我们，教育信息化对我国的教育事业产生了并将继续产生更加重大的影响。其主要影响有：

1. 促进教育观念的转变

教育信息化促进人们适应信息时代的要求，转变传统的教育教学思想观念，重视信息科学技术和人的素质培养，树立面向世界、科学发展、与时俱进、以人为本的思想观念，树立以创新能力和信息素养培养为核心的现代教育教学观。教育信息化带给人们的是全新的信息资源，全新的理念和全新的硬件、软件、潜件环境。

2. 推动教育教学改革

教育信息化的本质就是教育的现代化和素质教育。教育信息化的过程，就是实现教育现代化和进行信息素养教育的过程。使教育由传统模式、半传统模式走向现代化模式，这就是教育改革的过程和方向。教育信息化本身就是教育教学改革的内容。信息化推动了教育体制、教育内容、教育过程、教育模式、教育环境等的全面改革与发展。

3. 催生与发展信息化教育

教育信息化的直接效果就是催生与发展了信息化教育，使现代教育进入信息化时代。也就是说，信息化教育是教育信息化产生的新的教育形态。培养信息化人才、提高信息素养、倍增教育效益是信息化教育的功能，也是教育信息化的任务。

4. 带动教育信息科学和现代信息技术的发展

教育信息化是驱动教育信息科学和现代信息技术充分发挥作用的动力系统，教育对教育信息科学和现代信息技术的需求必定要求二者适应需求而发展进步，这是一种互动关系。正如恩格斯所说："社会一旦有技术上的需要，则这种需要就会比十所大学更能够把科学推向前进。"

五、教育现代化

1. 教育现代化的概念

教育现代化，就是用现代先进教育思想和科学技术武装人们，使教育思想观念，教育内容、

方法与手段以及校舍与设备，逐步提高到现代的世界先进水平，培养出适应参与国际经济竞争和综合国力竞争的新型劳动者和高素质人才的过程。具体包括教育观念现代化、教育内容现代化、教育装备现代化、师资队伍现代化、教育管理现代化等。可以这么认为：

① 教育现代化是一个国家教育发展的较高水平状态。

② 教育现代化是对传统教育的超越，是传统教育在现代社会的转化。

③ 教育现代化是一种教育整体转换运动。

④ 教育现代化的核心是实现人的现代化。

由于教育现代化的研究仅有短短的30年时间，因此很多问题尚在探讨之中，教育现代化的定义及主要内容一直存在仁智互见现象。我国台湾省学者黄政杰认为，所谓教育现代化从字面来看，是指让教育从传统迈向现代，而与现代社会同步之义。教育现代化隐藏的假定是教育不够现代，它是老旧的，是需要更新的。由于现代化社会的特质是自由化、民主化、多元化、人本化、科技化、本土化、国际化及未来化，因此教育现代化应当以这些特质作为努力的方向。

2. 教育现代化的特征

（1）广泛性和平等性

普及教育是现代工业的产物，随着社会的发展，普及教育的程度逐渐提高。现代发达国家或地区已经基本上普及了高中阶段教育，高等教育也已经跨过了大众化进入普及化的阶段（高等教育毛入学率在15%以上为大众化阶段，50%以上为普及化阶段）。现代教育必须满足不同群体对教育的需求，也就是我们通常讲的，办好人民满意的教育。这里面包含了教育公平和教育质量。我国社会已经进入了一个新的历史阶段。党和政府正在根据科学发展观的指导思想建设社会主义和谐社会。教育是和谐社会建设的基础。教育现代化要求逐步实现受教育者的广泛性和平等性，促进人的全面发展，从而促进整个社会的现代化发展。

（2）终身性和全民性

终身教育的思想在20世纪60年代就产生了。当时是由于现代科学技术的迅速发展引起生产的不断变革，促使人们必须不断学习才能适应这种变革。但是，随着社会的进步，终身教育已经不再仅仅是人们为了谋生的需要，而成为了人们生活的一部分，成为文明社会的生活方式。终身教育思潮是逐步发展的，开始仅仅是适应科学技术的发展，产业结构的调整需要每一个人都能学习，都学会生存。今天，终身教育已经不仅仅限于成人谋生的问题，更重要的是要促进人的全面发展。现在已经进入了学习型的社会，学习型的社会就是以学习求发展的社会，也就是创新的社会，也就是全民素质高水平的社会。教育不限于学校，也没有年龄限制，而是全民学习，时时学习，处处学习。

（3）生产性和社会性

用自然经济的传统教育观来看，教育并不是社会再生产体系中的一个内在环节，而不过是“文化人”的社会点缀。自然经济的非经济核算的通病，与传统教育耻于经济效益分析及自命清高的痼疾相辅相成。现代化教育打破“教育是非生产部门”的陈腐观念，从教育–专门劳动力的投入–产出这一关系的角度来把握，把教育纳入社会再生产体系的内容结构之中。现代化的教育观认为，教育能生产出人的劳动能力，教育是现代化大生产的必要组成部分，教育投资是生产性投资。因此，现代化教育无论在数量上——发展规模和速度上，还是在质量上——培养规格、课程设置和教材内容上，都要和现代生产的要求相适应。教育与劳动相结合、与社会相结合，是现代教育的普遍规律。我们要培养掌握科学技术的人才，那就要把教育和科学技术、先进的生产结合起来，与社会的生活结合起来，尤其是信息社会更是如此。现代教育必须打开大门，与企业、社会、各种团体联系，为社会经济发展服务。

（4）个体性和创造性

人的发展既有共性，又有个性。共性更多地体现在社会的要求，个性更多体现在个体的要求。工业社会强调标准化、统一化，个性不能得到充分的发展；信息社会强调个体性，多样性，信息网络化为个别学习提供了可能，为个性发展提供了条件。个性的核心就是创造性，科学技术迅猛发展，要求教育培养具有创造能力的人才，同时社会上激烈竞争需要人才有个性，有创造精神和开拓精神。怎样培养个性、创造性？首先要承认学生的个别差异，每个学生都不一样。现在基础教育最大的问题是没有注意到发展儿童的兴趣、天赋、爱好。现在的学生都在苦学，老师在苦教，家长在苦熬，这不是现代化教育的特征。

（5）多样性和差异性

耗散结构理论认为，只有开放系统才可能走向有序（进化），封闭系统只可能走向无序（退化）。一个社会系统只有与外界不断交换物质、能量、信息，才能得到进步与发展。现代化教育的开放性表现在：

① 教育向全体劳动者开放，打破小学-中学-大学这种单一纵向的学校教育体系。各级、各类教育更多地向企业、向社会招生，更多地通过纵横交织的渠道来扩大教育场。

② 对受教育者的考核方式和评价标准向实践效益开放，向社会经济效益开放。

③ 教育经费来源从国家财政单一渠道向多渠道开放。除义务教育阶段外，国家无偿性的财政拨款，将逐步改为有偿的价值补偿。学校是智力资源密集的场所，应该是信息吞吐量最大和流动频率最高的地方。教育要做到“三个面向”，就必须是一个开放的体系，实行开放办学。开放式办学就是在信息上与外界交流，有吸收也有输出。既然教育有个体性，那么社会的多样性必然要求教育有多样性，有差异性。教育已经进入了大众化的阶段，当然和精英教育阶段不同，但是大众教育并不是不要精英，我们仍然要培养精英，培养一批杰出人才。所以教育要具备多样性和差异性。

（6）信息化和创新性

信息技术应用引起了一场教育革命，引起了教育观念、教育过程、教育模式、师生关系、师生角色一系列的变革。教育已经冲出学校范围，学生可以随时获得信息。教师不是知识的唯一载体，只是引导学生选择正确的路线和策略，使他们在信息的海洋中不至于迷失方向。社会在变革，教育只有不断地创新，才能适应时代发展的要求。信息社会要求学校成为信息的策源地。

（7）国际性与开放性

经济的全球化带来了教育的国际化。随着科学技术的发展，国际间的交通越来越便捷，信息交流越来越快捷，地球变得越来越小，某一国家或地区的某项教育改革往往会迅速传遍全世界。教育的国际性和开放性表现在国际间的人员交流、财力支援、信息交换（包括教育观念和教育内容）、教育机构的国际合作和跨国的教育活动等方面。只有坚持改革开放，才能更好地吸收一切世界优秀文化，充实和丰富我国的教育。随着国际间交流越来越频繁，信息交流越来越快，教育的开放性、国际性越来越强。教育不能不纳入到全球化的轨道，教育只有加强开放的力度，才能够吸收世界优秀文化，为我所用。国际化另一个内涵，是要培养具有国际视野、了解国际形势、掌握国际交往能力的人才。

（8）科学性和法制性

现代教育是建立在高度理性基础上的，反映了社会发展和个体发展的规律。现代教育不是凭经验，而是更多地依赖于科学的决策，教育行为的理性加强了。决策的失误往往会影响到整个教育的发展，甚至社会的发展。因此，现代教育必须重视教育研究，重视教育政策的科学决策。教育的科学性还包含了教育的法制性。现代社会是法制社会，现代教育也是法制的教育，教育行为都要有国家的立法来规范。

第二节　教育信息化的基本要素与特征

一、教育信息化的基本要素

国家信息化体系由信息网络，信息资源，信息技术应用，信息技术和产业，信息化人才，信息化政策、法规和标准等六个要素构成。这六个要素是一个有机整体，构成符合中国国情的、完整的信息化体系。而对于一个行业的信息化建设，信息网络是基础，信息资源是核心，信息资源的利用与信息技术的应用是目的，而信息化人才、信息技术产业和信息化政策、法规和标准是其保障。教育信息化作为一个行业的信息化也不例外。

1. 信息网络

信息网络是教育信息化建设的重要内容，也是实现教育信息化的物质基础和先决条件。目前我国已经建成中国教育与科研网（CERNET）、中国卫星宽带远程教育网络、中小学“校校通”工程、高校“数字校园”建设工程、中小学远程教育建设工程，以及应用于学校教学的普通电教室、多媒体综合电教室、计算机室、微型电教室、CAI 教室、网络教室、语言实验室、电子阅览室、闭路电视系统等，这些都是教育信息化中信息网络基础设施建设的重要内容。这些基础设施的建设既为我国的教育信息化奠定了基础，也为信息化教育的实施创造了条件。目前的信息网络分为电信网、广播电视网和计算机网三种，三网交叉互补，将来发展为三网融合。

2. 信息资源

教育信息资源是用于教育和教学过程的各种信息资源。它的开发和利用是教育信息化的核心，也是关系到教育信息化建设成败的关键。教育信息资源可分为以教育信息载体为核心的教育软件资源和以管理信息系统的基础数据为核心的教育管理信息资源两大类。其中教育软件资源主要包括以多媒体素材、各类 CAI 课件、网络课程等为主的多媒体教育信息资源，以文献资料查阅和检索服务为主的图书情报信息资源，以教育信息资源的生成、分析、处理、传递和利用为主的各种工具类资源以及浩如烟海的 Internet 资源等。教育管理信息资源主要是指为实施现代教育管理而建立的以教育者、教育内容、教育对象、教育资源及其支持服务体系为主要内容的各类数据库资源。

3. 信息技术应用

信息技术的应用是教育信息化建设的根本出发点和直接目的。有了信息网络和信息资源这些基础条件之后，信息技术的应用便成为教育信息化的主角，可以说，教育信息化建设的效益主要体现在应用这一环节。在信息技术应用方面主要应做好四件事：一是做好与思想理论、方法密切相关的潜件建设，它决定着信息技术应用的方向，直接关系到信息技术应用的质量和效果；二是建立与当地教育信息化建设环境、教育对象以及教育内容相适应的信息化教育模式；三是必须提高人们应用信息技术的兴趣和基本技能；四是在不同层次上开展信息技术与课程整合的理论研究与实践，并将其作为学校信息技术应用的主要任务。

4. 信息技术和产业

这是信息化建设的基础。党的十六大报告中提出了“优先发展信息产业，在经济和社会领域广泛运用信息技术”的战略决策，突出显示了信息技术和产业的重要性。信息技术是一种技术体系，其中最重要的是传感技术、通信技术、计算机技术、微电子和软件技术等。教育信息技术有其共性和特殊的内涵，教育信息技术除了包括在教育中常用的计算机多媒体技术、计算机网络技术、卫星通信技术、广播电视技术等电子信息技术之外，还有传统教育信息技术、教育组织系统技术、教学系统方法和教育信息资源管理等类型。信息产业是研究、制造、供应信息技术与装备、信息产品与软件产品以及提供信息服务与信息安全保障的行业部门的统称。信息产业是国民经济的基础产业和支柱产业，被称为“朝阳产业”。同样，教育信息产业是教育信息化的基础和支柱。教育部门和教育工作者的主要任务是信息技术和信息软件产品的研制、开发和生产服务。如与学校共同编制出版信息化教育需求的电子教材，开发教学系统平台、教学软件工具、电子信息资源等，为学校提供教师培训、技术咨询、社会信息资源等高品质、专业化的服务。学校和社区教育的需求是个大市场。教育产业的市场运作对教育信息化发展起着重要的作用。

信息技术产业主要指信息技术设备制造业和信息技术服务业。由于信息技术设备制造业的发展需要强大的技术和资金优势做后盾，因此在我国的教育信息化过程中，信息技术产业的发展应由不同的社会部门分工协作来完成。其中教育信息技术产品的制造业应动员教育系统、科研院所和相关企业等互补性较强的部门共同参与，以便将教育系统从教育信息技术产品的开发中解脱出来，集中精力做好以教育信息资源的开发和利用为主的服务业。

5. 信息化人才

教育信息化，人才要先行。为了实现教育信息化，需要培养大量掌握信息技术基础知识，具备信息技术应用能力的教育信息化人才。作为一个行业的信息化，教育信息化人才有两层含义，一是通识型教育信息化人才，这是对在教育领域从事教育、教学、管理及其他服务的各类人员而言的，是对该领域全体人员信息技术知识、能力和素质的共同要求；二是专业型教育信息化人才，主要是指专门从事教育信息物态化技术和智能形态技术的研究与开发、教育信息化建设、教育信息化应用和维护的专门人才。一般来说，对通识型教育信息化人才的要求是应具备基本的获取、分析和加工信息的能力，而对专业型教育信息化人才的要求更高，分工更细，可以是高级软件人才、网络工程师或微电子技术专业人才等。

另外，作为信息化人才培养重要基地的高等学校，一方面要关注教育行业的信息化，为教育信息化培养通识型教育信息化人才和专业型教育信息化人才；另一方面还要担负起为整个社会培养信息化人才的任务。

6. 信息化政策、法规和标准

教育信息化是一项系统工程，为确保我国教育信息化工作的顺利进行，国家政府及相关部门必须对教育信息资源开发、教育信息网络建设、教育信息技术应用、教育信息技术和产业等各个方面制订一系列政策、法规和标准。建立一套完善的促进信息化建设的政策、法规环境和标准体系，以规范和协调各要素之间的关系，这既是教育信息化健康发展的重要条件和保障，也是开展教育信息化的依据和蓝图，只有这样，才能使各级政府、各个单位和部门的教育信息化规范化、秩序化，也才能推动教育信息化健康顺利地向前发展。

信息化政策、法规和标准用来规范和协调信息化体系各要素之间的关系，是国家信息化快速、持续、有序、科学发展的根本保障。20 世纪 90 年代中期以来，我国党和政府发布了一系列引导、鼓励和扶植信息化的政策性、法规性文件，积极推动信息立法工作，先后颁布实施了《商标法》、《专利法》、《著作权法》、《计算机软件保护条例》、《计算机软件著作登记办法》、《关于制作数字化制品的著作权规定》、《计算机信息系统安全保护条例》等法律、法规，保障了信息化事业的顺利发展。教育部对教育信息化技术标准化工作极为重视，成立了教育部教育信息化技术标准委员会，组织指导研究、制定、推广与教育信息化相关的技术标准。教育信息化技术标准体系目前包含 27 项子标准，已经颁布了《教育资源建设技术规范》、《学习对象元数据规范》、《教育管理信息系统数据规范》、《学习管理系统（EMS）规范》、《平台与媒体标准引用组谱规范》、《学校互操作框架》等十几项标准。在国际、国家制定的教育信息化标准体系的基础上，国家和地方根据实际情况进行了本土化制定，对教育信息化起到了规范指导作用。

二、教育信息化的基本特征

教育信息化既具有“技术”的属性，同时也具有“教育”的属性。祝智庭教授认为其特征可以分别从技术层面和教育层面加以考察。

1. 技术层面的特征

从技术属性看，教育信息化的基本特征表现为数字化、多媒体化、网络化和智能化。

① 数字化：使得教育信息技术系统的设备简单、性能可靠和标准统一。

② 多媒体化：使得传媒设备一体化、信息表征多元化、真实现象虚拟化。

③ 网络化：使得信息资源可共享、活动时空少限制、人际合作易实现。

④ 智能化：使得系统能够做到教学行为人性化、人机通信自然化、繁杂任务代理化。

2. 教育层面的特征

从教育属性看，教育信息化的基本特征表现为教材多媒体化、资源全球化、教学个性化、学习自主化、活动合作化、管理自动化、环境虚拟化等。

① 教材多媒体化：教材多媒体化就是利用多媒体，特别是超媒体技术，建立教学内容的结构化、动态化、形象化表示。已经有越来越多的教材和工具书变成多媒体化，它们不但包含文字和图形，还能呈现声音、动画、录像以及模拟的三维景象。

② 资源全球化：利用网络，特别是 Internet，可以使全世界的教育资源连成一个信息海洋，供广大教育用户共享。网上的教育资源有许多类型，包括教育网站、电子书刊、虚拟图书馆、虚拟软件库、新闻组等。对于我国教育来说，面临的一大问题是网上中文信息资源的严重不足。开发网上教育资源，不但是教育部门的任务，也是社会各部门以及知识者的义务，美国的网上基础教育资源体系就是依靠社会各界的协同努力建立起来的。

③ 教学个性化：利用人工智能技术构建的智能导师系统能够根据学生的不同个性特点和需求进行教学和提供帮助。为了做到这一点，学生个性的测定，特别是认知方式的检测，将成为教育研究的重要研究课题。

④ 学习自主化：由于以学生为主体的教育思想日益得到认同，利用信息技术支持自主学习成为必然发展趋向。事实上，超文本/超媒体之类的电子教材已经为自主学习提供了极其便利的条件。

⑤ 活动合作化：通过合作方式进行学习活动也是当前国际教育的发展方向。信息技术在支持合作学习方面可以起重要作用，其形式包括通过计算机合作（网上合作学习）；在计算机面前合作（如小组作业）；与计算机合作（计算机扮演学生同伴角色）。

⑥ 管理自动化：利用计算机管理教学过程的系统称为CMI（计算机管理教学）系统，包括计算机化测试与评分、学习问题诊断、学习任务分配等功能。最近的发展趋向是在网络上建立电子学档（Learning Portfolio），其中包含学生身份信息、活动记录、评价信息、电子作品等。利用电子学档可以支持教学评价的改革，实现面向学习过程的评价。

⑦ 环境虚拟化：教育环境虚拟化意味着教学活动可以在很大程度上脱离物理空间时间的限制，这是电子网络化教育的重要特征。现在已经涌现出一系列虚拟化的教育环境，包括虚拟教室、虚拟实验室、虚拟校园、虚拟学社、虚拟图书馆等，由此带来的必然是虚拟教育。虚拟教育可分为校内模式和校外模式。校内模式是利用局域网开展网上教育，校外模式是指利用广域网进行远程教育。在许多建设了校园网的学校，如果能够充分开发网络的虚拟教育功能，就可以做到虚拟教育与实在教育结合，校内教育与校外教育贯通，这是未来信息化学校的发展方向。

第三节 教育信息化发展简况

一、国际教育信息化的发展

现代信息技术在20世纪90年代的加速发展，促进了当今世界各国或地区教育信息化的进程。教育信息化作为跨世纪教育改革的重要内容和指标，纷纷被纳入当今世界各国或地区新一轮的教改方案。尽管各国或地区所面临的教改任务有层次上的不同，有内涵与外延的差异，但从教改所处的同一全球信息化时代下的宏观大背景、教育所面临的 21 世纪人类社会的挑战等宏观方面来看，又呈现出某些共性，这些共性集中体现在当今世界各国或地区的教育信息化的建设进程所呈现的教改特点和举措上。如日本的第五代、第六代计算机进入教育网计划，欧盟的“尤里卡计划”，美国 ISW 向教育进军，韩国的“虚拟大学”，新加坡的“智慧岛”方案等。这些带有浓厚信息化时代色彩的世界教改走势在一定程度上反映了以知识经济为特征的 21 世纪信息社会世界教改与发展的教育信息化共性的新特点，世界各国或地区呈现出各有特色的新举措，教育信息化一时间成为当代教改的时髦词汇，极大地促进了各国或地区教改的信息化进程。

1. 国际教育信息化的开端

早在20世纪90年代，经济比较发达的国家或地区就开始从立法和信息政策的角度来推动和普及教育信息化工作。整体特点是整体规划、明确目标，把信息技术教育列入正式课程、增加投资和开课年级超前发展等。

新加坡政府1992年就宣布了“信息技术2000年设想”，1995年又制订了该国1997—2002年MIT总体教育信息化规划。规划要求到1998年全国教师都要接受MIT应用能力的培训，并将这作为教师资格聘用的重要标准之一。该国要求2000年全部学校都要建立校园网，明确规定全国各类学校30%的课程必须使用计算机授课，以鞭策教师努力提高自身的信息技术水平。为了推进基础教育信息化，该国决定拿出 15 亿美元的巨资加强中小学信息技术建设，主要用于为中小学购置计算机，建设网络，为学生提供免费软件和优惠上网，为每两位教师配备一台教学办公用计算机，还为每位教师购买家用计算机提供 20%的补助。

日本的文部省和通产省1995年便联合推进在基础教育领域有重大影响的111种中小学连网的实验研究项目。项目要求这些学校的计算机系统全部进入 Internet，共同探讨在传统教育体制和教育方法的框架外，在信息技术条件下的新型的教育模式，构成理想的交互式学习环境。随后该国又在“关于教育课程基本走向”的文件中规定：小学在“综合学习时间”课上适当传授信息技术，初中把信息基础列为必修课，从小学到高中的各个阶段中的所有学科课程的教学都要运用计算机进行教学。

芬兰政府 1995 年拟定信息社会发展战略、把“全体公民掌握和使用信息技术的能力”列为五大方针之一，旨在“使每一芬兰国民掌握信息社会的基本技能”。教育当局规定，从 1995 年开始，受过九年义务教育的学生必须达到使用计算机和上网的技能标准。

1995 年 5 月 31 日，韩国教改委员会制定了《建立主导世界化、信息化时代新教育体制的教育改革》方案，韩国这一方案旨在强调只有把现代高新技术引进教育，才能使韩国进入未来信息化社会的先进国家行列，而这一切取决于加大国家教育信息化的决策力度。

美国政府 1996 年提出的“教育技术规划”（又称“教育技术行动纲领”）及同年克林顿总统的国情咨文中都明确提出：到 2000 年，美国的每一所学校的每一间教室和每个图书馆都要实现与信息高速公路的连通；建议国会通过立法措施使美国的所有学校都实现“人、机、路、网”成片连接；积极鼓励、组织和支持使用新技术对学生进行革新教育的教师；让每一个孩子都能在“21 世纪教师”网络得到教育服务。1997 年 2 月，美国教育部制定了落实“教育行动纲领”的有关措施，要求所有教师都掌握计算机。克林顿在同年的国情咨文和年初“没有哪项任务比这更重要”的文章中再次强调：“要让人人都买得起计算机，人人有能力上网，人人都具备信息技术能力，在 2000 年及以后年代里，我希望整个民族竭尽所能，使我们所有的孩子都获得所需要的世界第一流的教育，随着美国步入新世纪，没有哪项任务比这更重要。”为了实施美国的教育行动纲领，1998 年美国决定投入 510 亿美元巨资，以实现每一位美国公民都能利用信息技术进行终身学习的目标。中小学信息基础设施建设和中小学教师的信息化应用培训是这一目标的重点。2000 年 2 月 2 日，美国政府公布了“从数字鸿沟走向数字化机遇”的报告，提出了专业技术平民化，技术培训规范化，网络内容实用化三大目标，制订了 20 亿美元的税收刺激方案和 3.8 亿美元（其中 1.5 亿专项用于教师信息技术培训）专项拨款来消除美国的数字鸿沟。

英国政府宣布 1998 年是英国的网络年，并颁布了“我们的信息时代”的政策宣言，以立法的形式规定中小学原有信息技术选修课改为必修课，并制定了信息技术课的项评价标准。该国确定从 1998 年 10 月起实施全国上网学习计划，在政府投入的教育经费中法定 6%专项用于中小学的微机购置和网络建设。与此同时布莱尔宣布增拨 1.5 亿英磅专项用于“更新教师的信息和通读技术能力。”

法国教育部长阿莱格尔 1998 年初宣布，法国制定三年教育信息化发展方案，重点放在教育信息化大发展对相应信息教育师资的培训上，重点倾向于应用多媒体教学和微机操作水平的提高，旨在发挥现有信息设备的使用效率，使法国由当时的初中学生 32 人一台微机、高中 12 人一台微机的水平，提高到初中学生 16 人一台微机、高中 6 人一台微机的标准，这一标准 2000 年要在全法国实现。

2. 国际教育信息化的举措

目前，世界各国或地区对教育的发展均给予前所未有的关注，都试图在未来的信息社会中让教育处于一个优势的位置，从而走在社会发展的前列。为此，许多国家或地区都把信息技术应用于教育，作为民族发展的重要推动力。面对西方7个发达国家占据教育信息化制高点的现实，中等发达国家和发展中国家奋起追赶并试图超越，更使全球教育信息化的竞争日趋激烈。因此，采取相应的教育信息化新举措，成为当代世界各国竞相实行教育信息化的一个十分鲜明的时代特色。各国在拟定教育信息化新举措时，呈现了取长补短、既竞争又借鉴的局面。尤其是发展中国家在借鉴当代世界教育信息化前沿水平，尽量少走弯路，以缩短与教育信息化国际水准的差距，这是当代为教育信息化采取教育新举措的原动力之一。

① 教育信息化的主导是教师，主体是学生，要从师资教育信息化培训和相应信息技术装备实行政策倾斜，确定在经费和投资力度上优先保证的方案，以保证从师资信息化理论型培训向信息化教育技术的应用型能力培训的新一轮战术和战略新举措的落实。

如新加坡1997—2002年的MIT总体教育信息化规划中，要求1999年全国教师接受MIT应用能力培训，并把它作为师资资格聘用的重要标准之一。为此，保证每两位教师配备一台计算机。规定在小学10%和中学40%的课程中，教师必须用计算机授课的硬性举措，以激励教师自身信息化水平的提高，否则就会面临下岗的严峻局面。到2002年，全国各类学校30%课程用计算机上课，实现全部学校的校园网，所有教师及小学四年级以上的学生人人备有电子邮件账号，旨在使新加坡初步具有教育智能岛的雏形。为此，新加坡教育当局拨出专款，为教师每人补贴20%购买家庭自用计算机的费用，以此提高全员的信息化水平。在人力资源不足的情况下，从1999年起在每所学校建立四元信息化梯队，即聘用高理论、高信息技术、高操作水平和高资历教师组成的信息化四结合队伍，为学校教育信息化提供全方位的支持和指导，以保证学校的理论和实践资源数据库常备常新。与此同时，加大师范教育信息化课程力度和权重，使未来教师在校学习时就成为信息技术应用的楷模。

英国政府宣布1998年是英国的网络年，1998年10月实施全国上网学习计划，其重点放在“为全国教师提供机会，以更新他们的信息和通信技术能力。”为在4年内训练所有教师使用互联网，英国首相布莱尔宣布1998年内拨款一亿二百万英镑，1999年达到一亿五百万英镑。布莱尔在1998年10月全国上网学习计划开幕式上指出：“这就等于在我们的课堂内建立起世界一流的教育图书馆。2007年英国98%的中学和100%的小学拥有互动电子白板，英国开放大学是世界上最成功的网上大学，累计培养学生超过300万人。英国高校联合信息系统委员会（JISC）2010—2012年发展战略的相关规划主要包含E-learning文化、研究环境、人员素质、共享服务、云计算和改变评估等内容。

美国教育部1997年2月13日发表了与总统克林顿教育行动纲领相应的举措说明，其中针对教师首先要教育信息化的条款占有重要地位，如使所有教师都能够掌握现代化计算机技术，为教师帮助学生掌握计算机和ISM提供培训和资助。为实施美国教育行动计划，1998年美国投入510亿美元巨资，旨在使每一位美国公民都能利用信息技术进行终身学习。为做到这一点，美国的举措是先从中小学教师的教育信息化应用培训开始。2010年正式发布《国家教育技术计划》（NETP），内容涉及学习方式变革、评估方式变革、教学方式变革、基础设施升级和应用系统重构，标志着在发达国家或地区信息化对教育的作用已经从应用阶段进入变革阶段，意味着信息技术不只是工具，且信息化也不再仅仅停留在建设阶段。例如，麻省理工学院（MIT）的开放课程平台，免费共享 33 个学科门类的超过 2 000 门课程（其中超过 900 门已汉化）。美国总统奥巴马早在 2009 年就说："到 2020 年，美国将重新成为世界上高等教育毕业人口比例最高的国家。"又如 MIT 的 TEAL（Technology Enabled Active Learning）计划的目标就是实现彼此合作、高度互动，随之产生环境的大变革：教室就是实验室，网络教学系统、3D 立体视觉仿真图形、实验动态仿真、桌上型实验设施、个人实时回馈系统等融合于教学之中。在终端设备方面，2009 年美国加州开始普及中小学电子课本，2010 年 iPad 的成功推广引发美国电子课本普及狂潮。

日本前首相桥本龙太郎 1997 年 1 月 19 日在国会施政报告中指出，在国际化、信息化日益发达的当代，应把迄今重视平等、均一的学校教育转变为个性、个人、个体能力的开发，包括针对教师个体能力的开发，加强教师培训体制的管理和政策倾斜，主要是指进一步加强对师范教育在校生和学校现任教师信息化培训及对学生指导能力的培养，并为此开设"教育信息化方法与技术"的教职课程，决定从 2000 年开始在教师培训阶段设立"信息设备操作"的实用课程，并把它列入培训学分制的计算考核范畴。日本文部省于 2010 年颁布的《教育信息化指南》中规定未来 5 ~ 10 年实现以下内容：信息化的进展和学校教育的信息化，信息化教育的学习与指导，使用 ICT 的思考方法，信息教育体系的推进与构建，德育与学校、家庭的区域合作，推进学校行政信息化，提高教师使用 ICT 的指导能力，整治学校 ICT 环境，特殊教育信息化，教育委员会、学校的信息化体制。

② 重视外国语应用界面水平运作能力的提高，并作为教育信息化综合指数评价重要指标之一。在美国波特尔和日本小松拟定社会信息化综合指数体系评价两个指标常模之后，世界各国或地区也纷纷仿效，并在此基础上把社会信息化指标体系中的教育指标独立开来，拟定教育信息化指标评价体系，如韩国首先将外语应用水平纳入教育信息化评价指标体系之一，要求大学师生英语必须达标，为此建立国家虚拟大学（1997 年 2 月建立）和国立电子化外文图书馆，以适应 80% 以上因特网上的英文界面，提出大学师生普及"微机化加外文化"的国际化教育信息化基础评价标准，并作为全国教育信息化进程的首批达标指数标准，且以此带动全国教育行业的信息化进程和标准运作目标，强调外语和微机要从学术理论型、知识性深造向应用能力型、实践运作型转变，注重善于使用电子图书馆系统和超高速通信网的运作能力，提高师资教育信息化处理能力水平，提高大学生整体信息素质水平，尤其重视师范院校师生整体信息化素质水平的提高，以启动整个教育信息化的工作母机，这是很有远见的创新之举。

除重视高等师范院校的教育信息化建设之外，以造就精英人才的综合大学微机化、外语化和图书馆电子化三大基点为办学目标，旨在建立 21 世纪信息竞争人才的备战基地，实现韩国争做 21 世纪世界十大强国之一的宏伟信息化目标。其重要标志是韩国釜山东明信息大学，独家投入 2 600 台 586 以上计算机，以电子化图书馆为依托建立虚拟大学，形成以网络化教学为中心的运作体系，以外语化和微机化为两翼的连网讲授立体教育模式。这一高层次的现代立体化教育模式，可与世界上任何电子图书馆互通有无、资源共享，达到"天涯变咫尺，咫尺变天涯"的虚拟教育大环境下的现代讲授与学习的国际大教育目标，并具有评定和授予学位的大学职能，此举堪称东亚虚拟大学教育信息化创新之冠。

俄罗斯 1996 年开始在拉奥（俄教科院简称）拟定的 11 项教育科研战略中，明确教育信息化要走独联体与东欧各国建立教育信息化技术联合体的所谓大斯拉夫体系之路。这个联合体淡化俄语，把 MIT 技术的英语界面作为国际语联系的电子化手段，这是一个显著的变化，以促进信息化进入世界体系的进程。这种举措是在前苏联解体后各加盟共和国纷纷独立以后，加强本民族语，排斥俄语形势下采取联合体多数国家意愿而达成的协议，对联合体各国沟通和与世界接轨都起到了促进作用。在联合体中共同组建电子图书馆和师资培训联合体，由俄罗斯教科院副院长达维多夫主持；并组建俄教科院教育信息技术部，加强联合体内部相关部门的日常交流与协作，出版合作刊物和教育教学软件。由于目前经济力量有限，这种采取联合体方式进行教育信息化联合开发的形式，有利于节约资金，能起到最大限度发挥投资效益的作用。随着经济的好转，这一地区很可能成为下一个世纪教育信息化很有前途和具有竞争力的区域。

从上述材料我们可以知道，在世界各国或地区，教育信息化已经成为其教育发展的一个重点，而且许多国家或地区以立法的形式对信息技术教育给予相当的地位。

二、我国教育信息化政策

我国教育信息化的开展实际上早在 1982 年就在北京的几所大学的附属中学进行试点工作，应该说开始的时间还是比较早的，但是，由于各方面原因的制约，徘徊的时间较长，主要是发展不够均衡。面对世界信息技术教育的迅速发展，为了尽快缩短我国信息技术教育与世界发达国家的距离，1999 年末，教育部宣布我国中小学从 2001 年 9 月份开始逐步开设《信息技术课程》，并公布了“中小学信息技术指导纲要”。并在 2000 年 10 月召开的“全国中小学信息技术教育工作会议”上，决定从 2001 年起用 5～10 年的时间在全国中小学基本普及信息技术教育，努力实现基础教育跨越式发展。在此会议上，教育部提出中小学普及信息技术教育的两个主要目标：

一是开设信息技术必修课，加快信息技术教育与其他课程的整合。2001 年前，全国普通高级中学和大中城市的初级中学要开设信息技术必修课；2003 年前，经济比较发达地区的初级中学开设信息技术必修课；2005 年前，所有的初级中学以及城市和经济比较发达地区的小学开设信息技术必修课；争取尽早在全国 90%以上的中小学开设信息技术必修课程。同时要促进信息技术的应用与课程教学改革的有机结合。

二是全面实施中小学“校校通”工程，努力实现基础教育的跨越式发展。用 5～10 年的时间加强信息基础设施和信息资源建设，使全国 90%左右的独立建制的中小学能够与网络连通，使每一名中小学师生都能共享网上教育资源，也使全体教师都能普遍接受旨在提高素质教育水平和能力的继续教育。而且，2010 年前，争取使全国 90%以上独立建制的中小学校都能上网。条件较差的少数中小学校也可配备多媒体教学设备和教育教学资源。

2001 年 6 月 14 日国务院在北京召开了基础教育工作会议，并发布了“国务院关于基础教育改革与发展的决定”，其中第 26 条为：“大力普及信息技术教育，以信息化带动教育现代化。各地要科学规划，全面推进，因地制宜，注重实效，以多种方式逐步实施中小学校校通工程。努力为学校配备多媒体教学设备、教育软件和接收我国卫星传送的教育节目的设备。有条件地区要统筹规划，实现学校与互联网的连接，开设信息技术课程，推进信息技术在教育教学中的应用。开发、建设共享的中小学教育资源库。加强学校信息网络管理，提供文明健康、积极向上的网络环境。积极支持农村学校开展信息技术教育，国家将重点支持中西部贫困地区开展信息技术教育。支持鼓励企业和社会各界对中小学教育信息化的投入。”

这充分说明了我国高层领导人和教育行政主管部门已经充分认识到了信息技术教育的重要性与紧迫性，也体现了他们对加强我国信息技术教育的决心与信心；教育信息化不再是一个空洞的名词，而化为一系列具体的行为目标和可操作的步骤。

2010年，教育部制定的《国家中长期教育改革和发展规划纲要（2010—2020年）》的第十九章"加快教育信息化进程"，首次将教育信息化上升为国家战略，具体内容如下：

（五十九）加快教育信息基础设施建设。信息技术对教育发展具有革命性影响，必须予以高度重视。把教育信息化纳入国家信息化发展整体战略，超前部署教育信息网络。到2020年，基本建成覆盖城乡各级各类学校的数字化教育服务体系，促进教育内容、教学手段和方法现代化。充分利用优质资源和先进技术，创新运行机制和管理模式，整合现有资源，构建先进、高效、实用的数字化教育基础设施。加快终端设施普及，推进数字化校园建设，实现多种方式接入互联网。重点加强农村学校信息基础建设，缩小城乡数字化差距。加快中国教育和科研计算机网、中国教育卫星宽带传输网升级换代。制定教育信息化基本标准，促进信息系统互联互通。

（六十）加强优质教育资源开发与应用。加强网络教学资源库建设。引进国际优质数字化教学资源。开发网络学习课程。建立数字图书馆和虚拟实验室。建立开放灵活的教育资源公共服务平台，促进优质教育资源普及共享。创新网络教学模式，开展高质量高水平远程学历教育。继续推进农村中小学远程教育，使农村和边远地区师生能够享受优质教育资源。

强化信息技术应用。提高教师应用信息技术水平，更新教学观念，改进教学方法，提高教学效果。鼓励学生利用信息手段主动学习、自主学习，增强运用信息技术分析解决问题能力。加快全民信息技术普及和应用。

（六十一）构建国家教育管理信息系统。制定学校基础信息管理要求，加快学校管理信息化进程，促进学校管理标准化、规范化。推进政府教育管理信息化，积累基础资料，掌握总体状况，加强动态监测，提高管理效率。整合各级各类教育管理资源，搭建国家教育管理公共服务平台，为宏观决策提供科学依据，为社会公众提供公共教育信息，不断提高教育管理现代化水平。

2011年3月份教育部召开了教育信息化专家座谈会，就如何落实《国家中长期教育改革和发展规划纲要（2010—2020年）》，加快教育信息化进程，咨询了教育信息化和国家信息化领域高层专家意见。6月份出台了《教育信息化十年发展规划》（2011—2020）（征求意见稿），2012年，教育部又发出了《关于开展教育信息化试点工作的通知》（教技函[2012]4号），各省市相继制定了教育信息化"十二五"发展规划。

三、我国教育信息基础设施建设

创建信息化教育教学环境，是教育信息化建设的基础和前提，包含教育信息化的基础设施建设、软件开发及应用和教育教学资源的开发。进入21世纪以来，我国相继启动和实施了"校校通"工程、农村中小学现代远程教育工程、通用技术教室建设、高中新课程配套实验室建设、探究性实验室建设、高校数字图书馆建设、高校精品课程建设等教育信息化建设项目，全国各级各类学校特别是经济欠发达地区和农村地区中小学校的信息化基础设施建设取得显著成绩。

1. 国家教育信息基础设施建设

教育信息基础设施建设包括中国教育科研网 CERNET（The China Education and Research

Network）的建设、地区性城域教育信息网络建设和校园网络建设。中国教育和科研计算机网CERNET是由国家投资建设，教育部负责管理，清华大学等高等学校承担建设和管理运行的全国性学术计算机互联网络。CERNET分四级管理，分别是全国网络中心、地区网络中心和地区主结点、省教育科研网、校园网。全国网络中心设在清华大学，负责全国主干网运行管理。地区网络中心和地区主结点分别设在清华大学、北京大学、北京邮电大学、上海交通大学、西安交通大学、华中科技大学、华南理工大学、电子科技大学、东南大学、东北大学等10所高校，负责地区网运行管理和规划建设。CERNET是我国教育信息化的重要基础设施，也是我国信息基础设施的重要组成部分。在向教育系统提供全面的互联网服务的同时，CERNET还支持多项国家大型教育信息化工程，包括网上高招远程录取、数字图书馆、教育和科研网格、现代远程教育等。CERNET已经成为我国重要的互联网研究平台和人才培养基地，为我国教育信息化发展做出了突出贡献。

2．中小学“校校通”工程

为加快在中小学普及信息技术教育的步伐，2000年教育部下发了《关于在中小学实施“校校通”工程的通知》，决定在中小学实施“校校通”工程，目标是：用5~10年时间，使全国90%左右的独立建制的中小学校能够上网，使中小学师生都能共享网上教育资源，提高中小学的教育教学质量。“校校通”的目标并不是要每所学校都建起庞大的校园网，而是让90%以上的中小学校采用多种手段和形式，用较低的成本获得丰富而优质的教学资源和课程，最终实现资源共享。

校园网由武汉校园网股份有限公司（前身武汉新视野教育咨询有限公司）投资自主开发运营，校园网的口号是“校园网，网聚校园力量”。校园网的发展主要依托于稳定但又逐年递增的全国上亿的在校大中小学生以及刚走入社会的年轻一代，更能体现网站特色与服务范围。

校园网不是一个应用产品，而是一个“网络操作系统”，是一个像Windows那样的技术平台。在校园网平台上可以开发延伸很多Web应用级产品。是为那些没有服务器资源，但有强大的信息创造能力，需要大量免费的网络应用程序的个人及小型公司提供的新型网络操作系统。校园网是一个以人、人与人的关系网络和应用产品为核心，通过认证、授权与开放接口进行有机融合，形成的一个庞大综合社区服务平台。

校园网是在学校范围内，在一定的教育思想和理论指导下，为学校教学、科研和管理等教育提供资源共享、信息交流和协同工作的计算机网络。到目前为止我国绝大多数中小学建设了校园网。他们为我国中小学内部实现教育的资源共享、信息交流和协同工作提供了较好的范例。然而，随着我国各地校园网数量的迅速增加，校园网之间如何实现教育的资源共享、信息交流和协同工作的要求越来越强烈。

3．农村中小学现代远程教育工程

2003年9月，国务院召开了全国农村教育工作会议，下发了《国务院关于进一步加强农村教育工作的决定》（下简称《决定》）。《决定》明确提出“实施农村中小学现代远程教育工程，促进城乡优质教育资源共享，提高农村教育质量和效益。”决定提出的目标是：“使农村初中基本具备计算机教室，农村小学基本具备卫星教学收视点，农村小学教学点具备教学光盘播放设备和成套教学光盘。”这为广大农村中小学师生带来了福音、带来了希望。国家实施的“农村中小学现代远程教育工程”被广泛认同为是一项促进农村教育跨越式发展的“翻身工程”，是一项共享优质资源、实现城乡教育公平的“民心工程”，拓展教育空间、是一项发展农村教育、服务地方经济建设的“希望工程”，是一项有利于教师和学生、功在振兴和促进农村教育的“德政工程”。

四、教育信息标准化研究

标准化，在 GB/T 20000.1—2002《标准化管理与一般规定》中所定义的概念是：“在经济、技术、科学及管理等社会实践中，对重复性事物和概念通过制订、发布和实施标准，达到统一，以获得最佳秩序和社会效益。”教育信息标准化主要包括：教育信息分类编码与文件格式标准化、教育信息处理过程标准化、教育信息交换标准化等多个方面。

1. 国际教育信息标准化研究

国际上许多国家或地区，如美国、日本和欧洲，都成立了专门从事着教育信息标准化工作的组织。这些组织分为两类，一类是研究机构，它们开发最初的规范草案，并在实践中进行检验，最后形成各具特色的规范；另一类是国家级的标准化组织，它们吸取研究机构开发的规范，经过工作组的反复讨论，最后投票通过以形成正规标准。

一些重要的网络教育规范的创建者是：

① IMS（Instructional Management Systems）是一个全球性的学习联盟。它致力于开发便利在线分布式学习活动的开放标准，这些分布式的学习活动如定位和使用教育资源、跟踪学习过程、报告学习成绩和在管理系统之间交换学生记录等。目前它主要的研究领域包括学习资源元数据规范、企业规范、内容组装规范、学习者信息组装规范、问题和测试规范。

② ADL 由美国国际部创立的研究部门，专门负责与高级分布式学习活动相关的研究内容，如共享式课程对象参考模型、元数据标准及基于 XML 的课程结构格式等。

③ PROMETEUS 是欧洲委员会建立的部级项目，负责阐明各类网络教育规范的需要、收集不同部门的意见，并为欧洲标准化委员会提供参考资源。

④ ARIADNE 是欧洲基金会支持的，为基于计算机和远程信息处理支持的远程写作、教学和学习服务的提供构思和工具，着重强调电子学习资源的共享和重用。它在开发元数据和可操作性基础框架方面对国际标准化项目有很大贡献。

网络教育标准的制定者有：

① Dublin Core 是一个致力于规范 Internet 资源体系结构的国际性联合组织，它定义了一个所有 Web 资源都应遵循的通用的核心标准。标准涉及资源的标题、创建者、主题、标识符、类型、格式等 15 个方面信息。 其他关于学习资源的数据标准，基本上兼容 Dublin Core 标准，并对它作了扩展。

② CEN/ISSS（European Committee for Standardization/Information Society Standardization System）建立了好几个工作组，研究与学习技术相关标准，如多媒体信息和电子商务的元数据标准。1999 年，它下属的一个学习技术工作室开展了“学习与培训技术及多媒体教育软件”标准化工作项目。该项目关注的是终身学习过程（包括远距离教育、培训和自学）中信息和通信技术的标准化，而信息被设想为主要以在线的方式提供。

③ IEEE/LTSC（IEEE Learning Technology Standards Committee）学习技术标准委员会负责研究制定教育系统中与计算机相关的信息标准。他们开发技术标准、推荐好的实践范例，指导软件内容、工具和技术，并设计一些方法，为开发、维持和配合那些由计算机执行的教育和培训的系统

提供便利。许多 LTSC 开发标准将由国际标准化组织的 SC36 子委员会提升为国际标准，由此可以看出这个委员会的研究成果对整个网络教育的重要性。

④ ISO/IEC JTC1/ SC36 国际标准化委员会下成立的学习、教育和培训的信息技术委员会。它目前最主要的研究项目有网络教育的体系结构、学习资源的元数据标准、网络教育中术语及协作学习的相关技术标准。

虽然上述教育信息标准化组织各自的研究重点并不相同，但它们之间却存在着亲密的合作伙伴关系。IMS 吸收 Dublin Core 的研究成果，并与 ARIADNE 合作，它们的研究成果直接提供给 IEEE/LTSC。当然，IEEE/LTSC 与国际标准化组织负责网络教育的 SC36 子委员会也相互合作，最终形成国际通用的 ISO 标准。

2. 我国教育信息标准化研究

我国的网络教育信息标准化的研究工作是随着《现代远程教育工程》计划的实施而启动的。2000 年 5 月，教育部远程教育资源建设委员会颁布了以北京师范大学牵头制定的《现代远程教育资源建设技术规范》(试行)，这是我国关于远程教育信息标准化工作的重要成果。该规范的核心内容是：课程资源分为六大类：媒体素材、试题、网络课件、案例、文献资料和网络课程，详细规定了各类资源的功能、技术开发要求和信息属性标注。

2000 年底，教育部高教司联合清华大学、北京大学、北京师范大学、华东师范大学、上海交通大学等十余所高校成立了中国现代远程教育技术标准化委员会。该委员会致力于借鉴国际上比较成熟的标准，在此基础上一方面结合我国的实际情况进行本土化的工作，另一方面结合我国网上教育的具体实践的基础上对标准进行修订和完善，使之既与国际接轨并为国际的标准提供中国的个案补充，又符合本国的国情以利于我国远程教育的长远发展。通过分析国际上关于教育信息技术标准的研究线索，特别是参照 IEEE P1848 的框架，该委员会提出了我国现代远程教育标准体系，并于 2001 年 4 月 29 日颁布了《现代远程教育技术规范(教学资源部分)》1.0 版。

2002 年 8 月 6 日教育部又颁布了《教育管理信息化标准》实施办法(试行)。

3. XML 在我国远程教育中的应用研究

2001 年 1 月，北京师范大学信息科学学院和武汉网桥电子商务有限公司签订了“关于 XML 在我国远程教育领域的合作研究开发”计划书，旨在研究、开发和推广 XML 技术在远程教育的应用，搭起 XML 这一新兴网络技术与网络教育之间的桥梁。该合作计划既是 XML 中小企业技术创新基金项目的组成部分，也得到了国家教育部的大力支持。该合作项目还建立了“XML 与教育”网站，它将成为远程教育数据交换标准的信息交流平台，其最终目的是成为国内 XML 在教育信息标准化方面的核心网站。目前网站主要内容包括 XML 的介绍、IEEE 对远程教育资源的定义、国内 XML 教育系统信息标准化的研究现状和 XML 信息标准化在远程教育中的应用。

第四节　信息化教育

一、信息化教育的概念

“信息化教育”这个名词是 20 世纪 90 年代伴随着信息高速公路的兴建而提出来的。“信息化教育”和“教育信息化”不是一回事。“教育信息化”是一个动态的发展过程，始终处在不断的变化当中，而“信息化教育”是教育信息化发展到一定阶段而形成的产物，是一种以信息技术为基础的教育形态，是指在现代教育思想和理论的指导下，利用信息技术来开发教育资源，优化教育过程，以培养和提高学生信息素养为重要目标的一种新的教育方式。也就是说信息化教育是教育信息化发展的结果。

目前，在我国信息化教育还主要只是以信息技术专门的课程形式对学生进行信息素养的培养和教育，包括基础教育阶段的《信息技术基础》和高等教育阶段的《计算机基础》，以后随着信息技术与课程整合力度的加大，水平的提高，信息化教育将会融合到其他学科教育中去，不再以单独的学科存在。

二、信息化教学

信息化教学是与传统教学相对而言的现代教学的一种表现形态，是信息化教育的一个子系统，它以信息技术的支持为显著特征，因而我们习惯于将之称为信息化教学。特别需要指出的是，以信息技术为支持还只是信息化教学的一个表面特征，在更深层面上，它还涉及现代教学理念的指导和现代教学方法的应用。信息化教学是教学信息化的结果。从技术学层面考查，伴随着社会的进步与发展，信息化教学是教育技术学发展至今的必然结果。

1. 信息化教学的发展背景

比尔•盖茨在《未来之路》一书中写道：“未来社会属于那些具有收集信息、选择信息、处理信息和应用信息能力的人”。目前，一个新的概念：信息素养，正在引起世界各国或地区越来越广泛的重视，并逐渐加入到从小学到大学的教育目标与评价体系之中。信息素养包括6个方面：①信息获取能力；②信息分析能力；③信息加工能力；④信息创新能力；⑤信息利用能力；⑥协作意识和信息的交流能力。

我们生活在信息社会里，信息更新的速度不断加快，很多信息来不及也不需要装进大脑中，而是装进计算机里，这就要求人们改变教育是“继承人类经验知识精华”这个基本观点，学习者必须具备知识更新能力，掌握获取知识的方法、技术和途径。不可否认，在对前人知识经验的继承、掌握，系统科学知识的传授等方面，我国基础教育具有自己的优势。但是也要看到我们基础教育的不足：多年来我们培养出的大多是知识应用型人才，而比较缺乏创新型人才。让学生的头脑成为创造的火炉而不是灌输答案的容器，这是许多教育工作者苦苦追寻的目标。

科学研究表明，人类在最近30年所获得的知识约等于过去两千年之总和。而未来若干年内科技知识还将在许多领域出现更惊人的突破。英国哲学家培根的名言“知识就是力量”，过去和现在都是我们的座右铭。然而，在信息时代，这句名言的效力在某种意义上将被削弱。因为，与知识相比，创新思维越来越重要，而创新思维的来源首先在于想象力，并非大量地储存旧有的知识。正如爱因斯坦所说：“想象力比知识更重要，因为知识是有限的，而想象力概括着世界上的一切，推动着进步，并且是知识进化的源泉。”信息技术带来如此之快的知识更新，人类面临最重要的任务不是获取已有的知识，而是以高度的想象力，去创造和运用新知识。未来人类社会的“力量”将主要来自于“知识创新”，这已经被率先跨进知识经济的发达国家或地区的实例所证实，而且还将被发展中国家或地区更多的实例所证实。

苏格拉底（Socrates，公元前469年—公元前399年）是著名的古希腊哲学家，他和他的学生柏拉图及柏拉图的学生亚里士多德被并称为“希腊三贤”。他被后人广泛认为是西方哲学的奠基者。他说过，“教育不是灌输，而是点燃火焰”。信息化教学是实现这一目标的最佳选择。

2. 信息化教学的发展历程

信息化教学是一个渐进的发展历程，它既没有严格的起点，也没有一个确定的终极目标，是向教育最优化无限趋近的过程。从国外发展经验看，信息化教学经历三个阶段，这三个阶段分别是：计算机辅助教学、计算机辅助学习以及信息技术与课程整合阶段。

（1）计算机辅助教学阶段

计算机辅助教学（Computer-Assisted Instruction，CAI），指用计算机帮助或代替教师执行部分教学任务，为学生传授知识和提供技能训练、直接为学生服务。计算机辅助教学是一种新颖的教学方式，主要是利用计算机的多媒体功能，辅助教师解决教学中的某些重点、难点，这些 CAI 课件大多以演示为主。与其他教学媒体相比，CAI 课件具有以下优势：

① 个别化教学，因材施教：通过人机会话，掌握学生学习情况。

② 学生处于积极和主动的学习状态：学生不思考，不动手，则计算机不反应。

③ 能给予学生即时指导：学生不懂，可随时提问。

④ 能给学生以即时反馈：收到学生提交的问题答案，即予评分。

⑤ 百问不厌，诲人不倦：一遍不懂，可重复多遍。

⑥ 学习不受时间和空间限制：学生可随时随地学习。

⑦ 教学直观、形象、生动，又简便易行：彩色，立体，活动图形显示和语言文字解说。

⑧ 模拟实验，节约器材，缩短时间，安全逼真。

⑨ 促进课堂教学模式的转变：教师的角色发生了变化，学生的注意力不再集中在教师身上，教师成了学生的学习合作者和教练。以学生为中心的教学得到了技术上的支持。

虽然 CAI 课件具有上述优点，但是计算机辅助教学的优势不是绝对的，在开展计算机辅助教学过程中，应注意以下几点问题：

① CAI 不是照搬教师黑板上的内容到计算机屏幕上去。

② CAI 只是传统教学的补充，绝对不是传统教学的替代品。

③ 开展 CAI 是一个渐进的过程，在 CAI 开展初期不能够对教师提出过高要求，否则很容易挫伤教师的积极性。

④ 对于那些传统媒体如黑板和粉笔、挂图、实物或模型等可以解决的问题，不要牵强地去做成 CAI 课件。

⑤ 能用普通录像或录音解决的问题，就不要做成计算机课件。

⑥ 传统的教师中心论，并未因多媒体计算机走进课堂而得到彻底改变，因此，教学思想的更新不容忽视。

（2）计算机辅助学习

计算机辅助学习（Computer-Assisted Learning，CAL）阶段逐步从以教为主转向以学为主。也就是强调如何利用计算机作为辅助学生学习的工具，例如用计算机帮助搜集资料、辅导自学、讨论答疑，帮助安排学习计划等，即不仅用计算机辅助教师的教，更强调用计算机辅助学生的学。这是信息化教学的第二个发展阶段。

（3）信息技术与课程整合阶段

信息技术与课程整合（Integrating Information Technology into the Curriculum，IITC）就是在各

学科教学中，有效地使用信息技术，达到提高教育质量和学习效率的目的。若从系统论的观点出发，把信息技术与课程整合定义为：将教学系统中的各种教学资源和各个教学要素有机地集合起来，将教学理论、方法、技能与教学媒体很好地结合起来，在整个教学过程中保持协调一致，并发挥系统的整体优势以产生聚集效应。信息技术与课程整合，立足于学科内容改革，目的在于建立学科之间的有机联系。整合是以一种自然的方式来对待计算机，将信息技术作为工具和手段融合到学科课程中，就像在教学中使用黑板、粉笔一样自然、流畅。从而，在学习学科知识的同时，培养学生“信息素养”和综合能力。

信息技术与课程整合，不是把信息技术仅仅作为辅助教或辅助学的工具，而是强调要把信息技术作为促进学生自主学习的认知工具和情感激励工具，利用信息技术所提供的自主探索、多重交互、合作学习、资源共享等学习环境，把学生的主动性、积极性充分调动起来，使学生的创新思维与实践能力在整合过程中得到有效的锻炼，这正是创新人才培养所需要的。

三、教师信息化教学能力结构

一般认为，传统课堂教学中，教师所要具备的能力是教学认知能力、教学操作能力、教学监控能力、教育探索能力等。然而在信息化教学环境中，教师和学生的角色发生了变化，教师角色表现出了多元化的特点，主要体现在教师是学习资源的设计者和开发者、学生学习过程的指导者、学生合作学习的组织者和协作者、学生的学习伙伴、信息化学习环境的管理者、学生学习的评价者、教学活动的研究者等方面。为了顺利地适应教师角色的转变，信息时代的教师必须具备在信息化教学环境下从事工作的一种新的、特殊的能力结构。

1. 信息素养能力

信息素养（Information Literacy）的本质是全球信息化需要人们具备的一种基本能力。信息素养这一概念是信息产业协会主席保罗·泽考斯基于1974年在美国提出的。简单的定义来自1989年美国图书馆学会（American Library Association），它包括能够判断什么时候需要信息，并且懂得如何去获取信息，如何去评价和有效利用所需的信息。信息素养既是一种基本能力，也是一种综合能力。作为一种基本能力，指的是一种对信息社会的适应能力。美国教育技术CEO论坛2001年第4季度报告提出21世纪的能力素质，包括基本学习技能（指读、写、算）、信息素养、创新思维能力、人际交往与合作精神、实践能力。信息素养是其中一个方面，它涉及信息的意识、信息的能力和信息的应用。作为一种综合能力，涉及的范围相当广泛，它是一种特殊的、涵盖面很宽的能力，它包含人文的、技术的、经济的、法律的诸多因素，和许多学科有着紧密的联系。信息技术支持信息素养，通晓信息技术强调对技术的理解、认识和使用技能。而信息素养的重点是内容、传播、分析，包括信息检索以及评价，涉及更宽的方面。它是一种了解、搜集、评估和利用信息的知识结构，既需要通过熟练的信息技术，也需要通过完善的调查方法、通过鉴别和推理来完成。信息素养是一种信息能力，信息技术是它的一种工具。信息素养主要表现为运用信息工具、获取信息、处理信息、生成信息、创造信息、发挥信息的效益、信息协作、信息免疫八个方面的能力。

具体来说，教师的信息素养能力应该包括：信息意识能力、信息技术操控能力和信息技术应用能力三个方面。

① 信息意识能力：信息意识能力是指教师对信息的敏感性、选择能力和消化吸收能力。它有信息认知、信息情感和信息行为倾向三个层面。有无信息意识决定着教师捕捉、判断和利用信

息的自觉程度。而信息意识的强烈与否对能否挖掘出有价值的信息、对文献获取能力的提高起着关键的作用。教师只有具有强烈的信息意识，对信息保持强烈的敏感性，才会积极主动地去挖掘信息、搜集和利用信息，并有效应用到当前的教学实践中去。

② 信息技术操控能力：主要表现为教师对各种信息技术设备（以计算机技术为核心）的驾驭能力和在教学中正确选择适当媒体的能力。

③ 信息技术应用能力：指的是利用信息技术解决实际问题的能力。主要表现为：一是能够在海量信息资源中正确选择自己所需的信息；二是能对教学信息进行分类、加工、分析和处理；三是能够解决教育教学问题。

2. 信息化教学资源设计与开发的能力

信息技术与学科课程的整合是基于信息化教学资源的一项系统工程，具有综合性和实践性特点，教师要搞好整合，就必须具备设计、开发信息化教学资源的能力。当前，农村中小学教师的信息技术与课程整合能力水平较低，这与缺乏信息化教学资源开发能力是密切相关的。

教师的信息化教学资源设计与开发能力主要体现在以下几个方面：

① 教师要有强烈的信息化教学的参与意识。对各种信息化教学资源的搜集、整理应该是积极主动的，而不是被动的。

② 教师要有一种协作精神。信息化教学资源设计与开发涉及的知识和技能很广泛（如美术的、音乐的、软件使用的、资源集成整合的等），对于一些简单的小课件来说，教师一个人可以很轻松地完成，但对于比较复杂的内容来说，一个人是很难很好地完成。这就要求教师必须有一种团结协作的精神，取长补短，共同完成。

③ 教师不仅要有信息技术能力（各种素材制作软件和著作工具的熟练使用等），还要有一定的创意发挥能力。这一点对于信息教学资源开发来讲非常重要，它是将各种教学素材最优化集成到一起的保障。

3. 信息化教学环境建设的能力

信息化教学环境是指在信息化条件下，各种教学媒体应用于教学过程中并对教学产生影响的一切因素的综合，可分硬件、软件和潜件环境。硬件环境是指一切直接或间接为教学服务的建筑、设备、设施等。软件环境主要是指各种各类具有教学、教学功能的教材和资料等（图书和非书资料）。潜件环境是指有关教育的政策、法律、规定，教育思想、观念、模式；教育管理及教学人员的业务素质及思想道德水平等。其中硬件和软件是核心。教师要进行信息化教学，不仅要能够使用环境中的各类设备，还能够根据教学需要重新构建新的教学环境，并且能够适应这种环境。同时，教师还需要有应对环境故障的能力。因为设备的故障是不可避免的，例如突然停电、计算机死机等情况，这就要求教师事先要有所准备，不能因为出现设备的故障而影响教学计划的完成。

4. 信息化教学的设计能力

教师要具备信息化教学设计能力，用现代化的教学设计思想和方法指导网络环境下的教学，才能实现优化教学。现代教育技术重视对教学过程的系统设计。网络学习环境下的教师应掌握教学设计的基本原理，并能运用教学设计的方法指导网络教学。网络环境下的教学设计的主要内容包括学习需求分析，确定学习目标、设计学习资源和认知工具、选择认知工具和教学策略、对学习者的自主学习评价等。

5. 信息化教学的实施能力

教师的信息化教学实施能力是指教师在信息化教学设计策略的基础上，依据一定教学目标实现其方案的一种能力。信息化教学的实施能力不同于传统教学中的“传道、授业、解惑”，注重的是课程内容的讲授和答疑，而是“以学生为中心”，强调信息技术与学科课程的整合，旨在培养学生自主学习、创造性学习的能力。与传统教学相比，信息化教学环境下的教学活动，其教学的理念和要素发生了变化。教师要从关注课程内容上转移到学生全面发展上。信息化教学的实施能力包括：①有效呈现教学信息的能力；②控制教学过程进行的能力；③向学生提供信息材料，联系社会实际，贴近学生生活，拓宽学生视野的能力；④评价学生学习成果的能力；⑤培养学生自主学习和协作学习，以科学探究为突破口，倡导多元化学习方式的能力；⑥关注学生个体差异，促进全体学生发展的能力。

6. 信息化环境下的教学研究能力

无论是我们所处的时代，还是基础教育的改革发展与新课程标准的颁布实施，都要求教师必须转变角色。其中有一个非常重要的角色就是使教师成为“教育教学的研究者”。教育科学研究不是科研人员，也不是大学教师的专利，而是全体教师的基本职能。这不仅是促进教师专业发展的途径，更重要的提高教育教学质量的关键。过去那种基础教育无科研或不重视科研的现象已经跟不上时代的步伐。要做一个合格的现代中小学教师，必须具备一定的科研知识，必须具有一定的科研能力。尽管中小学教师开展教育教学研究有一定的困难（有很多客观因素影响，如教学课时多、课外活动多等），但这不能成为放弃或不重视科研的理由。教师要有强烈的科学研究意识，有知难而进的精神和解决问题的勇气，要有认真学习科学研究理论和方法的毅力。要在教育教学实践中尝试和开展研究工作，要经常进行教育教学的批判性反思，要主动与同事和学生交流以提升自己的科研水平。

7. 信息化环境下进行教学评价的能力

影响教育质量的因素是多方面的，归纳地讲主要有教育理念、师资力量、教学方法、课程设置、教学管理、硬件设施、校园文化和学习氛围、学习者的文化基础和人文品质等若干方面。其核心因素集中在教师的教和学生的学两个方面。要提高教学质量就必须对教学提出一定的质量要求，而对教学是否达到了一定质量要求的判断就是教学评价。换言之，教学评价就是根据教学目标的要求，采用测量的工具和方法对学生的学习结果进行量化的描述，并对量化的结果做出价值判断的过程。教学评价的实质是从结果和影响两个方面对教学活动给以价值上的确认，并引导教学活动向预定的目标发展。

教学评价是以教学目标为依据的，评价的目的在于考核、评定教学成效，即考察教学目标的完成情况，评价目标必须与教学目标相一致，评价指标体系的建立是依据教学目标而设计的。由于教学评价的对象是学生内在的心理结构的构成情况，它不可能像物理测量那样直接进行，只能间接地借助一定的量表，此量表的设计及操作的科学性是学习评价有效进行之前提。教学评价是一种主观判断，为了提高评价活动的效度和信度，学习评价必须以客观资料为基础，在对客观资料量化处理的基础上进行价值判断，判断学生的学习掌握程度及心理结构的形成情况与教学目标的差异，同时需分析教学成效，对今后的教学工作提出明确的改进措施。

传统意义上的教学评价，教师一般侧重于对学生知识水平的考核，是一种单一的对学生学习成绩、学习态度和认知能力的表达。“传统评价的标准是根据教学大纲或教师、课程编制者等的意图制定的，因而对团体学生的评价标准是相对固定且统一的；而信息化教学强调学生的个别化学习，学生在如何学、学什么等方面有一定的控制权，教师则起到督促和引导的作用。”很显然，在信息化环境下，“学生由封闭式学习转为开放式的学习、由系统专业化的学科知识的学习逐渐向课程整合化发展，学生的评价也由学校单一化逐步向社区、家庭及社会资源的不断开发而成为多元化评价。因此，教师要充分利用已有的教育资源，借助信息技术综合评价每一位学生，促使学生的发展与教育的既定目标不断融合。”

教师在信息化环境下进行教学评价的能力主要体现在以下几个方面：

① 教师要熟悉在信息化教学的不同阶段进行评价的方法和策略（在教学设计中、教学的准备阶段、具体教学过程中和教学活动结束后等），有能力将信息化教学评价与教学全过程有机整合在一起，发挥评价对教学和学习的促进作用。

② 能够在一定方法指导下选择并熟练运用适当的信息技术工具来支持有关的评价活动，并使这种评价活动体现出“以人为本”、“以学生为本”的思想。

③ 以“学生的全面发展”观来解释评价结果，并将评价结果用于提高课程整合的效果，提高学生的学习效率和质量。

④ 关注学生的个性差异，重视评价角度的多元化。

⑤ 强调学生的参与互动，实现评价主体的多元化。

思考与练习

1. 什么是教育信息化，其构成要素和基本特征是什么？
2. 什么是教育现代化，教育信息化与教育现代化有什么样的关系？
3. 什么是信息化教育，它与教育信息化有什么区别？
4. 在信息化教育环境下，教师的角色发生了什么样的变化？
5. 教师信息化教学能力的内涵是什么，包含哪些内容？

第二章 信息化教学的理论基础

导言

信息时代的学与教，要在现代教与学的理论指导下，应用信息技术、信息技术资源、信息技术环境开展教学实验，建构多种教学方式与学习方式，有效地支持与发展学与教，改善教学系统绩效，促进师生、国民、学校与社会发展，推进素质教育，培养学生的创新精神和实践能力。学生可以利用信息技术资源与工具软件进行自主、协作、探究、创新学习。信息技术进入课堂，扩展或延伸了教学活动的时间和空间，使教学信息传播方式发生变化，从而引起教学方式和方法的变化。

学习目标

熟悉各种学习理论的基本观点和代表人物；掌握各种学习理论对信息化的指导意义；熟悉各种教学理论的基本观点和代表人物；掌握各种教学理论对信息化的指导意义；熟悉信息化教学的方法论和传播学理论基础；掌握视听教学的基本；掌握教学媒体的本质以及在教学中选择教学媒体的方法。

第一节 信息化教学的学习理论基础

学习理论是研究人类学习过程的心理机制的一门学问，旨在阐明学习是怎样产生的，它经历怎样的过程，有哪些规律，如何才能进行有效的学习等问题。人们通过实验探索学习现象和学习机制的原理，创立了各种不同理念的学习理论，归纳起来，可分为两大学派，即行为学派和认知学派。目前，具有一定影响力的学习理论有：行为学习理论、认知学习理论、认知建构学习理论、人本学习理论等。

一、行为学习理论

行为学派认为，心理科学是一门行为科学。他们把环境看做刺激，把伴随而来的行为视为反应。持这种观点的人往往依据这样一个基本假说：学生的所有行为都是习得的，都是学生对以往和现在的环境所做出的反应。这种学习理论的逻辑延伸就是要形成一种改变或修正行为的方法——改变环境。在学校教育中，教师的职责就是要创设一种环境，尽可能适时强化学生正确行为。行为主义学习理论主要解释学习是在既有行为之上的学习新行为的历程，主要是关于由“行”而学到习惯性行为的看法。行为主义学习理论的代表人物和学说有：桑代克的学习联结说，华生的刺激-反应说以及斯金纳的操作性条件反射说等。

1930年起出现了新行为主义理论，以托尔曼为代表的新行为主义者修正了华生的极端观点。他们指出在个体所受刺激与行为反应之间存在着中间变量，这个中间变量是指个体当时的生理和心理状态，它们是行为的实际决定因子，它们包括需求变量和认知变量。需求变量本质上就是动机，它们包括饥饿以及面临危险时对安全的要求。认知变量就是能力，它们包括对象知觉、运动技能等。

在新行为主义中另有一种激进的行为主义分支，代表人物是斯金纳。斯金纳（B.Skinner）在刺激与反应的联结中更强调"强化"的作用。他认为，要使学习成功关键在于提供适当的强化，也就是：第一，通过提供正强化物或移去负强化物就可使相应的行为在长时间内保持在一定的水平上；第二，通过强化的组合，我们又可塑造出较为复杂的行为。这就正如斯金纳所指出的："把强化的组合按所需行为的方向逐次改变，就可能通过塑造过程的一些连续阶段得到极复杂的行为。"因此，我们在教学中应当尽可能地提供正强化物和减少负强化物。

行为主义学习理论在实际的教学和教育工作中有着非常广泛的应用。这些应用中影响最大的就是程序教学。程序教学是20世纪第一个具有全球影响的教学改革运动，深刻地影响到当时美国及世界其他国家或地区的教学改革运动。简单地说，程序教学是通过教学机器呈现程序化教材而进行自学的一种方法。它把一门课程的总目标分为几个单元，再把每个单元分成许多小步骤。学生在学完每一步骤的课程之后，马上就能知道自己的学习结果。在学习过程中，学生可以自定学习步调，自主进行反应，逐步达到总目标。

行为主义学习理论的基本观点是：①学习是刺激与反应的联结，其基本公式为：S－R（S代表刺激，R代表反应），有什么样的刺激就有什么样的反应；②学习过程是一种渐进的"尝试与错误"直至最后成功的过程，学习进程的步子要小，认识事物要由部分到整体；③强化是学习成功的关键。行为主义的学习理论，主要解释学习是在既有行为之上学习新行为的历程，是关于由"行"而学到习惯性行为的看法。其代表主要有桑代克的学习联结-试误说与斯金纳的操作性条件反射学习理论。行为主义学习理论重视知识、技能的学习，注重外部行为的研究。

二、认知学习理论

与行为主义学习理论相对立，源自于格式塔学派的认知主义学习理论，是从20世纪50年代中期之后，随着布鲁纳、奥苏贝尔等一批认知心理学家的大量创造性的工作，使学习理论的研究自桑代克之后又进入了一个辉煌时期。认知主义学习理论认为，学习是对客观事物之间关系的认识，是在刺激与刺激之间建立联系。学习是知识的重新组织，即将原有的知识结构和学习对象本身的内在结构相互作用，这是学习的本质。即学习就是面对当前的问题情境，在内心经过积极的组织，从而形成和发展认知结构的过程，强调刺激反应之间的联系是以意识为中介的，强调认知过程的重要性。因此，使认知主义在学习理论的研究中开始占据主导地位。

认知主义学习理论的代表人物和学说有：克勒（W.K hler）的顿悟说、托尔曼（E.C.Tolman）的认知-目的论、皮亚杰（J.Piaget）的认知结构理论、布鲁纳（J.S.Bruner）的认知发现说、奥苏贝尔（D.P.Ausubel）的认知同化论、加涅（R.M.Gagne）的学习条件论、海德（F.Heider）和韦纳（B.Weiner）的归因理论等。

认知主义学习理论为教学论提供了理论依据，丰富了教育心理学的内容，其主要贡献是：①重视人在学习活动中的主体价值，充分肯定了学习者的自觉能动性；②强调认知、意义理解、独立思考等意识活动在学习中的重要地位和作用；③重视人在学习活动中的准备状态。即一个人学习的效果，不仅取决于外部刺激和个体的主观努力，还取决于一个人已有的知识水平、认知结构、非认知因素。准备是任何有意义学习赖以产生的前提；④重视强化的功能。由于认知学习理论把人的学习看成是一种积极主动的过程，因而很重视内在的动机与学习活动本身带来的内在强化的作用；⑤主张人的学习的创造性。布鲁纳提倡的发现学习论就强调学生学习的灵活性、主动性和发现性。它要求学生自己观察、探索和实践，发扬创造精神，独立思考，改组材料，自己发现知识、掌握原理原则，提倡一种探究性的学习方法。强调通过发现学习来使学生开发智慧潜力，调节和强化学习动机，牢固掌握知识并形成创新的本领。

认知主义学习理论的基本观点是：①学习不是刺激与反应的直接联结，而是知识的重新组织。即学习是认知结构的组织与再组织，其公式是：S－AT－R（A代表同化，T代表主体的认知结构）。客体刺激（S）只有被主体同化（A）于认知结构（T）之中，才能引起对刺激的行为反应（R），即学习才能发生；②学习过程不是渐进的尝试与错误的过程。学习是突然领悟和理解的过程，即顿悟，而不是依靠试误实现的；③学习是信息加工过程。人脑好似计算机。应建立学习过程的计算机模型，用计算机程序解释和理解人的学习行为；④学习是凭智力与理解，绝非盲目的尝试。认识事物首先要认识它的整体，整体理解有问题，就很难实现学习任务；⑤外在的强化并不是学习产生的必要因素，在没有外界强化条件下也会出现学习。认知主义学习理论重视智能的培养，注重内部心理机制的研究。

认知学习理论的不足之处，在于没有揭示学习过程的心理结构。我们认为学习心理是由学习过程中的心理结构，即智力因素与非智力因素两大部分组成的。智力因素是学习过程的心理基础，对学习起直接作用；非智力因素是学习过程的心理条件，对学习起间接作用。只有使智力因素与非智力因素紧密结合，才能使学习达到预期的目的。而认知学习理论对非智力因素的研究是不够重视的。

三、认知建构学习理论

随着认知理论的发展，人们越来越强调学习者在积极主动地建构对知识的理解，这种建构是在主客体交互作用的过程中进行的。认知建构理论强调建构的特殊性，每一学习者都是在自己已有的经验的基础上，以其特殊的方式在建构；并且，每一学习者都是在特定的情境下建构的。每个人对事物都有独特的理解，不同人之间的交流可以影响学习者形成不同的建构。建构主义学习理论是行为主义发展到认知主义以后的进一步发展，该理论发展了早期认知学习论中已有的关于“建构”的思想，强调学生在学习过程中主动建构知识的意义，并力图在更接近、更符合实际情况的情境性学习活动中，以个人原有的经验、心理结构和信念为基础来建构和理解新知识。

（一）建构主义学习理论概述

建构主义源自关于儿童认知发展的理论，由于个体的认知发展与学习过程密切相关，因此利用建构主义可以比较好地说明人类学习过程的认知规律，即能较好地说明学习如何发生、意义如何建构、概念如何形成，以及理想的学习环境应包含哪些主要因素等。总之，在建构主义思想指导下可以形成一套新的比较有效的认知学习理论，并在此基础上实现较理想的建构主义学习环境。

1. 建构主义学习理论对学习含义的解释

建构主义学习理论认为，知识不是通过教师传授得到，而是学习者在一定的情境即社会文化背景下，借助学习过程中其他人（包括教师和学习伙伴）的帮助，利用必要的学习资料，通过意义建构的方式而获得。由于学习是在一定的情境即社会文化背景下，借助其他人的帮助即通过人际间的协作活动而实现的意义建构过程，因此建构主义学习理论认为情境、协作、会话和意义建构是学习环境中的四大要素或四大属性。

（1）情境

学习环境中的情境必须有利于学生对所学内容的意义建构。

（2）协作

协作发生在学习过程的始终。协作对学习资料的搜集与分析、假设的提出与验证、学习成果的评价直至意义的最终建构均有重要作用。

（3）会话

会话是协作过程中不可缺少的环节。学习小组成员之间必须通过会话商讨如何完成规定的学习任务的计划；此外，协作学习过程也是会话过程，在此过程中，每个学习者的思维成果（智慧）为整个学习群体所共享，因此会话是达到意义建构的重要手段之一。

（4）意义建构

这是整个学习过程的最终目标。所要建构的意义包括事物的性质、规律以及事物之间的内在联系。在学习过程中帮助学生建构意义就是要帮助学生对当前学习内容所反映的事物的性质、规律以及该事物与其他事物之间的内在联系达到较深刻的理解。这种理解在大脑中的长期存储形式就是前面提到的"图式"，也就是关于当前所学内容的认知结构。

由以上所述的"学习"的含义可知，学习的质量是学习者建构意义能力的函数，而不是学习者重现教师思维过程能力的函数。换句话说，获得知识的多少取决于学习者根据自身经验去建构有关知识的意义的能力，而不取决于学习者记忆和背诵教师讲授内容的能力。

2．关于学习的方法

建构主义学习理论提倡在教师指导下的、以学习者为中心的学习，也就是说，既强调学习者的认知主体作用，又不忽视教师的指导作用，教师是意义建构的帮助者、促进者，而不是知识的传授者与灌输者。学生是信息加工的主体、是意义的主动建构者，而不是外部刺激的被动接受者和被灌输的对象。学生要成为意义的主动建构者，就要求学生在学习过程中从以下几个方面发挥主体作用：①要用探索法、发现法去建构知识的意义；②在建构意义过程中要求学生主动去搜集并分析有关的信息和资料，对所学习的问题要提出各种假设并努力加以验证；③要把当前学习内容所反映的事物尽量和自己已经知道的事物相联系，并对这种联系加以认真的思考。

教师要成为学生建构意义的帮助者，就要求教师在教学过程中从以下几个方面发挥指导作用：①激发学生的学习兴趣，帮助学生形成学习动机；②通过创设符合教学内容要求的情境和提示新旧知识之间联系的线索，帮助学生建构当前所学知识的意义；③为了使意义建构更有效，教师应在可能的条件下组织协作学习（开展讨论与交流），并对协作学习过程进行引导使之朝有利于意义建构的方向发展。

（二）建构主义学习理论的教学思想

建构主义学习理论所蕴涵的教学思想主要反映在知识观、学习观、学生观、师生角色的定位及其作用、学习环境和教学原则等六个方面。

1．建构主义学习理论的知识观

① 知识不是对现实的纯粹客观的反映，任何一种传载知识的符号系统也不是绝对真实的表征。它只不过是人们对客观世界的一种解释、假设或假说，它不是问题的最终答案，它必将随着人们认识程度的深入而不断地变革、升华和改写，出现新的解释和假设。

② 知识并不能绝对准确无误地概括世界的法则，提供对任何活动或问题解决都实用的方法。在具体的问题解决中，知识是不可能一用就准，一用就灵的，而是需要针对具体问题的情景对原有知识进行再加工和再创造。

③ 知识不可能以实体的形式存在于个体之外，尽管通过语言赋予了知识一定的外在形式，并且获得了较为普遍的认同，但这并不意味着学习者对这种知识有同样的理解。真正的理解只能是由学习者自身基于自己的经验背景而建构起来的，取决于特定情况下的学习活动过程。否则，就不叫理解，而是叫死记硬背或生吞活剥，是被动的复制式的学习。

2．建构主义学习理论的学习观

① 学习不是由教师把知识简单地传递给学生，而是由学生自己建构知识的过程。学生不是简单被动地接收信息，而是主动地建构知识的意义，这种建构是无法由他人来代替的。

② 学习不是被动接收信息刺激，而是主动地建构意义，是根据自己的经验背景，对外部信息进行主动地选择、加工和处理，从而获得自己的意义。外部信息本身没有什么意义，意义是学习者通过新旧知识经验间的反复的、双向的相互作用过程而建构成的。因此，学习不是像行为主义所描述的“刺激-反应”那样简单。

③ 学习意义的获得，是每个学习者以自己原有的知识经验为基础，对新信息的重新认识和编码，从而建构自己的理解。在这一过程中，学习者原有的知识经验因为新知识经验的进入而发生调整和改变。

④ 同化和顺应，是学习者认知结构发生变化的两种途径或方式。同化是认知结构的量变，而顺应则是认知结构的质变。同化—顺应—同化—顺应……循环往复，平衡—不平衡—平衡—不平衡，相互交替，人的认知水平的发展，就是这样的一个过程。学习不是简单的信息积累，更重要的是包含新旧知识经验的冲突，以及由此而引发的认知结构的重组。学习过程不是简单的信息输入、存储和提取，是新旧知识经验之间的双向的相互作用过程，也就是学习者与学习环境之间互动的过程。

3．建构主义学习理论的学生观

① 建构主义强调，学习者并不是空着脑袋进入学习情境中的。在日常生活和以往各种形式的学习中，他们已经形成了有关的知识经验，他们对任何事情都有自己的看法。即使是有些问题他们从来没有接触过，没有现成的经验可以借鉴，但是当问题呈现在他们面前时，他们还是会基于以往的经验，依靠他们的认知能力，形成对问题的解释，提出他们的假设。

② 教学不能无视学习者的已有知识经验，简单强硬地从外部对学习者实施知识的“填灌”，而是应当把学习者原有的知识经验作为新知识的生长点，引导学习者从原有的知识经验中，生长新的知识经验。教学不是知识的传递，而是知识的处理和转换。教师不单是知识的呈现者，不是知识权威的象征，而应该重视学生自己对各种现象的理解，倾听他们时下的看法，思考他们这些想法的由来，并以此为据，引导学生丰富或调整自己的解释。

③ 教师与学生，学生与学生之间需要共同针对某些问题进行探索，并在探索的过程中相互交流和质疑，了解彼此的想法。由于经验背景不可避免的差异性，学习者对问题的看法和理解经

常是千差万别的。其实，在学生的共同体中，这些差异本身就是一种宝贵的现象资源。建构主义虽然非常重视个体的自我发展，但是他也不否认外部引导，亦即教师的影响作用。

4. 建构主义学习理论下师生角色的定位及其作用

① 教师的角色是学生建构知识的忠实支持者。教师的作用从传统的传递知识的权威转变为学生学习的辅导者，成为学生学习的高级伙伴或合作者。教师应该给学生提供复杂的真实问题。他们不仅必须开发或发现这些问题，而且必须认识到复杂问题有多种答案，激励学生对问题解决的多重观点，这显然是与创造性的教学活动宗旨紧密吻合的。教师必须创设一种良好的学习环境，学生在这种环境中可以通过实验、独立探究、合作学习等方式展开学习。教师必须保证学习活动和学习内容保持平衡。教师必须提供学生元认知工具和心理测量工具，培养学生评判性的认知加工策略，以及自己建构知识和理解的心理模式。教师应认识教学目标包括认知目标和情感目标。教学是逐步减少外部控制、增加学生自我控制学习的过程。

② 教师要成为学生建构知识的积极帮助者和引导者，应当激发学生的学习兴趣，引发和保持学生的学习动机。通过创设符合教学内容要求的情景和提示新旧知识之间联系的线索，帮助学生建构当前所学知识的意义。为使学生的意义建构更为有效，教师应尽可能组织协作学习，展开讨论和交流，并对协作学习过程进行引导，使之朝有利于意义建构的方向发展。

③ 学生的角色是教学活动的积极参与者和知识的积极建构者。建构主义要求学生面对认知复杂的真实世界的情境，并在复杂的真实情境中完成任务，因而，学生需要采取一种新的学习风格、新的认识加工策略，形成自己是知识与理解的建构者的心理模式。建构主义教学比传统教学要求学生承担更多的管理自己学习的机会;教师应当注意使机会永远处于维果茨基提出的“学生最近发展区”，并为学生提供一定的辅导。

学生要用探索法和发现法去建构知识的意义。在建构意义的过程中要求学生主动去搜集和分析有关的信息资料，对所学的问题提出各种假设并努力加以验证。要善于把当前学习内容尽量与自己已有的知识经验联系起来，并对这种联系加以认真思考。联系和思考是意义建构的关键。它最好的效果是与协商过程结合起来。

5. 建构主义学习理论的教学原则

① 把所有的学习任务都置于为了能够更有效地适应世界的学习中。

② 教学目标应该与学生的学习环境中的目标相符合，教师确定的问题应该使学生感到就是他们本人的问题。

③ 设计真实的任务。真实的活动是学习环境的重要的特征。应该在课堂教学中使用真实的任务和日常的活动或实践整合多重的内容或技能。

④ 设计能够反映学生在学习结束后就从事有效行动的复杂环境。

⑤ 给予学生解决问题的自主权。教师应该刺激学生的思维，激发他们自己解决问题。

⑥ 设计支持和激发学生思维的学习环境。

⑦ 鼓励学生在社会背景中检测自己的观点。

⑧ 支持学生对所学内容与学习过程的反思，发展学生的自我控制的技能，成为独立的学习者。

（三）建构主义的教学模式和教学方法

与建构主义学习理论以及建构主义学习环境相适应的教学模式为：“以学生为中心，在整个教学过程中由教师起组织者、指导者、帮助者和促进者的作用，利用情境、协作、会话等学习环境要素充分发挥学生的主动性、积极性和首创精神，最终达到使学生有效地实现对当前所学知识的意义建构的目的。”在这种模式中，学生是知识意义的主动建构者；教师是教学过程的组织者、指导者、意义建构的帮助者、促进者；教材所提供的知识不再是教师传授的内容，而是学生主动建构意义的对象；媒体也不再是帮助教师传授知识的手段、方法，而是用来创设情境、进行协作学习和会话交流，即作为学生主动学习、协作式探索的认知工具。显然，在这种场合，教师、学生、教材和媒体等四要素与传统教学相比，各自有完全不同的作用，彼此之间有完全不同的关系。但是这些作用与关系也是非常清楚、明确的，因而成为教学活动进程的另外一种稳定结构形式，即建构主义学习环境下的教学模式。

1．支架式教学

支架式教学（Scaffolding Instruction）被定义为：“支架式教学应当为学习者建构对知识的理解提供一种概念框架。这种框架中的概念是为发展学习者对问题的进一步理解所需要的，因此事先要把复杂的学习任务加以分解，以便于把学习者的理解逐步引向深入。”

支架原本指建筑行业中使用的脚手架，在这里用来形象地描述一种教学方式：儿童被看做是一座建筑，儿童的“学”是在不断地、积极地建构着自身的过程；而教师的“教”则是一个必要的脚手架，支持儿童不断地建构自己，不断建造新的能力。支架式教学是以前苏联著名心理学家维果茨基的“最近发展区”理论为依据的。维果茨基认为，在测定儿童智力发展时，应至少确定儿童的两种发展水平：一是儿童现有的发展水平，一种是潜在的发展水平，这两种水平之间的区域称为“最近发展区”。教学应从儿童潜在的发展水平开始，不断创造新的“最近发展区”。支架教学中的“支架”应根据学生的“最近发展区”来建立，通过支架作用不停地将学生的智力从一个水平引导到另一个更高的水平。

2．抛锚式教学

抛锚式教学（Anchored Instruction）要求建立在有感染力的真实事件或真实问题的基础上。确定这类真实事件或问题被形象地比喻为“抛锚”，因为一旦这类事件或问题被确定了，整个教学内容和教学进程也就被确定了（就像轮船被锚固定一样）。建构主义认为，学习者要想完成对所学知识的意义建构，即达到对该知识所反映事物的性质、规律以及该事物与其他事物之间联系的深刻理解，最好的办法是让学习者到现实世界的真实环境中去感受、去体验（即通过获取直接经验来学习），而不是仅仅聆听别人（例如教师）关于这种经验的介绍和讲解。由于抛锚式教学要以真实事例或问题为基础（作为“锚”），所以有时也被称为“实例式教学”或“基于问题的教学”或“情境性教学”。

3．随机进入教学

由于事物的复杂性和问题的多面性，要做到对事物内在性质和事物之间相互联系的全面了解和掌握，即真正达到对所学知识的全面而深刻的意义建构是很困难的。往往从不同的角度考虑可以得出不同的理解。为克服这方面的弊病，在教学中就要注意对同一教学内容，要在不同的时间、不同的情境下、为不同的教学目的、用不同的方式加以呈现。换句话说，学习者可以随意通过不同途径、不同方式进入同样教学内容的学习，从而获得对同一事物或同一问题的多方面的认识与理解，这就是所谓“随机进入教学”（Random Access Instruction）。显然，学习者通过多次“进入”

同一教学内容将能达到对该知识内容比较全面而深入的掌握。这种多次进入，绝不是像传统教学中那样，只是为巩固一般的知识、技能而实施的简单重复。这里的每次进入都有不同的学习目的，都有不同的问题侧重点。因此多次进入的结果，绝不仅仅是对同一知识内容的简单重复和巩固，而是使学习者获得对事物全貌的理解与认识上的飞跃。

四、人本学习理论

人本主义心理学是20世纪50~60年代在美国兴起的一种心理学思潮，其主要代表人物和学说是马斯洛（A.Maslow）“情意教学过程论”和罗杰斯（C.R.Rogers）“以学生为中心的教学模式论”。人本主义学习理论的基本观点是：①强调人的价值，重视人的意识所具有的主观性、选择能力和意愿。②学习是人的自我实现，是丰满人性的形成。③学习者是学习的主体，必须受到尊重，任何正常的学习者都能自己教育自己。④人际关系是有效学习的重要条件，它在学与教的活动中创造了“接受”的气氛。

1. 自然人性论

人本主义的学习理论是根植于其自然人性论的基础之上的。他们认为，人是自然实体而非社会实体。人性来自自然，自然人性即人的本性。凡是有机体都具有一定内在倾向，即以有助于维持和增强机体的方式来发展自我的潜能；并强调人的基本需要都是由人的潜在能量决定的。但是，他们也认为，自然的人性不同于动物的自然属性。人具有不同于动物本能的似本能需要，并认为生理的、安全的、尊重的、归属的、自我实现的需要就是人类的似本能，它们是天赋的基本需要。在此基础上，人本主义心理学家进一步认为，似本能的需要就是人性，它们是善良的或中性的。恶不是人性固有的，它是由人的基本需要受挫引起的，或是由不良的文化环境造成的。

2. 自我实现人格论及其患者中心疗法

人本主义心理学家认为，人的成长源于个体自我实现的需要，自我实现的需要是人格形成发展、扩充成熟的驱动力。所谓自我实现的需要，马斯洛认为就是“人对于自我发挥和完成的欲望，也就是一种使它的潜力得以实现的倾向”。通俗地说，自我实现的需要就是“一个人能够成为什么，他就必须成为什么，他必须忠于自己的本性”。正是由于人有自我实现的需要，才使得有机体的潜能得以实现、保持和增强。人格的形成就是源于人性的这种自我的压力，人格发展的关键就在于形成和发展正确的自我概念。而自我的正常发展必须具备两个基本条件：无条件的尊重和自尊。其中，无条件的尊重是自尊产生的基础，因为只有别人对自己有好感（尊重），自己才会对自己有好感（自尊）。如果自我正常发展的条件得以满足，那么个体就能依据真实的自我而行动，就能真正实现自我的潜能，成为自我实现者或称功能完善者、心理健康者。人本主义心理学家认为，自我实现者能以开放的态度对待经验，他的自我概念与整个经验结构是和谐一致的，他能体验到一种无条件的自尊，并能与他人和谐相处。

罗杰斯认为，一个人的自我概念极大地影响着他的行为。心理变态者主要是由于他有一种被歪曲的、消极的自我概念的缘故。如果他要获得心理健康，就必须改变这个概念。因此，心理治疗的目的就在于帮助病人或患者创造一种有关他自己的更好的概念，使他能自由地实现他的自我，即实现他自己的潜能，成为功能完善者。由于罗杰斯认为患者有自我实现的潜能，它不是被治疗家所创建的，而是在一定条件下自由释放出来的，因此“患者中心疗法”的基本做法是鼓励患者自己叙述问题，自己解决问题。治疗者在治疗过程中，不为患者解释过去压抑于潜意识中的经验与欲望，也不对患者的自我报告加以评价，只是适当地重复患者的话，帮助他澄清自己的思路，使患者自己逐步克服他的自我概念的不协调，接受和澄清当前的态度和行为，达到自我治疗的效果。而要有效运用患者中心疗法，使病人潜在的自我得到实现，必须具备三个基本条件，这就是：①无条件地积极关注：治疗者对患者应表现出真诚的热情、尊重、关心、喜欢和接纳，即使当患者叙述某些可耻的感受时，也不表示冷漠或鄙视，即"无条件尊重"；②真诚一致：治疗者的想法与他对患者的态度和行为应该是相一致的，不能虚伪做作；③移情性理解：治疗者要深入了解患者经验到的感情和想法，设身处地地了解和体会患者的内心世界。

3. 知情统一的教学目标观

由于人本主义心理学家认为人的潜能是自我实现的，而不是教育的作用使然，因此在环境与教育的作用问题上，他们认为虽然"弱的本能需要一个慈善的文化来孕育他们，使他们出现，以便表现或满足自己"，但是归根到底，"文化、环境、教育只是阳光、食物和水，但不是种子"，自我潜能才是人性的种子。他们认为，教育的作用只在于提供一个安全、自由、充满人情味的心理环境，使人类固有的优异潜能自动地得以实现。在这一思想指导下，罗杰斯在20世纪60年代将他的"患者中心"的治疗方法应用到教育领域，提出了"自由学习"和"学生中心"的学习与教学观。

罗杰斯认为，情感和认知是人类精神世界中两个不可分割的有机组成部分，彼此是融为一体的。因此，罗杰斯的教育理想就是要培养"躯体、心智、情感、精神、心力融为一体"的人，也就是既用情感的方式也用认知的方式行事的情知合一的人。这种知情融为一体的人，他称之为"完人"或"功能完善者"。当然，"完人"或"功能完善者"只是一种理想化的人的模式，而要想最终实现这一教育理想，应该有一个现实的教学目标，这就是"促进变化和学习，培养能够适应变化和知道如何学习的人"。他说："只有学会如何学习和学会如何适应变化的人，只有意识到没有任何可靠的知识，只有寻求知识的过程才是可靠的人，才是真正有教养的人。在现代世界中，变化是唯一可以作为确立教育目标的依据，这种变化取决于过程而不是静止的知识。"可见，人本主义重视的是教学的过程而不是教学的内容，重视的是教学的方法而不是教学的结果。

4. 有意义的自由学习观

有意义学习，不仅仅是一种增长知识的学习，而且是一种与每个人各部分经验都融合在一起的学习，是一种使个体的行为、态度、个性以及在未来选择行动方针时发生重大变化的学习。在这里，我们必须注意罗杰斯的有意义学习和奥苏伯尔的有意义学习的区别。前者关注的是学习内容与个人之间的关系；而后者则强调新旧知识之间的联系，它只涉及理智，而不涉及个人意义。因此，按照罗杰斯的观点，奥苏伯尔的有意义学习只是一种"在颈部以上发生的学习"，并不是罗杰斯所指的有意义学习。

对于有意义学习，罗杰斯认为主要具有四个特征：①全神贯注：整个人的认知和情感均投入到学习活动之中；②自动自发：学习者由于内在的愿望主动去探索、发现和了解事件的意义；③全面发展：学习者的行为、态度、人格等获得全面发展；④自我评估：学习者自己评估自己的学习需求、学习目标是否完成等。因此，学习能对学习者产生意义，并能纳入学习者的经验系统之中。总之，"有意义的学习结合了逻辑和直觉、理智和情感、概念和经验、观念和意义。若我们以这种方式来学习，便会变成统整的人。"

5. 学生中心的教学观

人本主义的教学观是建立在其学习观的基础之上的。罗杰斯从人本主义的学习观出发，认为凡是可以教给别人的知识，相对来说都是无用的；能够影响个体行为的知识，只能是他自己发现并加以同化的知识。因此，教学的结果，如果不是毫无意义的，那就可能是有害的。教师的任务不是教学生学习知识（这是行为主义者所强调的），也不是教学生如何学习（这是认知主义者所重视的），而是为学生提供各种学习的资源，提供一种促进学习的气氛，让学生自己决定如何学习。为此，罗杰斯对传统教育进行了猛烈的批判。他认为在传统教育中，“教师是知识的拥有者，而学生只是被动的接受者；教师可以通过讲演、考试甚至嘲弄等方式来支配学生的学习，而学生无所适从；教师是权力的拥有者，而学生只是服从者”。因此，罗杰斯主张废除“教师”这一角色，代之以“学习的促进者”。

第二节 信息化教学的教学理论基础

教学理论是关于教学情景中教师行为（如引起、维持和促进学生学习）的规定或解释。它关注的是一般的、规律性的知识，旨在指导教学的实践。教学理论是教育学的一个重要分支。它既是一门理论科学，也是一门应用科学；它既要研究教学的现象、问题，揭示教学的一般规律，也要研究利用和遵循规律解决教学实际问题的方法策略和技术。它既是描述性的理论，也是一种处方性和规范性的理论。当代主要的教学理论取向有：

（1）哲学取向的教学理论

哲学取向的教学理论源于苏格拉底和柏拉图的“知识即美德”的传统。这种理论认为教学的目的是形成人的道德，而道德又是通过知识积累自然形成的，为了实现道德目的，知识就成为教学的一切，依此便演绎出一种以偏于知识授受为逻辑起点、从目的到手段全面展开的教学理论体系。

（2）行为主义教学取向

20世纪初，以美国心理学家华生为首发起的行为革命对心理学的发展进程影响很大。他认为，心理学是自然科学的一个纯客观的实验分支，它的理论目标在于 预见和控制行为。因此，把刺激—反应作为行为的基本单位，认为学习即“刺激—反应”之间联结的加强，教学的艺术在于如何安排强化。由此派生出程序教学、计算机辅助教学、自我教学单元、个别学习法和视听教学等多种教学模式和方式。

（3）认知教学取向

认知心理学批判行为主义是在研究“空洞的有机体”，在个体与环境的相互作用上，认为是个体作用于环境，而不是环境引起人的行为，环境只是提供潜在刺激，至于这些刺激是否受到注意或被加工，这取决于学习者内部的心理结构。学习的基础是学习者内部心理结构的形成和改组，而不是刺激-反应联结的形成或行为习惯的加强或改变，教学就是促进学习者内部心理结构的形成或改组。

（4）情感教学取向

20世纪60年代以来崛起的人本主义心理学认为认知心理学的不足在于把人当做“冷血动物”，即没有感情的人，主张心理学要真正成为人的科学，应该探讨完整的人，而不仅仅是为学习者提供事实；真正的学习经验能够使学习者发现他自己独特的品格，发现自己作为一个人的特征；教学的本质即促进，促进学生成为一个完整的人。

一、赞可夫的发展教学理论

赞可夫（Л.В.Занков，1901—1977）是前苏联心理学家、教育学家、教育科学院院士。20 世纪 50 ~ 60 年代，在前苏联进行的教育改革中，教育家赞可夫主持和领导的以“教学和发展的关系”为主题的教育实验以辩证唯物论和系统论为指导，运用心理学、统计学等科学方法，对学生实验教学中达到的发展水平进行了长期的动态研究，同时坚持对实验教学和传统教学的做法和结果进行对照研究。不断总结研究成果，提出了他的发展性教学理论。其基本观点是：①“以尽可能大的教学效果，来促进学生的一般发展”。“一般发展”指的是儿童心理的一般发展，包括智力、情感、意志的发展，要把一般发展作为教学的出发点和归宿。②“教育促进发展”、“既传授知识，又促进发展”。③“只有当教学走在发展前面的时候，这才是好的教学”。要把教学目标定在学生的“最近发展区”之内。教学要有一定的难度，要让学生“跳一跳”才能摘到“桃子”。

1．教学应该走在发展的前面

关于教学与发展的关系问题，历来存在着不同的观点，前苏联心理学家维果茨基曾经做出分析与概括。第一种观点认为教学与发展是两个互不依赖的过程；第二种观点认为教学与发展两种过程是统一的；第三种观点认为“教学不仅可以跟在发展的后面，推动发展，并在它里面引起新的构成物”。维果茨基从第三种观点出发，提出了衡量儿童发展水平的两个概念：“现有发展水平”和“最近发展区”，并让“最近发展区”转化为“现有水平”。因此，“只有当教学走在发展前面的时候，这才是好的教学”。作为维果茨基“最近发展区”理论的教学实践者，赞可夫强调，教学与发展区是互为条件、互相推进的，因而教学不能消极地等待儿童生理的、心理的自然发展，跟着发展走，而应积极地去依靠“正在成熟的机能”，创造“最近发展区”。

2．要对传统教育进行根本上的改革

赞可夫认为，以传授知识为主的传统教学，远不能适应科学知识大幅度增长和迅速更新的时代状况。凯洛夫教育学代表着前苏联 20 世纪 30 ~ 40 年代传统教育思想体系，它的主要特点是学校至上，课堂教学至上，知识传授至上。在这种教育思想指导下，教材内容太浅，教学进度太慢，多次的重复学习，片面强调机械的记忆和训练。结果，教学不是促进学生的迅速发展，传统教学法使低年级学生（他的实验对象是低年级学生）在发展上取得的效果是很差的，小学生的学习潜力远没有发挥出来。鉴于此，赞可夫主张，不能对传统的教学论进行修修补补，而要进行根本的改革，使教学论得到“决定性的进步”建立一种新的教学论体系，以促进学生的一般发展。

3．教学改革应主要追求促进学生的一般发展

教学有两个任务，一是发展，二是掌握知识获得技能。一方面，这两者不是一回事，不应当等同起来；另一方面，学生只有在一般发展取得成绩的基础上，才能高质量地掌握知识和技能。因此，现代教学改革应该大力促进学生的一般发展。赞可夫提出：“建立实验教学论体系所依据的基本思想，是这一体系的学生的一般发展上取得尽可能大的效果。”赞可夫的一般发展观点强调两点；一是个性发展的整体性，即“学生个性所有力量”，它包括观察力、思维能力、实际操作能力，以及语言、意志、情感、性格、道德意识等；二是个性发展的动态性、“质变”。他还

从哲学的高度对一般发展的概念做了这样的揭示："属于儿童的一般发展的，当然还有'发展'这个概念在其无所不包的意义上所包含的那些东西；由简单到复杂、由低级到高级的运动，沿着上升的路线、由旧的质的状态到新的较高的质的状态的运动，更新的过程，新的东西的诞生，旧的东西的消亡等"，可见他对儿童发展问题的认识和研究是十分广阔和深刻的。

4．教学应遵循实验教学论原则

（1）以高难度进行教学的原则

这是第一的、决定性的"基本原则"，其他原则都与此有内在联系。"难度"这一概念强调的是"障碍的克服"和"学生的努力"，这一原则的特点在于"展开儿童的精神力量，使这种力量有活动余地，并给以指导"，如果教材和教学方法使得学生面前没有出现应当克服的障碍，那么儿童的发展就会萎缩无力。"高难度"并不意味着越难越好，困难的程度要控制在学生的"最近发展区"的范围内。教学的安排如果超过学生的理解能力，就会使他们"不由自主地走上机械记忆的道路"，难以达到促进一般发展的目的。

（2）以高速度进行教学的原则

高难度原则的贯彻在一定程度上依赖于高速前进的原则。这一原则对高难度原则而言是一个辅助原则，但有其独立性。它要求"不断地向前运动"，反对多余的重复和烦琐的讲解以及机械的练习，以节约时间，加快进度。实验证明，每一年级学生不仅可以学好本学年教学法大纲内的材料，还可以多学一些下学年教学大纲的材料。

（3）理论知识起主导作用的原则

这一原则要求加强理论知识在小学教学法活动中的重要作用，这个原则决不忽视儿童获得知识和技巧的意义，而是要求学生在一般发展的基础上，尽可能深入领会有关概念和规律性的认识。它也是根据科技发展条件下儿童抽象思维能力已有提高这一事实提出的。同时，在人们的认识过程中，感性认识和理性认识本来就是有机地交织在一起的，经验和理论处在不断的相互作用之中，因此不能只强调一面。实验教学法在一年级就引进一些必要的定义和概念，要求懂得加法和乘法的交换律并使用代数符号等，学生由此大大地加强了运算的可论证性，能够举一反三。

（4）使学生理解学习过程的原则

这一原则强调让学生学会学习，掌握学习过程和方法。赞可夫指出一般教学论中的自觉性原则和实验教学法论中的使学生理解学习过程的原则，就其掌握的对象而言有区别，前者把知识、技能、技巧作为掌握的对象，即这一原则要求掌握知识之间的内在联系。例如学习乘法表，传统做法是让学生背诵乘法表，实验教学不仅要让学生会背，而且要求了解这一部分教材编排的根据，教会学生总结学习的方法，使学生会分析、比较、综合、归纳，了解所学知识之间的联系，知道产生错误与避免错误的心理机制，等等。这样做有利于发展学生的思维能力，提高他们学习的主动性与创造性，教会他们学习。

（5）使班上所有的学生都得到一般发展的原则

这一条原则要求教师充分关心和重视每个学生，尤其是差生的一般发展。这一原则与一般教学论不同，强调差生的一般发展更多地需要教师"在他们的发展上系统地下工夫"。人们通常认为补课和大量练习是提高差生学业水平的有效手段。实际上，大量作业使得差生负担过重，不仅不能促进他们的发展，反而使用他们更加落后。

赞可夫强调，实验教学论体系的每条原则都有自己的作用，同时又是互相联系、相辅相成的。

贯彻上述教学法原则主要是为了激发，增加和深化学生对学习的内部诱因，而不是借助分数以及类似的外部手段对学生施加压力。实验教学论教学原则的另一特点是给个性以发挥作用的余地，也就是要求尊重学生个人的特点和愿望。

二、布鲁纳的“结构-发现”教学理论

布鲁纳（J.S.Bruner）的结构主义教学论是第二次世界大战后美国大规模进行教育改革的产物，是心理学与教育学紧密结合的结晶，是当代世界上最有影响的三大教学论之一。布鲁纳首先是一位心理学家，1965年曾担任美国心理学会主席。他对动物行为、人的感知觉、人对知识的理解与获得知识的过程等心理学问题皆有独特见解。同时又是一位教育学家，尤其是出色的教学论专家。战后他敏锐地将所专长的心理学理论与当时的教育教学问题相结合，深入研究人们关注的各种教学论课题，诸如智力发展、认知过程、课程编制、教学法改革等，并提出许多闪光思想，从而创立了结构主义教学论流派，受到世界各国或地区教育界的瞩目。

布鲁纳的教学思想主要表现在：

1. 要学习和掌握学科的基本结构

布鲁纳认为美国当时的中小学教学内容，由于受到杜威经验论的影响，片面强调具体事实和个人经验的重要性而忽视了理论知识的价值，因此不利于学生智力的发展。他主张提高教学内容的学术水平和抽象理论水平，让学生学习和掌握学科的基本结构。即“不论我们选教什么学科，务必使学生理解该学科的基本结构”。学科的基本结构，具体地讲就是指每门学科的基本概念、基本原理和法则的体系。

布鲁纳认为，学习学科的基本结构可以有以下好处：第一、懂得基本原理可以使学科更容易理解；第二、把所学的知识用圆满的结构联系起来，有利于知识的记忆和保持；第三、领会基本的原理和概念，有利于知识的迁移和运用，达到举一反三、触类旁通的境地；第四、强调结构和原理的学习，可以缩小高级知识和低级知识之间的差距，有利于各级教育的贯通；第五、可以简化教学内容；“现实的极其丰富的教学内容，可以把它精简为一组简单的命题，成为更经济、更有活力的东西（基本结构）”。

布鲁纳认为，任何学科都有相当广泛的结构，而且任何与该学科有联系的事实、论据、观念、概念等都可以不断纳入一个处于不断统一的结构中。尤其是自然科学和数学这类高度形式化的学科中，更有明晰的基本结构可教给学生。

2. 要组织螺旋式课程

由于学科的结构有较高程度的抽象性和概括性，因此在组织学科结构为中心的课程时，也有相应的要求。“一门课程在他的教学进程中，应反复地回到这些基本概念，以这些基本概念为基础，直到学生掌握了与这些基本概念相适应的完全新式的体系为止。”具体说，就是打通中小学和大学同一学科的界限，组织循环往复达到较高水平的螺旋式课程，使学科内容围绕基本结构在范围上逐渐拓开，在难度上逐渐加深。

编制一个好的螺旋式的课程应从三个方面着手：第一，课程内容的编排要系列化。第二，使学科的知识结构与儿童的认知结构相统一。第三，重视知识的形成过程。

3. 广泛使用发现法

要掌握学科的基本结构，就应想方设法使学生参与知识结构的学习过程，这种方法即他提倡

的“发现法”。因此，结构主义教学论与“发现法”是紧密相连的。

布鲁纳发现法教学的一般步骤是：①设置问题情境。提出问题，带着问题观察具体事物；②树立假设。问题讨论、材料改组、经验联系、提出假设；③上升到概念或原理；④转化为活的能力。

结构主义教学论的理论基础来自三个方面：心理学家皮亚杰的“发生认识论”、语言学家乔姆斯基的“转化-生成”说以及布鲁纳的认知-结构理论。布鲁纳认为，知识是可以认识的独立存在的领域，人们追求知识的动因在于“经验”或“事物”内在的规律，而结构是“外加”的，由人塑造、形成、构建。知识可由各学科最出色的专家和学者构成连贯模式，并据此构建儿童的知识。

结构主义教学论的基本观点，尤其是布鲁纳倡导的“发现法”，在科学实践中得到了广泛的应用。“发现法”又称“发现学习”。日本心理学家大桥正夫为其下的定义是：“发现学习就是以培养探究性思维的方法为目标，以基本教材为内容，使学生通过再发现的步骤来进行的学习。”因此，发现学习不同于科学家的发明创造，而是将原发现过程从教育角度进行再编制，成为学生可步步学习的途径。“发现法”可激发学生的内部动机，了解问题的发现过程，掌握学科的基本结构，故在数学等自然科学学科中运用比较有效。

布鲁纳在教学上提倡发现法，主张引导学生通过自己的主动发现来学习，要把学习知识的过程和探索知识的过程统一起来，使学生通过体验所学概念原理的形成过程来发展学生的归纳、推理等思维能力，掌握探究思维的方法。其基本程序为：识别概念—形成概念—验证概念—分析思维策略。

（1）识别概念

向学生呈示资料，在诱导性问题的情境中提出具体的事实，引导学生凭借已有的经验通过比较，不断产生假设和检验假设，也可由教师引导学生围绕假设展开讨论，使他们将所获得的片断知识从各种不同角度加以组合，逐步形成统一的认识结构，使假设得以确定。

（2）形成概念

形成概念也就是把不确切的假设再上升到精确概念的过程，把学生带有主观色彩的、不确切的、未分化的假说再上升到概念的高度。

（3）验证概念。

教师提供各种事例要求学生辨认，证实或否定他们最初的假设，根据有无必要来决定是否修正他们对概念或属性的选择，通过应用培养他们的迁移能力。

（4）分析思维策略

学生分析他们获得概念所依据的策略，由学生叙述他们的思考过程，弄清楚、并记住他们在这一过程中是如何思考的。

这一模式的作用在于：①可引起学生主动探究的要求，使他们产生内在的学习动机，因为当学生面临教师所提出的新异的未知的情境时，他们已有的思维方式往往被打乱而产生混乱。为了消除这种混乱就产生探究的要求，从而开展积极的思维活动。②有利于迁移能力的形成并可培养学生创造的态度。由于这种模式促使学生对所提出的假说要做出反应，并从中掌握怎样去重组信息能力，因此可以培养学生创造的精神。

但这一模式也有一定的局限性：①这一模式较适用于数理学科，不太适宜以情感为基础的艺术学科。②它需要学生具有一定的知识和先行经验的储备。这一模式的关键是要能树立有效的假设，这就要求学生具有一定的知识经验才能从强烈的问题意识中找到解决问题的第一步线索。

最初布鲁纳主要是通过改革中小学数理科教材来实践结构主义教学论的主张。伴随着美国出现的各种现实问题，20 世纪 50 年代后他逐渐关注智力、能力的发展，20 世纪 70 年代又致力于教育实践应更好地适应社会需要的研究，认为教学“应更多地注意与社会面临的问题相关联的知识”。布鲁纳的结构主义教学论在世界范围内引起了强烈反响。在教学理论上，他通过“发现法”让学生掌握科学的基本结构，引起教学观念的变化，有助于我们正确的处理传授知识与发展能力的关系；在教学实践上，它推动了世界性的教育改革。但它也有不足之处，从课程论观点看，它片面强调学科的基本结构，教学内容过于抽象，而与活生生的社会现实生活联系不够，因而教师水平难以发挥，学生难以接受。另外，学科的基本结构不易找到，故学生的发现更是难题。从教学方法论看，过分强调学生的自我发现，而对教师的主导作用过于轻视，这带来了他在教学实践上盲目地反对机械记忆和接受学习。因而结构主义教学论的实践在美国是不大成功的。另外，他的“三个任何”观点也不大符合学生的身心发展规律。

三、布卢姆的掌握学习

1.“掌握学习”模式

布卢姆在 20 世纪 60～70 年代研究出“掌握学习”模式，它是在我国影响较大，流行较快的一种教学模式。布卢姆打破了传统教育对学生按正态分布进行分等的观念，认为，“正态分布是一种随机的结果，而教育是一种有目的的活动，如果我们的教学是有效的话，成绩分布应与正态曲线很不相同。”他认为学校中许多个别差异是“人为的和偶然的，而不是个体所固有的。”“只要提供适当的先前与现时的条件，几乎所有人都能学会一个人在世上所能学会的东西。”在此思想的指导下，布鲁姆提出了一整套适用于课堂教学的“掌握学习”教学理论和实施策略。“掌握学习”教学模式的程序由以下五个环节组成：

（1）单元教学目标的设计

教育目标分为认知、操作和情感三大类，在认知领域又分为知识、领会、应用、分析、综合、评价六个学习类型。

（2）根据单元教学目标的群体教学

“掌握学习”模式的设想是在不影响传统班级集体授课制的前提下，使绝大多数学生达到优良成绩，所以其课堂教学仍采用通常的集体授课形式，但在讲授新课之前，给予学习新知识必需的准备知识。

（3）形成性测验

在实施单元集体授课之后，要进行形成性测验，测验的题目与教学目标相匹配，其目的是对学生学业情况进行诊断。

（4）矫正学习

形成性评价之后，将学生分为达标组和未达标组两类，对未达标组进行必要的、补偿性的矫正学习，它并不是简单地重复新课教学的内容，可以采用多种方法。

（5）形成性评价

形成性评价最终检验达标的情况，其试题与形成性测验相比指向更明确。

2.“掌握学习”模式的策略

在布卢姆看来，只要恰当注意教学的主要变量，就有可能使绝大多数学生（90%以上）都达到掌握水平（得5分）。掌握学习就是要探讨达到这一目的的途径，制定相应的策略。

（1）成绩的正态分布与偏态分布

布卢姆认为，教育是一种有目的、有意图的活动，如果我们的教学是富有成效的话，学生成绩分布应该是与正态分布完全不同的。

（2）掌握学习的变量

布卢姆的掌握学习教学原理是建立在卡洛尔关于“学校学习模式”的基础上的。认为学习的程度是学生实际用于某一学习任务上的时间量与掌握该学习任务所需的时间量的函数。实际用于学习的时间量是由这样三个变量组成的：

① 机会，即允许学习的时间，它是指教师对学生完成一定的学习任务所明确规定的时限。布卢姆和卡洛尔都认为，学生要达到掌握的水平，关键在于时间量的安排要符合学生的实际状况。学习速度的快慢是由能力倾向决定的，但如果学生把所需要的时数都用于学习，而且有足够的时间去学习，绝大多数学生都能达到掌握水平。布卢姆认为，教师的任务，一方面是要找到改变某些学生所需要的学习时间，另一方面是要找到为每个学生提供所需要的时间的途径。当然，学生掌握某门学科所需的时间，是受其他变量影响的。

② 毅力：即学生愿意积极从事学习的时间。布卢姆把毅力定义为“学生愿意花在学习上的时间。”如果学生需要花一定的时间才能掌握某门学科，但他花在积极学习上的时间少于需要的时间，就不可能达到掌握的水平，所以布卢姆等人试图把学生花在学习上的时间与学生积极从事学习的时间这两者区别开来。布卢姆认为，学生的毅力是同学生的态度和兴趣联系在一起的。重要的是通过提高教学质量来减少学生掌握某一学习任务所需要的毅力的量，而不是通过各种手段使学生增强学习的毅力。教学的艺术在于使学生花适当的时间就能掌握教学内容。

③ 能力倾向：即在理想条件下掌握该任务所需要的时间，这是因教学质量和学生理解教学的能力而变化的。

需要的时间量也是由三个变量组成的：

① 教学质量：教学质量主要是根据每个学生的学习效果来评价的，而不是根据某些学生的学习效果来评价的。因此，不能仅凭培养了一两个尖子学生或出了几个后进学生就对教学质量的好坏做出判断。

② 理解教学的能力：布卢姆和卡洛尔对理解教学的能力所下的定义是学生理解学习任务的性质和他在学习该任务时所要遵循的程序的能力。

③ 能力倾向：即学生在适应教学质量、理解教学之后，学习所需的时间。布卢姆承认学生的能力倾向确实存在着差异，而且这种差异与学习的结果（尤其是学习的速度）有关。能力倾向是学生掌握学习任务所需要的时间量，因此只要有足够的时间，所有学生都能掌握学习任务。这就是说，能力倾向只是学习速度的预示，而不是学生可能达到的学习水平的预示。掌握学习策略的一个基本问题，就在于寻找各种途径，设法减少学习较慢的学生所需要的时间量。

掌握学习的一种策略，共有三个步骤：阐明学习所必需的先决条件；研制实施的程序；评价这种策略对教师与学生所产生的结果。

（1）先决条件

为了形成学生掌握学习的环境，教师必须在学生达到掌握学习的水平时能够加以识别，必须能够界说掌握意味着什么，必须能够收集必要的证据以确定学生是否已达到掌握学习的要求。对教学目标和教学内容的详细说明，是让教师和学生双方都知道预期目标的一个先决条件。把这些详细说明转化成评价的程序，有助于进一步弄清学生在完成这门课时应该达到什么标准。布卢姆认为，把重点放在竞争上，可能会摧毁许多学习和发展，因此应该撇开学生之间的竞争来制定掌握的标准，然后通过努力使尽可能多的学生达到这些标准。

由此，布卢姆提倡制定绝对标准（根据学生实际水平和常模来评定学生），而不是根据相对标准（根据学生在班上的相对水平）来评定学生的等级。

（2）实施程序

掌握学习的一个核心问题，是要为教师和学生提供详细的反馈，使教与学过程中出现差错后马上把它们揭示出来，并提供他们所需要的具体的补充材料以矫正差错，因此反馈通常采用诊断式的形成性测验的方式。

布卢姆认为，只要教师对学生应该做些什么提供具体的建议（根据形成性测验的结果），学生一般都会试图去克服这些问题。

（3）掌握学习的结果

布卢姆是从掌握学习的认知结果和情感结果这两个方面进行分析的。布卢姆认为，只要采取掌握学习的策略，绝大多数人都能得 5 分。当学生掌握一门学科，并得到了客观的和主观的证据时，他们对自己和对外部世界的看法会产生深刻的变化。

布卢姆在编制教育目标分类学时，基本上是站在行为主义的立场。然而，布卢姆对目标分类和评价的看法，对我们是有启示的。我们在制定教育目标时就应该考虑到评价的手段，否则教育目标就会落空。此外，在评价方面，布卢姆注重对学生学习过程的诊断，以便提供具体的处方。评价的目的不是要对学生进行分等或给个成绩，而是要了解学生是否已掌握所学内容，帮助学生解决疑难问题。该学习理论的独到之处，是对学生认知、情感准备状态、教学质量这三个变量的分析。

四、加涅的指导教学模式

加涅（Robert M.Gabne）是美国当代著名的教育心理学家。加涅认为学习的发生有内部的条件和外部的条件，内部条件指的是学习者本身在学习前所具有的最初的能力、经验或已有的知识，外部条件指的是由于学习内容的不同构成对学习者不同的条件。教学应该根据各种不同类型的学习及其产生的条件来进行，使内部条件和外部条件的提供都经过计划安排。

1. 学习的准备

注意的定势、动机和发展阶段的情况合在一起可被看做是受教师影响使学习得以发生的最重要的因素。教学中必须通过一种方法从内部控制注意，使学习者在恰当的时间内自己去选择要了解的刺激；在学习动机的准备方面，加涅强调学习的动机、学习的决心；在发展的准备方面，他认为儿童的学习有累积的效应，因而教学应该安排这种累积效应。

2. 教学设计与指导

教学设计属于学习的外部条件。教学应对学生进行充分指导，因此对设计到学习的内外部条件的各个环节都必须加以设计、控制。加涅的指导观点更多强调系统教学，强调教师的指导，他对发现法持肯定态度，但他认为发现法只是一种方法，不能取代一切，不应扩张。

指导教学模式的基本观点是：①信息加工的学习模式对于理解教学具有重要的意义。②学习是一个不断积累的过程，提出学习的层级理论。③按照学生个体学习过程的特点来安排适当的外部教学措施。

五、巴班斯基的教学过程最优化理论

巴班斯基（Юрий Констинович Бабанский）是前苏联著名教育家。20世纪60年代初，巴班斯基创造了克服大面积留级现象的先进教学经验。在总结这一经验的基础上，他将系统论的基本原理引入教学论的研究，于1972年写成《教学过程最优化——预防学生成绩不良的观点》，提出了最优化教学的理论。

他认为教学论的研究必须从系统的观点出发，始终着眼于整体与部分、部分与部分、整体与外部环境之间的相互关系、相互作用、相互制约，综合地考察对象。教学过程最优化是巴班斯基教育思想的核心。他指出："教学过程最优化是在全面考虑教学规律、原则、现代教学的形式和方法、该教学系统的特征以及内外部条件的基础上，为了使过程从既定标准看来发挥最有效的（即最优的）作用而组织的控制。"为了澄清在教学过程最优化概念问题上的模糊认识，他还多次从不同的侧面对这一概念进行了论述。

① "教学过程最优化不仅要求科学地组织教师的劳动，还要求科学地组织学生的学习活动。"因此，把"最优化"理解为单指教师的工作，是片面的。

② "当谈论最优性时，必须强调指出，这里所说的尽可能最大的效果并非泛泛而谈，乃是针对一所学校或一定班级现有的具体条件而说的"。因此，教学过程的最优化不是泛泛地谈理想，而是具体条件下的最优化。

③ "教学教育过程的最优化并不是一种什么新的教学形式或教学方法，而是教师工作的一项特殊原则"。

④ 用教学过程最优化的原则组织师生的活动时，"不单纯是提高它的效率，而且是要达到最优的，即对该条件来说是最佳的结果"。

按照巴班斯基的观点，"最优的"一词具有特定的内涵，它不等于"理想的"，也不同于"最好的"。"最优的"是指一所学校、一个班级在具体条件制约下所能取得的最大成果，也是指学生和教师在一定场合下所具有的全部可能性。最优化是相对一定条件而言的，在这些条件下是最优的，在另一些条件下未必是最优的。巴班斯基的最优化理论充分体现了辩证法的灵魂——对具体事物进行具体分析。评价教学过程最优化的基本标准有两条：一条是效果标准，即每个学生在教学、教育和发展三个方面都达到他在该时期内实际可能达到的水平(但不得低于规定的及格水平)；另一条标准是时间标准，即学生和教师都遵守规定的课堂教学和家庭作业的时间定额。为使教学过程符合上述标准，他根据辩证系统的方法，对教学过程的因素进行了新的划分，包括社会（目的、内容），心理（动机、意志等）和控制（计划、调整）方面。巴班斯基认为在师生的教学活动中也存在着社会、心理、控制三方面的因素：社会因素即教育目的和内容，心理因素即师生双方的动机、注意力、意志、情感等，控制因素就是教师对教学的组织、方法的选择和计划的调整以及学生的自我控制。这三个方面的最佳统一，也就是达到教学过程最优化的境界。换句话说，所谓教学过程的最优化，就是要求将社会的具体要求与师生的具体情况和所处的教学环境、条件以及正确的教学原则几方面结合起来，从而选择和制订最佳工作方案（即教案），并在实际中坚决而灵活地施行之，最终达到最佳的教学效果。

他对教学过程的环节也做了新的划分，制定了教学过程最优化的基本方法体系。具体来讲，他提出了最合理的课堂结构、十大教学原则和六项实施办法。巴班斯基认为，应按下列顺序安排课堂教学：提问→讲解→巩固→检查新知识的掌握情况→复习已学过的知识→概括这些知识并使之系统化。他从整体性的观点出发，视教学原则为一系统，它所包含成分即每条原则。十大原则在实际运用时，必须相互联系作为一个整体才能发挥最优作用。其六项实施方法是：①综合考虑任务，注意全面发展；②深入了解学生，具体落实任务；③依据教学大纲，分清内容重点；④根据具体情况，选择合理方法；⑤采取合理形式，实行区别教学；⑤确定最优进度，节省师生时间。

由此可见，教学过程最优化不是具体的教学方法或教学手段，而是一种教学的方法论、教学策略。将其运用于教学实践，可在不同程度上提高教学质量，花费最少的时间和精力，取得最佳的教学效果。它作为一种教学上的优选法，最优化并不是最理想的，其结果应根据具体的条件和实际的可能性来评价。因此，最优化的概念是相对的，并非固定的模式或标准，每个教师都可致力于自己的最优化。

教学过程最优化的具体实施程序由以下 6 个步骤组成：①教学任务的具体化；②选择一定条件下最优组织教学过程的标准；③制定一整套该条件下的最优方法；④尽最大可能改善教学条件，以实施选定的教学方案；⑤实施规定的教学计划；⑥根据选择的最优化标准，分析教学过程的结果。

六、范例方式教学理论

范例方式教学理论简称“范例教学”，又称“示范性教学”、“代表性教学”、“基本性教学”、“基础性教学”、“典型教学”、“经典性教学”等。20 世纪 50 年代在原联邦德国兴起，是世界上最有影响的教学流派之一。“范例教学”最先由 H.海姆佩尔（Hermann Heimpel）提出构想，后由 M.瓦根舍因（Martin Wagenshein）正式提出并付诸实践，再由德国教育家沃尔夫冈·克拉夫基（Wofgang Klafki）做理论阐述而逐渐完善。20 世纪 80 年代，范例教学法开始在我国传播，有较广泛的应用。

1. 范例教学的概念和缘起

所谓范例，瓦根舍因（Martin Wagenshein）认为范例就是“隐含着本质因素、根本因素、基础因素的典型事例”。范例教学研究者认为，世界的本原现象是可以通过学生真正理解的个别例子（范例）来加以说明的。因此，范例教学法就是以典型范例为中心的教与学，使学生能够依靠特殊（范例）掌握一般，并借助这种一般独立地进行学习。从教学的方法论意义上讲，范例教学法首先要求根据学科理论体系整理出包括基本概念、基本定理、基本理论和应用在内的典型范例；从教学目的意义上讲，则要求在有限的教学时间内，组织学生进行“教养性学习”，即让学生从选择出来的有限的典型范例中主动获得一般的、本质的、规律性的东西，进而借助于一般原理和方法进行独立学习。

将范例作为教学的基点是对传统教学的一种反叛。范例教学理论认为，没有一个有计划的教学过程可以穷尽整个精神世界，没有人能够毫无缺漏地掌握整个学科的全部知识。在以往的教学实践中，往往可以发现：不管一门学科是否古老，人们都习惯于系统地、点滴不漏地去教它，仿佛漏掉一点，就会导致整个学科体系的瓦解。而这种追求点滴不漏、面面俱到的“系统性”，由于课时的限制，又使教学工作匆匆忙忙地进行，发挥不了学生的主动性，相反加重了学生负担，甚至窒息他们的智力活动。可见，这样的教学追求的只是一种形式上的虚假的系统性，让学生掌握一大堆所谓系统的材料，而不是系统的思想和一门学科的整体观念。以信息技术教学而言，同样存在类似的问题。例如，有些教师在进行某个工具软件的教学时，往往沿着以往的经验，习惯不厌其烦地对学习者倾其所有，历数菜单，盲目地试图提高学习者操作菜单的水平。事实上，大众软件“功能豪华”的特征根本就不需要点滴不漏的教学，学生无需完整地学习它的所有或大部分功能。所以，范例教学理论主张范例应具有典型性和针对性，将范例作为引导学生发现规律的突破点，而这个突破点又是整个教学链上的关键点，能够同前后的问题，同学生模糊的知识发生有机联系，将学生的知识结构串成一个整体，真正形成一个相对完整的知识和能力体系。

2．范例的特性和设计要求

（1）基本性

这是从教学内容的基本特征的角度提出的，即强调要选择最基本的知识作为范例的内容，包括基本概念、基本原理、基本规律和基本知识结构等。

（2）基础性

这是从学生的认知特点的角度提出的，即强调范例内容要针对学生实际，要从学生的基础出发，符合学生生活实际和时代发展，适应他们的知识经验水平和智力发展水平，避免繁、难、偏、旧和偏重书本知识的做法。

（3）范例性

这是从教学内容的教育功能的角度提出的，即范例所包含的教学内容应是本质特征明显的，能使学生认识知识内在逻辑结构。因此，范例不能是极端的特殊，选取或设计的范例应该是能反映一般的“特殊”，使学生从特殊中获得一般。特别的，范例应是以解决实际问题为基本内容的，培养学生思考判断和分析问题解决问题的能力，范例性地掌握科学知识和方法论，达到举一反三的效果。这样，讲究少而精的教学，恰恰丰富了教学过程，使学习呈现一种发散的态势。

3．范例教学的一般过程

范例教学的一般程序包括以下几个阶段：即“个”的认识→“类”的认识→规律性的认识→通过自己的体验提高对客观世界行动的自觉性。这里，我们以信息技术课程的教学为例加以说明。

（1）掌握“个”的阶段

首先应根据某些现象（这些现象总是与设计好的范例相关联），提出问题，激发学生思考，寻找解决问题的方法和设想，引出范例；然后，集中精力于这一个别的典型范例的教学，通过教师的讲解和实际演练说明该范例的特征和使用方法，通过学生的实际操作尝试和体验它的应用，从具体的“个”的范例中引导学生理解和掌握该范例。教学中所选用的范例要直接针对需要解决的实际问题，能激发学生的学习动机。例如，以百度搜索引擎为例，使学生了解百度搜索引擎的功能特征和搜索信息的方法等。

（2）探索“类”的阶段

从“个”的本质特征去探讨“类”的事例，对个别事例进行归类，目的在于使学生从“个”的学习迁移到“类”的学习。此阶段要求学生积极思考、主动运用，教师要引导他们尝试多个“个”，从一个“个”的发现走向另一个“个”的发现，在众多“个”的尝试中探索一般。例如，把百度搜索引擎归为众多搜索引擎的一个，尝试使用其他搜索引擎搜索信息。

（3）理解规律的阶段

要求在前两个阶段的基础上找出隐藏在“类”背后的某种规律性的内容，把对客观世界的认识提高到规律性的认识。因此，教师要引导学生对各种个别事例和现象做出总结，理解某一类事物的普遍特征和一般规律。教师的作用就是提供帮助使学生的认识更加深入。例如，比较搜索引擎的异同点，概括出搜索引擎的一般或共性的使用方法、功能特征、不足之处等，达到举一反三的目的。再如在大多数 Word 对象上右击时，一般都会弹出一个菜单，从而方便地进行设置，再推广到其他软件一般也有类似的操作规律，从而达到广泛迁移的效果。

（4）获得关于世界和生活经验的阶段

这一阶段是前面三阶段的升华，把教学的重点从客观内容转向学生精神世界的开拓，目的在于使学生不仅认识客观世界，也认识自己和人类社会，以及它们之间的关系，使他们在获得客观知识的同时，也能把这种知识转化为自己的认识和经验，转化为他们可以用来指导自己行为的能力，真正掌握“个”和“类”的知识，全面实现教育所要达到的目的。对于信息技术教育而言，要鼓励学生利用获得的“个”和“类”的知识去解释和解决世界和生活中的实际问题，引导学生了解信息技术的发展变化及其与人类工作、生活和学习的关系，辩证地看待信息技术对个人、社会发展的积极作用和局限性，实现信息文化的真正内化。例如，通过使用搜索引擎获取有用信息，理解搜索引擎对人们（包括自己）生活和学习的作用和影响，认识到搜索引擎虽然存在不足，但仍是信息社会人类得以生存和发展的一种重要工具。

第三节 信息化教学的方法论基础

一、视听教育理论

1946 年，美国教育技术专家戴尔（E.Dale）在他的《视听教学法》一书中，研究了录音、广播等视听教学手段如何运用于教学，会产生怎样的教学效果等一系列问题，总结了视听教学方法，提出了视听教学理论。戴尔把人类获取知识的各种途径和方法概括为一个“经验之塔”来描述，称之为“经验之塔”理论。

（一）“经验之塔”概述

戴尔（E.Dale）将人们获得的经验分为三大类：做的经验（Doing）、观察的经验（Observing）和抽象的经验（Symbolizing），并将获得这三类经验的方法分为 10 种，如图 2-1 所示。

在经验之塔中，首先依据年龄/媒介的关系，列出了 11 种可供选用的教学媒介，并指出了学生年龄不同，各种媒体可供选用的范围不同，并依从小到大的年龄顺序，排列出一种可供选用的所谓“经验之塔”。塔的最底层为“直接有目的的经验”，指通过与实物媒体的实际接触，从而获得“在做中学”的实际经验。塔的最高层为“言语符号”，指通过言语媒体的作用，获得相应经验。戴尔经验之塔适用于“认知目标”，对于“态度目标”，则其年龄/媒介关系应该倒置过来。在“态度目标”的教学中，年幼儿童容易从其所尊敬的人的言语指示或劝说中改变态度，而年长儿童则易于从直接经历的体验中改变态度。因而以同一张“经验之塔”分别表示“认知目标”与“态度目标”学习时，其媒体/年龄的选择关系的排列顺序是相反的。

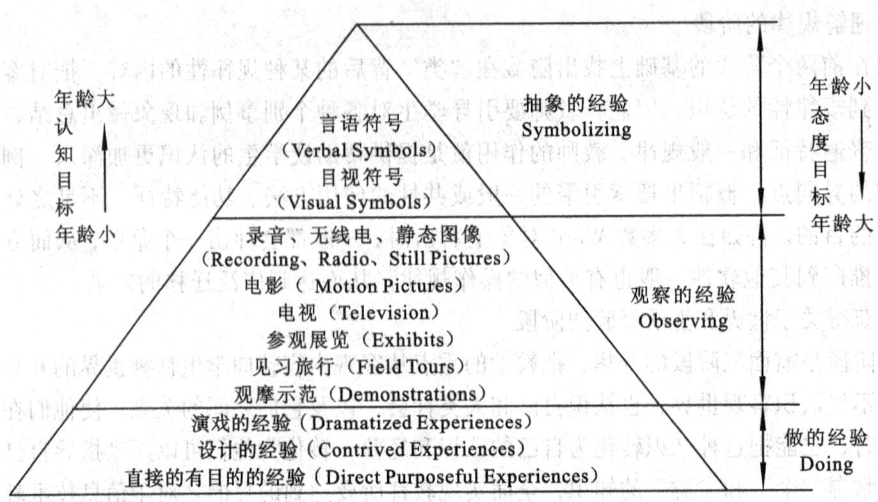

图 2-1　戴尔的经验之塔理论

1. **"做"的经验，包括三个层次**

① 直接有目的的经验（Direct Purposeful Experiences）：指直接与真实事物本身接触而获取的经验，是通过对真实事物的直接感知（即看、听、尝、嗅、触、做）取得的最丰富的具体经验。

② 设计的经验（Contrived Experiences）：指通过模型、标本等间接材料的学习获取的经验。模型、标本是通过人工设计、仿造的事物，多与真实事物的大小和复杂程度有所不同，它是"真实的改编"，这种改编可以使人们对真实事物更容易理解和领会。

③ 演戏的经验（Dramatized Experiences）：对于我们无法通过直接实践取得的经验，如历史事件、意识形态、社会观念等，我们可以通过扮演某种角色，就可能在接近真实的情况中获得经验，参与演戏与看戏是不同的、演戏可以使人们参与重复的经验，而看戏只能获得观察的经验。

以上三个方面的经验，都包含有亲自的活动，在这三种方式中，学习者都不仅仅是活动的旁观者，更是活动的参与者故称为做的经验。

2. **"观察"的经验，包括五个层次**

① 观摩示范（Demonstrations）：通过看别人怎么做，使学生知道一件事是怎样做成的，以后他自己就可以动手模仿着去做。

② 见习旅行（Field Tours）：指通过野外的学习旅行，看到真实事物和各种景象，获得经验。

③ 参观展览（Field Tours）：指通过参观展览，使学生通过观察来获得经验。

④ 电影和电视（Motion Pictures、Television）：指通过观看电影、电视获得经验，屏幕上的事物是实际事物的代表，而不是它本身。通过看电影和电视，得到的是替代的经验。

⑤ 录音、无线电、静态图像（Recording、Radio、Still Pictures）：指通过听觉或视觉的方式来获得经验，与电影和电视相比，抽象层次要高一些。

3. **"抽象"的经验，包括两个层次**

① 目视符号（Visual Symbols）：主要指图表、地图、示意图等一类抽象符号，它们与现实

事物已没有多少类似之处。如在地图上，用圆圈表示城市、乡镇，用线条表示公路、铁路，用曲线表示河流等。

② 言语符号（Verbal Symbols）：言语符号包括口头语言与文字。词语符号是一种抽象化了的代表事物或观念的符号。口头语言是基本的，而文字则是第二性的，文字是符号的符号。言语符号处于“塔”的顶端，抽象程度最高，但在使用时，它们总是与“塔”中其他层一起发挥作用。也就是说，学生在自己的全部学习经验中，程度不同地都在进行抽象思维。

（二）“经验之塔”理论要点

① 塔的最底层的经验最具体，学习时最容易理解，也便于记忆；越往上越抽象，越易获得概念，便于应用。各种教学活动可以依其经验的具体或抽象程度，排成一个序列。

② 教学活动应从具体经验入手，逐步进入抽象经验。

③ 在学校教学中使用各种媒体，可以使教学活动更具体，也能为抽象概括创造条件。

④ 位于“塔”的中部层（5个层次）的那些视听教材和视听经验，比顶部层的言语和视觉符号具体、形象，又能突破时间和空间的限制，弥补下层各种直接经验方式之不足。

“经验之塔”理论所阐述的是经验抽象程度的关系，符合人们认识事物由具体到抽象、由感性到理性、由个别到一般的认识规律；而位于塔的中部的广播、录音、照片、幻灯、电影电视等介于做的经验与抽象经验之间的视听媒体，既能为学生学习提供必要的感性材料，容易理解，容易记忆，又便于借助于解说或教师的提示、概括、总结，从具体的画面上升到抽象的概念、定理，形成规律，是有效的学习手段。因此，它不仅是视听教育理论的基础，也是现代教育技术的重要理论之一。

二、系统科学理论

（一）系统科学概述

系统科学是研究系统的一般模式、结构和规律的学问，是在系统论、信息论和控制论的基础上形成的，也是信息时代高科技发展下的认识世界和改造世界的方法论，广泛应用于各领域和学科。它研究各种系统的共同特征，用数学方法定量地描述其功能，寻求并确立适用于一切系统的原理、原则和数学模型，是具有逻辑和数学性质的一门新兴的科学。系统思想源远流长，但作为一门科学的系统论，人们公认是美籍奥地利人、理论生物学家 L.V.贝塔朗菲（L.Von.Bertalanffy）所创立的。1968年贝塔朗菲发表专著《一般系统理论基础、发展和应用》(*General System Theory*, *Foundations*, *Development*, *Applications*)，真正确立了这门学科的学术地位，该书被公认为是这门学科的代表作。

系统科学认为，整体性、关联性、等级结构性、动态平衡性、时序性等是所有系统的共同的基本特征。这些既是系统科学所具有的基本思想观点，而且也是系统方法的基本原则。

系统科学的基本思想方法，就是把所研究和处理的对象，当做一个系统，分析系统的结构和功能，研究系统、要素、环境三者的相互关系和变动的规律性，并以优化系统的观点看问题。

系统是由若干个要素构成的，系统内部各要素之间的关系构成了系统的结构。系统总是处在相应的环境之中，系统的功能是系统和外部环境之间关系的反应，是通过对环境的作用而表现出来的。系统是多种多样的，可以根据不同的原则和情况来划分系统的类型。按人类干预的情况可划分自然系统、人工系统；按学科领域就可分成自然系统、社会系统和思维系统；按范围划分则有宏观系统、微观系统；按与环境的关系划分就有开放系统、封闭系统和孤立系统；按状态划分就有平衡系统、非平衡系统、近平衡系统和远平衡系统等。此外还有大系统和小系统的相对区别。

系统科学的任务，不仅在于认识系统的特点和规律，更重要地还在于利用这些特点和规律去控制、管理、改造或创造系统，使它的存在与发展合乎人的目的需要。也就是说，研究系统的目的在于调整系统结构，直辖各要素关系，使系统达到优化目标。

（二）教育系统论

1. 教育系统的含义

把系统论与教育理论相结合，用于指导教育实践，就产生了教育系统论。把教育作为一个整体加以分析研究，对教育的优化提供了重要的思维方式和手段。教育系统论把教育视为一个由教师、学生、媒体等要素组成的系统。教育要优化，就要协调好各教学要素之间的关系，使之相互支持、相互理解、相互协调和齐心协力。因此，教育系统的功能，不仅决定于构成教育系统诸要素所具有的功能，而且决定于诸要素相互之间的关系，即系统的结构。

2. 教育系统的特征

（1）教育系统的目的性

教育系统因一定的社会需要而产生，以满足一定的社会要求而存在，教育系统的目的在于实现社会的要求。因而，教育系统的目的由社会这一大系统所规定，同时也与教育系统内部的各要素相联系。教育者、教育管理者的水平与素质、受教育者、教育管理对象的接受能力以及教育经费、设施、手段等，都在一定程度上促进或延缓教育目的的实现，决定教育指标的高低。教育系统的目的受社会环境制约，随社会进步而发展，应时代需要而存在，并受到社会实践的检验。

（2）教育系统的整体性

整体性观点是系统论的基本观点之一，包括系统整体的不可分性、系统功能的整体性、系统质量的整体性和系统整体的放大性等内容。

（3）教育系统与环境的统一性

主要指教育系统与环境（自然与社会）的适应性与平衡性。教育系统与环境是水乳交融、密不可分的。教育系统与环境（自然与社会）的适应性与平衡性表现在教育系统应适应环境发展的需要，教育也只有适应环境的要求才能得到发展。同时，环境又为教育系统的存在和发展提供了条件，教育要以环境为基础，并促进其发展。教育系统与环境是统一的，二者互为条件，互相适应，相互促进，相互制约。

（4）教育系统的相关性

教育系统与外部环境之间、系统之间、系统各要素之间是相互联系、相互作用的，称之为相关性或关联性。特别是教育系统与社会系统中的其他子系统，如政治、经济等系统之间是紧密联系着的。政治系统决定着教育系统的发展方向，而经济系统可为教育系统的发展创造条件。反过来，教育系统的兴衰，也将关系到政治系统和经济系统，它可以巩固一个政权，也可威胁它的存在；它可以促进经济的高速发展，也可能成为制约经济发展的因素。

（5）教育系统的组织性

组织性是指对系统有序度的保持。教育系统的功能以其有序度为条件。如果系统失去了有序度而造成混乱，系统就要瓦解。要保持教育系统的组织性，即维持其有序性，应具备如下条件：一是结构的适应性，指系统的结构应适应系统的功能需要，才能提高系统的组织性，提高有序性，保证功能的实现。如“三个和尚没水喝”就是指要素结构不适应其功能的需要。二是系统的信息流通，指必须保证有足够的信息流通量，信息量不足，则使系统的无序度增高，有序度降低。

（6）教育系统的动态平衡性

教育系统是一个动态的发展过程，处于运转过程中的教育系统，要求它的要素之间、功能与结构之间、状态与目标之间保持动态的平衡，使它们相互适应，彼此匹配。如各科教师之间、师生之间、教师与领导、课程与培养目标、教育内容与教学方法、教师与教辅人数的比例等方面，都要适应。若不改变不适应的要素、结构、状态，就会使教育系统失去教育功能，严重则处于瘫痪状态。

教育系统论是现代教育技术的基础，从系统科学角度来认识现代教育，教育系统被认为是一个多因素、多层次和多功能的复杂系统，组成这个系统的要素包括教师、学生、媒体等。教育系统论就是采用系统分析方法，即从系统的观点出发，坚持在系统与部分、整体与外部环境之间的相互联系、相互作用、相互制约等关系中考察研究系统，以求得到最优化的系统效能。

（三）教育信息论

1. 信息及信息论的概念

信息是事物发出的消息、情报、信号、数据等包含的内容，而不是事物的本身。信息是事物表现的一种普遍形式。信息论是研究控制系统中信息的计量、传递、变换、储存和使用规律的科学，它是由美国数学家香农（C.E.Shannon）于 1948 年创立的。

从信息论的角度来看，信息是对于事物及其状态确定性的度量。凡在一种情况下能增加确定性（或减少不确定性）的任何事物、媒介或行为，都可称为信息。由于将信息定义为事物的确定性，获得信息则表示不确定性或混乱程序的消除、减少，故信息量与概率紧密联系，可以运用数学统计的方法来度量信息，对系统中的信息进行定量分析。信息系统调整自身的秩序或重建新的秩序，获得自身的发展和完善，称为有序化。信息系统要实现它的有序化，其条件是不断地开放于外部世界，获得外界生生不息的信息源泉。

系统的控制是借信息的改变而实现的，对一个系统实行控制，归根到底是对该系统中某些信息实行控制。通过信息的质的选取和量的调节，最后达到控制系统的整个状态。

2. 教育信息及教学过程

在教育系统中传递的信息，称为教育信息，包括教学信息和教育管理信息。教学信息是在教学过程中传递的信息，主要包括知识信息（认知信息）、教学状态信息和教学环境信息。信息论在教育中的应用而形成的理论，称为教育信息论，它是研究教学过程中的“人–人”关系（即师生关系间的教学关系系统），是关于教育信息如何传递、变换和反馈的理论。

从信息理论的基本观点去分析教学过程，可以得到如下几个认识：

（1）教学过程是有序的开放的信息系统

从教学过程所属的系统内部来看，学生或教师首先可以被看做是独立的一个开放信息系统，在教学过程中所产生的变化，总的倾向是有序程度的提高。教师和学生在教学过程中首先是作为一个开放性的传者和受者而出现的。开放性越高，传递和接收的信息越多，学生掌握的知识的有序性就越高。

从教学过程所属的系统来看，它本身是学校环境、社会环境这些大系统中的一个子系统，社会的文化、政治、经济、科技水平和道德价值总是通过社会的个体（教师和学生）对教学过程发生着影响。它们不仅作为条件影响着教学过程中信息的传递和变换，制约着教和学双方的发展，而且在一定条件下还可直接转化为教学信息，使教学过程与社会信息相通，维持其有序性。

（2）教学过程是“人-人”构成的耦合系统

教学过程是一个“人-人”的可逆通信系统，教师和学生双方以对方作为自己存在的条件，既对抗又相依，并互换着角色。理想的教学过程是一个充分耦合的系统。耦合的条件是教学过程处于最佳状态，教师的输出等于学生的输入时，教学信息量的流失和损耗可减少到最低程度。教学耦合系统的特点是：教和学双方具有自主学习、自组织和自适应能力，具有较高的效率和效果；教和学双方必须目标一致，和谐契合，才能提高教学过程信息有序化的功能；教和学之间的这种耦合性是以一定质态，一定数量的知识信息为中介而构成的。正是教学知识信息所产生的问题、矛盾及由此引起的顺应、平衡等状态，才引发了师生之间一系列的耦合活动，使教学过程不断发展走向有序。

（3）教学过程是一个合目的的可控过程

教学过程是教学系统的运行状态，是一个有明确目标，有高度计划性的连续的过程。无论是教材中知识信息的组合序列、教学过程总的序列及局部的序列，还是学生在教学过程中心智的发展序列，都是严格按照全面发展的教育目标所设计、建构的。教学过程所发生的信息影响，完全体现着学校教育的合目的性和可控性。

（4）教学过程是教育信息的传播和反馈的双向过程

教学过程实质上是教育信息传播和反馈的过程。教师将储存状态的教育信息重新组合，变换成输出状态，并考虑如何以恰当的表达方式和顺序传递给学生，并运用反馈原理，不断从学生的反馈信息中获得调节和控制的依据，从而了解情况、发现问题、改进教法和优化效果。学生也可以从教师那里获得反馈评价，了解自己的学习情况和存在问题，从而改进学习方法，提高学习效率。根据信息论的观点，教育活动中信息的传递应该是双向的，既有教师向学生传输的信息，也有从学生那里获得的反馈信息，并给予学生反馈评价。只有这样，师生配合默契，才能获得较好的教学效果。

（四）教育控制论

控制是人类社会的普遍现象，是人类改造世界的基本过程，它是通过信息反馈，进行有效的操作，实现目的的一种活动。控制论是研究各种系统控制和调节的一般规律的科学，是由美国数学家维纳创立的。控制论在教育领域中应用所形成的理论，称为教育控制论。它是研究教育系统中，运用信息反馈来控制和调节教师的行为，从而达到既定目标的理论。利用现代科技手段传递教育信息，其出发点和归宿在于教育最优化，而优化的关键就在于“信息反馈”，有了反馈，才能进行有效的调节，使教学设计有的放矢，不断完善，更适合学生的实际情况。

1. 教育控制系统

教育系统是根据一定的教育目标，由一定的要素，构成一定的组织形式，实现一定教育功能的整体。为了实现教育的系统功能，达到教育目的，教育者必须运用信息对受教育者实行控制，因而，教育系统又是一个控制系统。教育控制系统是由教育控制者与教育控制对象以一定的联系方式构成的，并与环境相互作用的控制系统。教育控制系统的任务在于获得有关实行控制的信息，形成控制对象，发出控制信号，调节控制行为等。它的功能是改变或保持系统的状态。教育控制系统可分为开环控制系统、闭环控制系统和组合控制系统等三种类型。

教育控制系统的基本要素是教育控制者和教育控制对象，教育控制者和教育控制对象的联系方式决定着教育控制系统的性质和功能，由于控制者和控制对象的各种联系方式而构成了教育控制系统的各种结构，如二部结构、三部结构、层次结构、环形结构、交叉结构和连锁结构等。控制能力是对控制作用与控制目标符合程度的度量，它用控制行为作用值与控制目标值的比来描述。提高控制能力主要是通过扩大控制范围和通过负反馈等方法来实现。

2. 教育控制工程

教育控制工程是运用教育控制论的思想和方法，对教育活动进行控制的工作过程，其目的在于最优化地实现教育目标，它的内容包括教育控制系统的设计和教育控制的最优化。教育控制系统的设计包括目标设计、控制项目的设计（控制对象、控制标准、控制手段等）、控制机构设计等。教育控制的最优化是在一定的限定条件下，使教育系统特性达到最优的控制过程。教育控制最优化是指教育目的的最优化、教育质量的最优化和教育过程的最优化。

（五）系统科学理论对现代教育技术的指导意义

系统科学理论，对人类认识世界、改造世界，有着深远的影响。用“三论”的理论和方法指导教育科学，特别是从中提炼和抽象出来的系统科学的基本原理（反馈原理、有序原理和整体原理），对研究现代教育技术和指导其实践具有重要的意义。

1. 反馈原理

任何系统只有通过信息反馈才能实现控制。在教学实践中主要强调信息传递必须具有双向性。反馈的作用在于使教师及时地获得学生学习态度和学习成效的反馈信息，调整教学程序、教学信息传递速度和教学方法，从而保证教学按照预定的教学目标和教学计划，高效率、高质量地有序进行。

2. 有序原理

任何一个系统的要素及子系统必须调整自身的秩序或重建新的秩序，获得自身的发展和完善，称为有序化。在教育中强调要处理好教学系统内部的要素之间以及与外部环境之间的关系，使它们之间的信息交换处于开放、有序的状态。

在现代教育技术的实施过程中以生动直观的教育信息与方法，更能启发学生积极思维，按照从感性到理性、从直观到抽象、从简单到复杂、从个别到系统的认识过程。因此，有序是最有效的学习方法。

3. 整体原理

整体性是系统的根本属性。整体原理指系统中各要素是相互作用、相互依存的。系统的整体功能不仅包括各孤立部分的功能之和，还应加上各部分相互作用而形成的新结构产生的功能。优化的课堂教学，应重视从教学整体进行系统分析，综合考虑课堂教学过程中的各个要素，包括教学目的的确定、优化的教学方法、优化的媒体选择，并注意各要素之间的配合、协调，发挥系统的整体功能才能达到优化的目标。

第四节　信息化教学的传播理论基础

一、传播、传播学、教育传播

传播（Communication）是人类社会普遍存在的信息交流的社会现象。大约400万年前，当类人猿进化为直立行走、手足分工、能够思维的原始人而成为万物之灵的时候，人类传播就从自然传播现象和动物传播行为中分离出来，成为人类生存的一种基本方式。人类在发展进化的历史过程中，不但凭着自身器官——眼、耳、鼻、舌、身所组成的感官系统来感知外部环境，进行相互的了解、沟通，而且逐渐创造出了文字这样一种抽象的语言符号来记录口头语言，交流思想感情，使人类的传播能力跃入一个崭新的历史阶段，开始了人类有文献记录的历史时代。再经过几千年的跋涉，人类发明了方便廉价的纸张，进而发现了印刷术，把人类传播的历史逐渐推向以书籍、报纸、杂志作为传播工具的印刷传播阶段。随着近代科学技术的突飞猛进，在近一个世纪来，人类又发明了电影、广播、电视等传播工具，使人类传播跃入了电子传播时代。

传播学是20世纪30年代以来跨学科研究的产物。传播学和其他社会科学学科有密切的联系，处在多种学科的边缘。由于传播是人的一种基本社会功能，所以凡是研究人与人之间的关系的科学，如政治学、经济学、人类学、社会学、心理学、哲学、语言学、语义学、神经病学、等等，都与传播学相关。它运用社会学、心理学、政治学、新闻学、人类学等许多学科的理论观点和研究方法来研究传播的本质和概念；传播过程中各基本要素的相互联系与制约；信息的产生与获得、加工与传递、效能与反馈，信息与对象的交互作用；各种符号系统的形成及其在传播中的功能；各种传播媒介的功能与地位；传播制度、结构与社会各领域各系统的关系等。

传播学是一门研究人类传播行为的科学，是随着广播、电视、报刊等传播媒体的发展，逐步从社会学、心理学、政治学等学科分离出来的一门学科。在人类社会中，传播方式分为大众传播和人际传播。大众传播是指使用大众传播媒体（报刊、书、广播、电视、网络等），以整体社会为传播对象的传播；而不使用大众传播媒体的非大众传播，则称为人际传播。按照传播的内容不同，又可分为新闻传播、教育传播、经济传播、娱乐传播、科技传播和服务传播等。教育传播泛指教育信息的传播活动，它是按照一定的教育目标，选定合适的教学信息内容，通过教育媒体，把这些教学信息传递给特定的教育对象。它与大众传播有许多共同之处，两者关系密切，因此可以把大众传播理论的研究成果应用于现代教育技术实践中，以提高教育质量和效率。传播理论是现代教育技术的理论基础之一。

传播过程是一种信息传送和交换的复杂过程，为了方便研究，人们往往首先将这个过程简化为若干个组成要素，然后分析这些要素在传播过程中的地位和作用，以及这些要素之间的相互联系和作用。这就构成了多种多样的传播模式。模式就是提供我们思考过程或结构的有用方法。

二、传播系统要素与目标

1. 传播系统要素

系统论认为，系统必须由两个或两个以上要素构成，要素必须是系统的必要部分，不是可有可无的。前已论及信息传播过程是由7个因素构成的传播回路，如果对这7个因素进行进一步分析，我们可以发现无论什么类型的信息传播系统都涉及4个最基本的要素：传播者、信息、途径、受传者。

① 传播者（Communicator）：是指传播信息的个体或群体，可以是人类社会中任何一位成员

（个人或组织），像记者、新闻出版机构、图书情报工作人员等。因此信息的传播具有普遍性和多样性的特征。

② 信息（Information）：是指所要传播的内容。

③ 途径（Channel）：又称通道，是信息传播系统的保证因素。自然界中各种物体的信息传播往往是某些媒介物质，而社会领域中的传播途径是由人力和传播设施构成的。如出版发行部门、邮电通信部门以及一切可以传播信息的载体和运输工具。信息传播的途径具有多向性和交叉性，这与传播者的多样性有关，因此传播的途径不可能是单一的，信息传播系统也就变得越来越复杂化。

④ 受传者（Communicatee）：又称受众、传播对象等，是信息的接受者。同信息的传播者一样，它也具有普遍性，可以是个人，也可以是社会组织、团体。受传者在信息的接受上有较强的针对性和选择性。对受传者的研究，可以评价信息传播的效果。

2. 传播系统的目标

系统的存在都具有明确的目的性，在系统中无论有多少要素相互作用，都要服从一个总目标。信息传播系统中的各要素之间的联系是有机的，任何一个独立的要素都不可能体现系统的整体功能，不可能达到整体目标的实现。作为信息传播系统的整体功能（即目标），应该是加快信息传播速度，提高信息传播质量。为了实现这一目标，可以通过以下几个方面的措施来实现：①建立具有一定容量、畅通无阻的信息传播途径；②根据受传者的要求建立合理的信息传播布局，规定合理的信息传播流程；③精简信息传播的中间环节，使信息能从传播者直接传递给受传者。

三、拉斯威尔的传播模式

美国政治家哈罗德·拉斯韦尔（Haold Lasswell）在1948年提出的传播过程的模型中，简要阐述了传播行为包括的五个要素：谁（Who）、说什么（Say What）、通过什么渠道（In Which Channel）、向谁说（To Whom）、有什么效果（With What Effect），又称“五W论”。这是最早见诸于文字的传播模式，如图2-2所示。

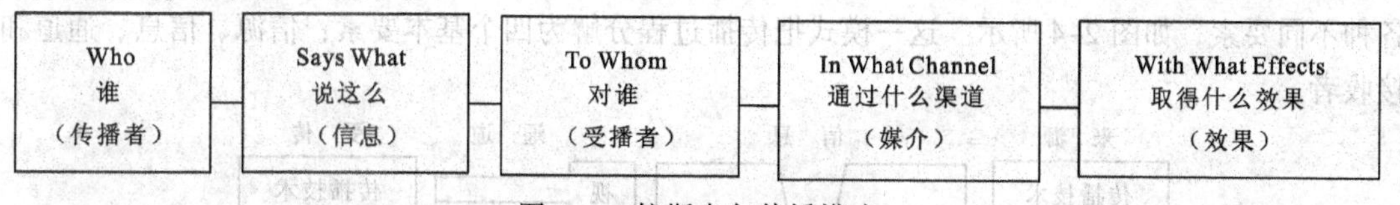

图2-2　拉斯韦尔传播模式

拉斯威尔传播理论明确地说明了传播的概念和过程，以及传播的基本要素（包括传播的信息源、传播内容、传播媒体、传播对象、传播效果），是传播的基本理论。

此模式阐明了信息传播的一般原则，是对传播活动过程中基本要素之间关系的最直观和最简洁的描述。从中我们得到传播研究的五大内容：

① 控制分析：研究“谁”，也就是传播者，进而探讨传播行为的原动力。

② 内容分析：研究“说什么”，也就是传播的信息内容，以及怎样说的问题。

③ 媒介分析：研究传播通道，除了研究媒介的性能外，还要探讨媒介与传播对象的关系。

④ 对象（受众）分析：研究庞大、复杂的受播者，了解其一般和个别的兴趣与需要。

⑤ 效果分析：研究受播者在接收信息后所产生的意见、态度与行为的改变等。

此模式虽然在大众传播中得到广泛的使用，但它毕竟过于简单，具有明显的缺陷，信息的传播只是单向流动的线性模式，忽略了传播是循环往复的双向互动过程，同时也忽视了反馈的作用，过高估计了传播的效果。拉斯威尔的“五 W”模式在现代教育技术中的运用，主要是发挥传者（教师）、受者（学生）的主动性和积极性，通过对现代教育媒体的选择和组合，将教学信息直接或间接地传递给受者，并通过实践检验证明其产生的效果，因此该模式对现代媒体教学有一定的指导作用。

四、香农-韦弗的传播模式

信息论创始人香农（C.E shannon）和韦弗（W.Weaver）于 1949 年在研究电报通信问题时，在《通信的数学理论》一书中提出了一个传播的数学模式。这个模式的最早版本是单向直线式的，但是很快他们又在这一模式中加入了反馈系统。并引申其含义，将通信原理运用于人与人之间的信息交流，从而对后来的传播模式产生了重大而深远的影响；人们普遍对模式发生兴趣多由这一模式所启发。该模式如图 2-3 所示。这一模式把传播过程分解为七个要素，具体过程解释为：从信息源中选择准备发射出去的信息，这一信息经过发射器的编码将信息的符号转换为信号，信号通过一定的传递通道传送出去，在接收端，由接收器接收信号，并将其转变为信息，最后由信宿（接收者）所接受利用。接收者在收到信息后，必然会产生某种反应，并通过各种形式给传播者“反馈”信息。另外在传播过程中还存在有干扰信号（来自信道的噪声）。

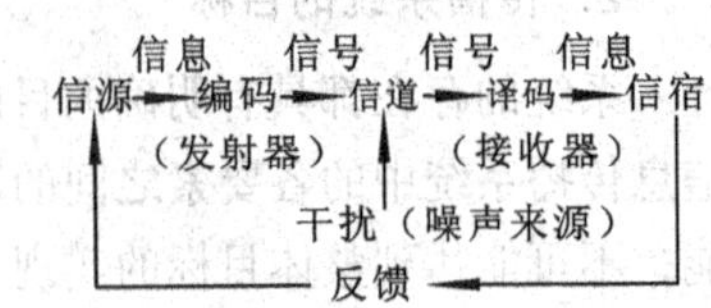

图 2-3　香农-韦弗传播模式

现代教育技术采用香农-韦弗的传播模式，主要在于选择、制作适合表达和传播教育信息的现代教育媒体，及时分析来自各种渠道的反馈信息，以取得教育的最优化。

五、贝罗的传播模式

美国学者贝罗（David Berlo）于 1960 年提出了 S-M-C-R 模式。该模式是以哲学、心理学、语言学、人类学、大众传播学、行为科学等学科的新理论为依据，阐述在人类传播活动过程中的各种不同要素，如图 2-4 所示。这一模式把传播过程分解为四个基本要素：信源、信息、通道和接收者。

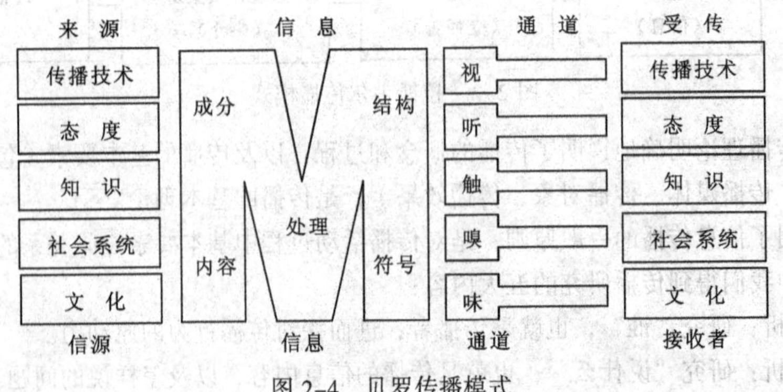

图 2-4　贝罗传播模式

该模式以其简单、易懂、易记、用途广泛等特点而深受欢迎。模式中包含了来源、信息、通道、受播者四个要素。实际上贝罗的最大贡献不是提出这个模式，而是主张把传播作为一个过程来进行研究。

1．信源和编码者

研究信源和编码者，需要考虑他们的传播技术（对信源部分是指说话和写作，对接受者部分是指收听和阅读）、他们的态度、知识水平、所处的社会系统及文化背景等。

① 传播技巧：信源与编码者不论以说话还是写作来传播，必须讲究传播的方式，才能保持信息本身的真实性和趣味性。传播技术包括语言（如语言的清晰和说话的技巧）、文字（如写作的技巧）、思想（如思维周密）、手势（如动作自然）及表情（如逼真）等。

② 态度：传播者是否喜爱传播的主题？是否有明确的传播目的？对接受者是否有足够的了解？

③ 知识：传播者对传播的内容是否彻底了解？是否有丰富的知识？

④ 社会系统：传播者在社会中的地位、影响与威信如何？

⑤ 文化：传播者的学历、经历和文化背景怎样？

2．接受者与译码者

信源、编码者与译码者、接受者，虽然处于传播过程的两端，但是在传播过程中，信源（传播者）可以变为接受者，接受者也可以变为传播者（信源）。所以影响接受者、译码者的因素与传播者、编码者相同，也是传播技术、态度、知识、社会系统与文化诸项。

3．信息

影响信息的因素有如下几项：

① 符号：传播过程中采用的符号，包括语言、文字、图像与音乐等。

② 内容：传播者为达到传播目的而选取的材料，它包括信息的成分及信息的结构。

③ 处理：是传播者对信息选择及安排的符号所做的各种决定。

4．通道

通道就是传播信息的各种手段和工具，包括视觉媒体、听觉媒体、触觉媒体、嗅觉媒体、味觉媒体。如书籍、报纸、杂志、播音、电影、电视、电话、唱片、图画、图表等，以及人的各种感觉器官。在传播过程中，信息的内容、符号及处理，均能影响通道的选择。例如，何种信息该用语言传送？何种信息应该用视觉的方式传送？何种信息应该用触觉、嗅觉、味觉方式传送？总之，通道的选择会影响信息的传送与接收效果。

该模式说明了在教育传播过程中，影响和决定教学信息传递的效率和效果的因素是多个方面的、复杂的，各因素间既相互联系又相互制约，因而要提高教育传播的效果，必须综合研究和考察各方面的因素。

思考与练习

1. 什么是学习、学习理论？学习理论有哪些流派、各自的基本观点是什么？
2. 什么是教学、教学理论？教学理论有哪些流派、各自的基本观点是什么？
3. 阐述信息化教学的方法论基础。
4. 阐述信息化教学的传播学基础。
5. 什么是媒体、教学媒体？教学媒体有哪些类型？
6. 教学媒体的本质是什么？

第三章 信息化教学媒体原理

导言

随着信息技术的发展，信息技术越来越广泛的运用在教学中，从备课到查资料，到设计制作、教学软件等都可以应用到信息技术。信息技术在教学中的运用提高了教师的工作效率和工作质量，并且有助于教师创设生动逼真的问题情境引导学生自主的学习。让信息技术成为学习者最强大的认知工具，最终达到使用信息技术改善学习的目的。

学习目标

了解与教学媒体相关概念的意义，以及教学媒体的发展历史；熟悉教学媒体的本质、属性与特性；掌握各类教学媒体的具体应用范围，以及优势和不足之处；掌握教学媒体的选择依据、原则和方法。

第一节 媒体与教学媒体

一、媒介和媒体

1．媒介的概念

人类发展的历史，就是一部信息传播的历史。信息的传播，盖因媒介使然。媒介不存在，信息传播自然就丧失了存在的理由。在狭义的层面上，人们对“媒介”的理解和运用也是各不相同的。有人认为“媒介是指承载并传递信息的物理形式，包括物质实体和物理能。前者如文字、各种印刷品、记号、有象征意义的物体、信息传播器材等；后者如声波、光、电波等”（龚炜，1988）。有人认为“媒介是一个简单方便的术语，通常用来指所有面向广大传播对象的信息传播形式，包括电影、电视、广播、报刊、通俗文学和音乐”（巴勒特，1986）。也有人认为“媒介就是渠道，即口语单词、印刷单词等。但是，这一术语常常用来指渠道和信源两者，有时甚至包括信息。”“当我们说到‘大众媒介’的时候，我们往往不仅指大众传播的渠道，而且指这些渠道的内容，甚至还指那些为之工作的人们的行为”（戴维·桑德曼等，1991）。这些观点是从传播符号、传播形式、传播渠道等不同角度而阐述的。

2．传播媒介与传播符号、传播形式、传播渠道的区别

（1）传播媒介有别于传播符号

符号是指表达或负载特定信息或意义的代码（如语言、文字、图像等），而媒介是指介于传播者与受传者之间，用以负载、扩大、延伸、传递特定符号的物质实体。作为一种代码或手段，符

号反映了人对事物认识的过程和信息表达的逻辑特点，因此往往具有抽象性、有序性、思维性和意识性的特点。作为一种物质实体，媒介反映了物质和能源的本身特点和存在形貌，如石碑坚硬，纸张薄软，大喇叭粗犷，电视机精致等，它们都有形体、有重量、有尺寸，可移动、可保存、可毁坏。信息与符号、符号与媒介之间关系，犹如毛与皮的关系，皮之不存，毛将焉附？

（2）传播媒介不同于传播形式

传播形式是指传播者进行传播活动时所采用的作用于受众的具体方式，如口头传播形式、文字传播形式、图像传播形式和综合传播形式等。在政治传播中，过去人们常采用文艺形式、音乐形式、忆苦思甜形式、参观访问形式等。在文字传播形式中，人们可以运用书籍、报纸、杂志、传单、小册子等媒介进行信息传播。一种传播形式可以动用不同的媒介，而一种媒介也可以服务于不同的形式，如电视就可以显示这一功能。但传播形式表明的只是传播活动的状态、方式和结构，而传播媒介显示的却是实实在在的物体。

（3）传播媒介还有异于传播渠道

英语 Channel（渠道）一词，原意是指航道、水道、途径、通路、门径、渠道等。在传播学中，它是指传播过程中传授双方沟通和交流信息的各种通道，如人际传播渠道、组织传播渠道、大众传播渠道。不同的传播渠道需用不同的传播媒介相配合，而不同的传播媒介又对不同的传播渠道进行定型。例如，人际传播渠道是人与人面对面的交流，决定了只能使用人体器官媒介（如发射媒介——嘴，接收媒介——耳）和空气媒介。但是，信息一旦通过广播、电视传播，就又是大众传播渠道了。人际传播媒介可以随意进入各种传播渠道，并与其间的特定媒介配合使用，而不会改变其渠道形态，但大众传播媒介则完全不同。可见，传播媒介并不等于传播渠道。

3. 媒体的概念

人们在很多情况下将“媒介”和“媒体”看做一回事，即“媒介”即“媒体”，“媒体”就是“媒介”。很显然，媒介的概念要比媒体的范围大。这是因为“介”是介质，包括有形的（如通信电缆、光缆等）和无形的（如电磁波、光波、空气等）；“体”则是实体，主要是指有形的介质。可以这么认为“媒体”是指在信息的传送过程中，信源与信宿之间携带和传递信息的任何物质工具。媒介与媒体的关系可以用图 3-1 来表示。

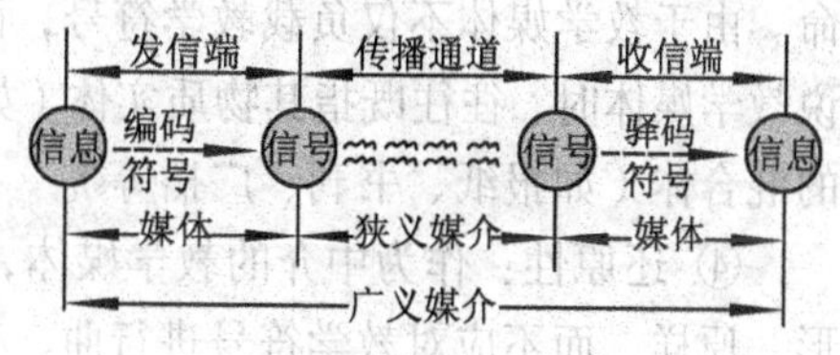

图 3-1 媒介与媒体的关系

二、教学媒体

人类传播媒体的演变是加速度地进行的。即从语言到文字，经历几万年；从文字到印刷经历几千年；从印刷到电影、广播经历 400 年；从第一次试验电视到月球播回实况电视，只经历 50 年（威·施拉姆、威·波特《传播学概论》新华出版社，1984 年版，第 19 页）。人类传播媒体每经历一次飞跃，都在教育上留下深刻的烙印。各种传播媒体都为教学的传播开辟了新的前景。人类历史上经历了多次因以新的符号文化补充和改进原有的符号文化、以新的传播媒体补充与改进原有传播媒体而在文化上获得有决定意义的飞跃。在这方面的里程碑是语言、文字以及大众传播媒体的问世。教育史的开端和教育史上最有决定意义的变化是伴随符号文化与传播媒体发生的。例如，印刷媒体使大众接受教育成为现实，而大众传播媒体的出现使远程教育实现。近年来，信息高速公路的发展，将进一步推动教育的革命性变革。人类传播媒体的进步，在推动教育变革的同时，也为教学提供了高效的、多样化的传播方式。

人类的一切媒体都可以为教学所用，用于教学的媒体，我们称为教学媒体。教学媒体由三个要素构成。其一是物质，物质实体是教学媒体得以存在的首要因素。没有具体而实在的物质实体，无论多么精美的教学观点也无法依附，无法传播。因此，物质实体是构成教学媒体的前提条件。其二是教学符号，教学符号是构成教学媒体的第二种要素。一般的物质实体上若没有刻画、负载上特定的文字、图像、声音等人类能够识别、译读的教学符号，那它可能就是普通的随处可见的物体，而不是媒体。教学符号是教学媒体与其他物体相区别的一个重要标志。其三是教学信息，也是构成教学媒体的重要因素。首先传播教学信息是教学媒体的基本功能和唯一使命；其次，任何有序的完整的教学符号都蕴含着特定的教学信息；此外，教学信息也是教学主体与社会发生关系，形成互动的理由和前提。

根据以上分析，可以认为，教学媒体是指介于教学主体与社会之间的用以负载、传递、延伸、扩大特定教学符号的物质实体。具体说，就是指在教学中使用的任何形式的设备（硬件及系统）和资源（软件）。教学媒体具有实体性、中介性、负载性、还原性和扩张性等鲜明的特点。

① 实体性：作为实体性的媒体，它有质地、形状、重量，给人的感觉是可见、可触、可感，是个具体的真实的有形的物质存在，故也就有磨损、消耗和锈蚀等。例如书刊、报纸、收音机、电视机、计算机、Internet网络等都是用于传播的实体。

② 中介性：教学媒体的中介性特点，一是指它的居间性，即它居于教学主体与社会之间；二是它的桥梁性，即它可以使传授双方通过它交流信息，发生关系，起到桥梁的作用。

③ 负载性：负载教学符号既是教学媒体的特点，也是教学媒体的存在前提和必须完成的使命。由于教学媒体不仅负载教学符号，而且通过教学符号负载了教学信息或内容。因此，当人们说教学媒体时，往往既指其物质实体（如纸张、电视机等），也指物质实体、教学符号、教学信息的混合体（如报纸、书刊、广播等）。

④ 还原性：作为中介的教学媒体，它决定了其在传播过程中所负载的教学符号的原声、原形、原样，而不应对教学符号进行曲、变形、嫁接处理。

⑤ 扩张性：教学媒体不仅可以“穿针引线”，使传授双方发生关系，还可以将教学主体的思想、情感扩张开来为两个人以上的许多人所共享。

三、教学媒体与教学手段、教学方法和教具的区别

教学媒体、教学手段、教具与教学方法是既相联系又相区别的概念。一般地说，教学手段是指师生在教学中相互传递信息的媒体、工具或设备。从它发展的历史看，教学手段包括教学双方的形体、动作、表情、个性；文字与书籍；粉笔、黑板、算盘、图片、模型、标本、教杆；幻灯（投影）、唱片或录音带、电影、电视、录像、教学机器、语言实验室；电子计算机等。教具（Teaching Aids）即教学用具，则是指在教学过程中借以辅助教学活动的各种实物用具。传统的有教科书、教杆、标本、模型、图表等，现代化的有电影、电视、幻灯、录音、录像、投影仪、计算机等设备。教学方法，是为了达成一定的教学目标，教师组织和引导学生进行专门内容的学习活动所采用的方式、手段和程序的总和。

教学手段、教学媒体、教具有时相互包容，有时又各有各的所属。从定义上看，教学手

段包括了教学媒体和教具，而有时人们又把教学媒体等同于教学手段，也就包括了教具。有时人们又会扩大教具的队伍，把通常意义上的教学媒体都称作教具。这样，一件工具，既可以称为教学手段，也可以称为教学媒体，还可以称为教具。例如黑板、教科书、电影、电视、计算机等。

但有的工具，就不能这样去认识它，如教杆、粉笔。说教杆和粉笔也是一种教学媒体就有些牵强附会了。因此，教学媒体和教具还是有一些差异的。在教学中，教具主要是辅助教师呈示教学信息的工具，如教杆、讲桌、黑板、粉笔以及各种实验器具和物品等，它能把一些具有教学意义的信息呈示出来，影响师生交流信息，但它本身可以不携带教学信息，因此有的教具不能成为学生学习的对象。教学媒体则不然。因为教学媒体必须能够携带教学信息，所以它可以成为学生学习的对象。在这点上，教学媒体与教学方法也有差异。教学方法是对教学媒体、教具、教学手段等的运用，它是一系列的活动方式，而非工具。

教学媒体与教学手段、教具、教学方法之所以有着如此复杂的关系，主要是因为它与其他三个概念不属同种意义上的教学过程的概念。把教学过程看做信息传播过程时，才会有教学媒体这一概念。而把教学过程理解成一个认识活动过程时，教学手段、教学方法和教具才有明确的意义。对教学媒体和教学手段、教具、教学方法等之间的关系加以区分，有助于我们把握教学媒体的本质、特征及其在教学中的功能，指导我们正确地选择和使用教学媒体。

四、教学媒体与信息技术、教育技术的区别

教学媒体与信息技术、教育技术这三个概念既有区别又有联系，但人们往往分得不是很清楚。信息技术（Information Technology）的概念很广泛，宏观而言，是指能充分利用与扩展人类信息器官功能的各种方法、工具与技能的总和。该定义强调的是从哲学上阐述信息技术与人的本质关系；中观而言，信息技术是指对信息进行采集、传输、存储、加工、表达的各种技术之和。该定义强调的是人们对信息技术功能与过程的一般理解；微观而言，信息技术是指利用计算机、通信、网络、广播电视等各种硬件设备及软件工具与科学方法，对文图声像各种信息进行获取、加工、存储、传输与使用的技术之和。该定义强调的是信息技术的现代化与高科技含量，有时又称现代信息技术。当信息技术应用到教学中，我们可以称它为教学媒体。

教育技术的研究对象是有合适技术支持的教学过程与教学资源，研究范畴则是对有合适技术支持的教学过程与教学资源的设计、开发、利用、管理与评价（这里所说的合适技术，包括现代技术、传统技术、有形的物化技术和无形的智能技术）。很显然，教学媒体是属于教育技术中“合适技术”的一部分，即“现代技术、传统技术、有形的物化技术”。

信息技术与教育技术二者有较密切的联系，但却属于不同的学科，并有各自不同的研究对象和研究范畴。信息技术属于技术学科，其研究对象是信息，研究范畴是对信息的获取、存储、分析、加工、变换、传输与评价；教育技术则属于教育学科，其研究对象是有合适技术支持的教学过程与教学资源。在很多情况下是指信息技术，但是决不应把这里的“合适技术”仅仅理解为信息技术）。通过信息技术培训和教育技术能力培训所要达到的目标也完全不同：通过信息技术培训是要使被培训者具有信息技术素养，即具有利用信息技术的意识、能力与道德。其中，利用信息技术的能力是指获取、存储、分析、加工、变换、传输与评价信息的能力。通过教育技术能力培训则是要使被培训者具有教育技术素养，即具有运用教育技术的意识、能力与道德。其中，运用

教育技术的能力是指对有合适技术支持的教学过程与教学资源进行设计、开发、利用、管理与评价的能力，也就是在有合适技术支持的教学环境下进行教学设计并有效地组织与实施教学活动的能力。为了达到各自不同的培训目标，这两种培训教材的内容体系也有很大差别——信息技术培训教材是围绕各种信息处理技术而展开，教育技术能力培训教材则是围绕教学设计和教学实施的各个环节而展开。尽管教育技术能力培训中也会涉及大量信息技术的内容，但其目的是利用这类技术来优化教学过程以提高学习的质量与效率（而且不仅可以利用信息技术这一种有形的物化技术，还可以利用其他的有形物化技术和无形的智能技术），这和信息技术培训中完全以学习、掌握信息处理技术为目的有着本质上的不同；同样道理，尽管信息技术培训中也会涉及不少教学资源开发、教学软件利用和教学自动测评等教学应用的内容，但其目的是通过这类教学应用做案例去验证相关的信息处理技术的实用性与有效性（而且不仅可以通过教学应用去验证，还可以通过其他领域的应用去验证），这和教育技术能力培训中完全以学习、掌握如何进行教学设计和有效实施教学活动为目的也是不能相提并论的。

五、教学媒体的分类

科技的发展使可供教学使用的媒体越来越多，人们从不同的角度，以不同的方式把媒体分成各种类别。目前，有代表性的分类方法如下：

1. 按媒体的制作方式分类

由于制作媒体的方式不同，可分为印刷媒体和非印刷媒体两大类。这种分类法最简单，也最直观，最常用。

（1）印刷媒体

印刷媒体是一种古老的媒体，其显著特征是以纸张为信息载体。在教学中使用最多的印刷媒体是教科书、教学图片、教学图表、教学挂图以及教师和学生使用的教学辅助材料等。目前，印刷媒体仍然是教学中的主流媒体。

（2）非印刷媒体

除印刷媒体以外的所有媒体均可以称之为非印刷媒，既包含传统意义上的各种模型、实物以及自然景观等，也包括现代意义上的各种电子设备和相配合使用的各种材料。在电化教育中所讲的电教媒体就属于非印刷媒体。有人也把它称为电子媒体，诸如电影、电视、计算机等硬件以及相应的胶片、录像带、磁盘等软件。

2. 按媒体所负载的信息特征分类

（1）非言语系统媒体

主要有：第一类，事物系统媒体，指实际事物现象。各种动物、植物与矿物标本，真实仪器、器材，各种演示实验中观察到的事物现象等；第二类，模象系统媒体，指真实事物现象的模拟制品，如各种图片、图表、模型、影片、幻灯片等；第三类，动作及表情系统媒体，指用以传递动作与情感经验的各种示范动作与表情动作。

非言语系统媒体的特点在于其所负载的是现实事物现象的具体经验或具体信息。依据巴甫洛夫的两种信号系统学说，这类媒体属于现实的“第一信号系统”，区别于“第二信号系统”。通过这种非言语媒体。可以传递人们对各种具体事物的感性的或具体的经验。从这类媒体所负荷的信息量来说，其包容性相对较小，因而获取其信息的加工相对较简便，要求的条件较少。

（2）言语系统媒体

主要有：第一类口头言语系统媒体，指以口语作为经验的传递媒体；第二类书面言语系统媒体，指以文字媒体作为经验的传递媒体。

言语系统媒体区别于非言语系统媒体的特点在于其所负载的现实事物现象的抽象经验或抽象信息。依据巴布洛夫的两种信号系统学说，这类媒体属于现实的第二信号系统。由于第二信号是现实的第一信号的信号，具有抽象性与概括性，因而这类媒体可以用来传递人们对现实的一类事物现象的理性的或抽象的经验。由于言语系统的媒体可以作为非言语系统媒体的信号，因而其信息的负荷量超出了非言语系统媒体的局限性，其包容性相对较大。因而获取信息的加工，相对较繁杂，要求的条件较多。

3. 其他分类方法

（1）按媒体的物理性能分类

这是电化教育学上的分类方法。很明显，此分类方法是指以声、光、电、磁为内能的一些媒体而定的。它主要是把非印刷媒体再二级分类，包括有听觉型媒体、视觉型媒体、视听型媒体、交互型媒体、多媒体等。

（2）按传播范围分类

这是传播学上的一种分类方法。主要分为人际交流媒体和教育信息传播媒体。人际交流媒体的种类很少，主要是指两人或两人以上面对面或利用电子通信设施、信件进行交流的媒体。教育信息传播媒体泛指对广大视（听）众传递信息的媒体，即包括上述的非印刷媒体，也包括印刷媒体。

（3）按信息流动的相互性分类

教育传播学家罗纳德·哈夫洛克（Ronald Harelock）认为根据信息传播过程中信息流动的相互性，媒体可分为单向传播媒体（包括电视、电影、书刊、演示、大班讲课等媒体）和双向传播媒体（亦称相互媒体，包括游戏、角色扮演、讨论、辅导等媒体）。并且认为当采用单向媒体时，学生几乎没有机会影响或改变信息，如果使用恰当，可以在尽可能短的时间内，对大量的人传递大量的信息；当采用双向媒体时，在相互作用上与前者相似，但教学结构更为严格，须按一定的程序进行。

（4）按媒体对学生的影响分类

在研究了媒体对学生的影响后，康纳尔德·托斯蒂（Donald Tost）和 J. R. 鲍尔（J. R. Ball）认为，各种媒体对学生起看至关重要的三种作用，即呈现刺激、要求反应和控制教学环境。并据此把媒体分为刺激媒体、反应媒体和控制媒体。

（5）按媒体呈现的形态分类

罗纳德·H·安德森（Ronald.H. Anderson）根据媒体呈现的形态，将其分为十大类。即听觉媒体、印刷媒体、听觉——印刷媒体、静止图像投影媒体、听觉——静止图像投影媒体、活动视觉媒体、有声活动视觉媒体、实物媒体、人类和环境的资源、计算机媒体等。

随着技术的不断发展，教师现在可以在教学过程中采用的媒体越来越多（如计算机、光盘、DVD、卫星通信和国际互联网等）教师的教学活动不再局限于教室的围墙内，通过学校的媒体中心和网络中心，整个世界都变成了学生们学习的教室。

第二节　教学媒体的发展历史

一、语言媒体阶段

大约几十万年以前，在热带的地方，生活着一种高度进化的类人猿。它们成群结队地在茂密的原始森林中生活，摘一些野果和捕捉一些小动物当做食物。它们没有语言，只会吱吱地喊叫。后来由于气候的变化，森林逐渐缩小了，甚至被干旱的草原所代替。这些类人猿为了生计，便不得不离开森林到地上来寻找食物，不久它们便逐渐地学会了直立行走。由于直立行走，它们像其他动物一样的前肢被解放出来，成为人类所特有的手。手做着各种活动、越来越灵活，大拇指可以和其他四指对握，甚至进而能达到制作各种简单的工具，以此来防御野兽的侵袭和从事捕获猎物等其他的简单劳动，这样类人猿就变成了最原始的人类。

当然，那时的社会，生产能力十分低下，只有从事集体的劳动，采摘果子，捕获动物，才能生活下去，否则就要灭亡。人们在集体劳动中，急需要互相交流思想，协同工作。不只如此，人们在集体生活中也急需交流思想，才能过上更和谐更团结的生活。这样，就给作为人类交际工具语言的产生创造了必要的客观条件。

同时由于人类直立行走的实现，不断地进行着各种劳动，眼界扩大了，知识丰富了，头脑发达了，思维形成了。由于直立行走的实现，使类人猿能够更自由地运用肺和声带，使类人猿口腔内的发音器官有更大的活动余地，使口腔与喉部气流的通道形成一个直角，不再像其他动物似的几乎连成一条直线。这就有助于人类的祖先在发音时构成更多式样的阻碍，控制气流，发出更多式样的声音。这样，人类产生语言的主观条件也就成熟了，于是语言便逐渐地产生了。由此可见，是劳动创造了语言，自从有了人类社会存在的那一天起，就产生了语言。人类社会的形成过程，就是人类语言的产生过程。人类社会生活的不断发展，语言也就随着不断发展。语言，是人类所特有的用来表情达意、交流思想的工具，是一种特殊的社会现象。语言由语音、词汇和语法构成一定的系统，它一般包括其书面形式，但在与“文字”并举时，则单指口语而言。

语言的产生标志着人类在思想交流方面，特别是在传递知识、表达较复杂的概念的能力方面取得了巨大的进步。人们通过语言可以将自己学到的东西有效地传播给家庭成员及社会中的其他成员特别是年轻的下一代。随着社会发展的需要，这项工作由部落中有经验和有威望的年长者来担任，因而出现了专职教师的教育方式，这就是教育史上第一次革命。在这一阶段，人类的教育方式主要是口耳相传和模仿等。语言媒体作为一种最古老的传播媒体，具有简单、快捷、通俗、反馈等优越特性。即使在具备多种多样的现代化媒体的今天仍具有其他媒体所不能取代的优点。

但是语言媒体的缺点也很明显，例如在表达比较抽象的内容时，通常要借助手势、表情、姿势等肢体语言去辅助，而且转瞬即逝，难以保存；语言媒体的传播距离有限，只能在有限的距离内实现交流。因此，在教学活动中，语言媒体应与其他教学媒体相互配合使用才能获得良好的教学效果。

肢体语言是语言媒体（口语）的扩展，在教学信息的传播过程中，没有肢体语言的辅助是很难想象的。肢体语言非常丰富，今天的肢体语言的范围进一步扩大，除了动作、表情、姿态等具有肢体自然属性的符号外，还包含了音响、物件图形、图解、图像等非肢体属性的符号，这些符号在传播学中被统称为非语言符号。它没有鲜明的语法结构和实用规则。为了研究上的方便，把非语言符号分为以下几类。

1. 动作性符号

动作性符号通常包括人的身体动作，人所处的空间以及所用的物件等。身体的动作符号是指人的身体的任何一个部分的运动所赋予的信息，主要有象征性动作符号、解说性动作符号、情绪性动作符号、调节性动作符号、适应性动作符号等几种形式。物件符号是指人们所使用的一切物件，也都向人们展示了一定的信息。例如从群众大会的会场，从会场的布置、物件的类型及摆设，人们就可以看出是庆功大会、学术报告会，还是文艺表演会等。时空符号是指人们所处的一定的时空关系，这种关系同样也能向人们昭示一定的信息。例如，约会迟到半小时，是对人的不尊重、不礼貌，亲人坐在一起时距离会近一些，而与陌生人相处则会保持相当的距离等。

2. 音响符号

音响符号是指向人们传递信息的各种声音，有自然形成的，也有人工特定的。这通常包含拟似语音、事物音响和音乐三个方面。所谓拟似语音是从说话声音中分离出来的非语言成分，由音型和非语言符号声组成。音型是由说话者的生理、心理状况决定的，会有声音的强弱、语调、共振、速率和节奏等因素。我们可以从一个人的音型判断是何人、哪一类人，什么年龄的人等信息；非语言符号声则与个人音型有别，它是指一般的笑声、哭泣、打哈欠、悲叹等，它表示了说话人的情绪状态和身体状况等方面的信息。事物音响是指依赖于某一物件、环境等所发生来的一种声音，有自然的和人工的两种形式。例如，风声、雨声、海浪声、脚步声、上课的铃声、汽车的喇叭声等。我们通常把由人工特定的音响称之为信号音响，听到这种音响，人们有一种不可抗拒的服从行为。音乐是指一种声音艺术，它能用来表现情绪、环境等信息。

3. 图像符号

图像符号包括有活动图像、整体图像和图画等多种形式。各种形式的图像都有一个共同的特点，那就是具有真实事物的形态。因此，这类传播符号是形象的、直观的，多被人们感知和理解的。

4. 目视符号

目视符号是于抽象语言符号与物件符号之间的一种图形符号。如说明事物类型与相互关系的“图解”，表示事物运动轨迹的“曲线”，表现土地的“地图”，还有表征产品的“商标”，象征国家的“国徽”等。

二、文字媒体阶段

从语言的产生到文字的出现，其间经历了几万年。据考究，人类最初采用文字的时间大约在公元前4 000年。人类文字起源有共同的规律，即文字脱胎于图画。当人类没有文字的时候，因为要记事、要表达、要交际，曾经想过种种方法，这些方法不外两类：一类是实物，一类是图画。

1. 实物记事

起先，古人交往是用一些足以代表其意义的实物，譬如送一枝箭，表示宣战；送一根烟筒，表示讲和。后来人们在信中放子弹，把匕首关在仇家门上，表示恐吓；在交往中互递纸烟，表示友好；电影《鸡毛信》，在信中放一根鸡毛，表示紧急，也是这个意思。

实物记事的方法有结绳、结珠、训木等。结绳，是用一根极粗的横绳（主绳）或木棍，上面挂上长短不齐，颜色各异的细绳。不同的长度，不同的颜色代表不同的意思。如红绳代表兵和战争，黄绳代表金子，白绳代表银子与和平等。细绳结网似的打起来，每一种打法都代表一种意思。打一个单结表示10，两个单结表示20，一个双结表示100，两个双结表示200等。有专门的结绳官，掌管绳子的结法和解法。世界历史上使用结绳最为发达、复杂的是南美洲的印加人。古代秘鲁人、琉球人、我国台湾省的少数民族都采用过这种方法。现代秘鲁的乡间还存在一种结绳文字，琉球也有这样的历史遗存。结珠，就是将贝壳穿在绳子上，贝壳的不同颜色代表不同的意思。据说，汉族人用的算盘就是从结珠蜕变来的。训木，是在一根木棒（或木条）上，刻上各种花纹或插进各种东西，它可以用来帮助记忆，也可以用来传达命令。我国古代使用的令箭，就含有训木的性质。

2. 图画记事

记事的图画虽然也画着人、鸟、太阳等，但不是美术作品，而是记事的辅助工具。记事图画除了实物以外，也有一些带有假设性的图形，如画3个太阳表示3天，画10条短线表示10个人等。北美的达科塔人曾经用图画记载过他们历年发生的大事。如画一个人身上布满斑点，表示流行过天花；画一个人嘴边有三条短线，表示流行过百日咳；画两只相对的手，表示与外族和好。记事图画也能表达比较复杂的意思，如北美奥杰布华人曾于1849年给美国总统送一份请愿书，上面画了7个动物（7个部落的图腾），这些动物的眼睛和心都有线相互连接，线的一头指向前方，另一头连在后面的小湖上。这幅画表示他们同心同志：要求美国总统归还他们在苏必湖的渔业权。记事的实物和图画，虽然能够起到一些辅助交际和记忆的作用，但是不记录语言，不代表一定的词句，所以都还不是文字。古代汉字里也有一些非常逼真的象形字，可以推测，原始汉字也经历过"文字画"这个阶段。

3. 文字的最早基础——象形

象形文字是从图画记事演变而来的。记事图画经过简化、整理、充实，逐步有了语音，并能代表具体的语言成分，于是人们就创造了文字。如①埃及金字塔的墙壁上绘着许多神秘的图案，那是古代埃及人的"图画文字"。后来人们在古埃及原有的"图画文字"里，挑选了21个字母，这便是欧洲各国或地区字母的始祖。但在当时却是象形的，A 是一只公牛头；B 是一所房屋；R 是个人头；D是一只手；N是一条蛇等。②我国云南纳西族的东巴文，是纳西族祖先使用的文字，这是目前世界上唯一"活着"的象形文字。现在欧洲的文字早已从象形进化到拼音，大部分已经脱去了古老的外壳。但是中国的汉字却至今还留存着这种外壳。中国最早的文字主要刻写在龟甲、兽骨、竹简、锦帛之类的物品上。

文字媒体是用来记录语言的符号系统，是人类社会运用语言相当长时间以后出现的文化现象，因此相对于语言来说，它是最重要的辅助交际工具。与语言通过声音表达意义不同，文字是运用特定的形体符号按照一定的结构组合成单位来记录语言中相应的单位。从目前世界文字看，有的文字记录的是语言中的语音单位，如拉丁文字、日文等，有的则记录语言中的语素或词，如汉字，但它们有一个共同点，即它们都采用适当形式将语言这一听觉符号记录下来，使它们成为视觉符号，并在相当长时间和范围内存在和流传。作为视觉符号，文字与其他一些符号不同。文字符号必须以相对抽象的形式记录语言单位，记录语音的文字就是典型，但即便是记录语音的语素或词中的部分象形字，形体与所记录的意义之间仍然是概括性的，与图画不同。另外，有些符号可能也具有抽象性，但如果只是某一（些）领域的专用单位，如"@"、"≥"、"?"等就不属于文字，可见文字是对应于语言的具有广泛社会应用面的记录符号。文字符号具有相对完整的系统性，任何一种文字都是经过长时间运用形成的具有严密系统性的文字体系，它至少与某一语言有对应性。

文字媒体的出现，引起了教育方式的第二次重大变革，使教育将文字书写与口头文字语言作为同等重要的教育工具，人类除了口耳相传又可以利用书写文字来传达信息，引起了教育史上的又一次重大革命。

三、印刷媒体阶段

在印刷术发明以前，文字的传播主要靠各种形式的“手抄本”。在 1 300 多年前，中国隋代发明了雕版印刷术。先将文字雕刻在枣木、梨木上，然后在刻成的版上加墨把纸盖在版上，用刷子轻均地揩拭，文字就转印到纸上成为正字，再把纸揭下来。采用雕版印刷术，一次能印几百、几千部，比手工抄写方便多了，但仍费时费力，且只能使用一次，很不经济。北宋仁宗庆历元年至八年间，即公元 1041—1048 年间，一位名叫毕升的普通劳动者发明了活字印刷术。活字印刷术是人类历史上最伟大的发明之一，是中国对世界文化的重大贡献。

与任何发明创造一样，毕升发明活字印刷术是有它的社会需要、物质基础和技术条件的。中国社会进步到北宋时期，由于经济的发展、商业的繁荣和文化的兴盛，都需要迅速地大量地传播信息。活字印刷术正是为解决这个社会需要所提出的问题而产生的。印刷术必须用纸和墨。中国早在汉代就发明了纸和油烟、松烟两种墨。纸和墨的发明为活字印刷术的诞生奠定了物质基础。战国秦汉以来出现的印章和拓碑等复制文字、图画的方法又为活字印刷术的发明提供了技术条件。

顾名思义，印刷术的“印”字，本身就含有印章和印刷两种意思；“刷”字，是拓碑施墨这道工序的名称。从印刷术的命名中已经透露出它跟印章、拓碑的血缘关系。印章和拓碑是活字印刷术的两个渊源。

早在公元前 4 世纪，即战国时期，私人印章就已经很流行了。那时称为“玺”。秦始皇灭六国，得楚和氏璧，凿国玺，“玺”字从此被封建帝王所垄断。皇帝的印章才得称玺，一般人的玺只好称印称章。汉代印章盛行。起初的印章多是凹入的阴文，用于封泥之上，后来纸张流行，封泥逐渐失去效用，水印起而代之，凸起的阳文多起来。印章创造了从反刻的文字取得正字的方法，阳文印章提供了一种从阳文反写的文字取得阳文正写的文字的复制技术。

今天的印刷技术与此不可同日而语了，先进的激光照排、胶版印刷，使印刷品的质量美轮美奂，不仅仅是一种信息工具，而且很多都堪称是艺术品了。

印刷媒体的出现，使得信息可以大量复制、存储并广泛流传。对人类社会保存文化、传播思想和发展教育起了重大作用。印刷媒体引进教育领域，教科书成为学校教育的重要媒体。学生的知识信息来源不仅来自教师，也来自教科书。学生不仅向教师学习，也向书本学习。教师利用统一的教科书，可以面对一班学生开展有效的教学活动，导致 17 世纪产生了学校教育的班级授课制。引起了教学方式教学规模的又一次重大变革，产生了教育史上的第三次革命。

四、电子传播媒体阶段

19 世纪末以来，电子、微电子技术的发展带来一系列新的传播媒体。人们把以电子技术新成果为主发展起来的传播媒体称为电子传播媒体。例如，幻灯、电影、投影、广播、电视、卫星电视、录像、录音、计算机等。电子媒体的发展大大增进了信息的存储、传递和人类的信息传播能力和传播效率。并由此引发了教育领域中教育方式与规模上的一个根本性的变革，从而产生了教育史上的第四次革命。这一阶段具体可分为以下两个时期：

第一个时期是从19世纪末到20世纪50年代。在这一时期电教媒体被逐步引入教学，教学媒体开始出现电子化和现代化的特征。首先是幻灯、投影、留声机、广播走进了教育领域，接着是无声电影和有声电影。

1844年，塞缪尔·莫尔斯（Samuel Morse）发明了电报，首次把电报信号从华盛顿传到巴尔的摩。1876年，贝尔（Bell）发明了电话。1895年，马可尼（Marconi）和波波夫（ПоnoB）分别成功地使用无线电收发报。1834年，英国的爱迪生（Edison）制成了一种放映影片用的“活动电影视镜”。法国的卢米埃尔兄弟对它进行重大改进后，于同年研制成功了世界上第一部电影放映机。1901年，人们发明了光学录音法，历经28年后，有声电影正式试制成功并推广。1910年开始试制彩色胶片，到1940年彩色电影开始普及。1910年左右发明了无线电。1924年英国广播公司开办了学校广播。几年后，美国俄亥俄州、日本、澳大利亚和新西兰也相继开办了学校广播。1941年，加拿大设立了“农村广播专题节目”，直接对农民进行教育。

在20世纪20~30年代，以电影和播音为代表的教育活动主要运用于民众教育，如教育家俞庆棠在江苏省立教育学院建立研究实验部和教育实验区，除开展民众教育工作外，还试制教育幻灯片和16 mm教育影片，用以在实验区施教。镇江民众教育馆购置收音机，按时收听电台节目，并将大礼堂改为放映厅，编印《教育电影半月刊》，在社会教育中开展了电化教育。无锡各界人士为宣传抗日救国，捐款购置了一台无线电广播机，将这套设备送给江苏省立教育学院办民众教育，无锡、江阴、常熟、太仓等地的民众教育馆都组织民众按时收听。1935年10月，汪达之带领的新安旅行团从江苏淮安出发，走了22个省市，深入穷乡僻壤，行程5万多华里，利用电影进行国难宣传，被我国电影界誉为“中国电影史上第一个流动放映队”。

电子科学技术的飞速发展，导致电子化媒体频频问世并应用于教学实践，推动教学媒体由视觉媒体、听觉媒体向视听结合媒体发展，从而掀起了视听教育的热潮。作为这一时期的核心媒体的电影，由于具有视听结合、直观、形象、生动、感染性强等特点，在20世纪40年代得到了广泛的应用。但随着电视技术、录像技术发展的日臻完善，电影媒体最终因设备昂贵、影片制作周期长、成本高而逐步退出了教学领域。

第二个时期为20世纪50年代至今。在这一时期，电子技术、通信技术与信息处理技术都得到迅猛发展。首先是电视、录像技术的发展。1884年，德国科学家尼普科（Nipkow）发明了世界上第一张机械式视盘，为现代电视技术奠定了基础，1927年，美国法伦斯（Franswort）发明了世界上首台电视摄像机。9年后，“美国广播公司”即经常播放电视节目。电视在推广与应用中要解决的主要问题是图像的记录与重放，1954年世界上首台能用于演播室的磁带录像机诞生了，历经近半个世纪的发展，录像技术已非常成熟。目前，许多普及型、教学型的录像机已走进千家万户和学校课堂。

利用人造卫星转发电视节目，使电视覆盖面扩大至广阔的空间，又是电视技术发展的新里程碑。1957年，前苏联成功地发射了第一颗人造地球，5年后，美国太空总署首次发射了专为新闻传播设计的人造卫星“电星一号”，创下了电视进入太空时代的新纪元。1974年，美国发射的“实用技术卫星6号”直播用彩色电视播放播放内容进行扫盲、普及教育、职业训练和成人教育，取得了令人鼓舞的教学效果。

1980年以后，一些省市为了解决教育发展中的问题，由教育部门或独立、或与广播电视部门合作，建立了不同形式的教育电视台。1986年7月1日，“中国教育电视”用卫星试播，10月1日正式播出。1987年，中国教育电视台的建立促进了全国各地教育电视台、站的发展。根据1990年的统计，全国已有教育电视台（站）500多座，教育电视单收站3 000多个，放像点30 000多个，初步形成了卫星电视教育网络。

1986年，我国租用国际通信卫星上的两个转发器，并分别于1986年7月1日和1988年11月1日起开通两个专用教育电视频道，播送电大、成人教育、师资培训和职业技术培训等课程。我国自1979年2月创办中央广播电视大学，在经历了20多年的发展后，已逐步形成了一个以中央电大为教育中心，以各省市电视大学进行分级办学、分级管理的多层办学、全方位开放的远程教育体系。中央广播电视大学办学近30年来，为国家培养了大批高级应用型人才。

计算机是20世纪最重要的科技发明。从1951年第一台电子管计算机诞生开始，计算机技术发展突飞猛进，不断更新换代，从电子管、晶体管、集成电路到大规模集成电路，甚至单芯片的微型处理机等的问世，计算机的体积越来越小，运算速度越来越快，功能越来越强大，应用领域不断扩大，信息处理能力也在不断增强，日益显示出其强大的生命力。利用多媒体计算机辅助教学，交互地综合处理文本、图形、图像、音频、视频和动画等多种媒体信息，通过其进行有效控制并建立逻辑连接，能表达出更加丰富而复杂的教学内容，能有效地突破教学中的难点，解决平时教学中难以解决的一些问题，能使教学内容简单化，使教学过程变得更加生动、形象和有趣。目前，多媒体化、网络化和智能化使计算机的发展进入了一个崭新的发展时期，并成为当今一种重要的现代教学媒体。

网络的强大生命力在于其对信息的传播和资源的高度共享。从美国国防部网络ARPAnet发展起来的Internet（国际互联网），是由分布在世界各地大量计算机网络遵照共同的传输控制协议连接而成的因特网。因特网的迅猛发展始于20世纪90年代，在经历10多年的发展后，现已成为一个全球性的网络，用户遍及世界每一个角落。到目前，我国几乎所有的大学和绝大多数城镇中小学都通过中国教育科技网络连通因特网。

第三节　教学媒体的本质与特征

20世纪60年代以前，由于媒体的贫乏，人们把它仅仅看做是一种可替代的工具或手段。教师使用媒体不是为了追求效果而是为了自我劳动的解脱。从20世纪60年代开始，随着电子技术的飞速发展，导致了媒体研究的热潮。

一、教学媒体的本质

1. 麦克卢汉的观点

1964年麦克卢汉出版了《媒介·腾讯·人体的延伸》专著，首次系统论证了人类进入电子时代时，媒体对人类带来的重大影响并对传播媒体的性质、特点、作用提出了全新的观点和概念。一时间在西方形成风靡一时的“麦克卢汉热”。麦克卢汉的主要观点是：

（1）媒体就是信息

这是麦克卢汉关于媒体本质的中心论点。他认为媒体传递的实质东西是媒体本身的特性，而与其具体的内容是无关的。也就是说媒体等同于信息，把两者分开是不应该的。后来他又进一步强调媒体传递的真正“信息”是它本身对传者的刺激，而不是它所传递的内容。因为一种新的媒体一旦出现，无论它将传递什么样的具体内容，这种媒体本身就会给人类社会带来某种信息，引起社会的某种变革。

（2）媒体是人体的延伸

任何一种媒体都会程度不同地使人的各种感觉器官的平衡状态产生变动，使某一种感官凌驾于其他感官之上，造成“心理和生理上的影响”。例如，望远镜是人眼睛的延伸，计算机是人脑的延伸等。

（3）媒体有“冷”、“热”之分

把媒体分为“冷媒体”和“热媒体”，这实在是麦克卢汉的古怪想法。至今没有任何事实证明这个观点有什么价值。他所指的“冷媒体”是那些“低清晰度”的、提供信息很少的媒体，如漫画、电话、广播等媒体；“热媒体”是那些“高清晰度”的，提供信息充分和完善的媒体，如电影、电视等媒体。

西方人“麦克卢汉热”早已冷却，他本人也许被后来者模糊，以致凡提到他的观点的文章都把它们当做古怪的东西来对待。但是传播学界普遍认为麦克卢汉理论真正价值在于它使人们对媒体本身的认识和研究为之一新。

2. 亚瑟·克拉克（Authur C.Clarke）的观点

克拉克（Authur C.Clarke）认为其实媒体很简单，任何媒体所传递的内容没有什么不同，教学效果也是基本上一样，唯一不同的是传递信息的方式。媒体其本质是一种传递信息的手段。在克拉克看来，传递方式在教育学上似乎是无关紧要的。“各种媒体仅仅是传播教学的媒介而已，就如同卡车能运载食品引起我们营养的变化，却不能对学生的成绩产生大的影响”，“能带来稳定且再三复现高质量教学的，与其说是所使用的媒体，不如说是软件的设计”。

3. 安东尼·贝茨（Aothony Bates）的观点

贝茨（Anthony Bates）同意克拉克关于教学方式、软件设计质量的好坏对媒体传播信息的差异有极大影响的观点。但他认为，在表达知识方面，电视与其他媒体之间是存在重大差异的，而且这些差异在教育学上有重要意义，对于远距离教育，传播方式是一个重要因素，在选择媒体时，必须加以考虑。贝茨的主要观点如下：

① 媒体一般是灵活的和可替换的。就是说，只要有足够的想象力、时间和资源，通过某一媒体达到的教育目标，通常是可以通过任何另一种媒体来实现。于是争论的焦点是，在给定的条件下何种媒体最合适？

② 每种媒体都有其内在的规律，即有一套充分发挥其功能的固有法则。换句话说，可以采取正确的方式使用一种媒体，也可能采取了错误方式。所以，每种媒体的特性有待适当的探索，这就意味着媒体的“质量”有重要的作用——即使电视确实是一种最合适的媒体，但设计粗糙的电视节目照样会失败。

③ 并不存在某种“超级媒体”，所有媒体都有其长处和短处，而且一种媒体的长处往往正好是另一种媒体的短处。这个事实表明，采用多种媒体方案是比较有希望成功的。然而，使用媒体的种类越多，设计程序就越复杂，费用也可能越大。因此，我们的目标是在给定的情形下，只用有限的媒体，以最小的成本取得最大的学习效果，并在方便学习者和教师之间做到合理的均衡。

④ 对于某些具体的教学目标来说，还是存在某种媒体，它们的教学效果明显优于其他媒体。

综上所述，给教学媒体的本质界定一个大家认同的结论似乎不太可能，但我们可以从中得到一些启发和灵感，对他们的研究成果进行一次有意义的分析、归纳、总结，可得到如下结论。

1. 各种教学媒体各具优势与局限

随着科学技术的发展，出现了各种各样的教学媒体，不同时期出现的教学媒体带给人们的期望与影响也不同，例如幻灯机（片）能给人呈现放大的、细腻的事物图片，它比用教科书、语言呈现事物更具体、更形象，人们可以慢慢地加以详细的观察和研究，但它对事物的运动状态及过程不能加以有效地表达，它呈现的只是事物以前静止状态下某一瞬间的信息，并不能说明当前的状态；电视录像善于表现事物运动和变化的过程与状态，但它对于事物细节的表达又不及幻灯投影。再如我们现在非常热衷的多媒体，它确实比它之前的任何一种教学媒体的功能都强大，既可以呈现静态信息，也可以呈现动态过程，还可以呈现动画信息。但它对于师生情感的交流、对学生心灵反应的捕捉和回应却显得无能为力。总之，在现代教学媒体中的任何一种媒体，它既具有自己的特点与优势，在教学中可以发挥独特的作用，同时也有自身无法克服的弊端与缺陷。我们只有正确地认识教学媒体在教学中的优势与局限，才能恰当地运用它来为教学服务。

2. 不同的学科内容需要不同的媒体来呈现

学科有不同种类，不同类型的学科教学内容其特征和属性相差比较大。中外许多专家对知识分类进行了大量研究，结果表明学习内容可以划分为不同的类型，如有划分为陈述性知识、程序性知识和策略性知识；也有划分为认知类学习内容、动作技能和态度类学习内容，加涅则又把认知类学习内容分为言语信息、智力技能和认知策略等。总之，不同类型的学习内容，它们的特性不同，如文科性的教学内容多属陈述性知识，知识点与知识点之间的联系相对比较松散，学习时不一定要按某个顺序来进行，可以根据具体情况灵活安排；理科性的教学内容，多属于程序性知识，前后知识点之间有比较严密的逻辑关系，学习时要按一定的顺序或程序（知识内容自身固有的）来进行，一般不可跳跃进行。所以，当我们面对不同的学习内容要进行有效的传授时，就要根据学习内容的特点和教学媒体的特长，选择最能有效表达这些知识内容的教学媒体来进行教学，做到教学媒体和教学内容相协调，这样才可能取得较好的教学效果。

3. 应用多种媒体进行组合教学，能产生较好的教学效果

一门学科的教学内容或者一节课的教学内容，往往是由众多不同类型的学习内容所组成而不同的学习内容又需要用不同的、恰当的教学媒体来表达。这样，在客观上就要求我们在教学过程中用多种不同类型的媒体来进行组合教学，做到每一个知识点都能在现有条件下用最合适的、经济的教学媒体来进行有效地呈现和表达，取得相对较好的教学效果。所以，在教学实践中往往是采用多种媒体进行组合教学，而不是从头到尾用一种教学媒体。

4. 没有万能的教学媒体

每种教学媒体都有它自身的一些优点，同时也有它难以克服的一些缺陷，即使多媒体、虚拟现实技术或将来出现的功能更强大的某种教学媒体，它们同样在传播策略性知识、传递情感、塑造学生品格等方面也会感到无能为力。总之，在教学过程中没有能够解决所有教学问题的万能的媒体，万能的媒体以前没有，现在没有，将来也不会有。

5. 教学媒体作为传递经验的物质手段必须具有一定的物质形式

在教学过程中用以传递经验的媒体可以是各种各样的，具有各种形式的。它可以是一种极简单的声波或光波，也可以是一种极为复杂的器具或设施；可以是极为细微的动作，也可以是极其粗犷的行动。但作为教学媒体，必须是具有一定物质形式的客体。这就是说，教学媒体必须是能作用于人、使主体能对其产生能动反映的事物。否则它就不可能成为主观经验的媒介、信息的负荷者，也就不能成为教学媒体。

6. 教学媒体虽作为负载经验或信息的工具或信号，但教学媒体本身不是经验或信息本身

经验的工具或信号的接收不等于经验或信息本身的接受。因为教学媒体本身仅为经验或信息的传递提供一种能作用于学习主体的经验的物质模式或能量模式，从而刺激主体的反映系统的活动。经验或信息本身则是主体的反映系统的能动反映的主观产物。由此，既要看到教学媒体与其传递的经验之间的联系，又要看到其间微妙的区别。这是经验的传递不同于物的传递的根本听在。这是传统的注入式教学思想或把教育的经验传递说误解为引导注入式教学的谬误所在。引进教学媒体的概念，明确教学媒体的这一工具性特点，不仅对澄清注入式教学思想与对教学的经验传递说的误解是有益的，且对清除教学上的形式主义方法或形式主义教学的影响也是必要的。

7. 教学媒体具有两种教学功能

教学媒体应该具有两种教学功能，潜在的教学功能和实际的教学功能。“潜在的教学功能”是指这种教学媒体在理想的、最好的使用状态下所表现出来的教学功能；“实际的教学功能”是指这种教学媒体在实际教学中，某一教师使用下所表现出来的教学功能。我们平常所谈论的教学功能即是指潜在的教学功能，它是这种媒体所能达到的最强的教学功能，而要使这种教学媒体达到最强的教学功能，就必须使这种教学媒体呈现合适的教学内容，在恰当的时机合理地使用它，才可能表现出强大的教学功能，这往往是很难达到的；我们平常所见到的某种教学媒体的教学功能，往往是这种教学媒体在某种状态下，在某个教师设计、使用的情况下所表现出来的教学功能即实际教学功能。实际教学功能总是小于潜在教学功能，我们不能把这二者混同。教学媒体的潜在教学功能，只有通过在教学中科学而熟练地使用，才能充分发挥出来。

教学媒体从进入教学领域到普遍有效地应用，并对教学有重要作用和影响，主要与三个因素有关：教学媒体的结构和使用的复杂程度、教师在技术上和心理上的接受程度、教学媒体在整个教育领域的普及程度。不同的教学媒体其结构和使用的复杂程度是不同的，教科书简单、方便；投影、幻灯其结构和应用软件的制作相对较复杂些、使用比较难一些，而多媒体与网络则更复杂更困难。所以，教师与学生从刚开始使用某一媒体进行教与学的时候，首先要能够比较熟练地使用该媒体。一般情况是，教学媒体越复杂，达到熟练使用的程度所要花费的时间也越长。

8. 教学媒体的使用是有规律的

教师和学生能熟练地使用教学媒体，在技术上就能接受这种媒体的应用，但要在教与学习的过程中达到娴熟的应用还有一个心理上接受的过程，这个过程所需要的时间可能要比从技术上接受这种教学媒体所花费的时间还要长。一种教学媒体要对整个教育教学产生影响与作用，只有个别或少数教师和学生在使用这种教学媒体是不行的，必须是当大部分或全部教师和学生都能熟练地使用该教学媒体来进行教学和学习时，这种教学媒体才可能表现出它的潜在的教学功能，才能对教学领域产生重要的影响，而在整个教育中要达到这个要求和水平，其所需要的时间肯定比前

两个因素更长。由此可见，教学媒体在教学中应用时，要能充分地达到它的潜在教学功能，在时间性上是有一个规律的，即每一种媒体都有一个比较固定的使用周期和熟练使用周期，而教学媒体的使用周期和熟练使用周期又与该教学媒体的上述三个要素有关，“使用周期”是从刚接触这种教学媒体到能够对教学媒体进行正确地操作所需要的时间；“熟练使用周期”是指能够从正确地使用教学媒体到娴熟地使用该教学媒体进行有效的教学和学习所需要的时间。单一的、简单的、功能较弱的教学媒体，其使用周期和熟练使用周期比较短；综合的、复杂的、功能较强的教学媒体，它的使用周期和熟练使用周期会长一些。并且，对同一种教学媒体而言，它的使用周期往往比熟练使用周期要短许多。

9. 其他结论

教学媒体本身带有一定的信息，对规定知识的获得首先来自于对媒体的认识。教学媒体拓展了人体的器官，包括生理的和心理的。教学媒体对不同的内容有着不同的表现能力，掌握好教学媒体对内容的效能是提高教学效果的关键。教学媒体是连接传者与受者的纽带，信息的有效交流必须建立在对教学媒体的有效选择上。

二、教学媒体的属性

属性是指各种视听教学媒体在表现事物的大小、运动、声音、时间、空间、色彩、内容等特性方面的能力。把握这种能力，是制作教学媒体的基础和取得良好教学效果的前提。

1. 尺寸（大小）因素

尺寸（大小）因素即视听媒体的放大性、扩展性或者是放映与非放映情况。对于独立的听觉媒体来讲，是指对声音的放大或缩小的功能；对于独立的视觉媒体，是指对图像的放映（放大）或非放映（缩小）的功能；对于视听结合的媒体而言，则是前两者的组合。尺寸（大小）因素反映了视听媒体是人体某种器官的延伸。其扩大的功能使所要表现的内容更加清晰、全面，让更多的人能够听到、看到缩小的功能让个别学习者在更加适合自己的音量和画面中便利学习。

2. 运动因素

运动因素即反映视觉材料的动与静的属性。我们所看到的一些诸如图片、照片、实物等材料是一种静止的东西，常被称为传统视觉媒体，反映的是事物的某个瞬间或个别特殊性。应用于教学中不亚于教科书的贡献。20 世纪 30 ~ 40 年代，电影与电视的日益成熟，并被成功地用于教学。电影和电视的优点在于能很好地表现运动因素，把动与静有机地结合起来，提高了对教学内容的表现力度。这种结合能够解决教学上的一切难题，更能激起学习的欲望。

3. 色彩因素

色彩因素即视觉媒体表现颜色方面的能力。很显然，在色彩的表现方面，电影与电视有很大的、自由的表现空间，只要你能够想到，就会在高科技的支持下轻易获得。而对于像手工绘制的图片、实物或通过摄影而得到的照片，往往由于技术的、工艺的原因不能自由发挥而影响到内容的表达。所以在选择颜色时，应根据内容要求和实际颜色来选择，黑白与彩色具有同样的教学效果。

4. 声画因素

声画因素即视听媒体在表现声音和画面方面的能力。声音与画面是组成视听教学媒体的两种基本文字语言，它们的结合将使教学节目声情并茂、如临其境。声音是指以解说词为主，包括音乐、音响的听觉文字语言，使用声音需注意的是：①解说词的速度要快慢适当；②解说词要保证精炼、简明、口语化；③音乐和音响被称之为“第二文字语言”，它在加强感情、真实感方面效果良好，应根据实际充分利用。

画面是视听结合媒体的“本”，离开这个基本要素，就失去了此媒体的优势。要尽最大可能突出“视”的特点，加强画面的说服力量。

5. 特变因素

特变因素即视听媒体对于声音和画面，特别是对画面进行特殊处理的能力，也就是我们常讲的“特技效果”。根据需要让视觉材料在虚与实、大与小、动与静、快与慢、零与整之间变化。使难以直接观察的现象清晰地呈现在学生感受能力可及的范围之内。需要强调的是，特技效果的运用既要科学，又要恰到好处，防止哗众取宠。

三、教学媒体的特性

1. 一般共性

① 固定性：指教学媒体可以记录和存储信息，以供需要时再现。

② 扩散性：指教学媒体可以将各种媒体形态的信息传送到一定的距离，使信息在扩大的范围内再现。

③ 重复性：指教学媒体可以重复使用，如果保存得好，这些媒体可以根据需要，一次次地被使用，而其呈现信息的质和量稳定不变。

④ 组合性：指若干种教学媒体能够组合使用，相互促进信息表达的效果。

⑤ 工具性：这是指教学媒体与人相比处于从属的地位，是人们获取信息、传递信息的工具。

⑥ 能动性：指教学媒体在特定的时空条件下，可以离开人的活动独立起作用。有时甚至可以代替教师上课。

2. 基本个性

英国开放大学的贝茨（A.Bates）博士的教学媒体观认为：

① 媒体一般是灵活的、可替换的。

② 每种媒体有其独特的内在规律，即有一套充分发挥其功能的固有法则。

③ 不存在对任何教学目标都适合的“超级媒体”。

④ 对于某些具体的教学目标来说，还是存在某种媒体，其教学效果明显优于其他媒体，即不同的媒体有不同的专长。

日本坂元昂提出过一个“教育媒体的特性评价表”（见表 3-1）。从功能、目标、成本、使用等几个方面比较了自教科书至计算机辅助教学系统的各种主要教学媒体的个别特性。

表 3-1 教育媒体的特性评价表

教学特性 \ 媒体种类		教科书	程序课本	黑板	模型	卷片幻灯	电影	投影	电视	反映分析装置	模拟机	录像	教育信息处理器	计算机教学系统
功能	呈现信息	★	★	□	□	★	★	□	★	×	□	★	×	□
	反馈信息	△	□	×	△	×	□	□	×	□	★	□	×	★

续表

教学特性 \ 媒体种类		教科书	程序课本	黑板	模型	卷片幻灯	电影	投影	电视	反映分析装置	模拟机	录像	教育信息处理器	计算机教学系统
功能	激起反应	□	★	△	□	★	□	□	★	×	★	★	×	★
	控制反应	□	★	△	△	□	□	△	□	×	★	★	×	□
	诊断评价	×	□	×	△	×	×	×	×	★	□	□	★	★
目标	知识	★	★	□	□	★	★	★	□		×	★		★
	技能	×	△	×	□	×	□	×	×		★	★		△
	能力	□	□	□	□	△	□	□	□		□	□		□
	态度	□	△	△	□	★	□	△	★		△	△		△
代价	准备精力	□	△	★	□	×	□	□	□	△	×	△	×	×
	设备投资	□	△	★	△	△	△	△	△	×	×	×	×	×
	日常耗费	★	★	★	□	×	△	□	★	△	★	△	×	×
	保存性	□	□	★	□	△	□	★	□	□	△	★	□	□
	反复性	□	□	□	★	△	★	★	×	×	★	★	△	△
使用方式	便利性	□	□	△	□	△	★	★	★	□	□	□	×	△
	个别指导	★	□	□	□	×	□	×	□	×	★	★	×	★
	集体指导	★	□	□	□	★	□	★	★	★	×	□	□	□
	使用性	★	□	★	□	□	□	★	★	□	★	□	△	△

★很有利 □较有利 △困难 ×不利

（引自乌美娜主编.《现代教育技术》. 沈阳：辽宁大学出版社，1999）

对于各种教学媒体的个别特性，国内则常常从以下几个方面进行鉴别。

1. 表现力

表现力指教学媒体表现事物的空间、时间和应动特征的能力。不同媒体的表现力不同。各类媒体表现客观事物的时间、空间和运动特性的能力。在各类媒体中，电影、电视表现力极强。它能将文字语言文字、挂图、标本、音乐、幻灯、戏剧等一切教材和方法统一于自身并加以运用。幻灯、投影媒体，能以静止的方式表现事物瞬间的特性，能够让学生详细地、有分析地观察事物的细部。无线电广播、录音属于以时间因素组织信息，它的表现力受到时间先后顺序的影响，它借助于文字语言、音乐及实际音响的抑扬顿挫，轻重缓急地表现事物现象的特征。

2. 接触面

接触面指把信息同时传递到接受者的范围。分为有限接触和无限接触两类。电影、幻灯、投影、电视录像的接触面是有限的，只限在教室范围之内，而且接触面还受到环境条件的限制，属有限接触面类。广播电视和无线电广播这两种媒体在各类媒体中接触面最广，它能跨越空间的限制，因此它属于无限接触面类。

3. 重现力

重现力指媒体不受时间、空间的限制，存储、记录的内容随时重新使用的能力。录像机、录音机最重要的特性之一就是能即时重现，而且不受时间、空间、次数的限制。电影、照片等媒体必须经过冲洗程序才能重现，并能反复重现。

4. 受控性

受控性指使用者对媒体操纵控制的难易程度。一般来说，录像机、幻灯机、录音机、投影仪能较容易和方便地使用。电影放映机需要经过专门训练，才能正确操作。无线电和广播电视，使用者无法控制其播放时间和内容。

5. 参与性

参与性指媒体实施运用时，学生有同时参加活动的机会。它分为感情参与和行为参与两类。电影、电视、无线电广播具有较强的表现力和感染力，它可以利用具体的场面和音响刺激学生，引起学生情绪反应，引起兴趣和注意，诱发学生感情上的参与。幻灯、投影可以使学生既观察图像，又能在教师之间进行提问、答疑和讨论，让学生在行为上参与媒体的活动，使学习进一步深入。

四、现代教学媒体新特性分析

随着网络技术及相关媒体技术的发展，新的教学媒体和教学手段应运而生，这就为学生的学习创设了广阔自由的环境，提供了丰富的资源，使现有的教学内容和教学方法遇到了前所未有的挑战，那么现代教学媒体与传统课堂讲授为主要形式的教学相比有哪些新特性呢?

自 20 世纪中叶计算机出现以来，它对人类社会的影响可谓巨大，进入 20 世纪 80 年代以后，它的威力终于伴随 Internet 的发展在教育领域得以体现，这就是现今常常提起的网络教学这一现代化教学的代表，其特性表现在以下几个方面。

1. 自主性

由于网络技术飞速发展，如今它已能为学生提供各种各样丰富多彩、图文并茂而且又形声兼备的学习信息资源，学生从网络中获得的学习资源不仅数量大，而且还是多角度、多层次、多形态的。在网络环境下，学生可以不再被那仅有的信息源（教师或教材）牵着走，他们可从网络广泛的信息源中选择他们所需的学习材料；学生完全可以按照他们各自的实际情况来设计和安排学习，这样就使学生成为了学习的主体，学习自主性提高，学习兴趣自然相应提高，由“要我学”转变为“我要学”。

2. 交互性

传统教学，虽然教师与学生、学生与学生共在一个空间，同时同步进行教学，但在教学中相互之间的交互活动却极为有限，网络教学则可以使教师与学生之间在教学中以一种交互的方式呈现信息，教师可以根据学生反馈的情况来调整教学，学生不仅可以和自己的任课教师进行相互交流，而且还可以向提供网络服务的专家请求指导，提出问题，并且发表自己的看法；学生之间的交流也可以通过电子邮件和 BBS 等网络技术而实现，可以在网络上讨论任何问题，学生还可以根据网络计算机提供的反馈信息，在学习过程中不断调整学习内容和进度，自由进退、自主构架。

3. 个性化

传统教学在很大程度上束缚了学生的创造力，各种教学活动都是把学生置于共同的影响之下，让他们读相同的教材，听相同的讲授，看相同的资料。而网络教学则可以进行异步的交流与学习，学生可以根据教师的安排和自己的实际情况进行学习，克服了传统教学中的“一刀切”的人为现象。

4. 自由性

学生可以在任何时间、任何地点（只要有计算机并能上网）自由的进行学习，它不需要教室，不受上下课的影响，只要想学习尽管学好了。

5. 共享性

在传统教学中，教师的授课只是针对某一教室中的学生，即便是通过闭路电视系统，受益的也只是小范围内的学生，因此教师的授课内容不可能为多数人所掌握，网络教学的出现则改变了这一状况，由于网络是基于共享这一思想建立的，因此基于网络的教学自然就打上了共享的烙印，在网络教学中，教师、学习资源、甚至教学设备都是共享的，任何一个上网学习的人都可以使用它们，坐在计算机旁，你就能聆听到优秀教师甚至可能是专家教授的精彩讲授，在第一时间拿到最新的学习资料，这在传统教学中是不可能做到的。

6. 实时性

通过网络可以进行现场直播式授课，使学生能及时地掌握教学内容，完成教学进度，也可通过先进的通信设备，使不同地点的学生和教师之间实现面对面的交流，进行提问、答疑和讨论。

7. 虚拟性

教师根据教学的需要，利用网络向学生演示各种教学信息，它们可以是教师装载的CAI课件，也可以是来自校园网或是因特网上的教学信息。由于网络能够传递和演示声音、图形、视频、动画、文字等多媒体教学信息，教师可以将有关的板书内容、教学挂图、实物模型等通过计算机处理后传递给学生。

网络技术的发展，一方面给网络教育提供了强有力的技术支持，另一方面也已引起教育领域的深刻变革，形成了对传统教学的强烈冲击，主要表现在：

① 在教育观念上，传统的教学以教师为中心，以教材为中心，以课堂为中心，强调教师的“教”，而网络教学由于突破了时空的限制，以学生自身的学习为主，以学生已有的知识经验为基础，以学生的活动为中心，强调学生的“学”。师生关系从以教师为中心转变为以学生为中心，教师在教学过程中的主要目的是培养学生掌握知识的能力，指导学生学习，帮助学生获取信息、选择信息、处理信息，解决学生学习过程中出现的知识性、技术性、伦理道德方面的问题以及在情感、人际交往等方面的问题。教师将需要更多地了解学生的身心发展特点，制定个性化的培养方案，促使学生能力和人格的健全发展。

② 在教学模式上，网络技术的发展，为学生提供了丰富的学习资源，它打破了学生只能在教室听教师讲课的单一局面。传统的教学模式是逻辑分析讲授过程，课堂的主要形式是教师的讲授和提问，网络教学能使教学过程由单纯教师的“教”转变成教与学双向互动的过程，教学模式也将以掌握知识为目的的“维持性学习”模式转变为以掌握获取知识的能力为目的的“创新性学习”模式。

③ 网络教学的实施也对教师提出了更高的要求。由于学生可以利用丰富的网上资源学习更多的知识，教师只知道书本上的知识是行不通的，教师应终身接受教育，要学会用系统科学的方法指导教学活动，应加强现代教育理论、学科专业知识的学习与研究，必须具备网络操作技能和网上资源开发、利用等方面的能力，从而实现教师由教学型向科研型转化。

事实证明，技术发展对教育的影响是巨大的，有报道称现今计算机的整体性能每隔两年就会提高一倍，同时网络传输技术发展也很快，众多技术瓶颈被突破，宽带网已经走进寻常百姓的家中，因此，从总体发展趋势上看，网络教学（net instruction）在与传统教学交锋中的优势将会随时间的推移而越发明显，终有一天它必将在很大程度上取代传统教学，成为我们获取知识的主要方式。

第四节　教学媒体的功能

一、视觉媒体的教学应用

传统的视觉媒体常见的有粉笔、黑板、印刷物、图像、图示材料、模型模具、实物教具等。在教学活动中我们经常举办一些参观、展览、旅游、实验、实践等教学活动也是视觉媒体在教学活动中的应用。现代视觉媒体主要指电子视觉媒体，有投影、幻灯、视频展示台、电子白板等硬件及相应的软件。随着计算机技术的发展及电子产品的下降，现在教学媒体得到了广泛的推广和应用。

1. 视觉媒体在教学中的应用

幻灯、投影、实物投影等都能提供鲜明、清晰的视觉画面，而在人的学习过程中，能帮助学生理解抽象概念，可以帮助学生理解事物的发展规律和本质特性以及帮助学生理解操作方法与操作要领，同时投影片能用于书写文字，可以用来代替板书，减轻了教师的工作量。在教学使用过程中着重要引导学习者观察投射画面中传递的教学信息，最大限度地理解画面内容并引导学习者思考画面蕴含的内涵，控制好教学的速度和画面呈现的节奏，以取得好的教学效果。

2. 视觉媒体的方法

① 书写教学法：在透明塑料片或投影器的工作台面的载物玻璃上，用书写笔边写边讲。这是投影教学中最基本的一种方法。

② 图片教学法：教师可利用已设计制作好的幻灯片、投影片提出问题，引导学生在已有经验、知识的基础上，回答教师提出的问题，从而获得新的知识。或根据教学需要按照一定的层次、顺序展示教学内容。

③ 实物投影法：通过实物投影仪将实物、投影教具映示放大到银幕上，扩大演示物的可见度，使全体学生在同一时间里，对演示物的构造、性能和现象的变化过程等，产生直观、清晰的认识。

④ 作业教学法：教师可根据教学的需要，设计出各种基图式作业投影片，在课堂或课后让学生进行作业练习。教师采用这种方法可在课堂批改作业，使全班同学受益。

⑤ 导引教学法：备课时教师将讲稿写在透明胶片上，上课时在投影讲稿的导引下边讲授边映示，逐步展开教学。教师在备课中要仔细分析教学内容，合理设计教学进程。

⑥ 声画教学法：根据课程及教学内容的需求，在电子媒体教学中，辅之以一定的声音素材，做到声画同步，以增强教学效果。

3. 视频展示台的教学应用

视频展示台是通过摄像头翻拍的方法来实现图片、文稿、实物展示的。但在实际操作中，有的教师在演示文稿时，总喜欢把整页文稿全部都显示出来，这样就容易造成因字体小而看不清楚，正确的操作方法应该是局部演示或重点放大。如演示较大页面的文稿或图片时，不能全部展示在屏幕上，这样应该转动摄像头，调整好焦距，再展示其他部分，而不要移动文稿或图片，除非只展示某一局部。再如在演示实物时，应尽可能避免物体的运动，因为物体在运动过程中，摄像头因补光不足会出现忽明忽暗的现象；另外，由于光照弱，所需光圈大，画面容易模糊不清。一般来说，当拍摄物体过明或过暗时，会产生画面模糊现象或亮度偏色；焦距没调整好，同样会使画面忽明忽暗，或者对比度过大，或者色彩失真等，这些是因视频展示自身的缺陷造成的结果。

4. 交互式电子白板的教学应用

交互式电子白板与传统课堂教学媒体黑板具有相同的书写、绘画和擦除功能，这些功能很大程度上已使白板替代了黑板的使用。通过交互白板特有教学功能的应用，可以设计出各种形式的教学活动，它在课堂中的使用提高了学生的注意力，增强了学生的学习兴趣，活跃了课堂气氛。特别是白板对动画、视频的随时暂停控制与标注使教师能够更加自主的应用现有的多媒体教学课件，弥补了很多课件交互性较差的缺陷。教师不仅可以通过熟练使用交互白板的各种功能提高课堂教学效率，而且可以有意识地将白板所带有的交互能力融入自己的教学设计理念中，并能够将已有资源和自主设计的白板资源整合进自己的课堂教学中。另外教师可以依据它提出以学生为中心的课堂教学设计，例如通过使用技能软件，学生可以在交互白板上尝试或完成技能操作过程。

教师通过合理应用教学策略，可以充分发挥媒体的功能，教学策略也随着教学经验的丰富而拥有了更多的灵活性和有效性。交互白板可以记录下白板上发生的教师教学和学生学习过程的所有细节。由于交互白板的易学易用，加上现在信息技术教育的日益普及，学生参与意识的增强，很多学生通过观察教师上课使用和课间的尝试，对白板功能的掌握甚至比教师还快。此时，便可因势利导，鼓励学生结合他们在信息技术课程中所学的知识，协助教师设计课堂教学中所需的资源，这些资源可以是交互白板活动挂图中的背景、页面或图像，也可以是 Flash 动画，还可以是可用于数理化课程中的各种几何图形、物理化学的仪器设备图等。根据不同的学科和学生的年龄特征，这些活动的参与形式可以是学生个人，也可以是学生小组共同完成。

以上是交互白板的几个应用层次。在传统课堂教学中，黑板就是教师与教学内容交互的界面，就是学生与学习内容交互的界面，此时黑板就是一个交互平台，现在白板替代了黑板成为课堂教学的新交互平台。我们现在要做的就是充分发掘这个新交互平台中蕴涵的教学策略，使这一技术真正融入日常课堂教学中，实现信息技术与学科课程整合的突破。

二、听觉媒体的教学应用

1. 听觉媒体的特点

作为记录、传播和处理声音的媒体，具有如下特点：

（1）只提供声音

这是听觉媒体最基本的特点。它只能对声音进行处理，提供声音信息，在教学中就不易使学生的注意力集中，因此在使用中要注意控制录音教学的时间不能过长。另外，还可以利用实物、图片、幻灯投影等视觉媒体配合，充分调动学生的感官，增强对学生的刺激。

（2）记录与再现

记录、存储和再现声音信息是听觉媒体的基本特性，声音稍纵即逝，利用听觉媒体可以把各种真实的、不易复现的声音记录下来，长期保存，需要时加以重放，提供声音的真实经验。

（3）传播迅速与广泛

声音信息一般通过广播传播，教学信息也可通过广播传播，早期广播电视大学的教学就是采用这种方式，它传播的时效性较高，例如一些新闻我们一般都是先从广播中听到，然后再通过报纸杂志等传媒了解具体的细节。广播还能将一些正在发生的事件实况转播，现场报道出去，用广播的形式教学比较迅速。另外有线无线广播以及扩音系统，都能扩大声音的传播范围，特别是无线广播，其传播的范围可跨越国界，无远不及，听众也极其广泛，文化水平高低不等，年龄参差不齐。

（4）经济方便、使用灵活

处理与提供声音信息的媒体（收音机，录音机等）价格低廉，轻巧灵便，使用十分方便灵活，因此也使得广播录音教学得到了推广与发展。

（5）感染力强

先声夺人，真实的传播声音是听觉媒体的又一特点，声音包括语言、音乐以及能代表特定意义的音响等，由他们构成的有声语言较之文字语言而言，表现力更强，它更直接、更传神，生动、真实、亲切，更能引发学生的情绪反应和情感参与，因而具有极强的感染力。

2. 听觉媒体的教学功能

（1）扩大教育规模和教育机会

听觉媒体能将声音放大，在规模较大的教室里，听觉媒体是必不可少的，例如在100人以上的教室里讲课，或在几千人的大礼堂集体辅导，使用了扩音系统就可以使在座的每一个学生都听得清清楚楚，没有扩音系统，讲课教师的嗓门儿再大，能听清楚教师讲课内容的只有前排少数的学生，这种情况下教学效果是可想而知的。

听觉媒体能将声音用有线或无线的方式传播出去，这一功能使得教育的规模空前扩大，它打破了时空的限制，把教室、学校的范围无限延伸，现在的广播电视大学就具备上述功能，人们不出家门就能获得教育信息，提高自己的指示水平。

听觉媒体扩大教育规模的同时，也为成千上万人创造了学习机会，使不同年龄、不同职业、不同文化程度的人都能从中习得指示，接受教育。它使社会所有成员接受教育的机会增加，是远距离教育的一种较好的方式，也为实现终身教育创造了条件。

（2）提供标准的典型示范，便于学生模仿

在语言、音乐等课程的教学中，可利用录音机进行课文范读，词句范读；也可进行声乐范唱，乐器范奏。学生可根据示范反复练习，知道合乎要求，达到标准。完全掌握听觉教材中所示范的技能，可以最大限度地发挥学生分析模仿的能力。例如，在普通话的训练中，课文的朗读，文章中的字、词、句的读音读法，断句断意，文章的感情色彩，可让受训者反复听标准的示范带，模仿每一细节，这样可迅速掌握课文朗读的要领，提高普通话水平。再比如学唱歌，一首歌听的遍数多了，自然而然地就会唱了。听外语听的时间长了，模仿的机会多了，也能迅速提高外语的听说水平。在声音要求较高时，教师不一定都能精通，而且也不一定都必须精通，教师可多用一些精力去研究教材教法。但听觉教材可为教师提供标准的典型示范，给学生分析模仿，从而提高教学质量。

（3）提供声音的真实经验，创设情境

人们对事物的认识，除了通过视觉形象感知外，还需要通过声音去感知，这样才能构成完整的认识，大自然和日常生活中的各种声响，如风雨雷电、狮吼虎啸、车水马龙、机械正常和不正常的运转声、正常心音与不正常的心音等通过听觉媒体记录、保存，进入课堂，为学生提供各种声音的直观感受，加深学生对事物的感知。利用录音将学生带入特定的氛围，使学生受到感知；借助录音手段，创造语言学习的环境，对培养听说能力是极为有效的；利用录音，将朗读、朗诵配上音乐、音响，能为教学创设情境。

（4）听说对比，提供反馈，强化学习效果

学生在语言、音乐或其他声音训练的学习过程中，可利用录音机将自己的发声、朗读、唱歌等声音录下来，然后重放，进行自我反馈评价，也可以与标准的示范声音比较，不断地纠正自己的错误，从而形成正确的技能技巧。通过这种方法学习技能技巧时，对错误的纠正极为容易，能提高学习效率，达到较好的学习效果。它是学习者自学时的得力手段，现在录音机比较普及，在学习外语等语言时使用极为广泛，市场上出现的语音复读机在听说对比方面的功能大大增强，对初学者提高语言学习效率极为有利。

（5）有利于个别化学习

学生可根据自己的需要，以及自己的知识技能水平，选择适合自己的听觉教材进行自学，这样的学习充分发挥了学生的自主性，并适应个别化教学的需要，能促进学生的个性化发展，在学习效果方面也是极为理想的。另外听觉媒体的个别化学习功能还有利于教师因材施教，教师根据学生水平和能力的不同，有针对性的编制或选择不同层次与水平的学习材料，供学生学习或训练，使不同水平和能力的学生都能在原有水平上得到发展和提高。如英语听力训练，教师提供的听觉资料的语速就应适合学生的水平，对不同水平的学生提供不同语速的听觉材料，即使是同一材料，对不同水平的学生听觉要求也会不同，这样才能训练每一个学生的听力，使每一个学生的听力都有所提高。

（6）解决教学中的难点

在教学过程中，总会出现一些很难用简单的语言讲清楚说明白的内容，这就是教学的难点，这时换个教学方法，运用听觉教材进行教学，教学的难点就会迎刃而解，学生听了录音带就会水到渠成的理解教学中的难点。例如在医学中，讲解如何根据胎音来判断胎儿的发育是否正常时，教师口头讲解必然有一定的困难，可将正常与不正常的胎音录制下来，供上课时教学使用，这样放音时使用逼真，教学讲解时就会轻松自如，学生听起来也很容易理解教学内容。从而达到解决教学难点，创造绝佳的教学效果。再如教师讲解各种乐器的音色、电闪雷鸣等时，对使用的直观感受是用语言很难描述的，就成为教学的难点，利用听觉媒体的特点，它能对使用进行记录和再现，再现原声，让学生亲自去感受。有了这些听觉教材，教师稍做讲解就可轻易突破教学的难点，加速学生对知识的理解与掌握。

3．听觉媒体教学的基本过程

听觉媒体在课堂教学中的运用，通常情况下并不是直接代替教师讲课，而是配合教师上课，为教师提供使用示范或情境等，解决教学中的难点，在教学过程中起辅助作用。采用听觉媒体教学时，对教学的组织和实施一般过程如下：

（1）课前准备工作

为做好听觉媒体教学，课前准备要充分。

首先，要选择内容。在听觉媒体教学中，教学的内容一般与声音有关，如语文、外语、音乐等课程的教学，而操作技能等内容以形象性为主，运用听觉教材则很难取得较好的教学效果。因此，选择教学内容是听觉媒体教学准备的首要工作，在选择教学内容时要有明确的目的性和针对性，主要是需要提供真实的示范、创设情境、强化训练的课程才宜选用，选用过来应该能解决教学中的难点。

其次，要准备好教学用的电声设备和听觉教材，电声设备是教学应用的基本条件，准备时要检查设备器材是否备齐，性能是否完好，环境是否符合要求等。以免在上课时出现问题，手忙脚乱，影响教学进程；听觉教材是用于讲解教学难点的声音教材，它要求逼真而丰富，教师上课前要做充分准备。一般是收集现成的听觉教材，如果资料多，而且不在同一盒资料带上，此时不能偷懒，必须按照教学讲课的顺序将他们剪辑到一起，以免讲课放音时频繁的选带与换带，影响教学进程与教学效果。没有现成的听觉教材时，必须自行编制听觉教材。在使用听觉教材前，必须了解其内容与特性，不仅要看说明书，还要亲自听，要充分了解资料的内容。

最后，要精心做好教学设计。有声资料准备好后，还要对其进行教学设计，确定教学方法，使有声语言与其他媒体配合好，与教师的讲解配合好，更符合教学心理学原则，更有利于学生的理解接受。具体就是何时播放录音？先播后讲还是先讲后播？何时中断听音进行提示，排除难点？何时检查学生的接受情况？结束时归纳哪些要素等。教师对这些问题都要加以精心设计，只有这样，才能运用好听觉媒体，才能达到较好的教学效果。

（2）课堂教学的实施

根据学科特点制备了听觉教材之后，下面就是在预定的教学设计思想下实现课堂教学。课堂教学一般按如下步骤进行：

首先，介绍内容特点。播放听觉教材前，教师应简要介绍教材内容，提出听音要求，指出应注意的问题，让学生充分做好听前准备，带着问题去听去想。

其次，放音。放音时，教师要全神贯注听教材的内容，同时注意观察学生的反应，引导学生专心听音，必要时要给予简洁的提示或解释，促进学生思考，加深印象。

再次，要配合讲解示范和其他媒体。尽管听觉教材提供了标准的典型示范，但要学生模仿有时却不得要领，此时教师进行适当的讲解与必要的示范，学生则可以从教师的讲解、模仿示范中领悟到要领。获得正确的学习技能。同时听觉媒体只提供了声音形象，为充分发挥学生的感官功能，应采用视听结合的方法，用视觉形象增强声音对学生的刺激，从而增强学生学习的效果。因此，听觉媒体教学还应配合其他媒体如幻灯、投影、挂图等，多媒体综合运用。

最后，引导学生参与。学生听完教材后，教师讲解时要注意引导学生积极参与教学活动，不能采用传统的满堂灌的教学方式，要与学生交流，充分发挥学生的主动性，这样才能活跃学生的思维，开发学生的智力，增强学习效果。例如，叫学生发表听后感，复述听觉教材的内容，进行模仿练习等，有时还可将学生的回答，模仿练习录下来，然后重放，进行评价。

4. 听觉媒体的运用原则

在运用听觉媒体进行教学运用时，要遵循一定原则。

（1）要遵循心理学原则

课堂教学中，对声音要求逼真再现是学习心理的需要。学生在心理上需要多媒体信息的刺激，声音在其中占有重要的地位。例如，讲课时提到电闪雷鸣，狮吼虎啸的气势时，学生在心理上就需要听到真实的声音再现，如果听不到，学生在心理上就不能满足，学习效果当然就不好。在运用听觉媒体进行教学时，要符合听觉心理，人对声音是有一定的听觉心理反应的，有的声音听起来舒适自然，而有的声音听起来则比较反感。教学时应顺应听觉心理反应，创设自然直观的情境，促进学生在学习过程中情感的投入。如选择课文朗读的配音时，要根据课文内容，对感情处理的要求，对节奏的把握，选择与之相配合的符合听觉心理的音乐。

（2）目的性原则

运用听觉媒体教学要有目的有意识。其目的就是要有教育性，听觉媒体的运用不只是吸引学生注意的一种手段，不能哗众取宠，喧宾夺主，它必须为教学服务，为达到教学目标而用。重点是解决教学中的问题。

（3）必要性原则

听觉媒体在教学应用时，有没有必要是值得考虑的一个问题。有些题材和内容，通过简单的言语讲解就能清楚明白。有些内容通过图片也能说明问题。这些内容就没有必要使用听觉媒体来表现。听觉媒体虽然在声音表现方面具有极大的优势，但它也有其固有的缺点，如没有形象，不能停留等。在具体运用时，必须考虑教材中哪些是必须用听觉媒体来表现的，运用之后的优点，解决的难点，有没有其他更好的方法来代替。同时考虑哪些内容没有必要使用听觉媒体。具体内容具体分析，决不选择不必要的内容，以免造成喧宾夺主，影响教学效果。

（4）针对性原则

由于教学内容、教学对象、教学要求多样复杂，在运用听觉媒体时，要有的放矢，表现为有针对性的教学。针对不同的教学内容，考虑不同内容的教学特点进行教学。例如，示范性和欣赏性的教学内容就不一样，在运用媒体教学时的组织、讲解的方法也不一样。有些内容媒体可以完全代替教师的讲解，而有些却不行，有些内容适合学生自学，而有些内容只能用于课堂教学。针对不同的教学对象，采用听觉媒体教学后，教学对象扩大，包括幼儿、青年、成年人、在职人员等，对象的层次也越来越复杂，教学对象的水平有高也有低，经验有多有少。为此，运用听觉媒体教学时，要选用不同的听觉教材，采用不同的教学方法。针对不同的教学要求，运用听觉媒体的教学方法和选择的听觉教材也各不相同，需要掌握知识的要求不同，有的要求了解，有的要求理解，有的则要求能够运用。例如，英语听力训练，根据对象的层次和水平，其教学要求以及需要学生掌握的程度，对有些学生要求大概能听懂就行了，而对有些学生要求能够复述，或者要求能够将出具体的细节等。因此在教学时要明确教学目标，针对教学目标确定听觉媒体教学的方案。

5．听觉媒体教学中的应用方法

（1）示范法

这是一种较为常见的教学方法，在使用听觉媒体进行教学时，可为学生提供标准规范的语言、语调、音乐等示范资料，供学生模仿。如普通话能力的训练，为受训者提供标准的录音示范带，学生可反复模仿示范读音，不断的强化训练，可迅速提高学生的普通话水平。模仿在语言、音乐等声音得学习中极为重要，示范教学时采用的方式有静听、跟读或跟唱、领读或领唱、教师边讲解边放音等，方式多种多样，可根据具体教学的需要灵活地加以运用。

（2）比较法

这种教学方法是利用录音手段，为学生提供各种各样的听觉对比资料，教学时指导学生区别异同，分辨正误，找出原因，从而加强学生对声音的认识，有比较才有鉴别，这样能加深学生学习的印象，提高学习效果。例如，在医学上将正常人心肺的声音与病人心肺的声音对比起来，分析两者的区别，指出各自的特点，这样就能使学生充分认识心肺不正常时其声音如何，增强学生对心肺声音的诊断能力。同样，在技术学校也可以将机器正常工作时发出的声音与存在故障时发出的声音对比起来，让学生辨别，培养学生的耳朵对声音的感受，从而培养学生根据声音判断机器故障的能力。

（3）情境法

视觉媒体能够记录和再现声音，因此它能为教学提供一定的情境，教学时讲解或其他媒体与听觉媒体适当结合，能将学生带入情境，使学生学习时产生真实感与投入感，这样能充分发挥学生的想象力，培养学生的创造性思维，开发学生的智力。具体应用的方式有为课文朗诵配上背景音乐，为故事的叙述配上环境效果音响，为幻灯片或投影片的放映配上解说或音乐以及各种音响效果。以及教室里讲课时，单独播放优美轻柔的音乐等。此时声音的作用就是创设一种情境，一种轻松、优雅的学习环境和真实生动的氛围。更能激发人的情绪反应和情感参与，具有极强的感染力。

（4）反馈法

教学时，教师将学生练习的声音记录下来，再重放给学生自己和大家听，当场分析学生的声音，先让练习者自己分析，然后让其他同学分析评价，最后教师分析评价与总结，这样就能真正找出学生声音练习成败的原因，使学生直观、真实、迅速的获得反馈信息，有利于学生据此加以改进。反馈法教学在学生自学时，应用也较为广泛，学生可将听说模仿的训练记录下来，如唱歌或发音等，然后再与规范的声音对比，做出自我评价，找出差距，进行改正，提高学习效率。

6. 听觉媒体在学科教学中的应用

各门学科的听觉教材均有其特点，在教学运用时要视具体情况而定。

① 在外语教学中的运用：在外语教学中，听说的练习具有极其重要的作用。语言是有声的，它的学习主要靠听说来进行，它的应用也是靠听说来进行的。没有听说的练习只靠看和写虽然也能学习外语，但是这种方法习得的外语是死板的。要真正掌握一门外语看和写是远远不够的，还必须结合听说，在运用中学习，只有这样才能促进外语知识的学习，提高学习效率，增强学习效果。

既然听说在外语教学中如此重要，教师就必须加强听说的训练教学。听觉媒体和教材为听说的训练提供了广阔的天地，它为教师和学生提供了丰富的、层次不同水平不一的示范标准的听觉教材，供教师讲解和学生模仿训练，同时将学生模仿训练的内容记录下来，与示范内容相比较，分析正误，加以改正，从而促进学生听说看写的能力，综合提高学生的外语水平。

外语听觉教材的内容大部分是对话或课文朗读，一般聘请语音纯正得专业人员配音录制，由出版单位统一编制发行，作为语言材料，它可用于培养学生的听力，提高学生的口语能力。教师运用外语听觉教材教学时，要根据教学要求和学生的水平选择合适的语音、语调和语速，选择的听觉教材要适合学生的水平，对于初学者可选择慢速课文带，重点训练学生的语音、语调，帮助学生掌握语言的细微处。对于水平较高的学生而言，慢速的对话或课文朗读起不到训练的教学效果，适当的提高语速，增加难度有利于调动学生积极思考，开动脑筋。学生自学时，也要根据自己的水平来选择听觉教材，不能不切实际，如自己是英语二级水平，去听六级水平的录音磁带，听懂的必然很少，这样无论怎么认真努力，都会收效甚微，听不懂时反而会失去信心，给自己心理上以打击。

外语教学时，听觉教材运用的具体方法有：听音跟读法，听写练习法，听说对比练习法。

听音跟读法：这是一种最基本的教学方法，教师讲课时，用录音机放音，放一句让学生跟着读一句，它可代替教师提供比较标准规范的读音，供学生模仿。也可直接放音，让学生反复听，从而增强听觉感受，提高听说的水平。

听写练习法：这是训练听力的常用方法，教师讲课时，播放一段课文或对话，放音完毕之后提出问题要求学生回答，学生只有听懂了课文或对话内容及其细节，才能将问题回答正确，教师再根据学生的回答情况，讲解课文或对话内容，促进学生对语言的理解与掌握，提高学生的听力。另外，还可以直接使用听写的方法来提高听力，就是边听边快速记下听到的内容，听一遍不下来可以听两遍或三遍等，最后教师再讲解语言要点，这样也能迅速提高学生的听力水平。

听说对比练习法：这是着重培训学生的外语表达能力的方法。首先，外语的发音要准确，通过听说对比，学生将自己的发音练习录下来与听到的标准示范相比较，分别差异，及时纠正。其次，在用外语表达时，要流畅自然，要合理断字断句，要处理好感情，训练时也可将练习录下来，跟标准对比，进行自我反馈，加上同学的反馈和教师的指导，找出语言表达的缺点，提出改正方案，重新练习，反复训练，不断改进，最终提高学生的外语表达能力。这种方法是其他方法所不可替代的。

② 在音乐教学中的运用：音乐是用声音来表现的，离开了声音，音乐几乎无从谈起。音乐录音教材可为教师和学生提供丰富的、层次不同、水平不一、示范标准的音乐素材，供教师讲解和学生模仿。

在音乐教学中，音乐课程的录音教材，一般来自于公开发行的歌曲或器乐录音带，也可从广播和电视中收录，有时还可根据教学的需要自行编制一些录音材料。音乐录音教材一般有示范带、欣赏带、练习带、乐理讲座带等。

③ 在语文教学中的运用：在语文教学中也可以运用录音教材，语文录音教材主要侧重于课文朗读、汉语拼音和普通话等方面教学，一般用于低年级学生的语文教育。语文录音教材一般有示范带、欣赏带、跟读带、录音报告和一些解释性材料等，可从广播、电视、电影中收录，按教学需要剪辑编排，供教学使用或直接选用现成的汉语录音带。

④ 在思想品德教育中的应用：利用讲话和先进英雄人物事迹报告的录音，对学生进行思想品德教育，以收到良好的教育效果。

⑤ 在第二课堂活动中的应用：录音机录制第二课堂现场活动，播放讲故事、演唱和乐器演奏的录音，或者在教师指导下，由学生自己编制录音节目等。

⑥ 在社会和家庭教育中的应用：可以用于从幼儿到成年人的各种录音教材、函授教材等，对各个年龄段的人进行教育和教学。

⑦ 在师资培训方面的应用：可以用录音把优秀教师的讲课过程记录下来，除供学生使用外，还可供教师的培训和教学研究之用。利用录音还可以对教师进行现代教育思想、观念和现代教育技术理论的培训，提高他们的教学能力。

⑧ 其他应用：在其他学科中录音教材或多或少有些应用，在具体运用时要把握声音的特性和学科的特点，并将它们有机地结合起来，才能对学科教学起到促进作用。

三、视听觉媒体的教学应用

前面我们讨论了单纯视觉、听觉媒体对学习者在传递信息上的作用，但更引起专家、学者们注意的是人的学习是一种极其特殊的认识过程。学习是通过人的感官将外界信息的刺激传递到人脑，由大脑进行综合、分析获取知识，知识量的保持是与多感官的同时刺激密切相关的。通过对记忆率的研究表明，学习相同的内容，若单纯用听觉，3 小时后对所获知识的保持率为 60%，3 天后则只能保持 15%；若单纯用视觉，3 小时后为 70%，3 天后则下降为 40%；若视、听觉并用，则 3 小时后保持率为 90%，3 天后仍能保持在 75%，另外，我们已经指出通过视觉获得的信息量占 83%、听觉为 11%。

由此可见，视听觉并用将获得更多的教学信息量和更高的记忆保持率和最佳的学习效率。这种视、听结合的媒体，称为视听媒体。视听媒体由于同时作用于人的视觉、听觉两种感官，其作用并非是简单的 1+1=2 的关系，而是 > 2。它将直观、鲜明的图像与生动的语言、语音、语调有机结合，这种配合的默契创生出一种新的环境氛围，不仅充分表达所需传递的教学信息，而且有利于学习者处于积极的学习状态，促进对信息的理解和接受。

1. 视听媒体与教学的关系

关于视听教学媒体在教学中的优点，早在 17 世纪就被捷克教育家夸美纽斯（Amos Comenius，1592—1670）所全面认识，他认为“事物先于文学”，提倡感官教学，充分利用视觉、听觉、味觉、嗅觉及触觉的功能。提出感官是知识教学的媒介，而实物教学是最主要的方式。20 世纪，特瑞克勒（Treichler）则更精确地断言，对于一个没有心理障碍和生理疾病的人来说，用于获知的所有感官中，通过视觉的学习占 83.%，听觉占 11%，味觉占 1%，嗅觉占 3.5%，触觉占 1.5%。

① 学生视听觉的认知能力是指对视听觉材料进行鉴别与分析，从而获得有效信息的能力。大量研究表明，学生的年龄、知识经验、生活环境以及文化背景等是影响视听觉认知能力的主要因素。其次，视听觉材料本身的质量也是影响其认知能力的关键所在。对于视觉材料而言，主要表现在：

材料的逼真程度：实验表明，材料的逼真程度与学习量是一个抛物曲线关系，即高度逼真和不逼真都不利于学习，中等逼真度是最佳的。

构图：构图的方法很多，唯一的目的是使得画面变得好看且能理想的表现主题。构图要与看图相联系，根据大多数人的看图是从中心部位开始的这一习惯，应尽量将其重点放在图中心。如果画面内容本身的特性决定了重点部分恰好落在了中心部位以外，则需要在着色、字幕或语言提示方面加以引导。

技术水平：制作视觉材料的技术水平也会影响到认知过程的完成。最基本的要求是所呈现的画面尽可能清晰，不论是亮度、对比度、色度都要符合人们的习惯。

对于听觉材料而言，主要表现在语言是否清晰、标准，口齿是否伶俐，表达是否有情感等方面。除了特殊要求以外，制作时必须选用音、色、情俱佳的人来完成。另外诸如像录音技术、场地、使用环境等条件也会影响到听力的正常发挥。对于声画合一的视听材料，满足上述的要求外，还需注意声画合一的合理性、科学性、教育性、艺术性、重视整体效应。

② 视听教学媒体使课堂更具趣味性，由于视听媒体对教学内容的表达有相当的“宽容性”和“自由度”，可依据教学材料的抽象程度制作成不同形象层次的形式，它比教师的口授具有更为广阔而形象的时空，能使学生较长时间地保持集中而旺盛的精力，能够展现激发学生求知动机、吸引注意力、培养技能、提高思维能力、指导思考等多种刺激，并使其贯穿于整个学习过程中。

③ 缩短教学时间，提高教学效率可以这样认为，规划合理的视听媒体，它更多地克服了人

为的干扰因素，使呈现的教学信息有很高的“清晰度”，信息的传输是在“导演”了的情况下进行的，这里面融汇了学科专家、教育专家、媒体专家的智慧和心血。在短时间内大量的信息内容在教师成功的引导下又能被学生很乐意地接受，从而提高了教学效率。

④ 选择恰当的视听教学媒体各种媒体，既有优点，又有局限性，没有一种时时处处都适用的万能媒体。不论在什么形式的教学中，可以考虑选择多种媒体组合使用，充分发挥各种媒体的优点。尤其是在那些经济十分落后的地区，非投影媒体可能是唯一有效的视觉资源。

⑤ 视听教学媒体改变了学习方式，减轻了教师的劳动强度由于视听教学媒体的存在，教学活动不再局限于教室或课堂之中，可在任意时空进行，打破了时空的限制。尤其是当设计了供个人使用的视听媒体后，学生可在方便的时间和地点学习。这一便捷之处对于那些既担负工作又希望再学习的人来说显得特别重要。而视听媒体特有的重复播放和复制等功能，大大减轻了教师的劳动强度，增加了对个别学生的指导时间等。

2. 视听教学媒体的教学特点与功能

将视、听结合，形成一种新的媒体，称为视听觉媒体。其教学方面的优点和功能是：

① 可以将运动画面和声音结合在一起，同时作用于两种感觉器官。既能提供图像、文字、图表、符号等视觉信息，同时又能传递言语、音乐和其他音响等听觉信息。能以活动的图像逼真、系统地呈现事物及其变化发展过程。

② 采用特殊的视觉语言，能增强学习效果，克服学习中的局限性，在表达情感的材料中更能增加对学生的感染力。视听教学媒体具有艺术属性，能激发人的情感，带来美的享受和扩展人的视野和体验。

③ 可重现过去，重新构建现实，去掉非本质因素，将事物的本质，用明白易懂的形式呈现出来。能真实地再现客观事物，能以形象的方式展示客观事物。即使是非常抽象的内容，视听教学媒体也可以采用动画的形式来表示。

④ 能够以连续的动作，调节事物和现象所包含的时间要素，其动作可在时空之间、快慢之间、大小之间、虚实之间变化，有利于事物和现象的细节表达。如利用慢速摄影、高速摄影然后以正常速度放映，可将时间压缩、扩展。如植物的发芽、生长、开花、结果需要很长的时间，利用慢速摄影技术摄下整个过程，再以正常速度重放，这可在几分钟甚至几秒内展示完全过程，从物理角度看是将时间进行了压缩。另外如某些在瞬间完成或突发的情况，可通过高速拍摄技巧实现让瞬间的过程在时间轴上扩展把整个过程拉长，让学习者可清楚地观察到全过程。

⑤ 可以根据教学的需要进行重放、慢放、快放、静止画面等操作，使教学内容显示更加方便灵活。这样就有利于学习者能够更清晰地观察自己所需要进一步了解或复习巩固的部分，而老师也可以就重点、难点内容向学习者进行更详细的说明。

⑥ 视听教学媒体可以表现运动状态和过程的教学内容、表现与时间有关的教学内容、表现与空间有关的教学内容、表现抽象的教学内容、演示实验或实验情境、向学生提供各种案例学习材料、视听媒体在某些情况下可以代替教师的教学、提供学生不能直接观察和感知的内容。

⑦ 可表现宏观、微观世界，展现正常情况下难以观察的变化。如通过 X 光拍摄来显示人体心脏瓣膜的工作，也可以利用电视来展示大的空间如宇宙的情景，这些都是不能用我们的肉眼观察到的，但是利用电视就可以很清楚地呈现给学习者。

⑧ 利用磁带复制、光盘刻录手段，可以高逼真地扩散教学信息，可以随时使用播放设备浏览学习。

尽管视听觉媒体在教学中巨大的优越性，但局限性也是很明显的：首先，信息传达是单向传播的，没有交互功能，不能在行为上积极参与教学活动，比较被动、消极。学生只能按照固定的节奏来观看；第二，对于电视台播放的教学节目受时间限制，学生必须在指定时间里才能收看，不能重复观看，记录和复制较难；第三，如果用于课堂教学，所有的学生同时收看相同的内容，不利于个别化学习；第四，设备价格相对较高。

3. 视听教学媒体的使用方法

① 演播-设疑法：指运用视听媒体教材，设置疑难、制造悬念，将学生的思维引入激发状态。

② 演播-讨论法：指教师结合学生已有知识，运用视听媒体教材提出问题，引导学生积极思考，进行讨论，得出结论的方法。可采用先议后播，先播后议和边播边议三种方法。

③ 演播-情境法：通过视听媒体教材的声像画面，为学生创设和谐的学习情景，使学生入景动情，在轻松愉快的气氛和美的感受中接受知识。用情境的声、光、色、像等外在形式，调动学生的非智力因素参与学习活动。

④ 演播-发现法：通过视听媒体教材为学生提供一定量的感性素材，将学生置于一定的情境中去亲自感受，让学生自己去总结。教师帮助学生进一步明确发现目标，引导思考，使之得出结论。

⑤ 演播-实验结合法：实行实验、观察、演播三结合的一般做法：用视听媒体教材进行示范，指导学生去进行实际操作；先实验观察后演播，把实验和观察的结果，用视听媒体进行再现，验证、比较、对照；补充验证性和研究性实验。对演播中展示的事物变化过程和现象，通过补充实验进行验证或研究。

四、多媒体与教学应用

1. 多媒体教学的功能

① 增强感官效应，提高学习效率。众所周知，人类的感知行为主要包括视觉，听觉和触觉有三种不同的形态。多媒体信息可以方便地适应不同个体在认识形态上的种种差异，使用多媒体技术可以将以往形式单一、直线展开的教学内容变得直观、形象，从而激发起学生的学习积极性，引起学生学习的兴趣，更利于学习效率的提升。

人的学习过程是通过自身的眼、耳、鼻、舌、身等感官把外界信息传递到大脑，经过分析、综合从而获得知识与经验的过程，但是仅通过单一渠道所吸收的信息量是有限的。实践证明，同时透过视觉和听觉所获取到的信息最容易被人接受而且容易记忆。可见，从增进记忆和提升学习效率的角度考虑，在学习过程中同时使用多种感官是何等的重要，而多媒体系统完全提供这种学习环境和综合性的学习模式。学生在学习的过程中可以充分发挥各个器官的功能。如多媒体技术中的文字、图像、动画、视频可以作用于视觉；旁白解说、示范朗读、背景音乐可以作用于听觉；一致的界面，友好的交互式操作则更能最大限度地发挥人的眼、耳、手等器官的协同作用。

② 用信息的多维化来满足思维的多维化。在传统的教学过程中，人们主要是依靠语言、文字以及数据来表示、传递和处理信息的，即学校的教学活动主要是培养和培训学生的抽象思维能力。然而，当人类进入新的知识领域，这种二维的教学模式很难适应飞速发展的社会需求，而多

媒体技术为人类的多维思维提供了一种能对多种媒体信息进行表达和处理的最佳技术和方法。将多媒体技术引入教学过程，使学生能够真正进入视觉、听觉与触觉等感官并用的境地，将抽象逻辑思维与具体形象思维融为一体，使之变为共同参与学习进程的多维动态方式，突破了抽象逻辑思维的难点和局限，使教学活动更加符合人的自然思维习惯，从而获得更好的学习效果和更高的学习效率。

③ 全方位的多媒体信息有利于实现创造性的学习目标。将现代化的多媒体技术引入教学中，主要引入的是多媒体的概念和方法，目的是将多维的教学媒体信息用于超媒体结构实施有效的组织，运用多媒体技术的灵活多样，生动逼真、便于控制，易于控制的特点，使全方位的立体信息空间在教学过程中得到充分运用，去引发学生的想象力和创造力，并能满足个体化的学习要求。这种媒体和计算机的完美结合，可以促进人类感官与想象力相互结合，以全方位的立体空间产生前所未有的思维空间和创造灵感。这种充满创造性的学习过程，是其他任何一种教学媒体所无法比拟的。

④ 多媒体及网络技术可以使教学信息双向化。传统的教学模式是以教师为中心的，教师面对面地向学生传授知识和技能，而传统的教学辅助手段教学传送的信息也是单向的，例如电视录像，它们虽然都能实现同时表现文字影像、声音、画面等多种功能，却无法实现教学过程中的信息反馈与交流。教师难以准确、全面地掌握学生练习的全部情况，及时提醒个别辅导；再者，难以做到在上机的学生之间，教师与学生之间进行经验交流，教学工作基本上处于失控状态。如果将多媒体和网络技术引入教学过程，不仅能实现学生与计算器之间交流，还能实现学生与学生之间、教师与教师之间的多向交流。教师在控制台上能及时了解每个学生上机操作的具体情况，了解学生的思维活动，调解教学过程，同时利用双响交流功能进行学生之间的对话、经验介绍及教师对学生的辅导，也可让学习方法得当、学的较好的学生向大家介绍自己的经验、从而大大提升学生学习的主动性和积极性，真正做到因材施教，使得所有学生都能取得满意的学习效果。

2. 多媒体教学应用应注意的几个问题

① 多媒体是一种教学手段而不是教学的全过程。多媒体在课堂教学中使用时，应本着是否真正有利于教学重点的突出和教学难点的突破，决不能为使用而使用，只求新异而忽略其他教学手段的应用。多媒体教学的重点在“辅助”二字，也属于“教具”，但实际教学中，常出现先进的教学手段与教学目标错位的现象，一些教师从组织教学到教授，从练习巩固到作业，从导入到评价，都由计算机包揽，对黑板、幻灯机等传统媒体不屑一顾。很多教师在课前设计好了上课的思路、步骤，上课时，计算机设计到的内容必须讲，计算机上未涉及的内容不讲，全然不顾学生主体性及学生差异。教师变成了操作员、解说员，只要敲敲键盘、移动鼠标，一节课就可流水作业似的完成，计算机代替教师成了课堂的主导者，强化了教师的主导性，扼杀了学生的主体性。

② 多媒体教学要有利于学生思维的发挥。思维是从人的动作开始的，切断了动作和思维的联系，思维就不能得到发展，动手操作是培养创新能力、实践能力的开始。在动手操作中，学生清楚了知识的来龙去脉，容易构建知识体系，培养思维能力。心理学研究也表明，动手操作，亲身体验的东西最不容易忘记。因此，课件展示千万不可剥夺了学生动手操作的权力。

③ 多媒体与传统媒体应配合使用。多媒体教学有其他教具不可比拟的优势，而小黑板、教学模型、实物投影也有计算机无法实现的优点。采用何种教具作为媒体，要结合适当的内容，适当的时机来决定。使用得成功与否，要从实际效果出发，效果是主要的检验标准。有些教师认为

现在是多媒体的时代，用其他的教具就显得太"老套"了。其实有一些多媒体课件前前后后总是几个问题出现在屏幕上，然后让学生回答，起的是小黑板的作用，还不如直接用小黑板简单、省时、节约教育成本。但是，如果我们在课堂教学使用多媒体的话，就应当增加学生讨论的机会和拓展学生思考问题的深度和广度，使学生能够更多的参与教学活动。还有计算机多媒体教学信息通过屏幕来展现，画面停留时间短，所以重点内容不仅要增加重复次数，而且重点内容还应通过书面表达印发给学生，让学生有更多的时间去思考、去消化，教师应及时处理最好是和学生共同讨论出现的问题，增加教师之间的交流，从多角度认识事物，从而提高学生的能力。具体使用什么教具要根据自己的课堂内容确定。

④ 多媒体教学不能替代教师主导性的作用，更不能影响学生主体性的发挥。要在尊重学生发展差异性的基础上，创造出适合不同发展层次的学生的教育环境，合理配置教育资源，使学生在各自已有的不同层次水平基础上均得到发展和提高。把教育教学质量的提高机械地寄托在技术手段上，忽略对学生的思想政治教育，忽略对学生人生观、价值观的培养，忽略对学生学习的主动性和创造性的培养，必然使之失去应有的价值。

⑤ 运用多媒体教学要充分考虑学生的需要和接受能力。信息量大是多媒体技术的一个特点，而如果运用不当，信息量超出了学生在 40 分钟内的接受能力范围，那么所教知识只能像放电影一样在学生眼前一闪而过，授课效果可想而知。所以教师在制作课件前先熟悉教材内容，明确教材的重点、难点，按照传统方式准备好教案；按照前述的有关步骤制作课件，以此为课堂教学的基本框架；上网查询和课文有关的信息资料（文字、数据、图片等），并将有关内容下载下来；经过比较、筛选，确定需要补充的内容，再将这些资料插入已经做好的框架课件，把它们整合成一套内容丰富、充实的课件以备使用。

3. 多媒体在教学中应用的几种形式

① 教学演示多媒体。在传统的以教为中心的教学模式中，多媒体主要用于教学内容的演示。教学演示是指根据教学计划和大纲要求，采用多媒体的表现方式，将教学的主要内容、材料、数据、示例等呈现在特定的显示设备上，以辅助教师的讲解，从而达到知识的高质量传播。在一机多人的多媒体教室里，教师通过多媒体和电子投影仪的结合，将教学内容的重点、难点以图片、活动图像或自制动画的方式表现出来，有利于学生的理解和接受，从而达到知识的有效传播。

② 模拟教学。模拟教学指利用多媒体技术与仿真技术结合，用来模拟、仿真或再现一些实际中不存在或难以体验的事物，使学习者身临其境，增强教学效果，提高教学水平。

③ 交互式教学。由于计算机多媒体技术及网络技术的发展和进一步融合，学生既可以通过多媒体课件进行个人自主学习，也可以借助于网络资源进行协作式自主学习。这两种学习方式具有共同的特点，即都是一种双向的交互式学习方式。

④ 现代远程教学。现代远程教学主要指基于计算机网络的开放式教学系统。网络传播模式的出现，使得用于单个计算机的多媒体课件可以发布到广阔的网络空间，形成网络课程。通过网络课程的开设，学生可以不分年龄大小，不拘泥于固定的时间、空间按需进行学习，即根据自己的需要和当前水平选择不同学校、不同的教师，在自己合适的时间内进行学习。所以，基于计算机网络的传播方式，将成为教师和学生之间的更为便利、更为广阔的学习交流方式。同时，也是实现知识经济中的终身学习的一种重要方式。

五、社会性软件与教学应用

1. BBS 在教学中的作用

① 丰富学习资源，提高学习兴趣。传统的学习资源主要来源于课本，覆盖面狭窄，所选取的信息未必能恰当地表达教学内容。通过登录 BBS 网站，调用各大图书馆的资料，查询最新前言科学，访问专家学者，丰富了学习资源。BBS 上学习论坛内容丰富，如读书沙龙、情感驿站、现代英语、出国通途、天生我才等多种栏目，为广大师生提供了更为广阔的学习空间，开阔了学生的知识面，扩展了学生的“视域”，引人入胜。信息资源的丰富，视域的扩大，必然扩展学生对知识的把握，对周围世界的理解，形成良好的学习循环。同时网上快速更新的信息给学生新鲜的刺激、永不厌倦的吸引力。图文并茂，声色俱佳，功能强大的 BBS 吸引了学生的注意力，提高了学习兴趣，使平时觉得厌烦的学习活动备受欢迎。

② 利于教学管理，实现个别学习和小组协作学习相结合。BBS 的主要特征就是发布公告、传递信息。各大高校利用 BBS 发布学校最新公告、通知，例如学校近几天的活动安排，各系的活动情况等。与传统的布告相比传输速度快、文字含量大、准确保险。师生只要上网进入校园 BBS 论坛就可以通晓学校的各项教学活动，避免因为不在校或不注意等原因错过了公告信息，保证了教学管理工作的顺利进行。借助 BBS 进行监督管理让学生时刻感受到教师的存在，同学的存在。利用通信功能布置作业给学生，依据学生回复的快慢、态度、正确率来了解学生的个性特征，实现个别辅导学习。发贴、跟贴也是 BBS 用于教学的一个重要途径。就某一问题的讨论，教师发布新贴提出问题，学生跟贴回答问题，教师可以从中得到反馈信息。这种交互具有极大的公开性，只要进入 BBS 的学生都可以参与、集思广益，实现了小组协作学习，提高学习效率。

③ 提高参与意识和人际交往能力。在传统教学方式下，学生由于缺乏自信，怕丢面子，不敢主动参与问题的讨论，学生的人际交往也仅限于实际生活的狭小圈子。运用 BBS 进行教学改变学生的交流方式，使他们从封闭的师生小圈子走向一无班级、年级、甚至无国界的广阔学习空间，不必有任何心理压力和不平衡，与教师和学生心平气和的交谈，有利于相互了解和沟通，有利于主体意识的发挥、参与意识的提高，实现真正意义上的主动学习、主体学习。对于自律能力强的学生可以正确利用聊天室畅所欲言、发表言论、获得知识、结交识友，真正感觉到“我们的朋友遍天下”，增强交际的自信心，提高人际交往能力。

④ 提高素质，促进身心健康发展。BBS 作为一个网上虚拟社会，注册的用户都应该尊重它，爱护它，遵守“社会公德”。学生在社区内要文明讲话，礼貌待人，通过交流营造和谐平等的氛围，提高自身素质。另外，BBS 还是个人宣泄情感的有效途径。例如，在学习或生活某方面遇到烦事时，可以到 BBS 上把自己的不愉快一股脑地“倒”出来，让他人帮你分担；或者与他人聊一些有趣的话题，转移自己的注意力，缓解当时的痛苦，问题迎刃而解。课外之余学生通过讨论有趣的话题可以放松心情，调节情趣，寓学习于娱乐之中，陶冶情操。BBS 的一个本身特性也决定了它是一个网上教学的有益场所：BBS 只确认文本文件，不承载图形文件，没有那么多的图片和卡通动画来干扰学生的学习，限制了黄毒泛滥，避免了色情画面的侵扰，利于学生身心健康的发展。

2. 即时通信（IM）在教学中的作用

① IM 将视、音频技术引入远程教学。IP 远程教学系统是把 IP 视频技术、视频和音频数据的压缩及解压处理技术、互联网应用技术相结合，把影视、图形、图像、声音、动画以及文字等各

种多媒体信息及控制实时动态地引入教学过程的一种专用计算机网络教学平台，是利用计算机技术、网络技术、多媒体技术进行现代化教学活动的一个系统概念。可见，通过它们可实现老师和学生的在线异地的交流和授课，通过 QQ 群和 MSN 群组可以面向全体学生发布消息，语音的远程传输可以让学生及时发问，实现教学的反馈。

② QQ 网络硬盘的资料存储功能。QQ 网络硬盘不但提供了资料的存储，还具有记事本、搜索、上传和下载资料的功能。这些方便我们对网络资料的时时保存和搜索，避免了闪存盘等存储工具因出错或丢失带来的麻烦。尤其现在的网络病毒大多以闪存盘作为传播载体。

③ MSN 的 Pchome 社区和 QQ 聊天室。它们提供了一个具有共同爱好的群体交流平台，通过建立 Pchome 社区或 QQ 聊天室可以实现具有共同学习爱好的同学的知识交流和学习问题的及时解决，同时也是协作学习的体现。让同学们有了一个学习问题的解决平台。如果有专家的定时解答，效果必然更好，也能促进更多的同学愿意加入进来。

④ 游戏功能可以缓解暂时学习的压力。游戏本身并没有害处，只不过我们要限制玩的时间和不能沉迷于游戏。紧张的学习后可以适当地玩一会儿游戏，即可以放松一下，同时有些游戏本身具有开发智力的功能。QQ 纸牌游戏、象棋等需要多人来进行，和不同的好友进行既是娱乐，也是一种交流。

⑤ QQ 邮箱。一旦 QQ 申请成功，用户就会拥有自己的邮箱，可以接、发电子邮件，和同学进行交流。

⑥ 个性的展现。QQ 空间的建设一定程度上可以锻炼个人的审美意识，这可以说是 QQ 本身的一种潜意识教学功能。QQ 空间提供了许多的素材，个人根据自己的爱好来布置自己的空间展现自己的个性。QQ 空间的图片、音频、视频上传功能更加丰富了素材的来源，同时也是对网络技术的实践应用。

⑦ 实现个别辅导。学生学习过程中会遇到这样或那样的问题，如果有老师在身边指导就方便许多，通过 QQ“远程协助”可轻而易举地实现。学生只需单击“窗口布局”→“远程协助”，发出远程协助请求，同意后，再确认一次，这时就可以看到学生的桌面，学生再单击“申请控制”，老师同意后，就可以直接通过鼠标控制学生的桌面了，有什么问题，直接可以进行辅导。

⑧ 思想交流。第一，抓住心理，有效沟通。网络是一个新生事物，它的广泛使用也就是近些年的事情，大部分学生对它有一种好奇心，渴望去了解它。据一项调查显示，现在的中学生心理压力很大，又常常无处发泄，而 QQ 又是一个在互联网上非常流行的聊天工具，既可以在公共聊天室里畅所欲言，又可以和自己的好友进行一对一交流，通过这些交流，可以把心中的不满情绪发泄出来，有益于身心健康。正因如此，许多学生选择了它，而作为教师，由于客观因素的限制，在学校和学生进行交流的时间不是很多，要关注到每一位学生就更困难了，但丰富的业余时间给我们教师提供了许多教育机会，我们结合学生爱上网聊天这一心理，选择适当时机钻进学生的世界中去，和他们建立良好的友谊，了解他们的心声，表达你的看法。第二，抓住时机，掌握策略。处于中学阶段的学生，许多方面都还不成熟，想问题也比较简单，但是他们心中时常藏着一些秘密，想说，可能又不敢说，或者不知道该怎么说。如果作为教师的你，和他们进行及时的沟通，让他敬重你、信任你，他就可能会说出心中的秘密，只要他说出来，我们教师就必须给他们足够的建议，以解决他心中的困惑。当然，前提是你必须有足够的耐心、敏锐的观察力和富于幽默而又不失主题的语言表达能力，只有这样才能引起学生对你的足够兴趣。

3. 博客在教育教学中的应用

博客系统技术简单，不需要任何网站建设的技术，老师只要会打字、会上网就可以在自己的个人博客上传信息形成自己的个人网站，因此越来越受到教育工作者的关注并逐步应用到教育教学中。教育博客逐步在被作为教学平台、资源平台、学习平台、教研平台和个人知识管理平台应用到日常的教育教学中去，博客也必将进一步促进教育信息化的发展，改变传统的教育教学模式。主要表现在以下几个方面：

（1）博客作为教师教学的平台

随着信息技术在教学应用的发展，教学媒体给课堂教学注入了极大的活力，使课堂教学展现的内容栩栩如生，为学生创造了丰富多彩的教育环境，使学生身临其境。博客为教师提供了很好的教学平台，教师只要事先把教学媒体和相关资料放在自己的博客上，就形成了自己的教学网站。博客作为新型的教学平台主要有以下作用：

① 作为教学的辅助工具：教师事先把授课的媒体发布在自己的博客上，上课的时候就可以以此来导入或者向学生展示这堂所要掌握的内容。这样既方便了课堂教学，又可以作为学生课后复习的重要资料。同样教师可以在博客上发布与教学相关的通知及布置作业，并可以对学生的作业进行评价。

② 提供丰富的学习资源：网络是一个知识聚宝盆，同时又存在很多杂、乱、消极的信息。学生的年龄阶段决定他们对信息的筛选能力和自我控制能力不是很强。教师通过博客日志和在博客中提供一些参考资料链接，将经过过滤的信息传递给学生，可以帮助学生吸取有价值的信息，也减少学生在网络中大浪淘沙做无用功，极大提高了学生获取信息的效率。教师提前将教学相关资料发布在博客上，还可供有条件的学生课前课后下载浏览，及时预习或复习。

③ 增进了师生之间的沟通：师生之间的有效交流是推动学生学习进步、形成独立思维的强劲动力。使用博客可以克服面对面答疑方式的局限性，实现网络用户间的非实时交互，使传统的面对面答疑方式得以延伸，学生和老师之间的答疑不再受时空的约束。博客不需要注册且可以不使用真名就可以留言，这样学生可以大胆地表达自己的真实想法，也有利于教师及时了解情况以便做出相应的教学调整。无论是课堂中还是课余，只要利用身边连网的计算机，学生通过博客可以随时向老师、同学请教，查看自己感兴趣的问题，发表自己的见解。师生在博客上的提问及答疑解惑，既可以对其他学生有所启发，又可以得到其他高手的相关评论和帮助。博客使师生的教学双边活动的范围扩大了。师生在博客中的交流，为学生学习提供统计分析的参考依据，同时也可作为教师教学的评价工具。

（2）博客成为学生学习的平台

博客简单易用，不需要学生会制作网站的技能，只要像注册 E-mail 一样就可以形成自己的个人网站，可以随时写下自己所看到、听到、想到的信息，日后可以更方便整理与利用。博客还具备“分享”的功能，也就是出版和公布，则让学习者更上一个层次，把自己的学习与周围的群体交流结合在一起，促进了自己认知结构的发展。

① 学生学习情况的电子档案：学生可以利用博客记录学习后的反思、社会实践活动情况的汇报、研究性学习的学习资源收集整理，兴趣爱好活动的合作空间，还有其他人对于这些内容的评论和评价信息。不过这样的博客不仅仅是学生在使用，教师也必须融入其中，这样的过程如果持续下去，就会变成一个全学校范围的知识管理体系和新型评价体系。教师能够根据学生的完整的

学习过程与学生共同看到一个更大的学习全景，做出更加综合和全面的评价。而如果在学习过程中，这样的电子档案也非常有助于“形成式评估”，更及时地帮助学生改进学习的方法、态度或者由教师做出一些方向性的引导。

② 促进与同学间的交流与协作：博客使学生有了表现自我的时间与空间，他们将自己的所学、所思、所想、所见和所得都记录在个人博客上，让同学、老师、朋友、父母来分享交流。同学们通过在博客中的交流，激发了学生学习的兴趣与欲望，使学生积极投入到知识求解和问题探究中，多种不同观点的碰撞与交流，将迸发出学生思维中崭新的思想火花。博客可以有效地鼓励学生的参与，不光是阅读和评论老师或其他同学的博客日志，更重要的是可以通过建立自己的博客日志，设置自己的议题，与别人分享自己的思想。博客还可以作为学生进行研究性学习和协作学习的平台。有共同兴趣爱好的小组成员可以组成自己的主题博客，每个人及时在博客上记录下自己的研究过程及研究成果。甚至可以与世界其他学校的同学组建一个虚拟团队在网上开展团队合作，一起来研究和探讨问题。这不但可以培养学生的信息素养，促进学生间的交往和团结协作精神的发展。此外，博客还可以拉进学生和家长之间的距离。因此，在信息时代中，博客能够有效地提高学生与他人交流及协作的能力。

（3）博客校本教研的平台

博客作为一种发表个人看法、知识管理、深度交流和沟通的工具，教师个人除了应用于教学中外还可以用它来进行学习、教学反思、科研、个人知识管理，教师之间的交流、分享，促进自己的成长。

① 博客方便了教师的阅读记录：传统的阅读记录卡是教师阅读到了好的文章后写了心得后就交给了教务部门，之后几乎是不会有再次阅读，也很少跟其他教师进行交流。而基于博客的阅读卡，把相关的好文章发布在自己个人博客后，首先可以写心得体会并应用到自己的实际教学中，之后对于这种观点策略还会进行再次的理解。其次，可以跟别人共享好的文章，并通过别人的回复进而一起深入对文章的理解。因此研究者可以通过自己不断对一些文章的理解和别人的回复深化对教育规律等的认识，提高自己的教学理论水平。

② 基于博客反思能够促进教师的反思并激发深入反思：基于博客的反思比传统的以纸、笔为载体的反思更具吸引力，在文章的发布、管理、和他人交流等方面体现了明显的优势。首先，应该看到，博客中的教育反思随意性较大，有些只是只言片语的随笔，不像传统反思日记基本表达的是完整的思想（这也是网络的特点）。其次，博客的低技术可以方便教师随时反思，在一定程度上也促进了教师反思的积极性。再者，在传统环境下，教师平时对自己教学行为的反思通常是个人的，只有在教师集体活动时才能跟大家分享，而博客的反思在网上一经发布，它就同时展现给了网络中的其他教师，成为大家共同反思的对象，而其他教师对这个问题的思考与解决过程又通过回复的形式反馈给作者，从而可能激起教师更深入的反思，通过不断的反思教师可以提高自己可以能力把自己培养成为研究型的教师。

③ 基于博客的教学叙事研究促进了教学叙事的新发展：通过在博客中进行教学叙事研究跟传统的教学叙事研究有以下区别：a.传统的教学叙事是封闭的，除了发表很少有人参与；而基于博客的教学叙事研究是开放的，通过网络，自己的教学叙事可以跟其他同行随行进行分享并且共同研究。b.传统的教学叙事是静态的，研究者写完教学叙事后，一般不会再发生变化，而基于博客的教育叙事已经发布在自己博客上，随着不同人的观点、看法、建议的参与，叙事报告可以不断

丰富、不断深化、不断发展。c.传统的教学叙事是存档型的，如果所写的教学叙事没有机会发表在刊物上就被保存起来，除了研究者自己外没有其他人知道。基于博客的教育叙事报告是展示型的，无论质量好坏，我们都可以展示出来，通过与其他人的交流进一步提高质量。因此基于博客的教学叙事研究是传统教学叙事的新发展，比传统的教学叙事研究具有更高的效用。

博客在教育教学中应用，自始至终是一个教学的辅助工具，我们不能指望它可以解决教学中的所有问题；教学工具的使用要注重教学思想和教学内容的表达，而不是单纯地追求技术的复杂程度；此外，博客这样一种教学活动是在网络上进行的，跟其他网络教学工具一样也存在相类似的问题：在互联网这个知识的海洋中如何有效引导学生在网上的学习活动与学习行为，如何达到高绩效学习等问题，都值得我们去思考和探索。

4．知识管理与教学应用

（1）教学中的知识管理

有研究者从知识管理的目的、过程、要素等不同的角度，提出了“知识管理”的定义。概括而言，知识管理是帮助个人和组织获取、存储、发布、共享以及创造知识的过程，它使得知识被最大限度地利用，并且在知识管理的过程中得到增值。知识管理的目的是为了在合适的时候将合适的内容分发到合适的人手中，并使之做出合适的决策。随着知识管理理论的不断和完善，政府、图书馆等领域也开始运用这种新型的管理模式。

根据知识管理理论对知识的分类，教学中的知识可以分为显性知识和隐性知识。其中的显性知识主要指的是教材、教案、课堂记录、学生作业、学习成绩等信息；而教学中的隐性知识主要包括学生的认知结构、学习经验、教师的教学经验、教学技巧以及教学活动中体现出来的关于教学情况的各种信息。对于不同类型的知识，教师应该选择不同的知识管理策略来达到教学目的。阅读、聆听等教学活动适合学习显性知识，观察、讨论、模仿等教学活动则适合学习隐性知识，采取相宜的教学活动，可以更好地帮助学生习得知识。

知识管理在教学中的应用非常广泛。教师之间可以形成的知识管理团队，通过彼此的交流与合作，进行教学研究，实现教学经验、教学技能等知识的共享与创新；教师和学生可以利用知识管理的工具和策略进行个人知识管理；教师和学生在收集、组织和使用教学资源时，可以利用知识管理技术来整理显性知识，建设教学资源库；教师通过对各种教学中信息进行知识管理，可以全面地掌握学生的学习状况，及时对学生做出正确的评价和反馈；师生以及学生之间通过交流，可以在教学过程中达到充分的知识共享，进行知识创新，提高班级的整体教学质量。

教学中的知识管理可以帮助教师做出合适的教学决策，帮助学生做出合适的学习决策，使学生在学习过程中及时地得到学习支持，其最终目的是要促进学生的学习。

（2）知识管理在教学中的常用策略

在政府等机构中应用了很多知识管理策略，把这些策略借鉴到教学中，可以起到很好的教学效果。

① 进行资料整理，对教学资料、学生档案袋、教学日志等显性知识进行分析、组织、归类，使之结构化。资料的整理可以按主题、班级、文件的名称、作者、创建日期等不同的属性进行分类。

② 建立学生档案袋，保留学生在学习过程中产生的学习计划、个人作品、平时成绩、期中、期末成绩等信息，当学生参加了小组协作学习时，档案袋中还应包括小组总体成绩、组员的分工和贡献、小组成果等。

③ 组织小组协作学习，让小组成员共同完成一个学习任务，小组成员之间需要相互帮助，发挥各自的特长。分组时可以让学生根据自己的兴趣、爱好自主分组，可以根据学号、座位随机分组，也可以根据学生的学习成绩、学习能力、年龄等进行异构分组，还可以根据特定的任务和教学情景进行角色分组。

④ 对学生进行激励，鼓励学生进行知识共享和知识创新。教师在教学中可以通过口头表扬或者给予一些小的奖励，来促进学生提出自己的想法、发挥自己的特长，督促学生总结学习经验，开阔学习思路。

⑤ 让学生从做中学，给学生规定具体的学习任务。教师可以为学生提供针对具体问题、具体情景的学习帮助，使学生在完成具体任务的过程中，学习如何分析问题、解决问题的隐性知识。

⑥ 在教学中组织充分的讨论和交流。在自由平等的讨论氛围中，师生很容易激发出灵感，产生出独特而新颖的观点。教师可以在班级中使用不同的讨论交流模式，设置开放式的问题，采取头脑风暴的方式组织讨论。

知识管理理论不断地在其他领域也有了很多成功的案例。领域的工作者应该吸取其他领域的成功经验，积极探索知识管理在教学中的应用模式，提高教师的教学效率，促进学生的学习。

第五节　教学媒体的选择

前面我们已经谈到，每种教学媒体都有它自身的优点，同时也有它难以克服的缺陷，在教学中没有能够解决所有教学问题的万能媒体的存在。各种教学媒体在不同的教学环境里，对不同的学习者而言，其效果也不尽相同。因此，各种教学媒体的优缺点都是相对的，而不是绝对的。所以，只有对各种媒体进行优化选择和组合，才能发挥最佳的总体教学效果。

一、教学媒体选择的依据

1. 教学目标

教学目标总体上确定教学媒体状况。教学目标是教学活动的出发点和教学过程的指南，教学内容的确定是围绕着教学目标来安排的，这是实现教学优化的最重要的一步。确定了教学目标，也就宏观地提供了教学媒体的使用状况。同样的知识点不同的教学目标，相应的教学内容也有所不同；特定的教学目标往往需要通过特定的教学方法来实现；教学目标的多层次化以及教学环节的多样性决定了教学媒体选择的多样性。不难看出，在教学中选用什么教学媒体和使用什么教学策略，都必须围绕教学目标来定。

2. 教学内容

教学内容制约教学媒体的选择使用。由教学目的确定的具体教学内容，是教学活动中传递的信息。同样的信息可以用不同的媒体来表现，如语言文字、图表、图片、视听资料等。当然，并不是使用越先进的媒体形式或使用越多的媒体形式就可以使教学内容得到最有效、最优化的传递。例如，教师在讲解一个复杂的物理公式时，最传统的黑板粉笔往往是最有效的手段，在教师推导公式的过程中，每一步推理的来龙去脉，每一句话语，每一个肢体语言，都可以使整个推理过程变得更加明晰。如果把这一过程换成一幅幅快速闪过的幻灯片，使精彩的演绎变成程序化的表述，那整个教学将黯然失色。因此，充分考虑教学内容的情况，选择最适合表现这一教学内容的媒体形式，才是选择教学媒体的关键。

3．教学媒体的物理特性

教学媒体的物理特性是媒体选择的重要因素。当教学需要选择媒体时，主要考虑的因素是媒体的传递范围、表现力、重现力、参与性和受控性等。传递范围指教学媒体把信息同时传递到学生的范围；表现力主要指教学媒体表现事物的空间、时间和运动特征的能力；重现力指教学媒体不受时间、空间限制，把储存的信息内容重新再现的能力；参与性指教学媒体在发挥作用时学生参与活动的机会；受控性指教学媒体接受使用者操纵的难易程度。因此，要根据媒体的功能特性选择是视觉媒体还是听觉媒体，是选择视听媒体还是实物媒体，是选择传统媒体还是交互计算机媒体等。

4．学习结果预期

学习结果预期是教学活动的出发点，课堂教学中选择什么样的教学媒体，都必须围绕能否实现学习结果预期来确定。由于各门课程的性质不同，其学习任务的类型、学习结果预期也不相同；即使同一课程，每一堂课的学习任务和学习结果预期也各有差异。认知类的学习任务可选择动画、图片模型、幻灯片等教学媒体开展教学；情感类的教学内容，应选用表现手法多样、艺术性和感染力强的媒体，如多媒体课件、影碟、数字音响等，让学习者产生强大的吸引力和情感上的震撼力，实现学习结果预期；技能训练类的教学，可选择电视录像、电影等表现手法丰富、具有时空突破功能的教学媒体。

5．学习者特征

学习者特征包括教学媒体选择在内的教学设计的一切活动都是为了学习者的学习，能否实现学习结果预期，要在学习者自己的认识和发展的学习活动中体现出来，而作为学习活动主体的学习者在学习过程中又是以自己的特点来进行学习的。因此，了解学习者的学习准备状态及其学习风格，对于选择适应学习者特征的教学媒体是有意义的。学习准备是指学习者在从事新的学习时，原有的知识水平和原有的心理发展水平对新学习的适应。学习准备包括认知、情感和动作技能三个方面。学习者原有的学习准备状态是新的教学的出发点。学习风格是指对学习者感知不同刺激，并对不同刺激做出反应这两个方面产生影响的所有心理特征。最大限度地满足学习者学习准备状态和学习风格是教学媒体选择的重要因素。

6．教师因素

教师作为影响教学媒体选择的因素要分析两个方面：一是教师自身要树立多元化的角色形象。在教学媒体现代化的背景下，教学活动所依赖的传播手段发生了变化，教师不再是学生获得系统知识的唯一信息源。教师除了仍然是系统知识的传播者、教育过程的组织者和管理者，教师还是学生学习的指导者，教学资源的开发者，教学活动的研究者和不断进取的学习者。二是教师要充分了解各种现代教学媒体的特性，具备熟练操作各种教学媒体的能力，尽可能自己收集、编写并创作新的课程软件或多媒体课件，实现运用现代教学媒体，使课堂教学达到最佳效果。通常情况下，教师会选择自己最熟悉的教学媒体，其好处便是教师能在课堂教学中充分发挥出不同媒体所具有的不同优势。很难想象一个对计算机根本不熟悉的人会利用计算机多媒体进行教学，一旦程序在运行中出现问题、报错、死机等，他会手足无措，毫无办法。如果过多地依赖某一种教学媒体，特别是电子教学媒体，也会使教学过程变得枯燥乏味，而且一旦这些先进的媒体出现故障，往往会使教学被迫中止。因此，教师在选择何种教学媒体时，应当考虑多种媒体的综合使用，并掌握多种媒体的使用方法，不能让某一种媒体限制了教学形式。

7. 课堂教学管理

媒体的呈现无疑是为了更好地激发学生强烈的求知欲望、更好地实现学习结果预期。所以，作为教学活动的设计者和引导者，在课堂教学管理中，教学媒体如何组合、何时呈现等显得尤为重要。正确的媒体组合是课堂教学高效的条件，呈现时机的选择或能设疑引趣、创设情景、引发学习动机；或能形象直观，集中学生注意力、增强课堂教学效果；或能帮助学生加深印象，巩固记忆。再者，对教学媒体的选择要由教学活动在何种教学情境中进行的形式来决定。如为集体授课而选择媒体，可以选择那些展示教学信息范围较大的媒体，而用于小组学习的媒体其传播信息的范围应与小组人数、教学场所的大小相适应。

在教学媒体选择时，以下几个方面也必须充分考虑：

① 课堂教学是一个动态的教学过程，影响教学媒体选择的因素必然是多元的，媒体的物理特性、学习结果预期、学习者特征、教师因素、课堂教学管理只是一些主要因素，学习情景、环境条件等也都是制约选择的因素。

② 探讨影响教学媒体选择的因素，是为了选择最适合每一堂课的教学媒体，取得最有效的学习结果预期。教师在选择媒体的程序上或通过分析各个因素，描述选择教学媒体的设想，逐一考虑其中哪些设想是可行的，然后加以整理，从中发现最适合某一特定教学情景的媒体；或把选择媒体的过程分解成一系列步骤，每个步骤都标有一个问题，在问题的下面又有一个个的分支，教师从第一个问题开始回答，然后根据答案进入相应的分支，依次回答每一个问题，直到问题结束，这样就得到了一种或一组合适的媒体。

③ 教学媒体的使用并不是目的，目的是为了更好地实现教学目标。所以，选择教学媒体必须注重媒体的实际效果，不能盲目求新。目前教学媒体选择存在一种误区，认为教学媒体的技术含量越高，越能体现教学的现代化水平，而且有些教学评价还以教师是否运用现代的教学媒体为评价标准，而忽略了教学效果本身。教学应该把重点、注意力放在教学效果上，而不是媒体是否先进上。能用幻灯片达到教学效果就没有必要用计算机，能用录音机达到的语音训练就没有必要播放视频去扰乱学生的听觉注意力。

④ 每一种教学媒体都有自己的长处和短处，它们之间可以互补。没有一种教学媒体可以适应所有的教学目标。正如在所有情境下没有一种最好的教学方式一样，没有一种最好的教学媒体可以用在所有的情境中，只能通过媒体应用于教学的试验来选择出最适合学习任务的媒体。

⑤ 在选择媒体时，应考虑教师对该媒体的利用能力，如教师的操作控制能力较强，媒体的应用水平较高，则我们可选择一些功能较全、价格较贵、操作较复杂的媒体，反之则不能。如果不是这样，对媒体应用能力较差的教师，选择了操作较复杂的高档媒体，则教师上课应用媒体时，可能出现操作失控，直接影响正常教学进度的进行，反而对教学质量的提高起反作用。所以，每一位教师都有符合自己特点的教学策略的运用和教学媒体的选择，只有尽可能发挥自己优势、弥补自己不足的选择，才能产生最有效的教学效果。

⑥ 根据学习者对媒体的利用能力，合理选择媒体也是相当重要的一个教学环节。如在班级授课或小组学习的情况下，我们就要考虑在媒体利用时学习者的参与程度。这就要注意到该媒体是否适宜于学生的操作，是否适宜于和学生的交互作用。

二、教学媒体选择的基本原则

媒体选择必须遵循一些基本原则，基本原则主要有下列几个：

1. 目的性原则

目的性原则是指一定要根据课堂教学目的和教学内容选择教学媒体。例如一堂外语课，教学目的是着重培养学生的听说能力，就应考虑选用录音媒体；一节语文课，其教学目的是通过看图让学生写话或作文，提高观察能力，那就应选择投影或幻灯。不管选用哪种教学媒体，都是为了达到课堂教学目的服务的，都是服从于教学任务这个大局。

2. 针对性原则

教学媒体要针对学生实际情况，选择那些最能引起学生兴趣和注意，最易为学生所接受的媒体。例如有两种同内容的投影片，画面清晰度一样，只不过一种是单片、静片，一种是复合片、动片，选哪一种好呢？针对学生的学习动机和兴趣以及接受难易情况，当然选后一种投影片为好。此外，还要针对学生年龄特点，选择教学媒体软件。同是放录像，低年级学生可选择那些欢快、活泼、娱乐性、游戏性较强的，高年级学生则要选择那些带有一定的说理性比较透彻分析事物的内容。

3. 发展性原则

发展性原则就是要求选用教学媒体时应考虑它能在多大程度上发挥教育作用，促进学生多方面的发展。首先，应遵循教学目的的要求，从学生身心发展需要的角度出发，科学地选用教学媒体；其次，采取正确的方式使用某一媒体。如果使用不当，就有可能影响学生身心的健康发展。例如，当前有不少学生因沉迷于计算机网络上的一些不健康的交友和游戏等活动，影响了正常的学习和身心发展。因此，学生家长强烈要求学校控制学生上机时间，甚至要求禁止低年级学生接触计算机。这种现象反映了某些现代化的媒体存在不利于学生的身心发展的方面。因而，选用教学媒体时，应从利于学生身心发展的角度慎重考虑。

4. 多样性原则

多样性原则是选择媒体的一条重要原则，它是指在条件许可的前提下，课堂教学应尽可能地多选一些媒体，如同一课，既可放录音，也可放录像，或者做其他一些演示实验，因为运用多种媒体比只用一种媒体效果好。

① 从学习的生理机制上看，选择多种媒体有利于学生多种感官参与学习。由心理学可知，人在学习时，可以通过多种感官来参与的。如记忆是学习的重要过程。近来，一些心理学家通过研究人的记忆，提出了“α、β 反映论”。该理论认为人的记忆功能一部分来源于遗传中称为“α 群”的细胞群，它广泛存在于大脑和神经系统的各个角落中，但它的记忆功能必须依赖于一种叫“β素”的物质激活，当“β素”激活了“α群”，就称为“α、β群”。只有“α、β群”才能发挥记忆功能，人的各种感官（眼、耳、鼻、舌、身等）都可以把摄取到的信号，通过神经系统传导给大脑，当中枢神经和大脑接到不同信号时，就会产生不同数量的“β素”，进而形成“α、β群”。仅靠一种感官产生的“β素”数量是有限的，如果用光谱、声音及其他物理手段刺激不同的感官，就会产生数量较多的“β素”，“β素”越多，“α、β群”就越多，人的记忆功能就发挥得越好。于是“α、β反映论”最后得出结论：认为多种感官参与记忆无论是记忆的速度还是记忆的质量远远大于单一感官的记忆。拿记忆后保持的比率来说，单用视觉，三小时后记忆保持的比率为 70%，

单用听觉，三小时后记忆保持的比率为60%，而视听并用记忆比率达到90%，远远大于光看光听。课堂选用多种媒体，传递教学信息就有多种渠道，分别刺激学生的不同感官。当不同的感官接受到的信息内容互相关联时，就会深化对知识的感知程度，达到强化学习的目的。

② 从媒体本身看，选择多种媒体有利于媒体优势互补，进行媒体组合教学。不同的媒体有不同的特性，根据媒体的特性和功能，将多种多样的媒体，进行优化组合，使之在教学过程中扬长避短，优势互补。从而发挥媒体的群体功能，如图像型媒体能使学生眼见其形，但不能耳闻其声；而音响型媒体则相反，只能使学生耳闻其声，不能眼见其形，要是选择这两者，在课堂上结合使用，不仅可以各显其能，而且能够得到声形并茂和相得益彰的效果。

③ 从教学信息论上看，选择多种媒体，有利于加大教学信息容量和提高课堂效率。多样性原则要求我们既要选传统媒体，又要选现代媒体，特别是在有条件的情况下，尽可能多选现代媒体，因为现代媒体传输信息量大、速度快。以前用常规媒体教学，信息传输主要通过语言信息（听讲）和文字信息（看书），但是通过这两种途径吸收的信息量是很有限的。研究表明，大脑吸收语言信息量与形象信息量之比为1：1 000，也就是说一个只靠耳朵听了60年讲课的老人吸收的知识信息量，只相当于一个小孩6年中靠眼睛接受的形象知识信息量。此外，人们从书本上获得文字信息能力也是有限的。现代媒体大部分是传输的形象信息，多数让人直接观察。人们用一般方法接受信息的速度为25 bit/s，而电视教材的通道容量最佳约为70 bit/s。因此要高效率地吸收大量信息，提高课堂教学效率，应多选用投影、录像、电影、计算机、电视等现代媒体。

5. 综合性原则

综合性原则要求在选用教学媒体时，综合考虑教学的各种因素，协调教学媒体与教学的其他方面的关系，使教学媒体的功效服从于整体教学设计，以取得最佳教学效果。选择教学媒体要考虑教学目标、教学内容、教学对象以及教学策略的需要，注意到教学媒体与其他因素之间相互联系、相互制约的关系。例如，如果已经决定采用集体授课方式，那就应该选择能够向全班学生展示的媒体，如挂图、幻灯机、投影仪或大屏幕电视机等。理想的教学过程有多方面的需求，既希望学生能始终保持积极的学习态度和高度集中的注意力，又希望教师能从知识、技能、思想等方面给学生以积极影响，还希望教学氛围融洽，教学过程轻松愉悦，等等。选择教学媒体要充分考虑教学过程的这些需要。

6. 适度性原则

多样性原则，要求课堂教学应尽可能地多采用一些教学媒体，但这要以一定条件为前提，并不是说媒体选得越多越好，因为尽管多种媒体传递的教学信息量，一定比只有一种媒体传递的教学信息量要大，但信息量大了，还要考虑学生能不能接受，如果不能接受，媒体再多有什么用呢？因此媒体的选择还应遵循适度性原则，既要注意多种教学媒体的优化组合，又要注意一堂课不可用得太多太滥，否则变换频繁，一会儿录音，一会儿录像，一会儿又是幻灯，这样不仅浪费教学时间，还会使学生眼花缭乱，感到疲劳，进而产生抑制心理。一般来说，现在很少有教师只用一种媒体上课，即是传统的课堂教学，也至少要用教科书和黑板这两种媒体。一堂课用多少种媒体好呢？有人研究了课堂教学，认为不算常规教学媒体，仅选择教学媒体，以两三种为好，这样既能从不同方面理解教学内容，又能使学生始终保持新鲜感和学习兴趣，提高课堂教学效果，研究发现如果选择四五种以上教学媒体，教学效果不理想。

7. 经济性原则

美国大众传播学家施拉姆曾说过："如果两种媒体在实现某一教学目标时，功能一样，我一定选择价格较低的那种媒体。"选择媒体，除了看使用效果外，还要看何种媒体花钱少、时间省、成本低，即要遵循经济性原则。一般说来，常规教学媒体价格低于现代教学媒体价格。在所有的教学媒体中，印刷品和黑板价格最低，在教学媒体中，幻灯、投影、录音价格较低，电影中等，录像和计算机价格最高。前面说过，在有条件的情况下，尽可能选用现代教学媒体，但并不是说要一味追求"带电作业"，选用媒体越高档越好。本来可以用图片、图表或挂图就能说明问题的教学内容硬要制成昂贵的幻灯片；本来可以直接用实物或模型演示的实验，却制成了高价的录像带；本来可以用投影片就能显示的例题或习题，也制成了高档的计算机软件。这样既消耗了材料、人力，又浪费了教学时间，可见选择媒体应该考虑低成本、高效能。

8. 条件性原则

只有具备一定的教学条件，才能发挥出教学媒体的作用，也就是说，不论我们所选择的媒体多么符合需要，如果条件不允许也只得放弃。在使用一种新的教学媒体时，如果教师和学生都不熟悉它的使用方法，就有可能发挥不出它的功能。对于比较昂贵的教学媒体设备，如果学校的教育经费不足，就不能购买，当然也谈不上使用。有的媒体设备，还要求配备相应的教学软件。有些媒体对使用环境有一些特殊要求，例如幻灯和电影要求放映地点的光线比较暗，这就需要遮挡光线。选择媒体时，还会受到学校管理媒体水平的限制，因为只有保证媒体处于良好的工作状态，才能供教师选择和使用。可见，师生对媒体的熟悉程度、教育经费、教学软件的质量及数量、对环境的特殊要求以及学校管理水平等，都会对媒体的选择和使用产生影响。教学媒体必须在满足其使用条件的情况下，才能发挥出它应有的作用，而且这种作用也是有限度的，所以我们只能利用媒体，而不能过分依赖媒体，更不能认为媒体能够取代教师。教师选择和使用教学媒体的目的是为了更好地实现教学目标。使用教学媒体并不是目的，使用之后到底能取得什么样的教学效果才应是教师们关心的，所以选择教学媒体必须注重媒体的实际效果，不能盲目地求新求全，把媒体当成"现代化教学"的标志。

三、教学媒体选择的步骤

在明确理解媒体选择原则的基础上，就可以按下列步骤进行选择。

1. 媒体使用目标的确定

媒体使用目标是指媒体在实现教学目标的任务中，将要履行的职能。媒体使用目标与教学目标不是一回事，教学目标是指通过教学活动所要达到的要求。媒体的使用目标必须根据学习内容和教学目标来确定。媒体使用目标按其职能分可分为事实性、情景性、示范性、原理性、探究性等五种类型：

① 事实性：媒体提供有关科学现象、形态、结构，或者是史料、文献等客观、真实的事实，使学生获得真实的事实性材料，便于识记。

② 情景性：根据学习内容，媒体提供一些有关情节、景色，现象的、真实的或模拟、相近的画面（如古诗词的意境画面）。

③ 示范性：媒体提供一系列标准的行为模式（如语言、动作、书写或操作行为），学习者将通过模仿和练习来进行技能的学习。

④ 原理性：媒体提供某一典型事物的运行、成长、发展的完整过程，并借助语言的描述，帮助学习者对典型事物的特性、发生和发展的原因和规律有所了解。

⑤ 探究性：媒体提供某一些事物的典型现象或过程，利用文字或语言设置疑点和问题，供学生作为分析、思考、探究、发现的对象。

媒体使用目标与教学内容和教学目标之间有着密切的联系。为此，可以建立如图 3–2 所示的内容–目标–媒体关系的三维选择模型，利用该选择模型，可以根据学习内容与教学目标，确定媒体的具体的使用目标。

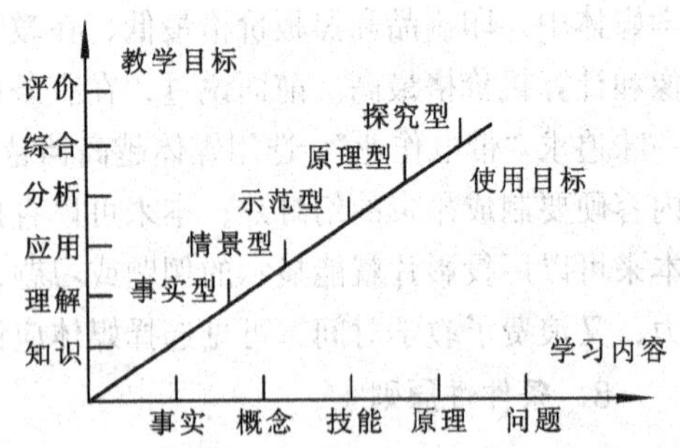

图 3–2 内容–目标–媒体关系的三维选择模型

该坐标横轴为学习内容，纵轴为教学目标，是用布卢姆的目标分类法，分为 6 个层次。必须指出一堂课的学习内容往往不是一个，教学目标也不仅是一个层次，于是媒体的使用目标也不只一个，或有两个，或有三个等。如自然课教学“摩擦力”，学习内容为“摩擦力概念”、“摩擦力大小原理”，教学目标是使学生“理解摩擦力概念”、“分析摩擦力大小跟什么有关”，那么这节课媒体使用目标至少有两个：情景型目标和原理型目标，实行前者可以用录像提供两人在地面上做游戏的情景，让学生看出穿什么鞋容易滑。完成后者可用模型、实物做摩擦力大小实验，提供给学生完整的实验过程。

2. 选择媒体类型

选择媒体类型就是指选择哪一种教学媒体，要根据教学内容、教学目标，媒体使用目标确定媒体类型。根据教学内容、分析各知识点、由各知识点的学习水平，决定媒体选用的类型、媒体的内容要点、媒体使用的时间、资料的来源媒体在教学中的作用和使用方式等，从而达到媒体使用的最佳效能。可根据表 3–2 和表 3–3 所列的项目进行分析。

表 3–2 教学媒体选择分析表

知识点	学习目标	拟选媒体	媒体内容要点	教学作用	使用方式	所得结论	占用时间	媒体来源

表 3–3 教学媒体选择方法分析讨论记录表

选用的媒体	解决的主要问题	教法与技术水平分析	媒体使用评价及改进建议

表 3–2 和表 3–3 主要是用来阐明运用媒体的设想，就是把教师在选择媒体的过程中考虑到的有关媒体与知识点、学习水平之间的关系，以及对媒体运用方式的设想表达出来，作为运用媒体时的参考。如表 3–2 中“教学作用”可包括创设情境、引发动机，反映事实、显示过程，示范演示、验证原理，提供练习、训练技能等；“使用方式”可包括设疑、演示、讲解，讲解、

演示、概括，演示、练习、总结，边播放、边讲解等；“媒体来源”可包括直接选用现成的，改造原有的或制作新的等。教师在填写这三项时，可以从中选出适合自己教学需要的类型。当教师按照表中的各个项目填好以后，拟定的媒体在某一课程中各个知识点的运用情况也就一目了然了。

同时，还要考虑一些实际因素，根据实际情况进行选择，如表 3-4 所示。

表 3-4 选择媒体需要考虑的实际因素

备选媒体 / 实际因素	挂图	模型	幻灯	计算机	…
能否得到					
制作成本					
复制费用					
准备时间					
技能要求					
设施要求					
维护要求					
学生心态					
教师心态					

3．选择媒体内容

教学媒体的类型一旦确定，就开始选择媒体内容。媒体内容即指媒体对学生的感官产生刺激的符号，主要有语言符号、非语言符号和混合符号三种。选择媒体内容就是选择把教学信息转化为对学生感官产生有效刺激的符号成分。如果选的媒体类型是投影，那就要考虑是用语言符号，还是用非语言符号，如用前者就选择文字投影片，要用后者就选图解投影片。选择媒体内容具体要做到“五选”：即选择画面资料，选择画面的组合序列，选择声音语言，选择刺激强度和选择教师活动。特别要注意选择的画面资料的内容要与组合序列和教学内容相符，达到主体突出，结构合理，图像清晰，强度刺激适中的目的。

4．媒体选择的修改

选定媒体类型和媒体内容后，对现有的媒体的选择，再次对照教学内容和目标，检查是否一致，若有不一致，就需要修改或改用。

四、媒体选择的方法

人们在大量的媒体应用实践中逐步总结出了一些选择教学媒体的经验方法、程式或模型，主要有：问题表、矩阵选择表、流程图、经验之塔模型和算法型五种类型，这里介绍前两种。

1．问题表

问题表实际上是列出一系列要求媒体选择者回答的问题，通过对这些问题的逐一回答，来比较清楚地发现适用于一定教学情景的媒体。

下面的一组问题便是例子：

- 所需的教学媒体是用于集体教学还是小组教学或个别教学？（　　）
- 需要真实经验吗？（　　）
- 媒体仅需视觉形式还是听觉形式或二者结合形式？（　　）
- 需要静止画面还是活动图像？（　　）
- 有没有相应的教学软件？（　　）
- 有无运行条件？（　　）

在每个问题后面有一个括号，要求教师来填写。归纳这些问题的答案，就可发现可选择的媒体。问题表的优点是方便灵活，所列问题可多可少，而且还可以不按照逻辑顺序排列。这种模型出现较早，并为其他一些选择模型提供了基础。它的缺点是列表时全凭教师的认识与经验，所以容易出现遗漏。

2．矩阵法

施拉姆曾提出一条著名公式：媒体选择几率=媒体产生的功效/需付出的代价。

按照施拉姆公式，可以把一些媒体的制作成本、学习内容以及媒体的效能制作成如表3-5所示矩阵，依照施拉姆法，选择教学媒体当然希望成本越低越好，功效越高越好。如果以成本与功效分别作为纵轴和横轴，画出图3-3所示的坐标，从这个坐标中就可以找出“考虑选择区”，“可选择区”，“最优选择区”。

表3-5　媒体制作成本、学习内容、媒体效能关联表

媒体代号 \ 成本 \ 学习内容	成本	事实性材料	判断多种事物能力的材料	基本原理、概念、法则的材料	解决实际问题的程序和方法的材料	各种操作技能的材料
A（静止图片）	L	MP	HP	MP	MP	LP
B（电影节目）	M—H	MP	HP	HP	HP	MP
C（电视节目）	M	MP	MP	HP	MP	LP
D（录音节目）	L	MP	LP	LP	MP	LP
E（程序教学）	L—M	MP	MP	MP	HP	LP
F（配音幻灯）	L—M	MP	HP	MP	HP	LP
G（CAI）	M—H	MP	LP	MP	LP	LP
说明	L：低成本，LP：低效能（效能就是媒体对材料的表达能力），M：中成本，MP：中效能，H：高成本，HP：高效能，L—M：成本介于低中之间，M—H：成本介于中高之间					

选择的方法是查阅表3-5，从某一媒体的制作成本和它表现某材料的能力在坐标系中找对应点（该点代表一种或几种媒体），看该点落在哪个区，并将这样的点都找出来再对比这些点选出最佳媒体。

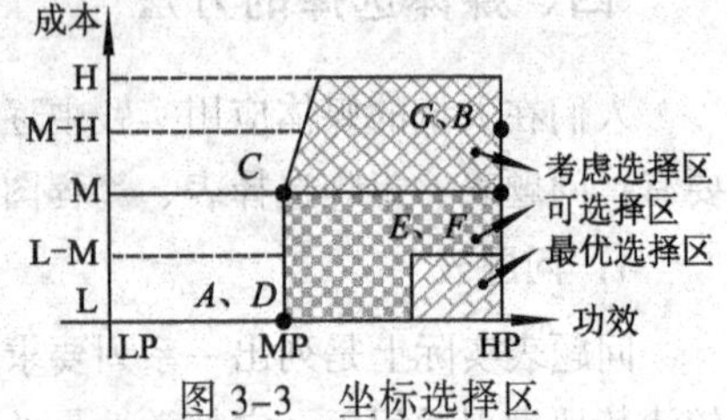

图3-3　坐标选择区

例如，现在讲授的材料是“解决各种实际问题的程序和方法的材料”选择出能最佳表达的媒体。根据上述方法将表3-5中所给的全部媒体都定点在坐标系中（如表3-5中的字母所示）。从图3-3可知，就成本

而言：$A=D<E=F<C<B=G$；就表达能力而言：$B=E=F>C=A=D>G$。其中 E 种 F 落在最优区，理应最优先选择。尽管 B 和 E、F 的效能一样，但是制作成本较高，而且使用也不方便，在课堂教学中很少使用如果你手头没有 E、F 这样的媒体，那么只能选择 C、A、D，相比较 A、D 更为实用，因为它的制作成本最低而且操作也最方便。C 也可以选用但其成本较 A、D 要高而且屏幕较小很难让全班同学都看清楚、只有在 A、D 没有现成的时候才考虑选择。媒体 G 没有落在选择区内、不予考虑。在实践中，像这样的材料根本不会用这种媒体来表现。综上所述，选择表现这种材料的媒体次序是先 E、F，再 A、D，后 C。

思考与练习

1. 简述媒体、教学媒体的含义。
2. 教学媒体与教学手段、教学方法和教具的区别是什么？
3. 教学媒体与信息技术、教育技术的区别是什么？
4. 简述教学媒体的分类。
5. 简述教学媒体的发展历史。
6. 简述教学媒体的本质与特性。
7. 如何选择教学媒体？

第四章 信息化教学资源

导言

信息时代的到来，大量信息技术的不断推出，信息化教学资源的出现为教师的教育和学生的学习提供了一个完美的舞台。实践证明：传统教学方法与信息化教学资源的有效融合，不仅极大地提高了课堂教学效率，有效地激发了学生的学习兴趣和认知主体的能力，唤起了学生学习的积极性和主动性，而且在学习过程中更有助于学生形成新思想、新观念、新方法，增强了学习的创新意识，培养了学生的观察能力、思维能力和创新能力，较好地提高了教学质量。因此，在信息化教育中进行科学而又富创造性的教学资源建设已成为学校教育发展不可缺少的重要内容。

学习目标

熟悉信息化教学资源的概念，掌握信息化教学资源的分类，了解信息化教学资源的特点；明确信息化教学资源库建设的意义，掌握信息化建设的原则，了解信息化教学资源库建设中的注意事项；了解信息化教学资源库建设的建设标准；掌握信息化教学资源的获取途径和检索方法；初步了解信息化教学资源库系统平台的构建；了解网络资源评价的意义，初步学会对网络资源进行评价。

第一节 信息化教学资源概述

一、信息化教学资源的概念

随着教育事业的发展，教学资源建设已成为学习与教学活动中必不可少的组成部分，成为各个学校教学工作的重点之一，且日益受到教师们的关注。广义的教学资源是指在教与学的活动中进行服务的各种人和物，它既包括非生命的实物和信息，也包括具有能动性的有生命的人力资源，如教师的言语、动作表情、电视、EVD、图像等。狭义的教学资源是指在教与学的过程当中所使用的各种硬件媒体以及承载信息的各种软件媒体，如图书、投影仪、视频展台、VCD、录像机、教学挂图、教学模型、网络上的各种音频、视频、动画等。

通常认为，信息化教学资源属于信息资源的范畴，是从狭义理解上的一种特殊的教学资源，是一种经过合理选取、组织，形成有序化，有利于学习者自身发展的有用信息的集合。

本章所讨论的信息化教学资源，主要指蕴涵了大量的教育信息，在学与教的过程中，通过使用者的使用能创造出一定的教育价值，且以数字化形式存在并可在互联网上进行传输的信息资源。

二、信息化教学资源的分类

从信息技术的角度看，我们可以把教学资源分为媒体素材类教学资源、集成型教学资源、网络课程教学资源三大类。

1. 媒体素材类教学资源

媒体素材类教学资源是教学信息传播的基本材料单元，可分为文字资源、图形/图像资源、音频资源、动画资源和视频资源五大类。

（1）文字资源

文字是进行信息交流的一种重要手段，它是通过一定的符号来表达信息的一种工具。其根本作用在于承载信息与传递信息。在日常生活中，文字随处可见，如各种报纸、杂志、书刊、网络上的各种文章等。在教与学的过程中，教科书、练习册等主要以文字进行信息传播。因在网络信息传播中使用文字时，不仅有字体、字号大小、颜色的变化，而且还有新的拓展，因此一般用“文本”这个词来代表网络上的“文字”这个词。

（2）图形/图像资源

图形是教与学的过程中比较特殊的一种资源。因其较抽象，所以在传播中承载的信息量较少。图形有数据量小，不易失真的特点。因此，图形在多媒体教学和网络传播中应用较多。从最终的呈现来看，图形与静态图像没有太大区别。

图像也是一种较特殊的教学资源。在信息技术环境下所使用的图像，与报纸杂志和电视使用的图像相比，有如下特点。

① 信息量大。信息技术环境下所用的图片，色彩比较丰富，层次感强，可以真实地重现生活环境（如照片），因此其承载的信息量较大。一般情况下，我们都是用数字技术把图片压缩并存储在服务器中，容量十分巨大。

② 选择性强。静态图像非常逼真、生动、形象，可以提供较高质量的感知材料。由于图片多，传递的信息也多，受众在通过图片来获得信息时的选择余地就很大。受众可以根据自己的需要和爱好来挑选图片，将其保存到自己的计算机上，或者将图片打印出来，以后慢慢欣赏。

③ 受众可以对图片进行放大、缩小和编辑。报纸、杂志在刊登图片时，其大小是固定的，不能变动，受众更不能对图片进行编辑。信息技术环境下所使用的图片，受众可以点击将图片放大或缩小，也可以用专门的软件对其进行编辑和修改，如用 Photoshop 可将图片处理成油画效果、水彩画效果、浮雕效果等。显然，这是报纸杂志在使用图片时无法做到的。

（3）音频资源

音频即声音。音频包括波形音频、CD-DA 音频和 MIDI 音频。波形音频是记录声音的最直接形式，对记录与播放的环境要求不高，因此在媒体教学软件中应用最多，缺点是数据量比较大。CD-DA 音频又称数字音频光盘，是高质量立体声的一个国际标准。MIDI 音频的播放需要借助解释器，因此对环境要求较高。但由于其数据量比较小，非常适合在呈现背景音乐的场合使用。

音频属于过程性信息，有利于限定和解释画面。音频在教学中如果应用得当的话，不仅能用于传递教学信息，调动学生积极使用听觉接收知识，还有利于集中学生学习的注意力、陶冶学生的情操、激发学生学习的潜力。

（4）动画资源

动画是通过连续播放一系列画面，给视觉造成连续变化的图画，是对事物运动、变化过程的模拟。它的基本原理与电影、电视一样，都是视觉原理。一般来说，用来传递信息的动画都需要借助专门的工具进行制作。这些动画，按动作的表现形式来区分，大致分为接近自然动作的“完善动画”和采用简化、夸张的“局限动画”。如果从空间的视觉效果上看，又可分为平面动画和三维动画。从播放效果上看，还可以分为顺序动画（连续动作）和交互式动画（反复动作）。从每秒播放的幅数来讲，还有全动画和半动画之分。

动画在制作过程中，忽略了事物运动、变化过程中的次要因素，突出强化了其本质要素，因此，有利于描述事物运动、变化过程。此外，经过创造设计的动画更加生动、有趣，有利于激发学习者学习兴趣和积极性。

（5）视频资源

同动画媒体相比，视频是对现实世界的真实记录。视频具有表现事物细节的能力，适宜呈现一些对学习者感觉较陌生的事物。它的信息量较大，具有更强的感染力。通常情况下，视频采用声像复合格式，即在呈现事物图像的时候，同时伴有解说效果或背景音乐。当然，视频在呈现丰富色彩的画面的同时，也可能传递大量的无关信息，如果不加鉴别，便会成为学生学习的干扰。

2. 集成型教学资源

集成型教学资源，一般是根据特定的教学目的和应用目的，将多媒体素材和资源进行有效的组织，是一种“复合型”的资源。按照这些资源的实际应用形态，又可以将其分为以下类别，即课件与网络课件、案例、操作与练习型、虚拟实验型、微世界、教育游戏类、电子期刊类、教学模拟类、教育专题网站、研究性学习专题、问题解答型、信息检索型、练习测试型、认知工具类和探究性学习对象等。

下面就常用的集成型教学资源做一简单介绍：

① 试题库：试题库是按照一定的教育测量理论，在计算机系统中实现的某个学科题目的集合，是在数学模型基础上建立起来的教育测量工具。

② 试卷：试卷是用于进行多种类型测试的典型成套试题。

③ 课件与网络课件。课件与网络课件是对一个或几个知识点实施相对完整教学的用于教育、教学的软件，根据运行平台划分，可分为网络版和单机运行的课件，网络版的课件需要能在标准浏览器中运行，并且能通过网络教学环境被大家共享。单机运行的课件可通过网络下载后在本地计算机上运行。

④ 案例：案例是指由各种媒体元素组合表现的有现实指导意义和教学意义的代表性事件或现象。

⑤ 文献资料：文献资料是指有关教育方面的政策、法规、条例、规章制度，对重大事件的记录、重要文章、书籍等。

⑥ 常见问题解答：常见问题解答是针对某一具体领域最常出现的问题给出全面的解答。

⑦ 资源目录索引。列出某一领域中相关的网络资源地址链接和非网络资源的索引。

3. 网络课程类教学资源

网络课程指通过网络表现的、某门学科的教学内容及实施的教学活动的总和，它包括两个组成部分：按一定的教学目标、教学策略组织起来的教学内容和网络教学支撑环境，其中网络教学支撑环境特指支持网络教学的软件工具、教学资源以及在网络教学平台上实施的教学活动。网络课程顺应人们需要终身学习这一趋势，给人们随时获取新知识提供了便利和强有力的支持。

三、信息化教学资源的特点

传统的教学资源易受环境、条件的限制，如书本、报纸、杂志等时间长了易发黄；录像带或录音带上的内容，时间长了会因环境过于干燥而磁粉脱落，或因环境过于潮湿而发生粘贴等。随着信息技术的发展，现代信息技术环境下的教学资源，改善了传统教学资源的不足，尤其是在网络技术高度发展的今天，信息化教学资源具有以下特点：

1. 存储与传播的数字化

数字化是计算机数据处理和网络传播的本质特性。当今世界，各行各业的信息处理趋于数字化，有计算机和计算机网络构成的信息处理系统和信息传输系统已将世界的各个角落连为一个村落，在这个世界中，人们在信息处理、加工、传输等方面，都是以数字化方式进行的。正如构成物质世界的基本单元是原子一样，计算机处理的数据是以 0 和 1 两种状态存在的比特，构成网络信息世界的基本单元也是以 0 和 1 两种状态存在的比特，无论是形式多样的图像，还是悦耳动听的声音，归根到底都是通过 0 和 1 这两个数字信号的不同排列组合来表达。这使得信息第一次不仅在内容上，而且在形式上获得了同一性。

2. 教学资源的丰富性

网络空间无限，通过网络可传送多种媒体教学信息，如文字、声音、视频、动画等，这不但打破了传统教育中单一的教学信息的局面，而且极大地丰富了教学资源的种类，满足了不同层次学习者对学习的需求。同时，网络在信息传送方面非常迅速、快捷，这使得其能够快而新、丰富地反映当今科技的教学内容，不拘泥一地一校一专业的范围；可以通过模拟图书馆或教学资料库的形式，收集大量相关的专业知识资料，反映学科最新的发展动态，提供统一学科不同的教学内容，学习者可以及时获得适合自己的教学资源，如最新的教学大纲与构思、教学资料、网络教程、各种教学软件、各种参考文献、全国各地教育管理部门的各种教育政策、措施、研究项目、网络期刊、各种印刷物、各种动态信息如新闻、会议通知、消息等。

3. 教学资源的开放性

网络的飞速发展，使得硕大的地球变为地球村。因此，我们的教学资源也具有了前所未有的开放性。换句话说，教学资源的开放性主要表现在，教学资源完全打破了传统的或者说物理上的空间概念。从北京到上海与从北京到纽约的距离，在网络上是一样的。真实的地理隔离不存在了，国界等限制也不存在了，网络上的教学资源可以随用随取。

4. 教学资源的可扩展性

传统的教学资源，其可加工性、处理性较弱，且不易推广应用，如教学挂图，教学磨具等，很难进行再加工。信息化时代，完全打破了传统教学资源的这种弊端，使得教学资源具有较大的可扩展性，学习者可在现有资源的基础上进行横向扩展和纵向的精加工，以满足不同学习者或同一学习者不同时期的学习需要。

5. 教学资源的再生性

信息时代是一个富有创造性的时代。信息时代的教学资源可以在学习者的积极参与下，通过学习者利用信息技术对知识的整合、再创造从而实现教学资源的再加工、再创造，丰富其内容。

6. 教学资源使用的灵活性

计算机网络打破了传统教学资源在使用时的时空瓶颈，学习者在学习时可以自由选择课程、教师、学习进度和学习时间，可以从网上查询自己想学的课程和资料，同时学习者在网上学习既可以是实时的，即异地教师、学习者在同一时间进行教学活动；也可以是非实时的，即教师预先将教学内容及要求存放在服务器中，学习者根据自己的时间安排，在网上下载进行学习。只要有计算机、电话线及 Modem 的地方，都是学习的场所。同时学习者还可以通过网络向教师提出问题、和其他学生进行讨论。

7. 师生在学习活动中的交互性

传统教学中，师生虽可进行同步交流活动，但受到时间、地点的限制。信息技术环境下，网络资源一改以往书籍报刊等印刷品以及广播电视等电子信息的单向传递方式，也不同于电话的必须同步的双向交流方式，利用网络工具进行教与学，打破了时空的界限，学习者可以用同步或不同步的方式进行学习，教师与学生、学生与学生之间可以进行双向和多向信息交流，双方可以采用文字、声音、视频等媒体进行信息的交流。

第二节　信息化教学资源库的建设

一、信息化教学资源库概述

教学资源库概念的提出至今有十多年了。1998 年，教育部制定《面向 21 世纪教育振兴行动计划》，提出要重点建设全国远程教学资源库和若干个教育软件开发生产基地，自此揭开了我国教学资源库建设的序幕。2000 年我国校园网建设掀起热潮，资源库建设被正式纳入议事日程。随着我国远程教育的迅速发展，许多企业意识到了资源库建设所带来的巨大的市场潜力，纷纷参与到资源库建设中来。然而最初的教学资源库只是将多媒体课件中包含的内容进行简单的资源组合，由于未按严格的标准对资源库中的资源进行筛选和控制，使得资源库中的资源质量低，未能达到预期的使用效果。自 2000 年 5 月教育部现代远程教育资源建设委员会颁布《现代远程教育资源建设技术规范》后，建设者才开始按照国家标准进行标准化教学资源库建设。近几年，一些开发者又提出将计算机智能、数据挖掘等信息技术手段融入资源库的开发中，创建出具有知识管理功能的教学资源库。

目前，教学资源库开发的重点从最初的内容开发转移到了资源平台开发，以资源管理平台和资源应用平台两方面内容为主。在技术标准上也开始逐步与国家资源建设标准接轨，采用与国家资源技术标准统一的数据结构，同时也使用一些先进的开发技术，增强了新产品的兼容性和先进性。

信息化教学资源库的建设有四个层次的含义：第一层是素材类教学资源建设，主要包括媒体素材、试题、试卷、文献资料、课件与网络课件、案例、常见问题解答和资源目录索引；第二层是网络课程建设；第三层是资源建设的评价；第四层是教育资源管理系统的开发。在这四个层次中，网络课程和素材类教学资源建设是基础和核心，第三层是对教学资源的评价和筛选，第四层是工具的建设。我国的网络教育资源系统体系结构如图 4-1 所示。

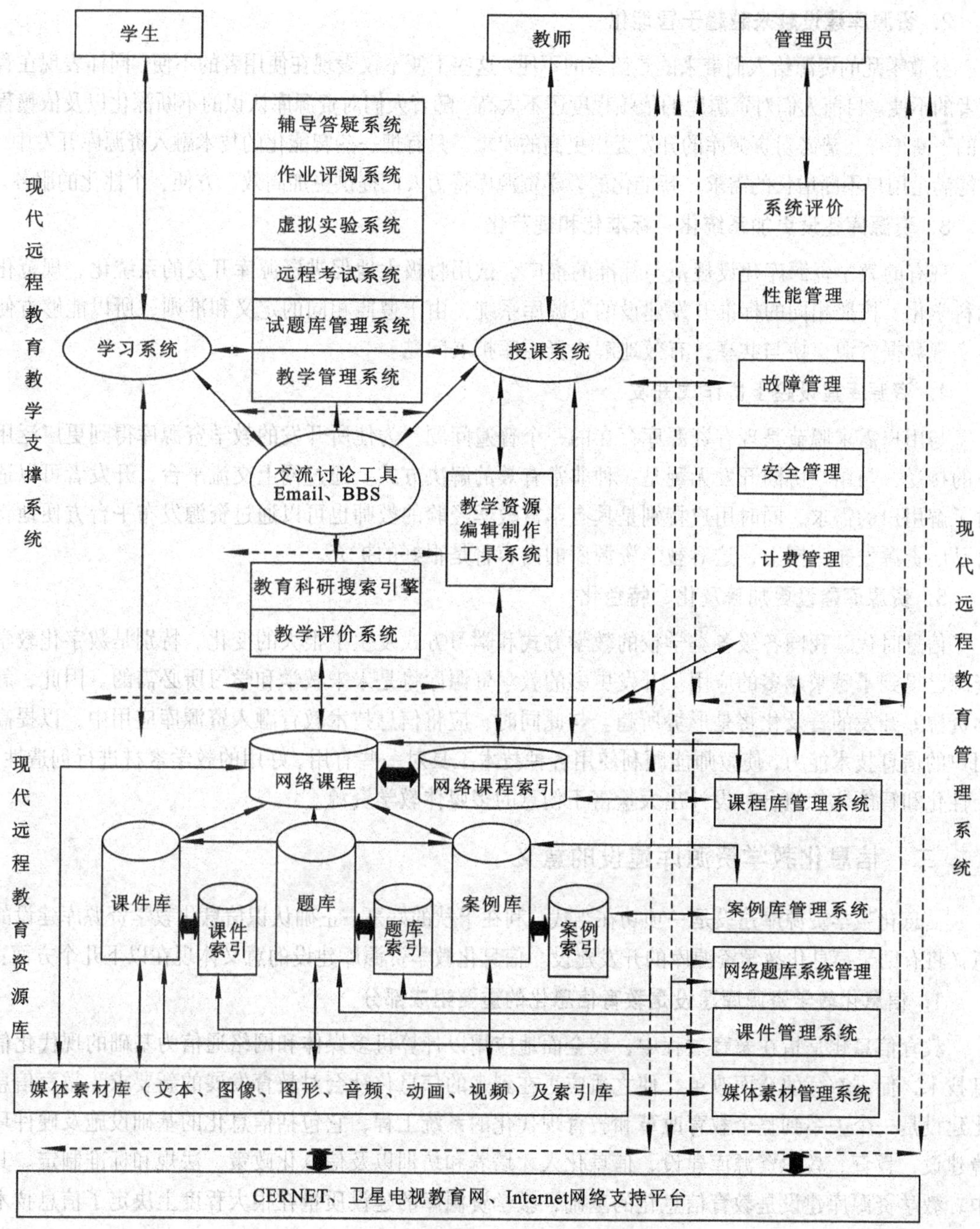

图 4-1　网络教育资源系统体系结构

纵观教学资源库的发展历程，我们可以看出，教学资源库的发展具有以下特点：

1．资源库建库理念以服务为中心转变

教学资源库建设的最终目的是服务于教学。树立以“服务”为中心的开发理念，将是未来教学资源库的一大特征。当前网络教育中，由于存在的种种弊端，人们对“服务”意识的呼声越来越高。资源库开发作为开展网络教育的基础，应不断加强这种意识。

2．资源库建设越来越趋于智能化

分散零乱的资源给人们带来的是诸多的不便，这些不便不仅表现在使用者的不便，同样表现在管理者的不便。目前人们对资源库的依赖程度还不太高。随着人们对资源库认识的不断深化以及依赖程度的不断增强，势必对资源库的开发提出更高的要求。只有把一些智能化的技术融入资源库开发中，才能满足用户不断增长的需求。智能化的教学资源库将为人们提供更加高效、方便、个性化的服务。

3．资源库建设更加系统化、标准化和规范化

现有的教学资源库建设规范与标准的推广、试用将极大地促进资源库开发的系统化、规范化和科学化。按照相同的标准开发建设的资源库系统，由于遵照相同的定义和准则，所以能够方便地实现数据资源交换与共享，有效地解决资源库扩展问题。

4．资源库建设趋于协作式开发

与用户需求脱节是现有资源库存在的一个普遍问题。为使所开发的教学资源库得到更广泛用户的接受，与用户协同开发无疑是一种非常有效的解决方式。通过网上交流平台，开发者可以适时了解用户的需求，同时用户特别是具有丰富教学经验的教师也可以通过资源发布平台方便地将自己的资源发布到网上，这对教学资源库的内容将是很好的扩充。

5．资源库建设更加普及化、特色化

信息时代，我国各级各类学校的教学方式和学习方式发生了很大的变化。特别是数字化教学资源已得到了越来越多的应用。开发更多的教学资源库将是未来教学和学习所必需的。因此，教学资源库开发的普及化将是形势所趋。与此同时，应将信息技术教育融入资源库应用中，以提高用户的信息技术能力，使教师能顺利使用各种技术工具对一些有用、好用的教学素材进行创造性、个性化和智能化的组合，设计出大量富于创意的多媒体教学资源。

二、信息化教学资源库建设的意义

信息化教学资源库建设是一项功在当代，利在千秋的好事。正确认识信息化教学资源库建设的意义将有助于信息化教学资源库的开发建设。信息化教学资源库建设的意义体现在以下几个方面：

1．信息化教学资源库建设是教育信息化的重要组成部分

教育信息化是指在教育过程中，较全面地应用以计算机多媒体和网络通信为基础的现代化信息技术，促进教育的全面改革，使之适应正在到来的信息化社会对教育发展的新要求。教育信息化建设是一个关系到整个教育改革和教育现代化的系统工程，它包括信息化的基础设施及硬件环境建设，教育、教学资源库建设，信息化人才培养和培训以及信息化政策、法规和标准制定。其中，教学资源库建设是教育信息化的基础，教学资源库的建设质量在很大程度上决定了信息技术与各学科教学相整合的水平，即教育信息化的水平。

2．信息化教学资源库建设促进了教育观念的更新

信息化教学资源库建设能为学生提供网状的信息环境和丰富生动的多媒体世界，打破了学生传统思维的线性逻辑，促进了非线性思维观。信息化教学资源的网络化提供了多样化学习和跨学科、跨文化的交流，促进了开放式学习观。丰富的教学资源使学生接受知识的范围大大拓宽，改变了人们接受教育的形式，促进了自我教育观。信息化教学资源网络可以成为人们终身学习的课堂，使传统教育面临严峻的挑战，促进了终身教育观。

3．信息化教学资源库建设促进了教学模式的重塑

教学模式是指在一定的教育思想和理论指导下，在某种环境中展开的教学活动进程的稳定结构形式。信息化教学资源库的发展使适用于网络环境的教学模式不断应用于教与学，如网络化协作学习模式、探索式学习模式等；而且应用信息化教学资源重新设计教学过程，为真正实现“教为主导，学为主体”的教学过程创造了客观条件。

三、信息化教学资源库建设的原则

教学资源库建设必须符合基础教育改革与发展的总体规划，必须服务于素质教育的整体目标，必须全面支持信息技术与课程整合。为实现这样的目标，教学资源库的建设必须至少要对资源库建设的目的性、科学性、先进性和知识服务的完备性等进行深入考虑。

1．教学性原则

教学资源库的建设是为教师的教与学习者的学服务，因此资源库建设首先应考虑的就是其目的性问题，即资源库建设的教学性问题。

教育教学资源库建设的根本目标是推进教育改革，使教育符合现代社会发展的需求，提高教育教学质量。为此，在建设资源库时，要根据教学设计对各种资源进行选择、处理，强调“质”，使资源有用、适用，还要“瘦身”。同时，必须支持创造性教学和探究性学习，建构生动科学、多向互动的教与学环境，把教师从繁重的重复性劳动中解放出来，把学生从灌输式教育和题海中拯救出来，充分激发教师和学生两个主体的创造性。

2．科学性原则

资源库建设必须具有科学性。无论是引导学生学习自然科学还是人文科学，或者掌握如何学习的科学，培养自主探究和创新的能力，都离不开“科学”两个字。教学资源库的建设，要在允许误差的范围内准确地表述知识的内容。这是教学资源与一般娱乐性、游戏性资源的重要区别。

资源库建设应能正确反映科学知识原理和现代科学技术，并“要做到生动活泼、喜闻乐见的形式与科学、健康内容的统一”，克服以往不少教学中仅仅“一张嘴、一支笔”，不能搞“书本搬家”，必须摒弃缺乏科学性的那些资源。

3．原则先进性

首先是教育理念上的先进性。因为除了知识的科学性之外，教学逻辑模型是否符合教学规律、是否符合学生的认识规律，也有科学性的问题。当前的某些资源库还在重复以往教学中存在的落后理念，例如不能体现“教师为主导、学生为主体的双主模式”，不能培养学生自己通过观察获得信息和通过自己思考加工信息、建立概念和发现规律的能力。

此外，优秀的资源库可以发挥计算机的信息处理与图像输出功能，以生动的动态形象信息来揭示复杂的过程，这就在感觉与思维之间架起了桥梁，激发学生的学习兴趣，提高学习的主动性、积极性。用科学动态模拟技术和智能化技术，才能使资源库保证满足科学性和教育理念的先进性，也才能保证资源库的标准化。

4．开放性原则

资源库建设目的在于服务于教师的教和学习者的学，因此要确保资源库在任何时候、任何地方、任何师生都可以将自己的电子作品纳入其中。

5. 知识服务完备性原则

资源库建设要提供全面的知识服务。优秀的资源库不但向教师提供离散的信息，提供一般的“信息服务”，而且还要向教师和学生提供更高层次的“信息服务”，也就是“知识服务”。资源库提供给教师的不仅仅是“收集”到的信息、将收集到的信息进行简单的“组合”，应该是根据学科教育目标，按照教学设计、教育改革需求对信息进行“整合”。

除了这四个要点，资源库建设标准还有实用性、系统完备性等要求。不管怎样，资源库的建设都不可能“一蹴而就”或者“一劳永逸”。我们提倡在资源库建设中坚持“技术标准开放、研发机制开放”的原则，防止“夜郎自大”和“闭门造车”。

6. 经济性原则

教学资源库的建设是一项非常耗时耗力的工作，需要投入大量的人力、物力和财力。它既有前期的整理、开发等工作，还有后期的维护、更新和管理等工作。教学资源库开发时就要经过精心的需求调查、设计，优化开发设计人员结构、资源组织管理结构等，尽量以最少的投入开发出高质量、高性能的教学资源。

四、信息化教学资源库建设的保证

教学资源库建设是一项复杂细致的工作，要想开发出科学合理的教学资源库，能够满足教育教学的需求，需要做大量的工作。

1. 成立专门的管理班子

信息化教学资源库的建设和管理必须有专门的管理班子。在教学资源库的建设过程中，存在着许多问题，如各个部门的联系、各种资源的搜集、界面的设计、程序的设计、资源的整体把关、资料的电化转换等，这些问题的解决都需要一个集分工、合作、开发、管理于一体的组织。科学合理地组建领导管理班子，是教学资源库顺利开发的关键。

2. 选择良好的资源开发模式

教学资源库为教学服务提供一个良好的访问平台。资源的组织有多种形式，可以客户浏览器模式开发，也可以客户服务器模式开发。客户浏览器模式只需要用户知道资源服务器的地址，就可以如正常上网一样浏览共享资源；而客户服务器模式需要分别编写客户端和服务器端，同时还要求客户会安装客户端程序，给用户的使用带来不便。本着一切为客户着想的理念，我们建议开发者尽量以客户浏览器方式进行开发，为用户提供更大的方便。如按专题建立网站，以Web教材形式，对专题研究方法进行指导，这种网站既可作为课堂教学的辅助，又可延伸到课外，让学生自主学习（课本相关素材资料、课外阅读）。

3. 以校园网为依托，建立一个高效的功能完备的资源系统

如今各级各类学校都已基本拥有了自己的校园网。校园网对教学的最大好处就是快捷、方便、迅速。充分发挥校园网的功能和优势，是教学资源库建设应考虑的基本点之一。我们倡议建立一个高效的功能完备的资源系统，特别是建立起一个以校园网网站搜索为主的参考资料收集、查询系统，提高信息的收集加工能力，有效地整合因特网资源，形成快速高效的专题资料库。

4. 组建一个优秀的开发小组

教学资源库系统的开发不能由一个人来承担，需要组建一个合理且优秀的开发小组。这个开

发小组，其中应包含一线的各学科教学骨干、程序开发人员、美术设计人员等多方面的人才，共同研究、共同探讨。例如要求各科目老师按照科目将自己开发的课件存储于网络服务器中的相对应分类位置，一定时间后再组织专家进行筛选、评定或整合、储存优秀课件。

5．加强教师培训，提高教师信息素养

提高教师信息意识和提升教师信息素养是信息化教学的关键，同时也是教学资源库开发、应用的根本。因此，要完善教师培养体系，提升教师信息技术水平，提高教师信息素养，要帮助和要求教师认识到网络信息资源的特点和组织方式、以网络实现教学资源共享的途径和方法等，让他们踊跃地参与到这一进程中来。

五、信息化教学资源库建设中应注意的几个问题

为了确保信息化教学资源库的顺利建成并保障其应用，我们特别强调，在资源建设的过程中应注意以下问题。

1．明确指导思想

正如前所述，信息化教学资源库是本着为教学服务的思想开发建设的，而教学中对教学资源的使用效果主要体现在学生身上，这就要求我们在教学资源库建设时以认知学习理论为指导，特别是建构主义理论。建构主义理论认为，学习是在教师的指导下、在特定的情境中通过学习者与教师、与其他学习者之间的主动协作交流进行知识意义的构建过程。它既强调了学生的学习主体作用，又重视了教师的指导主体作用。以建构主义理论为指导思想，既可以在教学中体现师生的双主体双边活动，有利于学习者学习效果的提高，同时又有利于学习者课后进行自学或协作式学习。

2．倡导“利用现有、校本研发、企业合作、个人参与”的开发理念

教学资源库的建设是一个动态的不断完善的过程，不可能一蹴而就。因此，我们建议各级各类学校在进行教学资源库建设时注重四个方面：一是积极利用已有的教学资源。随着教育技术的发展，目前已有大批丰富的音频、视频、图像等教学资源。我们要充分利用这些已有的资源，来开发新的教学资源。二是联合企业进行研发。随着知识经济时代的来临，许多高科技企业已经加入到信息化资源库的开发和建设之中，如科利华集团、洪恩等。他们拥有雄厚的资金，同时还拥有大量的高水平科技人才，借助他们的优势，可以开发出高质量、高水平的信息化教学资源，满足日益增长的信息社会的学习需求。三是积极进行校本资源研发。对于校本资源的开发，可以通过组织专门的开发团队进行研发，也可以采取申报国家、省市教育部门资助的课题来进行有组织有系统地开发，充分发挥各自的领域优势，进行科学、合理的开发和建设。四是鼓励教师按知识点开发。信息化教育的一个显著特点，就是最大限度地调动每一位学习者的潜能。由于学习者认知能力的差别，再好的课件也难以满足每一位学习者的需求，因此有条件的学校应鼓励广大教师利用信息化工具，按学习者的知识点开发教学资源，以使得每一位学习者都成为学习的成功者。

3．使用一些通用的标准对教学资源进行规范管理

教学资源库的建设应在合理的规划下进行，并遵循一定的建设规范。各级各类学校在建设本校教学资源库时，可以遵照国家制定的教学资源库规范进行开发建设，也可以在此基础上制定符

合自己本校的教学资源库规范，突显自己本校的特色、突显资源的易用性、彰显资源的合理性。

4. 突显教学特性

信息化教学资源库的建设是为教学服务，因此要突显教学性。一是注重人的主体性。要想将教学资源合理应用于课堂，就要充分体现面向21世纪尊重人、以人为主体的教育思想，就要充分发挥师生的主体作用、主人翁意识，切实将教学设计和学习理论运用于教学实际，真正做到以不变（教学资源）应万变（教学实际），计算机成为课堂教学的有力工具，成为教师和学生个性与创造性充分发挥的技术保障。二是注重资源的通用性和灵活性。教学资源与教材版本无关，它是以知识点为分类线索，这样无论教材课程体系如何变化，教材版本如何变化，教学资源都可被师生应用于当前教学活动中。三是注重资源的基元性与可积性。教学资源素材越是基本的，附加的边界约束条件越少，其重组的可能性就越大。例如，一段下雨的素材（图片、动画、电视），语文教师可用来讲散文、古诗或作文意境；生物教师可用来讲生态；地理教师可插入到气候的课程演示中；物理课可讲水的状态变化和落体运动。如果让学生来发表意见，则可以提出上百种创意，甚至教师和专家们也意想不到。四是注重资源的开放性和自繁殖性。教学资源是以基元方式入库供教师重组使用，因而在任何时候、任何地方，任何教师（学生）都可以将最新的信息和自己的作品添加入库，只要确立了教学资源的信息标准和入库规范，教学资源在教学活动中就自然具有开放性和自繁殖性。随着计算机技术的发展和全体师生的参与，教学资源的迅速发展将不可思议，就像今天Internet上的信息爆炸一样。五是注重资源的实用性和易用性。教学素材和解决重点难点问题的微课件库与教学思想基本无关，每个教师都可以使用。一般教师只需掌握简单的组合平台软件，就能够将教学资源以插件的形式很方便地插入到课件当中。未来的组合平台软件会让教师在使用积件时像搭积木那样方便。

5. 知识产权的保护

知识产权，指权利人对其所创作的智力劳动成果所享有的占有、使用、处分和收益的权利。各种智力创造如发明、文学和艺术作品，以及在商业中使用的标志、名称、图像以及外观设计，都可被认为是某一个人或组织所拥有的知识产权。教学资源库建设中所涉及的各种图像、声音、视频等资源都应有相应的版权保护。开发者要提高自己的知识产权保护意识，注重在资源的开发和使用过程中，保护自己的正当权益得到实现，保护所开发的资源得到合理正当的使用。

第三节　信息化教学资源库的建设标准

一、国外主要的信息化教学资源标准

1. LOM模型

LOM（Learning Object Metadata，学习对象元数据模型）由IEEE LTSC（Learning Technology Standards Committee）于1998年3月发布，2002年6月成为IEEE标准。它是当前最重要的网络教育资源数据模型，具有很强的通用性和参考价值。

它主要针对对象的九个类别的描述信息进行规范：

① 通用信息（General）：对所有学习对象通用属性的描述信息，如标识、标题、关键字等。

② 生存期信息（Life Cycle）：描述学习对象的历史与现状，以及对它的改变起到作用的个人

或组织的信息，如版本号、状态、日期、创建信息等。

③ 元-元数据（Meta-Meta Data）：关于元数据记录本身的一些信息。

④ 技术信息（Technical）：有关学习对象的技术要求和特征的信息，如格式、大小、位置等。

⑤ 教育信息（Educational）：有关学习对象的教育或教学方面特性的信息，如交互类型、交互程度、语义密度、难度、学习时间等。

⑥ 权利信息（Rights）：有关学习对象知识产权和使用条件方面的信息。

⑦ 关系信息（Relation）：描述一个学习对象与其他学习对象的关联信息，如相关类型、关联资源等。

⑧ 注释信息（Annotation）：描述学习对象在教育应用方面的有关评论信息，如评论人、评论时间等。

⑨ 分类信息（Classification）：描述学习对象在特定的分类系统中所处位置的信息。

2. Dublin Core 模型

Dublin Core 是一个致力于规范 Internet 资源体系结构的国际性联合组织。它定义了一个所有资源都应遵循的通用的核心标准，标准内容较少，也较通用，因此得到了其他相关标准的广泛支持。其他关于学习资源的数据标准，基本上都兼容 Dublin Core 标准，并对它进行了扩展。Dublin Core 规定了基于 Web 资源的 15 个方面的信息：

① 标题（Title）：资源的名称。

② 创建者（Creator）：资源的创建者。

③ 主题（Subject）：资源的主题内容。

④ 描述（Description）：资源的内容、介绍信息。

⑤ 出版者（Publisher）：正式发布资源的实体。

⑥ 贡献者（Contributor）：资源生存期中做出贡献的实体。

⑦ 日期（Date）：资源生存周期中的一些重大日期。

⑧ 类型（Type）：资源所属的类别。

⑨ 格式（Format）：资源的物理或数字表现。

⑩ 标识符（Identifier）：关于资源的唯一标识。

⑪ 源信息（Source）：资源的来源。

⑫ 语言（Language）：资源的语言类型。

⑬ 关联（Relation）：与其他资源的索引关系。

⑭ 覆盖范围（Coverage）：资源应用的范围。

⑮ 权限（Rights）：使用资源的权限信息。

二、国家网络教育资源建设规范介绍

2002 年国家教育部现代远程教育标准化委员会（现改为全国信息技术标准化委员会教育技术分委员会）制定了《教育资源建设技术规范》（CELTS-41）和《基础教育教学资源元数据应用规范》（CELTS-42）。他们都在《学习对象元数据规范》（CELTS-3）的基础上，分别作为高等教育和基础教育两类例化的学习对象元数据规范，针对具体的教育资源建设，提出非常具体的资源属性标准，具有很强的实践指导意义。《教育资源建设技术规范》是为了配合现代远程教育资源建设工程而制定的资源开发指导规范，其主要目的是统一各学校开发网络教育资源的行为，使得各学校的资源能够在大范围内共享，其主要核心是按照资源类型的不同，制定了一系列相关的资源属性标注标准，主要侧重点在于统一资源开发者的开发行为、开发资源的制作要求、管理系统的功能要求，而不是规定软件系统的数据结构。《教育资源建设技术规范》主要从四个角度进行规定：一是从资源的技术开发的角度，提出一些最低的技术要求；二是从使用用户的角度，为方便地使用这些素材，需要对素材标注那些属性，并从可操作性的角度，规范了属性的数据类型及编写类型，这一部分主要参考了IEEE的LOM模型，从制作素材简便性，使用素材方便性的角度上选取了一些最为普通的元素，选取的属性基本上是LOM模型的一个小子集；三是从资源评审者的角度，提出教学资源的评价标准，作为用户筛选资源的直接依据；四是从管理者的角度，提出了管理这些素材的管理系统以及远程教育工程的教学支持平台所应具备的一些基本功能。《基础教育教学资源元数据应用规范》是结合我国基础教育的实际，定义了一组面向基础教育的教学资源元数据元素。

1. 教育资源建设技术规范

（1）教育资源建设技术规范对教育资源的分类

《教育资源建设技术规范》所面向的资源主要包括以下几类：

① 媒体素材：是指传播教学信息的基本材料单元，可分为文本类素材、图形/图像类素材、音频类素材、视频类素材、动画类素材五大类。

② 题库：题库（Item Bank）是按照一定的教育测量理论，在计算机系统中实现的某个学科题目的集合，是在数学模型基础上建立起来的教育测量工具。

③ 案例：案例（Case）是指有现实指导意义和教学意义代表性的事件或现象。

④ 课件与网络课件：课件与网络课件是对一个或几个知识点实施相对完整的教学辅助教学软件，根据运行平台划分，可分为网络版和单机运行的课件，网络版的课件需要能在标准浏览器中运行，并且能通过网络教学环境被大家共享；单机运行的课件可通过网络下载运行。

⑤ 网络课程：网络课程是通过网络表现的某门学科的教学内容及实施的教学活动的总和，它包括两个组成部分：按一定的教学目标、教学策略组织起来的教学内容和网络教学支撑环境。

⑥ 文献资料：文献资料指有关教育方面的政策、法规、条例、规章制度，对重大事件的记录、重要文章、书籍等。

⑦ 常见问题解答：常见问题解答是针对某一具体领域最常出现的问题给出全面的解答。

⑧ 资源目录索引：列出某一领域中相关的网络资源地址链接和非网络资源的索引。

（2）教育资源建设技术规范的基本结构

《教育资源建设技术规范》的基本结构如图 4-2 所示。

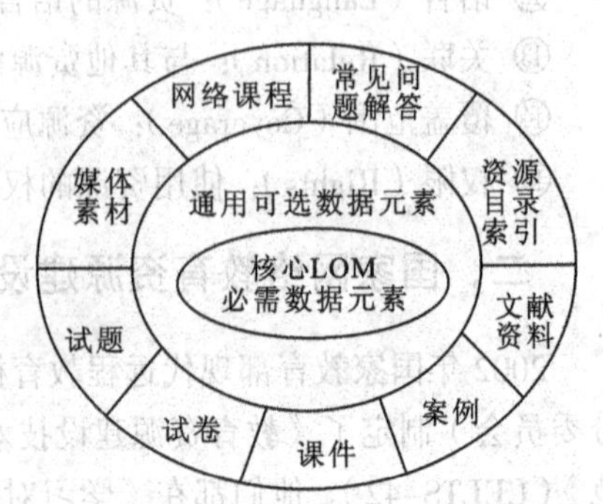

图 4-2 教育资源建设技术规范基本结构

《教育资源建设技术规范》共包括三大部分，分别为严格遵守的必需数据元素、作为参考的并对每类资源都适用的通用可选数据元素和针对资源特色属性的扩展数据元素。

图 4-2 中必需数据元素是学习对象元数据规范 LOM 的核心集，这类数据元素与学习对象元数据规范（LOM）中的必需数据元素一致。它是任何类型的资源都必须具备的属性标注。开发者应严格遵循。可选数据元素（通用可选集）是从学习对象元数据规范（LOM）的可选数据元素中抽取出了与教育资源密切相关、并对各类教育资源都适用的属性集合。可根据用户需求和开发者自身的工作过程作为参考属性有选择的使用，如果本规范没有推荐的属性取值，要求与学习对象元数据规范（LOM）的取值相一致。扩展数据元素（分类扩展集）根据九类资源（媒体素材、试题、试卷、课件、文献资料、案例、常见问题解答、资源目录索引和网络课程）各自的特点，从 LOM 模型的可选集中选取与某类资源密切相关的属性，并补充了一些基本的、必要的特殊资源分类属性。

2. 基础教育教学资源元数据应用规范

2000 年，教育部提出：在中小学全面普及信息技术教育，大力推进中小学信息技术建设，以信息化推动教育现代化，实现基础教育跨越式发展。为促进基础教育信息化建设，实现基础教育资源建设的可持续发展，进一步规范和指导中小学教育教学资源的开发，在教育部基础教育司和科学技术司的指导下，教育部基础教育课程教材发展中心组织编写了《基础教育教学资源元数据规范》(以下简称《规范》)。《规范》是《教育部现代远程教育工程资源建设基础教育项目》的重要工作内容之一，也是我国教育信息化技术标准的重要组成部分。同时,《规范》也是首个专门针对我国基础教育教学资源建设而制定的带有“标准化”意义的文件。

《规范》在 CELTS-3（学习对象元数据规范）的基础上，结合我国基础教育的实际，定义了一组面向基础教育的教学资源元数据元素。《规范》参考教育部颁布的《义务教育课程设置实验方案》与《义务教育各学科课程标准（实验稿）》、《都柏林核心元数据（DCMES）》、《学习对象元数据标准草稿（LOM）》、《中国图书馆图书分类法》、美国 GEM 项目及澳大利亚 Edna 项目的词汇分类方法，定义了一组用于元数据元素编目的受控词汇及相应的词汇表。

《规范》通过《学习对象元数据标准草稿》的元素映射表的元素间映射来实现与 CELTS 的基本一致性。本规范包括概述、规范性引用文件、术语定义与缩略语、元数据元素属性定义、元数据结构、限定词汇及编目词汇表、一致性和参考文献。

（1）元数据元素属性定义

CELTS-42 的元素定义方法采用 ISO 11179 标准的元数据元素描述方法。这一正式的描述标准不仅改善了 CELTS-42 核心元数据与其他元数据描述的一致性,同时也对改善其元素定义的明晰性、范围以及内部的一致性有很大作用。ISO 11179 标准规定用 10 个属性描述元素，包括：

① 名称（Name）：分配给数据元素的标签。

② 标识符（Identifier）：分配给数据元素的唯一标识。

③ 版本（Version）：数据元素的版本。

④ 登记授权（Registration Authority）：数据元素授权登记的实体。

⑤ 语种（Language）：数据元素指定的语言。

⑥ 定义（Definition）：能清楚地表现数据元素内容和基本本质的描述。

⑦ 约束性（Obligation）：数据元素需特别表示的指标。

⑧ 数据类型（Date Type）：能表达数据值的数据元素的类型指标。

⑨ 最大值（Maximum Occurrence）：对数据元素可重复的限定指标。

⑩ 注解（Comment）：关于数据元素应用的注解。

（2）元数据的基本结构

《规范》规定的描述基础教育资源的数据元素集包括23个元素，其中必须元素11个，可选元素12个。本规范的必须数据元素与CELTS－3的全部必须元素（不含子9元素）对应。《规范》的可选数据元素包含了CELTS－3的11个可选元素。《规范》允许用户根据各自需要扩充元数据元素，但必须符合《规范》元素定义格式和技术规范。

《规范》的核心元数据元素依据其描述的内容和类别分为三类：

① 资源内容描述类，包括标题、学科、关键词、描述、来源、语种、关系、覆盖范围、适用对象、目录项10个数据元素。

② 知识产权信息类，包括作者、出版者、其他作者、权限管理、版本5个核心元素。

③ 外部属性描述类，包括日期、类型、格式、标识、评价、评价者、元元数据方案、目的8个核心元素。

④ 必需元素包括标题、学科、关键词、描述、标识、格式、日期、语种、类型、作者、适用对象11个核心元素。

此外，《规范》定义了23个核心元数据结构和一些限定词汇及编目词汇表，在参考文献中还提供了供参考的部分教育学科课程分类第三级词汇表（课程内容）。

第四节　信息化教学资源的获取

一、信息化教学资源的获取途径

信息化教学资源的来源主要有三个途径：一是将现有的教学资源进行数字化改造；二是师生创作的电子作品；三是由专业人员开发建设的教学资源。

1. 将现有的教学资源进行数字化改造

目前已有大量的媒体素材，但由于不同的媒体素材的表现方式不同，特性也不一样，为了能将这些资源存储于教学资源库，进行合理的应用，对它们的处理方式也不一样。

文本素材类：如果是传统的文本素材，我们可以通过直接录入、利用OCR技术输入、语音识别、手写识别录入等方式将其转换为数字化素材，然后将其录入教学资源库进行存储。对于数字化文本，我们只需将它进行简单的加工处理，将其录入教学资源库即可。

图像/图形类素材：对于传统的图形/图像类素材，我们可以通过扫描仪、数码照相机等将其转换为数字图像、图形素材，然后接触相关的图形、图像处理软件进行处理，再将其存储于教学资源库中；需要计算机抓图的可以通过一些抓图软件如红蜻蜓抓图精灵、EasyCaptur等软件进行抓取。

音频素材：对于模拟音频，我们可以通过播放转录的方式将其数字化，或者通过相关的音频采集设备进行采集转换将其数字化，然后将其转存至教学资源库。

视频素材：已有的视频素材，如果是数字化的素材，可将其直接存入教学资源库。如果是非数字化的，可以通过视频采集设备进行采集转换成数字资源，再将其存入教学资源库。

2. 师生创作的电子作品

师生创作的电子作品，内容丰富，可以是教学课件、图像、图形、音频、视频等这些作品，如果是非数字化的，则按照前述方法进行转换存储；如果是数字化的将其直接存入教学资源库。

3. 专业人员开发建设的教学资源

由专业人员开发建设的资源是数字化教学资源的主要来源，它的开发和建设步骤如下：首先，搜集各种形式的媒体素材，对素材进行分类与描述；其次，将各种零散的素材集成为完整的教学资源单元；第三，对资源内容标引；第四，进行质量检查；第五，当资源制作完成后，需要将全部数字化文件归档，存入资源库。

中小学自建资源库中的教育资源主要来源于因特网、各类教育光盘、电教资料和教育软件、教师积累软件资料等几个方面。

① 网上众多的教育网站是自建资源库重要的资料来源。尤其是一些有同步教学资源、资料优质的网站，如中央电教馆资源中心、K12 中国中小学教育教学网等。

② 各类教育光盘是由各出版社出版的正式电子出版物，品种较多，如教育论文、多媒体课件等，而且比较权威。各科教参附的教学观摩光盘和教学课件光盘，都是教师和学校不可忽视与难得的资料，可以选择一些适合学校实际情况的教育光盘，将其中的资源导入资源库。

③ 每所学校都积累了大量的电教资料，如教学示教录像片、教学录音带和各种扩展学习的音像资料等。平时，由于受学习场地和时间的限制，这些音像资料的利用率是比较低的，现在可以将这些音像资料转制成数字文件加入到资源库中，教师通过校园网就可以随时地调用这些教学资料供教学使用，学生也可以在个性化的学习中随时使用这些音像资源。

④ 教育软件主要分成辅助教学软件和教学管理软件两大类，对于其中的一些资料性软件可以将他们的教育资料导入资源库。

⑤ 有学科老师协作开发。教学资源库的建设必须由全体教师共同完成。通常学科教师是这类资源建设的主力军，他们经过教育技术理论与技术培训，掌握计算机操作技能，再结合丰富的学科教学经验，可以制作出教学所需的各类课件。

二、网络教学资源的检索

由于 Internet 上的信息资源广泛地分布在整个网络中，没有统一的组织管理机构，也没有统一的目录，更没有统一的分类标准。下面我们从万维网（World Wide Web，WWW）和非万维网两种类型的信息资源的角度来探讨网络信息资源的检索。

1. 万维网信息资源的检索

万维网信息主要以万维网站点（Web）上的资源为主。万维网检索工具常被称为搜索引擎。

（1）搜索引擎的概念

随着 Internet 的迅速发展，网上信息以爆炸性的速度不断丰富和扩展，然而这些信息却散布在无数的服务器上，就像散乱在海滩上的珍珠没有被“串”起来，使你无法收集甚至无法发现它们。如果你想将所有的计算机上的信息进行一番详尽的考察，无异于痴人说梦。所以我们面临的一个突出问题是如何在上百万个网站中快速有效地找到想要得到的信息。

搜索引擎（Search Engine）正是为解决用户的查询问题而出现的。如果说 Internet 上的信息浩如烟海，那么搜索引擎就是海洋中的导航灯。只有通过搜索引擎的查询结果，用户才会知道信息所处的地点，再去该网站获得详细资料。

（2）搜索引擎的主要作用及工作过程

搜索引擎是 Internet 上的一个网站，它的主要任务是在 Internet 上主动搜索 Web 服务器信息并将其自动索引，其索引内容存储于可供查询的大型数据库中。当用户输入关键字（Keyword）查询时，该网站会告诉用户包含该关键字信息的所有网址，并提供通向该网站的链接。

对于各种搜索引擎，它们的工作过程基本一样，包括以下三个方面：

① “网页搜索程序”在网上搜寻所有信息，并将它们带回搜索引擎，每个搜索引擎都使用绰号为“蜘蛛（Spider）”或“机器人（robots）”的网页搜索软件在各网址中爬行，访问网络中公开区域的每一个站点并记录其网址，从而创建出一个详尽的网络目录。各搜索引擎工作的最初步骤大致都是如此。

② 将信息进行分类整理，建立搜索引擎数据库。在进行信息分类整理阶段，不同的系统会在搜索结果的数量和质量上产生明显的不同。有的系统是把“网页搜索软件”发往每一个站点，记录下每一页的所有文本内容；其他系统则首先分析数据库中的地址，以判别哪些站点最受欢迎（一般都是通过测定该站点的链接数量），然后再用软件记录这些站点的信息。记录的信息包括从 HTML 标题到整个站点所有文本内容以及经过算法处理后的摘要。当然，最重要的是数据库的内容必须经常更新和重建，以保持与信息世界的同步发展。

③ 通过 Web 服务器端软件，为用户提供浏览器界面下的信息查询。每个搜索引擎都提供了一个良好的界面，并具有帮助功能。用户只要把想要查找的关键字或短语输入查询栏中，并单击 Search 按钮（或其他类似的按钮）。搜索引擎就会根据用户输入的提问，在索引中查找相应的词语，并进行必要的逻辑运算，最后给出查询的命中结果（均为超文本链形式）。用户只需通过搜索引擎提供的链接，马上就可以访问到相关信息。有些搜索引擎将搜索的范围进行了分类，查找可以在用户指定的类别中进行，这样可以提高查询效率，搜索结果的“命中率”较高，从而节省了搜寻时间。

（3）优秀搜索引擎的特点

目前各种各样的中西文搜索引擎有十几种或更多，比较著名的搜索引擎有百度、Yahoo、Excite、InfoSeek、Lycos、AltaVista 等。每个搜索引擎都有其各自的特点，有的以查询速度快见长，有的以数据库容量大占优，但总而言之，一个优秀的搜索引擎应具有以下几个特点：

① 支持全文检索（Full Text Search）。全文搜索引擎的优点是查询全面而充分，用户能够对各网站的每篇文章中的每个词进行搜索。当全文搜索引擎遇到一个网站时，会将该网站上所有的文章（网页）全部获取下来，并收入到引擎的数据库中。只要用户输入查询的“关键字”在引擎库的某篇文章中出现过，则这篇文章就会作为匹配结果返回给用户。从这点上看，全文搜索真正提供了用户对 Internet 上所有信息资源进行检索的手段，给用户以最全面最广泛的搜索结果。但全文搜索的缺点是提供的信息虽然多而全，但由于没有分类式搜索引擎那样清晰的层次结构，有时给人一种繁多而杂乱的感觉。

② 支持目录式分类结构（Directory）。分类搜索引擎的优点是将信息系统地分门归类，当遇

到一个网站时，它并不像全文搜索引擎那样，将网站上的所有文章和信息都收录进去，而是首先将该网站划分到某个分类下，再记录一些摘要信息（Abstract），对该网站进行概述性的简要介绍。最具代表性的目录式分类搜索引擎是Yahoo网站。分类搜索引擎可以使用户清晰方便地查找到某一大类信息，这符合传统的信息查找方式，尤其适合那些“希望了解某一方面或范围内信息，并不严格限于查询关键字”的用户。但目录式搜索引擎的搜索范围较全文搜索引擎要小许多，尤其是当用户选择类型不当时，这样有可能遗漏某些重要的信息源。

③ 能够区分搜索结果的相关性（Pertinency）。搜索引擎应该能够找到与搜索要求相对应的站点，并按其相关程度将搜索结果排序。这里的相关程度是指搜索关键字在文档中出现的频度，最高为1。当频度越高时，则认为该文档的相关程度越高。但由于目前的搜索引擎还不具备智能，除非你知道要查找的文档标题，否则排列第一的结果未必是“最好”的。所以有些文档尽管相关程度高，但并不一定是用户更需要的文档。

④ 检索方法多样、查找手段完备。有些性能完善的搜索引擎不仅能检索Internet上的文献，还能查找公司和个人的信息；不仅能检索Web页面，还提供对新闻组内文章的查找；不仅能输入单词、词组或句子进行检索，还能指定多个单词之间的逻辑组配及其位置关系；不仅能以词语查询有关主题的页面信息，也能以特定的域名、主机名、URL等查找有关信息；此外，还可以对被检索文献发表的语种、日期等进行限制。

⑤ 其他性能。一个优秀的搜索引擎产品还必须查询速度快、具有较好的可维护、可更新性能。系统必须稳定可靠，具有完整的容错、备份、崩溃修复机制，系统即使出错，也可以得到迅速的恢复。如果作为商业投资，希望以尽量少的投资和较高的性能营运一个搜索引擎，性能价格比也是重要的方面。

（4）搜索引擎的语法规则

搜索引擎一般是通过搜索关键词来完成自己的搜索过程，即输入一些简单的关键词来查找包含此关键词的文章或网址。这是使用搜索引擎最简单的查询方法，但返回结果并不是每次都令人满意的。如果想要得到最佳的搜索效果，就要使用搜索的基本语法来组织要搜索的条件。

① 使用逻辑操作符。搜索引擎中常用的操作逻辑符是AND、OR和NOT。AND表示逻辑“与”，可用“&”表示。AND操作符用于搜索包括两个以上关键词的情况，可以帮助改善并限制搜索结果。例如：“计算机 and 设计”，则查询出既包含“计算机”也包含“设计”的文档。OR表示逻辑“或”，可用“|”来表示。OR操作符同AND操作符相反，OR寻找用OR连接的几个关键词中至少包含一个的文档。当使用OR操作符时，通常返回大量的结果。例如：“图形 or 图像”，则查询结果为或者包含“图形”或者包含“图像”的文档。NOT表示逻辑“非”，可用“!”来表示。使用NOT寻找包含NOT前的关键词但排除NOT后的关键词的文档。例如：“新闻 not 经济”，则查询结果为包含“新闻”但排除其中有“经济”这个词语的文档。在使用操作符时建议最好用AND、OR、NOT而不用符号来表示，因为单词容易记忆而且对其他的搜索要求也通用。

组合逻辑操作符时，还应当考虑它们的顺序规则。因为逻辑操作符优先级不同，执行时便有一定的顺序，“与”和“非”命令通常在“或”命令前执行。

② 使用“+、-”连接号和通配符。如果要求特定单词包含在索引的文档中，可以在它前面加一个“+”号，如+Internet，并且在+号和单词之间不能有空格。

排除的单词：如果要排除含有特定单词的文档，可以在它前面加一个“-”号。如果想查找联想的计算机产品而不含有“天琴”系列，应这样写：+联想－天琴。

通配符：进行简单查找的时候，可以在单词的末尾加一个通配符来代替任意的字母组合。通配符一般为“*”号，如 Compu*可以代表 Computer、Compulsion、Compunication 等。星号不能用在单词的开始或中间。

③ NEAR 操作符。有些搜索引擎提供了<NEAR>操作符，它用于寻找在一定区域范围内同时出现的检索单词的文档。但这些单词可能并不相邻，间隔越小的排列位置越靠前。其彼此间距控制是：<near>/n，n 为数值，意为检索单词的间距最大不超过 n 个单词。例如：“computerNEAR/100game”，即查找 computer 和 game 的间隔不大于 100 个单词的文档。

④ 使用逗号、括号或引号进行词组查找。逗号的作用类似于 OR，也是寻找那些至少包含一个指定关键词的文档。不同的是“越多越好”是它的原则。因此查询时找到的关键词越多，文档排列的位置越靠前。

括号的作用和数学中的括号相似，可以用来使括在其中的操作符先起作用。例如：“(网址 or 网站) and (搜索 or 查询)”则实际查询时，关键词就是“网址搜索”，“网址查询”，或者是“网站搜索”，“网站查询”。

使用引号组合关键词，可以告知搜索引擎将关键词或关键词的组合作为一个字符串在其数据库中进行搜索。例如要查找关于电子杂志方面的信息，可以输入 electronic magazine，这样就把“electronic magazine”作为一个短语来搜索。相反，如果不加双引号，搜索引擎就会查出包含“electronic”(电子)及“magazine”(杂志)的网页，会严重偏离主题。

⑤ 不要滥用空格。在输入汉字作为关键词的时候，不要在汉字后追加不必要的空格，因为空格将被认做特殊操作符，其作用与 AND 一样，如果你输入了这样的关键词：“飞　机”，那么它不会被当做一个完整词“飞机”去查询，由于中间有空格，会被认为是需要查出所有同时包含“飞”、“机”两个字的文档，这个范围就要比“飞机”做关键词的查询结果大多了，更重要的是它偏离了本来的含义，所以关键词输入应为“飞机”。

以上是使用各种搜索引擎的基本语法，但也有例外，具体可参考每个搜索引擎的在线帮助。

2. 非万维网信息资源的检索

非万维网信息资源包括：FTP 资源、USENET/Newsgroup(新闻组)、LISTSERV(电子邮件群)/Mailing List(用户邮件组)、Telnet 资源、Gopher 资源、WAIS(Wide Area Information Server，广域信息服务器)资源。

(1)查询 FTP 文件的检索工具

FTP(File Transfer Protocol)是 Internet 使用的文件传输协议，主要用于传送程序软件和多媒体信息。它采用万维网作为用户界面，运作以大容量和高速度为特点，是获取免费软件和共享软件资源必不可少的工具。它有两种不同的工作方式，一种是在 Internet 任意两个账户之间传送文件，这要求知道两个账户的口令；另一种是匿名 FTP，匿名 FTP 网点允许任何人连入此系统并下载文件，在匿名 FTP 中包含了庞大的有用信息，从中可以找到研究论文、免费软件、会议记录及其他信息。但信息定位较困难，可用专门的检索工具帮助定位，如 Archieplex、FileZ、Tile.net 等。对于中文 FTP 信息的搜索可用北京大学的“天网搜索”中的“FTP 搜索”。

(2)查询 USENET 的检索工具

新闻组(USENET)由成千上万个兴趣小组(Newsgroup)组成，每个兴趣小组每天来往信息的总量可多达上百条至上千条，如此多的信息汇集在一起，构成一个巨大的信息库。因此，相当一部分综合型检索工具（例如：AltaVista 和 Infoseek）都把 USENET 信息纳入了自己的收录范围，人们在使用时只需在预先设置好的检索范围内加以选择即可。用于检索新闻组的专门检索工具有：DejaNews、Tile.net 等。

（3）查询邮件群 LISTSERV 和邮件列表 Mailing List 的检索工具

虽然邮件群（LISTSERV）和邮件列表（Mailing List）的规模都不如 USENET 大，但它们日积月累的信息也非常可观，具有参考价值。专用的检索工具有 Liszt、L-Soft 等。

（4）查询 Telnet 的检索工具

Telnet 信息资源指借助远程登录（Remote Login），在网络通信协议 Telnet（Telecommunication Network Protocol）的支持下，登录远程计算机，可以访问、共享远程系统中对外开放的资源。Telnet 系统虽然已呈逐步被 WWW 系统所取代的趋势，但作为网络信息资源的一个历史悠久的部分，仍具有了解和使用的意义。特别是许多公共性质的信息检索系统，如图书馆系统、BBS 等。Telnet 的主要检索工具是 Hytelnet。

（5）查询 Gopher 的检索工具

Gopher 是一种简单的网络服务，提供丰富的信息，允许用户以一种简单、一致的方式快速找到并访问所需的网络资源。查询 Gopher 资源可用 Jughead、Veronica 等。

（6）查询 WAIS 的检索工具

WAIS 是一个分布式信息检索系统，可检索 500 多个索引数据库，涉及的内容范围极大，适合检索文本文件，阅读世界各地的报纸，扫描各种专业数据库。查询 Internet 的 WAIS 资源可用 WAIS Search Directory 等。

3．网络信息检索策略

信息检索策略，是为实现检索目标所制定的对检索全过程具有指导作用的整体计划、方案和安排，其中包括提问式分析、检索词及其关系的确定、检索步骤安排等。检索策略对整个检索过程会产生重要影响，并直接决定检索效率和检索质量。无论是普通用户，还是专业用户，掌握并运用网络信息检索策略，将花费最少的时间、精力、金钱，获取最有用的信息。网络信息检索策略的制定方法如下：

（1）确定检索目标

网络信息的查询应该具有明确的查询目的和对象，目的不同、查询对象不同，往往需要选择不同的检索工具和检索方法。只有更多地分析并了解检索对象，明确检索目标，才能更好地确定所需信息的类型、学科范围、内容特征、查询方式、查询范围、查询时间及采用何种限制条件、使用何种检索提问式等。

（2）选择检索途径

通过对检索对象的分析，具有了非常明确的检索目标，就可以选择以下的一种或综合使用几种检索途径来获取所需信息。

① 直接访问相关站点：在平时上网的过程中注意收集一些专业性网站的网址，在需要时，直接进入网站查询。

② 使用网络资源指南（Resource Guide）：网络资源指南是基于专业人员对网络信息资源的产生、传递与利用机制的了解，网络信息资源分布状况的熟悉，以及对各种网络信息资源的采集、

组织、评价、过滤、控制和检索等手段的全面把握而开发出的可供浏览和检索的网络资源主题指南。综合性的主题分类树体系的网络资源指南，如 Yahoo 等是广为人知的，还有 The WWW Virtual Library，The Argus Clearinghouse 等都具有广泛影响，并受到普遍欢迎。而专业性的网络资源指南就更多了，几乎每一个学科专业、重要课题、研究领域的网络资源指南都可在 Internet 上找到。

③ 使用搜索引擎：是较为常规、普遍的网络信息检索方法。为用户提供的关键词、词组或自然语言检索，根据用户提出的检索要求，搜索引擎代替用户在数据库中进行检索，并将检索结果提供给用户。

利用搜索引擎检索的优点是省时省力，简单方便，检索速度快，范围广，能及时获取新增信息。其缺点在于搜索引擎采用计算机软件自动进行信息加工、处理，且检索的智能性不是很高，造成检索的准确性不理想。

④ 使用非万维网检索工具：对同一查询目标，尽量选择多种检索工具，从不同的角度去检索。如用北大的“天网搜索”直接进行“FTP 文件搜索”。

⑤ 使用光盘数据库检索和国际连机检索：光盘数据库国内的有《中国学术期刊（光盘版）》、《万方数据库》、《人大复印资料系列光盘数据库》等，可供查找较专业性的资料；国际连机检索 DILOG 系统，无论数据量还是使用频率均居世界各检索系统的首位，其检索软件成熟、学科范围广、数据质量可靠且权威性高。对专业信息的查询使用光盘数据库和国际连机检索可以获得较为准确而且全面的信息。

（3）运用检索技巧

无论使用搜索引擎还是非万维网检索工具进行信息检索，运用一定的检索技巧是非常必要的。

① 选择合适的检索词有利于提高检索的精确度、准确性，如选专指词、特定概念或非常用词等。

② 构造恰当的检索提问式，如使用布尔逻辑运算中的“AND、OR、NOT”或使用双引号将需要检索的词组或短语标出。

③ 使用加权检索限制必须出现的检索词和必须不出现的检索词；利用同义词、近义词进行扩检；就同一检索提问式访问多个数据库。

④ 全文检索使用 Opentext；概念查询使用 Excite；细节查询或强调获取较为具体、特定的信息时，使用 AltaVista 等索引性较强的检索工具。

⑤ 中文信息检索使用中文搜索引擎。如天网搜索，侧重于学术信息；中经网导航是较系统全面的经济、法规搜索引擎；中国网友 Chinapartner 提供中文、经济、娱乐方面的导航等。这些都是较实用的中文信息检索工具。

⑥ 尽量使查询条件具体化，根据需要选择网页搜索，网站搜索等。

⑦ 寻求网上帮助。使用 BBS 电子公告牌、E-mail、QQ，或者访问专门回答问题的网站。

⑧ 关闭 Internet Explore 高级属性中的多媒体选项，采用纯文本传输以提高网络传输速度等。

思考与练习

1. 网络教学资源有什么特点？
2. 试述我国目前教育资源存在的问题及解决问题的具体措施。
3. 如何对网络信息资源进行检索？S
4. 列举几种网络资源检索的技巧。
5. 为什么要进行网络教学资源评价？网络评价常用的方法有哪些？
6. 就某一类教学资源上网进行检索实践，写出检索心得。

第五章 信息化教学模式

导言

信息技术飞速发展，并渗透到社会的各个领域，影响着人们的生活和思维，也对传统的教育模式带来了巨大的冲击。这就要求我们把各种技术手段完美、恰当地融合到课程中，就像在教学中使用黑板和粉笔一样自然、流畅，即实施整合，将技术作为一种工具，提高教与学的效率，改善教与学的效果，改变传统的教学模式。信息化教学模式便孕育其中，它是教育信息化的必然结果，也是改革教育、解决教学问题的有效途径之一。

学习目标

掌握信息化教学模式的概念、特点、设计原则及分类；了解和掌握基于资源的主题教学模式的构建和应用；了解和掌握基于项目的学习模式的构建及应用；了解和掌握基于问题的信息化教学模式的构建和应用；了解和掌握基于网络的协作式学习模式的构建和应用。

第一节 教学模式概述

一、教学模式的概念

模式一般是指被研究对象在理论上的逻辑轮廓，是经验与理论之间的一种具有可操作性的知识系统，是再现现实的一种理论性的、简化了的结构形式。教学模式是在一定的教学思想或教学理论指导下建立的较为稳定的教学活动结构框架和活动程序，是各种教学活动单元连接在一起从而组成的动态性的结构形式。它从微观上看，具有变化性；从宏观上看，具有可操作性，是教学理论与教学实践之间的纽带。

随着教学改革实践的发展与先进教学模式理论的引进，教学模式广泛地受到关注和重视。模式与讲授、谈话等教学方法不同。模式揭示不了教学思想或意向，模式包含着程序、结构、方法、策略等，内容比纯理论要丰富得多。教学模式可以认为是开展教学活动的方法论体系，是在一定教学思想或教学理论指导下建立起来的，较为稳定的教学活动结构和程序。教学模式是教学理论的具体化，又是教学经验的一种系统的概括。教学模式作为完整的方法论体系具有特定的功能水平作为活动目标，它通过较稳定的结构程序来调配教学活动中各因素，并提出适当的操作要领，以保证活动按规定方式展开和功能目标的如期实现。

二、教学模式的特点

教学模式的特点主要表现为多样性、明确性、结构性、概括性、开放性和高效性等。把握教学模式的特点，对于教师的实际操作，尤其是构建新的教学模式具有现实意义。

1．操作性

教学模式所提供的教学程序都是便于人们理解、把握和运用的。这是教学模式区别于一般教学理论的重要特点。教学模式之所以具有操作性，是因为一方面教学模式总是从某一特定角度、立场和侧面来展示教学的规律，比较接近教学实际而易被人们理解和操作；另一方面教学模式的产生不是为了空洞的思辨，而是为了让人们去掌握和运用，因此它有一套操作的系统要求和基本程序。教学模式的操作性特点，使得教学模式可以被传授和学习、被示范和模仿，使得教学模式的运用成为一种技术、技能和技巧，而被教师用来完成教学任务，获得预期效果。

2．多样性

由于构成教学活动的各种要素及其关系是复杂多变的，因而支撑教学模式的教学思想和教学价值也是多元的，在多元理论指导下认识教学活动的视角必然是多样化的。“不同的教学模式，是在不同的教学思想、教学价值的指导下，围绕不同的主题及其所涉及的各种因素和各种关系展开的。”例如，程序教学模式是依据行为主义学习理论， 围绕着“程序”这个主题展开的，它注重课堂教学的基本环节和教学行为；“探究性学习”和“研究性学习”，是在建构主义学习理论和“以学生的发展为本”这一现代课程理念的指导下，围绕“学生参与”这一主题展开的，它关注学习的过程和学生的发展。

教学模式的多样性，强调了教学模式的个性，明确这一特点的意义在于：第一，有助于教师依据教学的需要而选择相应的教学模式，避免教学模式的单一化。第二，有助于教师在构建新的教学模式时把握相应的教学思想、教学价值、主题和操作活动的重心。例如，在构建发现式教学模式中，教师应认真理解建构主义学习理论和人本主义学习理论，确立“以学生的发展为本”的教育价值观，抓住“学生参与”这一主题，操作活动的重心是创设有利于学生参与教学的各种情境。

3．针对性

优秀的教学模式都具备明确的主题、目标、操作程序等特征。这些特征决定了特定的教学模式有特定的适用范围。如“接受式教学模式”适用于对基础知识结构的掌握；“发现性教学模式”适用于对学生探究能力的培养以及对学科结构和跨学科知识的把握；“发现性教学模式”中的“研究性学习”适用于学生创新精神和实践能力的培养；“专题讨论教学模式”适用于学生独立思考和创新精神培养等。

教学模式的针对性说明：一定的教学模式体现了一定的教学思想和价值取向；一定的教学模式又是教学基础理论和教学实践的中介，是对教学基础理论的具体化和教师教学经验的概括化。因此，如果教师没有掌握一定的教学模式，那么其教学行为是盲目的，教学研究也难以进行。但如果教学出现极端模式化，将不利于学生主体性的发展。就学生的成长而言“接受学习教学模式”和“发现学习教学模式”是同样需要的，只有两者有机结合，才能真正反映教育的本质规律， 使学生既能够高效地掌握必备的知识和技能，又能够培养创新精神和实践能力。从这个意义上说，我们应努力构建多种多样综合的教学模式系统。

4．结构性

结构性是指“教学理论与具体实践操作的结构性”。教学理论结构是指教学活动中教师、学生、教学内容这三个基本要素的组合关系； 实践操作的结构体现为两方面：一是纵向结构，即由教学过程中各阶段、各环节、各步骤之间相互联系而表现出来的一定的程序性；二是横向结构，即构成现实教学活动各要素的教学内容、教学目标、教学手段、教学方法等相互联系而表现出来的一定的时空组合形式。

教学理论和具体实践操作的结构性说明，构建教学模式必须考虑理论结构和实践操作结构中各相关要素的组合关系，必须是相关要素的最佳组合。

5. 简约性

简约性指的是“教学结构理论框架及活动方式的简约性”。如“专题讨论教学模式”是指“学生围绕教师提出的有关专题，讨论交流，互相启发，从中获得对该问题的进一步了解和深入认识的一种教学模式。”寥寥数语便将这一教学模式的特征和轮廓体现出来了。这样既使得教师的具体的实践经验理论化了，同时又形成比抽象的理论更为具体、直观、简明的框架，便于教师理解、操作和交流。

6. 发展性

任何事物都不可能是一成不变的，教学模式也是如此。尽管教学模式一经形成就保持着基本稳定的结构，但是随着时代对人才规格要求的变化和先进教育理论的产生以及教学中相关变量的变化，教学模式必然要随之完善和发展。人类已进入信息时代，信息社会对人才的要求是：具有探求的态度和批判、创新与实践能力。单一的“接受式教学模式”难以适应时代的要求。建构主义学习理论、人本主义学习理论等是社会经济、科技和教育发展的产物，它们为教学模式的更新提供了理论指导。教师和学生是教学中最活跃的因素，在充满巨变的信息时代，他们的思维极为活跃。这两个最大的变量和时代对人才的要求以及先进教育理论的产生，决定了开放性是教学模式的重要特征。开放性是教学模式能够发展、富有生命力的表现。

7. 高效性

高效性是指“教学模式在实际运用上的高效性”。由于教学模式是筛选了被实践证明行之有效的教学经验并加以概括和简化后的标准形式，因此它所体现的教育思想具有简明扼要的特点，有利于教师便捷地把握教学模式的精神实质，自觉接受教育理论的指导， 从而克服教学实践的盲目性， 增强教学的实效性。

三、教学模式的功能

教学模式的功能主要体现在以下三个方面：第一，教学模式是某种教学理论或思想在教学活动中的具体表现形式，它总是以简化的形式表达和反映它们依据的教学理论或思想，具有一定的操作基本程序，便于教育工作者掌握。教学模式可以为教师达到教学目标提供实施程序，为设计教学方案、预见教学效果提供参考。第二，一定的教学模式依据一定教学理论的指导，为完成一定教学目标，使教学活动中的各种因素如师生活动、教学内容、教学方法手段等优化组合，具有其特定的功能和适用范围。教师恰当地选用教学模式，有助于提高教学质量和改进教学工作。第三，教学模式是教学理论运用于实践的结合点之一。借助教学模式的研究，可以从整体上深入研究了解教学活动系统内部各因素的关系、联系和相互作用，深入了解教学结构，掌握教学的客观规律，从而促进教学论研究的发展。

四、教学模式的发展趋势

长期以来，在我国的实际教学中主要存在两种教学模式：一种是以教师为中心的教学模式，一种是以学生为中心的教学模式。以教师为中心的教学模式，是一种以教师主讲，学生被动听课为主的教学模式。这种传统教学模式简单地说就是长期以来形成的传递——接受教学模式，由来已久。这种模式的基本程序是：激发学习兴趣动机→复习旧课→讲授新知识→巩固运用→检查考评。这些年来，教育界在教学模式上进行了许多探索，提出了不少教学方法和模式，但本质上都仍然是以教师为中心，以学生为传授对象的教学模式。这种模式的优点就是有利于教师主导作用的发挥，有利于教师对教学进度的控制和对学生的组织管理。但它的缺点也是显而易见的，那就是忽略了学生的主动性、能动性、创造性和求知学习的个性。长期在这种模式教育培养的学生，极易形成只管听只管接受、不爱提问思考的麻木习惯。使原本朝气蓬勃、最应去思考的求知欲望极强的学生的创造性思维、逆向性思维被束缚、被禁锢，敢于冲破传统的新思想、新观念被扼杀，大胆幻想的翅膀被早早折断，作为认知主体的学生的主动性和创造性根本无从发挥。可以想象，在这样的教学模式长期培养和熏陶之下，要想使学生成为富有创造力的高素质的人才谈何容易。

以学生为中心的教学模式，则是进入 20 世纪 90 年代以后，随着多媒体和网络技术的日益普及（特别是基于 Internet 的教育网络的广泛应用），才逐渐发展起来的。多媒体和网络技术由于能提供界面友好、形象直观的交互式学习环境（这有利于激发学生的学习兴趣和进行协商会话、协作学习），能提供图文声像并茂的多种感官综合刺激（这有利于情境创设和大量知识的获取与保持），还能按超文本、超链接方式组织管理学科知识和各种教学信息。目前在 Internet 上按这种方式组织建构的知识库、信息库浩如烟海，并已成为世界上最大的信息资源（这不仅有利于学生的主动发现、主动探索，还有利于发展联想思维和建立新旧知识之间的联系），因而对学生认知结构的形成与发展，既促进学生关于当前所学知识的意义建构是非常有利的，也是其他的教学媒体或其他学习环境无法比拟的。而“情境创设”、“协商会话”和“信息资源共享”正是建构主义学习理论所要求的学习环境必须具备的基本属性或基本要素。可见，多媒体和网络技术的普及，实际上为实现建构主义的学习环境提供了最理想的条件。这就不难理解，自进入 20 世纪 90 年代以来，为什么随着多媒体和网络技术的普及，建构主义学习理论会在西方迅速流行。

由以上分析可见，两种教学模式各有其优势与不足，不能简单地用后者去取代或否定前者，也不能反过来用前者去否定或取代后者。而是应当彼此取长补短，相辅相成，努力做到既发挥教师的主导作用，又能充分体现学生的认知主体作用；既注意教师的教，又注意学生的学，把教师和学生两方面的主动性、积极性都调动起来。其最终目标是要通过这种新的教学思想来优化学习过程和学习效果，以便培养出具有高度创新能力的跨世纪新型人才。为了与前面的以教为中心的教学模式和以学为中心的教学模式相区别，我们把按照这种思想和目标实现的教学模式称之为双主教学模式（以强调这种教学模式既要发挥教师的主导作用，又要充分体现学生的认知主体作用；要调动教与学两个方面的主动性、积极性）。

五、信息化教学模式

信息化教学模式是以建构主义为指导的教学设计。建构主义理论认为学习环境包含四大要素，即“情境”是教学设计的最重要内容之一，情境必须有利于学生对所学内容的意义建构；“协作”

与“会话”是学习过程中人际和人机之间的交流，协作发生在学习过程的始终，学习小组的成员之间必须通过会话协商共同完成学习任务；“意义建构”靠学生自觉、主动去完成，强调以学生为中心。信息化的教学模式可以描述为：以学生为中心，学习者在教师创设的情境、协作与会话等学习环境中充分发挥自身的主动性和积极性，对当前所学的知识进行意义建构并用所学解决实际问题。信息化教学模式中教学过程四要素的关系都发生了转变，教师由知识的传授者、灌输者转变为学生主动信息的帮助者、促进者；学生由外部刺激的被动接受者和知识的灌输对象转变为信息加工的主体、知识意义的主动建构者；信息所携带的知识不再是教师传授的内容，而是学生主动建构意义的对象；教学过程由讲解说明的进程转变为通过情景创设、问题探究、协商学习、意义建构等以学生为主体的过程；媒体作用也由作为教师讲解的演示工具转变为学生主动学习、协作式探索意义建构、解决实际问题的认知工具，学生用此来查询资料、搜索信息、进行协作学习和会话交流。

信息化教学模式是根据现代化教学环境中信息的传递方式和学生对知识信息加工的心理过程，充分利用现代教育技术手段的支持，调动尽可能多教学媒体、信息资源，构建一个良好的学习环境，在教师的组织和指导下，充分发挥学生的主动性、积极性、创造性使学生能够真正成为知识信息的主动建构者，达到良好的教学效果。

信息化教学模式的关键在于从现代教学媒体构成理想教学环境的角度，探讨如何充分发挥学生的主动性、积极性和创造性。我们知道，以计算为主的现代教学媒体（主要指多媒体计算机、教学网络、校园网和因特网）的出现带来了传统教学媒体所无法具备的特性：计算机交互性、多媒体特性、超文本特性、网络特性。这些特性能够使学生在课堂上的地位有所改变，使学生能够真正积极主动地探索知识，而不再是被动地接受知识信息，成为知识信息的主动建构者。在这种模式下，教师成为课堂教学的组织者、指导者，学生建构意义的帮助者、促进者，而不是知识的灌输者和课堂的主宰。

信息化教学模式的特点可以从以下两个方面来概述。

1．优点

① 信息源丰富、知识量大于情境的创设。现代教育技术手段为课堂教学所提供的教学环境，使得课堂上信息的来源变得丰富多彩，教师和课本不再是唯一的信息源，多种媒体的运用不仅能够扩大知识信息的含量，还可以充分调动学生的多种感观，为学生提供一个良好的学习情境。

② 有利于提高学生的主动性、极性。现代教育技术手段的加入，尤其是多媒体计算机和网络的加入，教师的主要作用不再是提供信息，而是培养学生自身获取知识的能力，指导学生的学习探索活动，让学生主动思考、主动探索、主动发现，从而形成一种新的教学活动进程的稳定结构形式：在整个进程中教师有时处于中心地位（以便起主导作用），但并非一直如此；学生有时处于传递–接受学习状态（这时教师要特别注意帮助学生建立“新知”与“旧知”之间的联系使学生实现有意义的学习），但更多的时候是在教师指导下进行主动思考与探索；教学媒体有时作为辅助的教具，有时作为学生自主学习的认知工具，教材既是教师向学生传递的内容，也是学生建构意识的对象。可见，这样有利于提高学生的主动性和积极性。

③ 个别化教学，有利于因材施教。计算机的交互性，给学生提供了个别化学习的可能，学习可以通过多媒体技术完整呈现学习内容与过程，自主选择学习内容的难易、进度，并随时与教

师、同学进行交互。在现代教育技术手段所构造的教学环境下，学生可逐步摆脱传统的教师中心模式，学生由传统的被迫学习变为独立的主动学习，在学习过程中包含更多的主动获取知识、处理信息、促进发展的成分，有利于因材施教。

④ 互助互动，培养协作式学习有利于实现培养合作精神并促进高级认知能力发展的协作式学习。在网络的帮助下，学习者通过互相协同、互相竞争或分角色扮演等多种不同形式来参加学习，这对于问题的深化理解和知识的掌握运用很有好处，而且对高级认知能力的发展、合作精神的培养和良好人际关系的形成也有明显的促进作用。

⑤ 有利于培养创新精神和信息能力的发展。多媒体的超文本特性与网络特性的结合，为培养学生的信息获取、信息分析与信息加工能力营造了理想的环境。众所周知，因特网（Internet）是世界是最大的知识资源库，它拥有最丰富的信息资源，而且这些知识库和资源库都是按照符合人类联想思维的超文本结构组织起来的，因而特别适合于学生进行“自主发现、自主探索”式的学习，这样就为学生发散性思维、创造性思维发展和创新能力的孕育提供了肥沃的土壤。

2．局限性

① 教师的准备不足时，容易出现无法控制的局面。在信息化教学模式中，教师作为信息源的地位有所降低。在信息获取的过程中，教师的主要作用不是直接提供信息，而是培养学生自身获取知识的能力，指导他们的学习探索活动，因此教师在教学中的控制支配地位明显地降低了，学生探索性学习的自由空间则更加广阔。教师不再像过去那样直接以知识权威的身份出现，而是要激发学生的学习动机，引导他们在精心设计的学习环境中进行探索，提高解决问题的能力。教师从传统课堂教学中的主讲者转变为管理者、辅导者，而不是说教者，改变了千百年的教师讲授、课堂灌输为基础的、劳动强度大、效率低的传统教学模式。在这种情况下，教师会失去以往的权威地位，在这个信息丰富的环境中，每个学生在学习过程中可能会产生各种出乎意料的情况和问题，教师必须在不同的情况下做出不同的反应，如果教师在驾驭各种信息技术的能力上不能够完全具备，或对课堂上将会出现的情况准备不足或随机应变能力稍差时，就有可能无法很好地控制课堂上的局面，这也给信息化教学模式的成功实施带来了局限。

② 对教学条件要求较高，有些学校难以实现。先进的现代教育技术手段的使用，要求学校的教学设备条件的不断更新和升级，学校的教育技术水平不断提高。但在幅员辽阔的中国，由于经济发展不平衡，各地的教育发展也不平衡，经济条件的限制，使学校无法全都具备购置必要教学设备的能力，即使有些学校能够购置了目前流行的全部设备，具备了上网的能力，但要它能够支付起每月的网络信息费，也是一件很困难的事。此外，先进的教学设备对教师教育技术能力水平要求也较高，一些学校不可能在短时间内做到每名教师都可以自如驾驭先进的教育设备，这些都为信息化教学模式的施行带了局限。

信息化教学模式依据不同的标准，可划分为不同的类型。

依据教学过程的构成要素，我们可以把信息化教学模式分为以“教”为主的教学模式、以“学”为主的教学模式、“双主”教学模式、以“教学组织形式”为主的教学模式、以“教学内容”为主的教学模式、以“教育媒体”为主的模式。

以“教”为主的教学模式是以教师的“教授”为中心的教学模式。在这种教学模式中，对教学活动进行设计、组织以及教学方法和媒体的应用，都是以教师的教为出发点，并以系统的传授知识和技能为基本目的。这种模式充分肯定了教师的权威作用和地位，强调教师在教学中的主导地位。

以“学”为主的教学模式是以学生的学习为中心的教学模式。在这种教学模式中，对教学活动的设计、安排以及对教学媒体和方法的应用都是以学生的学为出发点，以鼓励和激发学生主动探索学习而构建的。这种模式肯定了学生在学习中的主体作用和地位，强调在探求知识的过程中要充分发挥学生的积极性、主动性，让学生主动进行知识意义的建构。

“双主”教学模式是以“教”为主的教学模式和以“学”为主的教学模式的结合。在这种教学模式中，充分发挥了两种教学模式的优点，同时弥补了以“教”为主的模式和以“学”为主的模式的不足。

以“教学组织形式”为主的教学模式根据教学活动的组织形式不同，可以分为班级教学模式、小组教学模式、个别化教学模式等。班级教学模式的基本特点是教师在同一时间内对全班同学进行同样内容的教学。这种模式的优点是可以较大规模地向学生传授知识，能保证学习活动的循序渐进，使学生获得系统的科学知识，并保证发挥教师的主导作用。这种模式的主要缺点是学生的主体地位或独立性受到了一定程度的限制，不利于培养学生的探索精神、创造能力、实际操作能力等。小组教学模式是在班级教学模式的基础上产生的，它是教师在上课过程中将全班学生分为若干个小组，然后通过各小组讨论、交流，探求知识的一种形式。小组教学模式的出现是为了克服班级教学不利于因材施教的缺点，同时也为了克服个别化教学中学生与学生之间缺乏交流、讨论的局限。个别化教学模式是人类最早出现的教学形式。这种教学形式的缺点是教学效率较低，随着社会的发展，逐渐被班级授课所取代。个别化教学模式最大的特点是有利于因材施教，学生可以充分发挥个人的积极创造能力；缺点是学生之间缺乏必要的交流，不能互相讨论、互相启发、互相促进，需要较多的教育媒体和教学课件，花费代价较高。

以“内容”为主的教学模式，是根据教学内容的性质和特点而实施的教学模式。这种模式的特点是从研究和探索中学习，激发学习者的求知欲和学习动机，培养和训练学习者发现问题和解决问题的能力和技能。典型的模式是问题探究教学模式。

以“教学媒体”为主的教学模式主要是依据不同的媒体所提供的信息存储、加工、检索和呈现方式形成的教学模式，主要要电视教学模式、卫星传输教学模式、计算机网络教学模式等。

上面我们从教学的构成要素对教学模式进行了不同的分类。除此之外，祝智庭教授（2001）从信息化教学模式的组织形式及其在教学过程中所表现特点对信息化教学模式进行了分类，如表 5-1 所示。

表 5-1　信息化教学模式分类

类　型	典型模式	特　点
个别指导类	个别指导、操作与练习、教学测试、智能导师	计算机作为老师，内容特定，高度结构化
合作学习类	计算机支持合作学习、协同实验室、虚拟学伴、虚拟学社	计算机与网络作为虚拟社会，一定程度的情境、信息、信息工具的集成
情境模拟类	教学模拟、游戏、微型世界、虚拟实验室	计算机产生模拟的情境，可操纵，可建构
调查研究类	案例研习、探究性学习、基于资源的学习	计算机提供信息资源与检索工具，低度结构性资源的利用
课堂授导类	电子讲稿、情境演示、课堂作业、小组讨论、课堂信息处理	计算机作为教具及助教，信息播送、搜集与处理

续表

类　型	典 型 模 式	特　　点
远程学习类	虚拟教室，包括实时授递、异步学习、作业传送、小组讨论等	网络作为传播工具，一定程度的信息与学习工具的集成
学习工具类	效率工具、认知工具、通信工具、解题计算工具	计算机作为学习辅助工具，多种用法
集成系统类	集成学习环境，电子绩效支持系统，集成教育系统	授递、情境、信息资源、工具之综合

第二节　基于资源的主题教学模式

一、基于资源的主题教学模式概述

基于资源的主题教学模式是指学习者围绕一个主题，遵循科学研究的一般规范和步骤，通过充分发掘和利用各种不同的资源，在教师的帮助下进行的一系列探究活动。基于资源的主题教学模式的目的是为了让学习者提高问题解决、探究、创新等能力，促使学习者的学科素养和信息素养同时得到提升。它包括两方面的概念，即基于资源的学习和主题学习。基于资源的学习是通过充分发掘和利用各种不同的资源而展开的一种学习模式。我们知道，没有资源的教与学是不存在的，而我们为什么要强调“基于资源的学习”呢？原因有三：一是资源的多寡；二是使用信息资源的能力大小；三是使用信息资源是否有意识。信息技术，特别是网络技术的发展，信息资源的极速膨胀，在浩如烟海的信息中找到对自己有用的信息，并对这些信息进行处理已成为现代人的一种基本能力。如果说，以前一个人成功与否主要看获取信息的多寡，现在就是看一个人的信息处理能力高低了。如今人们对信息的获取机会趋于均等，获得信息量多不再成为优势，而关键是看他的信息处理能力。基于资源的学习是培养学生信息处理能力的一种行之有效的方法。

主题学习就是围绕着一个主题，遵循科学研究和一般规范步骤，学习者为获得问题解决能力和创新能力而展开的一系列探究活动。主题学习是针对于学校教育学科的独立提出的，因为一个主题可以与多门学科相联系，消解学科之间的孤立，使学科走向融合，同时主题学习打破课堂教学的局限，激励学生走出课堂，走进社会，走进自然。

所以，我们探讨的基于资源的主题学习（RBTL）模式其实是基于资源的学习（RBL）和主题学习（TL）相互整合而形成的新型教学模式，是围绕主题展开基于资源的学习过程。在这个过程中，既强调资源的获取、选择、利用和评价，又强调学生实际能力的提高，特别是解决问题能力、创新能力以及信息素养等能力的提高。从而使学生在主题学习的过程中，既达到解决问题的目的，又达到信息素养的提升。

二、基于资源的主题学习模式构建

基于资源的主题模式如图 5–1 所示。

从模式图中，我们可以看出，中心椭圆表示主题或问题，外围圆角矩形表示活动探究过程，评价反思也在整个学习过程中。教师掌握着整个活动流程的“开关”，当教师决定组织学习者进行一次主题学习活动时，把“开关”合上，即可开始基于主题或问题的学习。将这一过程置于资源环境中，学习者在学习过程中就可以把与主题相关的资源从所有资源中筛选出来，为达到学习目标所用。在主题活动探究过程中，教师作为支持者帮助学生进行自主探索。

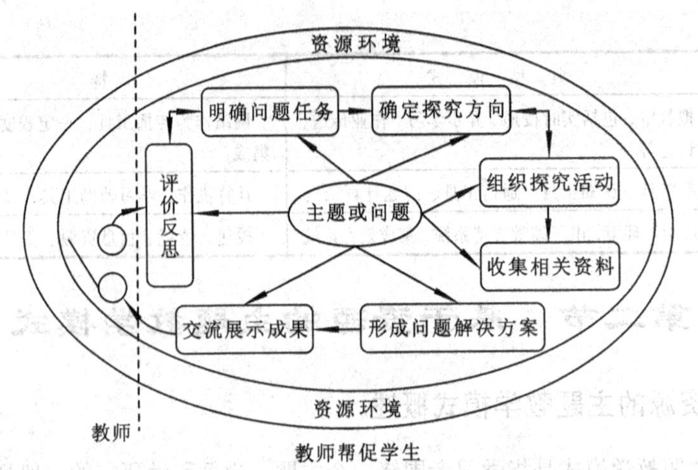

图 5-1 基于资源的主题模式

三、基于资源的主题学习（RBTL）过程阐析

在基于资源的主题学习（RBTL）的整个过程中，是以主题开发为前提，以活动探究为核心，并通过不断评价反思优化整个学习过程的一个系统过程。其中包括三个主要环节：主题、活动探究和评价。

1. 主题开发——RBTL 的前提

主题是基于资源的主题教学模式中的核心概念。主题是指整合教学目标的、跨学科的学习内容或学习任务。在整个 RBTL 过程中，活动都是围绕主题展开的，主题开发的优劣直接影响教学效果。为使学习者在学习过程中占主动，应调动学生学习的积极性，我们提倡主题由师生共同开发，并建议在主题开发的过程中要求主题具有亲和力、跨学科性、开放性、挑战性和实践性，同时主题还应当整合知识技能、过程方法和情感态度与价值观目标，以使学生在学习过程中获得知识、培养能力和发展情感水平。

2. 活动探究过程——RBTL 的核心

主题一旦确定，学生在教师的指导下进入实质性的学习过程，过程具体可分为以下几步：

① 明确问题，阐述问题情境。主题在确定时只是一个比较笼统的概念，还需将其转化为一个或多个待解决的、可操作性的问题或任务。在这一过程步骤中，需从多方面不断地追究问题所在，描述问题产生的情境，恰当地呈现/模拟问题情境，并描述问题的可操控方面，使学生进入问题情境，拥有问题意识或问题的主人翁感，为以后进一步探究做准备。

② 形成假设，确定探究方向。在自己或他人经验的基础上，就问题的答案和问题解决的原则、途径和方法提出设想，然后进行论证，在论证的过程中，可能需要不断修正或改变，形成新的假设。

③ 实施、组织探究活动。这一步骤是整个教学/学习过程的核心，是培养学生知识技能、过程方法、情感态度与价值观的关键，教师可以根据学习目标组合多种活动进行教学，让学生获得直接的学习体验。

④ 收集、整理资料，找出资料的意义。大部分活动在实施中是一个收集、整理资料的过程。

资料的收集整理是有目的的，只有找到资料的意义，才能使资料产生最大用途。

⑤ 形成问题解决方案。由于解决问题需要学习者建立多个问题空间，问题解决者必须将问题空间之间的认知或情境联系点结合起来，因此应确定并阐明问题求解者的多种意见、立场和观点；生成多个可行的问题解决方案；需要收集充分的证据来支持或反驳各种观点，以支持自己或他人的论点；需要讨论和阐述个人观点，评价各种解决方案的可行性，以最终在最佳的行动方案上达成一致意见。

⑥ 探究结果展示/交流。根据探究内容展开相应的展示和交流活动，主要有报告、角色扮演以及辩论三种方式。

3. 评价——RBTL 的保障

RBTL 评价提倡综合性评价与过程性评价，倡导评价内容的丰富性与评价方式的多样性。在 RBTL 活动过程中，通过充分恰当的探究，有利于培养学习者的综合素质，如问题意识、科学素养、信息素养、创新能力、实践能力、自主/协作能力和反思能力等。在教学效果价值取向方面，RBTL 评价比较关注学生的问题意识、反思能力和探究能力的发展。

① 问题意识：问题的确定非常重要，是开展基于资源的主题学习活动中非常关键的一步。学生能否发现问题，取决于学生的问题意识强不强。学生问题意识的强弱，主要从学生的观察力、认知兴趣和求知欲以及丰富的知识经验等三个方面评价。

② 探究能力：探究能力是基于资源的主题学习活动所培养的核心能力，在探究的过程中重点培养学生的信息素养、自主能力、协作能力、学习策略、批判性思维能力等。

③ 反思能力：除了教师、家长、专家等人员对学生学习效果进行评价之外，还需要学生对自我学习效果进行不断反思。反思是一个反省的过程，一个自我评估的过程。反思主要是对前一阶段的学习任务进行反思，获取反馈，了解自己所获的知识，知道自己的不足，明确改善措施。

第三节　基于项目的学习模式

一、基于项目的教学模式的概述

基于项目的教学模式作为一种教学模式，近年来受到各国或地区教育者的关注。基于项目的教学模式的以学习研究学科的概念和原理为中心，以制作作品并将作品展示给他人为目的，在真实世界中借助多种资源开展探究活动，并在一定时间内解决一系列相互关联着的问题的一种新型的探究性学习模式。

基于项目的教学模式的最大特点就是旨在把学生融入有意义的任务完成的过程中，让学生积极地学习、自主地进行知识的建构，以现实的学生生成的知识和培养起来的能力为最高成就目标。

基于项目的教学模式实质上是一种基于建构主义学习理论的学习模式，强调学习应在合作中进行，在不断解决疑难问题中完成对知识的意义建构。

基于项目的教学模式强调对学生动手能力的培养，强调“经验”、“学生”和“活动”这三个中心，在活动中培养学生的能力。基于项目的教学模式采取“做中学”的方式，通过各种探究活动，作品的制作来完成知识的学习。基于项目的教学模式强调现实、强调活动，与杜威的实用主义教育理论是一致的。

基于项目的教学模式不是采用接受式的学习，而是采用发现式的学习。学生通过对问题形成假设，提出解决问题的方案，然后通过各种探究活动以及所收集的资料对所提出的假设进行验证，最后形成自己解决问题的结论。在这一系列的学习过程中，学生不断"发明"知识，并累积和建构新的知识。

基于项目的教学模式主要由内容、活动、情境和结果四大要素构成。

1. 内容——学科的核心观念和原理

基于项目的教学模式研究的主要内容是现实生活和真实情境中表现出来的各种复杂的、非预测性的、多学科知识交叉的问题。

① 内容应该是现实生活中的问题。首先是关于现实生活中的一些真实的问题；其次是完整的而非知识片段，即强调知识的完整性和系统性；第三是值得学生进行深度探究，并且学生有能力进行探究的知识。

② 内容应该与个人的兴趣一致，这样才能使学生对他们感兴趣话题和所关心的事情进行学习。其中包括对复杂的话题和论点形成自己的观点，学习与他们兴趣和能力相一致的问题，从事当前、当地与兴趣相关的话题研究，从他们的日常经历中获得学习的内容。

2. 活动——生动有效的学习策略

基于项目的教学模式的活动主要是指学生采用一定的技术工具（如计算机）和一定的研究方法（如调查研究）对解决面临的问题所采取的探究行动。在基于项目的教学模式中，活动具有如下特征：

① 活动具有一定的挑战性。

② 活动具有建构性。由于基于项目的教学模式允许学生建构知识并生成自己的知识，所以他们很容易对知识进行记忆和迁移。

③ 活动应该与学生的个性一致。

3. 情境——特殊的学习环境

在基于项目的教学模式中，情境有如下作用：

① 情境促进个人与个人之间以及个人和社会团体之间的合作。基于项目的教学模式比其他学习模式更能给学生提供丰富的、更具真实性的学习经历。因为它是在社区环境中进行的。在这种情境中，学习和工作需要相互依赖和协作。这种环境同时也促使学生防止人际冲突并且解决人际之间的冲突。在没有压力、真诚合作的环境中，学生们对发展他们的能力充满了自信。

② 情境鼓励使用并掌握技术工具。项目情境为学生学会使用各种技术（如计算机技术和图像技术）提供了一种理想的环境，这样就拓展了学生的能力并为他们走向社会做好了准备。

4. 结果——丰富的学习成果

基于项目的教学模式促进学生掌握丰富的工作技能并将这些技能运用到终身学习中。该项目的重点是获得特殊的技能，如传统的写作技能、语言技能和评判性思维的能力。同时，该项目的特有作用是使学生更多地去倾听和评价他们所不赞同的观点，总结他人的立场，对他们的立场进行有效的抨击，并实践自由发言的民主原则。

二、基于项目的学习模式过程阐述

基于项目的教学模式是一种新型教学模式，是一种革新传统教学的新理念，这种学习强调的是以学生为中心，强调小组合作学习，要求学生对现实生活中的真实性问题进行探究。通常其流程或操作程序分为选定项目、制订计划、活动探究、作品制作、成果交流和活动评价等六个步骤。

1．选定项目

在基于项目的教学模式中，项目的选定很重要，它应该完全根据学生的兴趣来选定，同时又要考虑如下情况：首先，所选择的项目应该和学生日常的经历相关。至少要部分学生对该项目比较熟悉，这样的话，他们才能对项目提出一些相关的问题。其次，除了基本的文化素养以及一些技能外，项目应能融合多门学科，如科学、社会研究以及语言艺术等。再次，项目的内涵应该是丰富的，从而可以进行至少长达一周时间的探究。最后，选定项目应该更适合在学校进行检测。总之，在基于项目的教学模式中，教师应该充分考虑学生现有的知识经验和能力水平，以及学生通过努力是否有可能达到项目学习的目标，解决项目中所出现的各类问题。

项目的选择由学生来进行很重要，教师在此过程中仅仅作为指导者的角色，也就是说老师不能把某个项目强加给学生，教师所起的作用是对学生选定的主题进行评价，即选定的主题是否具有研究价值，以及学生是否有能力对该项目进行研究。根据评价的情况，如果有必要的话，可对学生选定的项目进行适当的调整或者建议学生对项目进行重新选择。

2．制订计划

项目计划就是对项目活动过程的详细规划。它包括学习时间的详细安排和活动计划。时间安排是学生对项目学习所需的时间的一个总体规划，做出一个详细的时间流程安排。活动设计是指对基于项目的教学模式中所涉及的活动预先进行计划。

3．活动探究

这一阶段是项目学习的核心或主体部分，学生大部分的知识内容和技能技巧是在此过程中完成。活动探究是学习小组直接深入实地的调查和研究，它通常包括到户外活动，对必要地点、对象或事件进行调查研究。在调查研究的过程中，学生对活动内容以及自身对活动的看法或感想进行必要的记录，提出解决问题的假设，然后借助一定的研究方法和技术工具（此过程中，学生的研究方法和技术工具相当重要）来收集信息，然后对收集到的信息进行处理和加工，对开始提出的假设进行验证或推翻开始的假设，最终得出问题解决的方案或结果。

4．作品制作

作品制作是基于项目的教学模式区别于一般活动教学的典型特征。作品制作往往和活动探究交融在一起。在作品制作过程中，学生运用学习过程中所获得的知识和技能来完成作品的制作。作品的形式不定，可多种多样，如研究报告、实物模型、图片、录音、录像、电子幻灯片、网页和戏剧表演等。学习小组对他们所研究的项目进行描述，并且展示他们的研究成果。作品反映了他们在项目学习中所获得的知识和掌握的技能。

5．成果交流

学生作品制作出来之后，各学习小组要相互进行交流，交流学习过程中的经验和体会，并且分享作品制作的成功和喜悦。成果交流的形式也多种多样，如举行展览会、报告会、辩论会、小型比赛等。在成果交流中，参与的人员除了本校的领导、老师和学生之外，可能还有校外来宾，如家长、其他学校的教师和学生以及上级教育主管部门（如教育局）的领导和专家等。

6．活动评价

活动评价是基于项目的教学模式与传统教学的一个重要区别。在基于项目的教学模式中，活动评价要真正做到定量评价和定性评价，形成性评价和终结性评价，对个人的评价和对小组的评价，自我评价和他人评价之间的良好结合。

活动评价的内容主要有课题的选择、学生在小组学习中的表现、活动计划、时间安排、成果表达和成果展示等方面。对结果的评价要强调学生获得知识和技能的掌握程度情况，对过程的评价要强调对实验记录、各种原始数据、活动记录表、调查表、访谈表、学习体会等的评价。

评价可由专家、学者以及老师来完成，也可以是同伴或者学习者自己。教师可以观察学生在项目学习过程中所运用的技能和知识以及运用语言的方法。学生可反映他们自身以及同伴的工作和工作流程，小组的工作情况如何，他们对工作和工作流程感觉如何，他们获得了哪些知识和技能。反映工作、检查流程以及明确重点和弱点知识区域都是学习过程中的组成部分。

第四节　基于问题的信息化教学模式

一、基于问题的信息化教学模式概述

基于问题的信息化教学模式是信息化环境中的一种以问题为驱动、以培养学生的问题意识、批评性思维习惯、生成新知识能力以及独立学习能力和团队合作品质为宗旨和目标，强调学生学习的主体参与性的教学模式。在实施教学过程中，要突出学生的主体性，能积极主动参与问题解决的全过程；要注重问题的优化设计，引导学生的开放性思维，激发学生对新问题的挖掘；要关注过程的实施，引导学生对所学知识的选择、判断、运用，从而有所发现、有所创造；要同实际问题相结合，培养学生解决实际问题的实践能力和创造性思维；要加强体验的严肃性和经验的积累，学会树立批判意识和尊重事实的观念体系；要加强学生的合作意识，取长补短，培养集体观念和协作习惯；要增强学生在学习中尝试应用相关信息技术手段获取、加工、处理有用价值资料的能力。基于问题的信息化教学模式是一种探究式教学模式。探究式教学模式是20世纪50年代由美国芝加哥大学的施瓦布教授在“教育现代化运动”中倡导提出的。他认为学生学习的过程与科学家的研究过程在本质上是一致的，因此学生应像“科学家”一样，以主人的身份去发现问题，解决问题，并且在探究的过程中获取知识，发展技能、培养能力特别是创造能力，同时受到科学方法、价值观的教育，并发展自己的个性。

可见，基于问题的信息化教学模式实际上就是以学生为主体的教学模式，其宗旨是培养创造性人才。因此，在教与学的关系上，应正确处理“教师主导”与“学生主体”的辩证关系，重视发挥教师和学生双方的主动性，并强调学生的主体地位；在教学组织上，应适当突破单一的班级授课制，辅之以分组教学和个别教学，以发展学生的个性，做到因材施教；在课程结构上，应强调学科之间的相互渗透与综合，以培养通才；在教学内容上，应处理好传统与现代、继承与创新的关系，力求教材建设适应当代科技发展的新潮流，及时吸收当今科技发展的新成果；在教学方

法上，应主张应用建构主义教学理论，强调使用“任务驱动”法、研究法、发现法等教学方法，并根据不同的教学内容和教学目标，重视多种教学方法的优化组合。

二、基于问题的信息化教学模式的特征

① 学生的探究活动是在教师预先设计好的具体步骤中展开的。学生需要学习的新知识，不是由教师直接抛给学生，而是将所要学习的新知识隐含在一个或几个问题之中，学生通过对所提供的问题进行分析、讨论，明确它大体涉及哪些知识，需要解决哪些问题，在教师的指导、帮助下找出解决问题的方法，经过探究，最后通过问题的完成去实现对所学知识的意义建构。

② 学生通过探究活动获得新知识并培养能力。探究教学不是先将结论直接告诉学生，再通过学生上机加以验证，而是让学生通过各式各样的探究活动诸如观察、调查、制作、收集资料、上机设计等亲自得出结论，使他们参与并体验知识的获得过程，建构起对知识的新认识，并培养科学探索的能力。

③ 基于问题的探究式教学注重从学生已有的经验出发。对学生认知理论的研究表明，学生的学习不是从空白开始的。已有的经验会影响现在的学习，教学只有从学生的已有知识和生活实际出发，才会激发学生的学习积极性，学生的学习才可能是主动的，否则就很难达到预期的教学目标。

④ 重视协作学习。在该模式中，常常需要分组制订工作计划，分组调查和收集资料，需要讨论、争论和意见综合等协作学习。

⑤ 基于问题的探究式教学模式重视形成性评价和学生的自我评价。该模式教学的评价要求高，如它要求评价每一名学生理解哪些概念，能否应用知识解决问题，能否设计并实施探究计划；能否独立完成问题；小组协商，参与态度是否积极等。要弄清这一切，单靠终结性评价验证是难以奏效的。该模式重视终结评价的同时，很重视形成性评价，与此同时，还注重学生的自我评价和师生互评。

三、基于问题的信息化教学模式各要素间的优化

基于问题的教学模式，是以问题为中心，学生积极主动探究，领悟实质，把握规律的教学模式。在具体实践过程中，其做法是：让学生在一个问题的驱动下通过自己观察、思考、上机来发现知识，并加以创造性的应用，建立相应的认知结构。教师的作用在于根据教育目标对学生施加积极的影响，充分调动学生的积极性、主动性，使其参与到学习的全过程，使学生用自己的思索和内心的体验去创造，去发现知识和规律，同时发展他们自己的个性。

1. 学习者特征分析

根据本课教学任务，首先要对学生进行分析。因为学生是学习的主体，是意义的主动建构者。从哲学角度看学习者是内因，外界影响是外因，内因是事物发展变化的决定因素，外因通过内因起作用。这就可以说明为什么在同一课堂中，教师实施同一教学，但不同学生的学习结果却存在差异。为了取得较好的教学效果，就必须充分了解学生的特征，并进行有针对性的设计。学习者特征分析涉及智力因素和非智力因素两个方面。与智力因素有关的特征主要包括知识基础、操作能力和认知结构，和非智力因素有关的特征则包括兴趣、动机、情感、意志和性格。

对于学习者的分析，主要目的是设计适合学生能力与知识水平的学习问题，提供适合帮助和指导，设计适合学生个性的情境问题与学习资源。

2. 教学目标分析

教学是促进学习者朝着目标所规定的方向产生变化的过程，它贯穿于教学活动的始终。分析教学目标是为了确定学生学习的主题，首先要考虑学习者这一主体。教学目标不是设计者或教学者施加给学习过程的，而是从学习者的学习过程中来的。其次，还应尊重学习主体内在逻辑体系特征。因此，教师课前备课时就首先要分析本课的教学目标，确定教学的核心问题，明确学生需要探究什么、领悟什么。

3. 学习内容特征分析

学习内容是教学目标的知识载体，教学目标要通过一系列的教学内容才能体现出来，在解决问题过程中达到学习的目的。关键是我们设计的问题是否会体现教学目标？如何来体现？这需要我们对学习内容做深入分析，明确所需要学习的知识内容、知识内容的结构关系以及知识内容的类型，这样在后面设计时，才能很好地涵盖教学目标所定义的知识体系。

4. 设计问题

这里所说的学习就是基于问题的探究、学习的过程，就是解决问题的过程，问题构成了学习的核心，以问题来驱动学习。提出问题，是本教学模式的核心和重点，它为学习者提供了明确的目标，其他辅助设计使得任务更加明确具体，使得学习者解决问题成为现实的可能，使得学习者在解决问题过程中，确实能够达到教学目标的要求。学习情境设计，有助于将问题置于任务环境中，这有助于学生知识与能力的迁移，有助于问题的理解和可行性方案的提出；认知工具帮助学习者解释和把握问题的各个方面。

5. 学习资源设计

学习资源是指提供与问题解决有关的各种信息资源（包括文本、图形、声音、视频和动画等）以及从 Internet 上获取的各种有关资源。学生自主探究学习、意义建构是在大量信息的基础上进行的，所以必须在学习情境中嵌入大量的信息。丰富的学习资源是学生学习的一个必不可少的条件。另外还要注意怎样才能从大量信息中找寻有用信息，避免信息污染，因此教学设计中要建立系统的信息资源库，提供引导学生正确使用搜索引擎的方法。

6. 提供认知工具

认知工具是支持、指引扩充使用者思维过程的心智模式和设备。在现代信息技术学习中，当然就是指与通信网络相结合的计算机了，学习者可以利用它来进行信息与资源的获取、处理、编辑、制作等，并可用其来表征自己的思想，替代部分思维，与他人协作等。

7. 管理与帮助设计

在本课题的教学模式中，学生是学习的主体，但并没有无视教师的指导作用，任何情况下，教师都有控制、管理、帮助和指导的职责。教师需要在学习环境中确定学习任务，组织学习活动，提供帮助和指导，引导学生正确使用认知工具。教师是教学过程的组织者、指导者、意义建构的帮助者、促进者。

在传统的教学中，课堂教学管理包括：合理安排课程内容、最大限度地发挥教学资源的作用、调动学生的积极性等。但在此模式中，教师由舞台上的主角变为幕后导演，这一改变极具挑战性，对老师提出了更高的要求：学习过程是一种发散式的创造思维过程，不同的学生所采用的学习路径、所遇到的困难也不相同，运行时面对不同情况做出适时反馈。在学习中，面对丰富的信息资源易出现学习行为与学习目标相背离的情况，教师要在教学实践中设置关键点，规范学生学习，同时也有利于学生反思、升华所学知识的意义建构。

8. 学生探究学习

课堂上教师引导学生围绕问题进行探究以获得更深的领悟。具体的探究活动一般又可分为几个步骤：一是思维探究，教师可让学生预览或简单提示，让学生形成初步的思维；二是上机探究，通过学生独立探索发现以获得知识；三是应用探究，是学生根据自己“发现”的知识，经过上机确认，宣告完成任务。这步可分为个别探究或小组协作探究。

9. 成果展示，师生互评

这是非常关键的一步，通过示范或成果展示，可以了解本堂课或此阶段探究学习的效果。学生个人探究学习效果，可以用转播示范的方法让他们示范给其他同学。如果是小组合作或个人完成的电子作品（如网页、Word 文档、PPT、动画等），也要转播展示给全班同学，但在评价时要注意以下几点：

首先教师要实现评价形式多元化，既要进行终结性评价，更要开展过程性评价。此外，教师还可以通过让学生在小组协作研究过程中记录一些相应的原始数据，例如记录一些资源网站，一些图片、动画的来源，文稿的始创等。

其次，教师要实现评价内容多元化。不仅要注重作品的精美程度或技术程度，如图片清晰度、色彩搭配、排版布局、技术含量等，还要注意电子作品的选题、创意等方面。最后，教师要实现评价主体多元化。特别是对小组协作的作品评价，教师要让学生个体、小组等都成为评价主体，可以小组自评，小组互评，教师评价。

10. 总结与强化练习

适时地进行教学总结可有效地引导学生将自学的、零散的知识系统化。但总结时不能太细，可简明扼要地串讲知识体系，否则会重蹈传统教育的覆辙，限制学生的思维。总结之后，应为学生设计出一套可供选择并有一定针对性的补充学习材料和强化练习，巩固所学知识。练习是培养学生能力、发展智力的有效措施之一。课堂上的巧“练”更能激发学生的探索兴趣，同时又为学生提供了再探究的机会，通过练习，一方面可以反馈学生的学习情况，同时为完成形成性评价提供了合适的评价内容和评价时机。

第五节　基于网络的协作学习模式

一、基于网络的协作学习模式概述

1. 协作学习

协作学习是 20 世纪 70 年代初兴起于美国，20 世纪 80 年代中期取得很大发展的一种教学理论与策略，它是指通过小组或团队的形式组织学生进行学习的一种方式，学习者在共同的目标和一定的激励机制下，为获得最大的个人小组学习成果而进行合作互助的学习方法。其模式是指采用协作学习组织形式促进学生对知识的理解与掌握的过程，通常由四个基本要素组成，即协作小组成员、辅导教师、协作学习环境、协作学习过程。协作学习是一种信息交流过程，学习者在学习过程中将探索发现的信息和学习材料与小组中的其他成员共享，甚至可以同其他组或全班同学共享，为了达到个人和小组学习目标，可以采用对话、商讨、争论等形式对问题进行交流、沟通。协作学习强调整体学习效果，同时关注学生个性的自我实现，每个协作成员都是学习过程的积极参与者，教师设置的小组共同目标保证和促进学习的互助合作，鼓励学习者各抒己见，并以小组的总体成绩来评价每个成员的成绩。所以协作小组中的成员每个人都对他人的学习做出自己的贡献，个人学习的成功是以他人成功为基础的，因此不仅要对自己的学习负责，还要关心和帮助他人的学习。

2. 基于网络的协作学习

基于网络的协作学习（Computer Supported Collaborative Learning，CSCL）是指利用计算机网络以及多媒体等相关技术开展的协作学习，是一种特殊的协作学习，在此学习过程中，多个学习者针对同一学习内容通过计算机网络平台建立交互和合作，以达到对教学内容比较深刻的理解与掌握。在网络的协作学习中，计算机网络具有快捷性、交互性、超时空性以及对资源的可共享性，因而网络环境下的协作学习除了具备非网络环境协作学习的特点外，同时还具备以下特点：

① 突破了时空限制。网络打破了传统的班级、年级、学校的界限，打破了时空的局限性。就协作的范围而言，网络化协作学习突破了学校的空间局限，打破学校束缚，协作范围可以从班上的小组到整个班级以及班与班之间、年级与年级之间甚至校与校之间，使得协作学习真正变成了一种大环境下的学习，极大地促进了社会学习化和学习社会化。就时间因素而言，网络的异步交互功能实现了异步协作，使学习者不必受时间限制，更好地完成协作任务。

② 教师对小组学习活动干预程度较低。基于网络的协作学习中，教师角色相对传统教育中的角色有了很大变化，主要是对各小组学习成果进行评价总结，对学习中的一些问题给予必要指导，而对小组在网络上的学习过程不过多干涉，学习者拥有了更多的选择性和灵活性，更容易促进个性化学习的开展。

③ 方便资源共享。协作学习中的成员为达成小组目标，需要不断交流信息和分享资源。计算机网络技术的发展已经使全球资源共享成为可能，利用搜索引擎等工具，可以快速获得大量学习资料，并且通过网络实现学习小组内资源共享。

④ 协作形式多种多样。通过计算机网络，学生可以通过 Netmeeting、QQ、MSN、BBS、聊天室、留言板等工具，方便地与相距较远的老师同学开展多样的沟通，自发地制定合作计划，开展讨论，共享合作成果。

二、基于网络环境的协作学习模式建构

网络信息具有非线性的组织形式、多媒体化表现方式、大容量的信息存储、便利的交互性等优势，这些都有助于学生认知策略的形成，因此在建构基于网络的协作学习模式时应充分考虑和利用网络技术的这些优点，尽量把网络的优点和协作学习的优点结合起来，要考虑到各种教学因素（如学习者、任务、情境等），同时还要考虑到网络的干扰因素。基于网络的协作学习模式如图 5-2 所示。

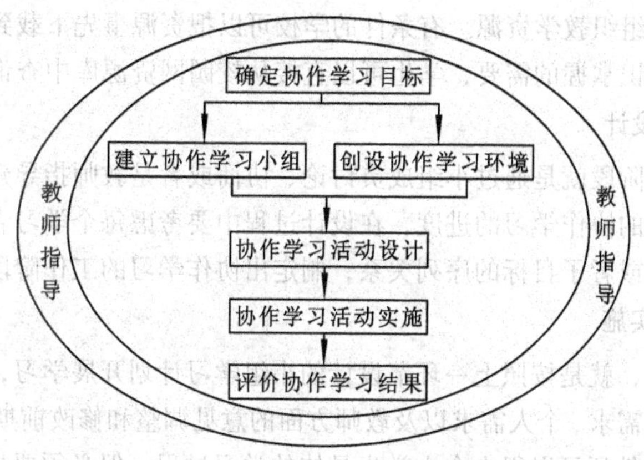

图 5-2　基于网络环境的协作学习模式

三、基于网络环境的协作学习模式要素分析

1. 确定协作学习目标

首先，要对即将开展的学习内容进行选择，选择适合运用协作学习开展的学习体系。其次，确定小组协作学习的整体目标，即组目标，然后可根据学习内容的特点或者是学生的个体发展需要，将整体目标分解为子目标，或者是提出学习者的个人目标。在这个环节中，要注意个人目标或子目标与组目标的关系设定，二者之间要联系紧密，特别是个人目标要成为实现整体目标的必有因素，这样既有助于促进学习者的自主学习，实现个人发展，同时又能够促进学习者参与协作学习的积极性。

协作学习可以促进学习者的应用、分析、评价等高层次目标的实现，因此在设计整体目标时不能只把目标局限于某一门课程或者某一方面知识，可以在确定某方面的核心内容的同时，将涉及的相关内容有效融合，从而促进学生的全面发展。

2. 建立协作学习小组

基于网络的协作学习是一种以小组为单位的学习方式，每个学习者都处在特定的团体中，都有特定的协作伙伴，因此科学合理的组建学习小组是实施网络化协作学习的必要前提，也是保证学习顺利开展的关键要素。协作小组可以由教师组建，也可以在协作学习目标的指导下由学习者自由协商构成，在学生自由组合时，教师要给予适当的指导和帮助。常见的协作小组有异质分组、就近分组、分层分组、同质分组、自由搭配等几种常见的分组方式。具体的协作小组划分要根据学生的学习特点、所处地域、学习基础、个人特长、兴趣方向或性别等作为标准进行划分。无论以何种方式划分，都要体现互补互助、协调和谐的原则，小组成员间要有良好的人际关系和信赖程度，有时为了方便管理，会确定小组负责人，但是小组成员的权利是平等的。

3. 创设协作学习环境

良好的协作学习环境可以促进小组成员集体归属感的建立，从而促进小组成员之间形成融洽的、多元的协作关系。学习环境通常包括硬件环境、软件环境和资源环境三个方面。硬件环境主要指学习者必备的计算机、计算机网络。软件环境指学习者在协作学习过程中所使用的软件工具，如 Netmeeting、QQ、MSN、BBS、聊天室、留言板、搜索引擎等。前两种环境都比较容易实现，而资源环境作为最重要的部分，也是人们最关注的。在设计资源环境时，要先了解网络资源的特点，围绕学生的需要来组织教学资源。有条件的学校可以把资源事先下载到校园网的资源中心，根据协作学习过程中知识掌握的需要，学生可以直接从校园网资源库中查询所需要的信息资源。

4. 协作学习活动设计

协作学习活动设计阶段就是通过小组成员讨论、协商或者是教师指导建立初步的协作学习计划，从而保证基于网络的协作学习的进度，在设计过程中要考虑每个学习者的具体情况，并根据协作学习中的个人目标或者子目标的序列关系，制定出协作学习的工作阶段。

5. 协作学习活动实施

协作学习实施过程，就是按照上一环节设计的小组学习计划开展学习，但是在具体实施过程中学习者可以根据小组需求、个人需求以及教师方面的意见调整和修改前期计划，从而有效实施。在具体的实施过程中，教师可以很少介入学生具体的学习过程，但必须要加强小组协作学习过程中的指导，在协作学习中起到督导作用；教师可以根据学习者提供的协作学习计划，检查小组学习的进度与成果，或者通过 BBS、电子邮件及时布置有针对性的作业，检查作业，引导小组开展讨论等，从而深入地引导学生学习。

6. 评价协作学习结果

学习评价是检验学习是否达到目标，是促进和完善协作学习活动的重要环节。对学习结果的评价应采用多种形式，促进全面真实的评价。要做到评小组并评个人，他人评并自己评，组内评并组外评相结合。当小组的学习阶段完成后，教师要及时对该小组的学习结果进行评定，评价的方式可以采用传统的考试、测验方式，也可以采用成果展示、任务完成等新型方式开展评价。小组之间可以采用质疑提问的方式开展互评与自评，成员间也可以开展互评与自评。

7. 教师指导

教师指导作用并不是针对某一特定环节，或者某一特定工作，而是贯穿在从准备到实施再到评价的整个过程，在每个环节中教师都能体现指导作用，教师虽然不直接参与学习者的具体学习过程，但是要随时监控学习进程，以保证学习的良好进行，从而保证学习效果的产生。

四、基于网络环境的协作学习应注意的问题

1. 重视网下活动的重要性

基于网络的协作学习并不是所有的学习过程和学习活动都是在网上进行的，所以不能片面地认为这种学习就是让学生上网学习。学习者接触主题、制订计划、小组分工、深入研究等活动都是可以在网下开展，因此在开展基于网络的协作学习中要注意网上、网下相结合。

2. 加强真实感协作活动

基于网络的协作学习，学习者之间的交流和沟通大多数是通过网络进行的，学习者与他的协作伙伴间不易建立真实的亲近感，容易造成协作小组凝聚力不强，难免会影响学习的效果，因此可以利用虚拟技术模拟实体小组，小组成员可以把自己的照片、兴趣爱好等进行交流和发布，让小组成员有身临其境之感，促进相互熟悉，增进亲密感，以利于学习活动的顺利开展。

3. 突显指导教师的主导地位

通过对于基于网络的协作学习模式的探讨，可以看出教师在整个协作过程中的指导作用是不可忽视的，但是由于基于网络的协作学习中师生通常是分离的，有时会忽视教师的指导作用，教

师只关心最后的评价，对整个的协作学习撒手不管，从而使学习者变成放羊式学习，制约了学习效果的产生，因此教师要想办法突显自己的主导地位，促使学习者积极的学习。

思考与练习

1. 什么是教学模式？什么是信息化教学模式？信息化教学模式有什么特点？
2. 信息化教学模式的设计原则是什么？
3. 信息化教学模式有哪些分类？
4. 如何构建基于资源的主题教学模式？
5. 如何构建基于项目的学习模式？
6. 如何构建基于问题的信息化教学模式？
7. 如何构建基于网络的学习模式？
8. 你还见过哪些信息化教学模式？说说它们各有什么样的特点。
9. 谈谈信息化教学模式对自己的启发。

第六章 信息化教学方法

导言

随着教育信息化水平的不断提高，在教学中有效地应用信息技术手段开展教学已成为必然。对于教师来说，在信息化教学中必定要利用信息化教学工具与手段开展教学，同时也要根据具体的教学情况选择适合具体学科、具体内容的教学方法，只有这样才能更好地提高教学质量，实现教学最优化。然而面对众多的教学方法，在信息化教学中，教师只有对这些基本的信息化教学方法真正地掌握才能达到我们所要追求的目标，这就需要教师对其特征、步骤、应用范围、应用条件、各自优势做深入了解和探讨，才能有效地应用的学科教学中去。

学习目标

了解传统的教学方法，能够理解和掌握传统教学方法的具体应用；在传统教学方法的认识基础之上，领会信息化教学方法的概念和应用原理，能够对比分析信息化教学基本方法之间的优缺点，学会和掌握信息化教学基本方法的具体应用，并把握其应用过程中的注意事项和要求；了解信息化教学中常用的一些其他方法并能分析其应用的典型案例，理解其应用特点和要领，根据所学能够利用信息化教学方法进行信息化教学过程设计，培养学生的信息素养。

第一节 教学方法

一、教学方法概述

1. 教学方法的定义

教学方法是教育者和学习者为了完成一定的教学目标和任务，运用一定的教学方式和教学手段而形成的教与学的活动途径和步骤。由于时代、社会背景、文化氛围的不同，研究者研究问题的角度和侧面的差异，使得中外不同时期的教学理论研究者对“教学方法”概念的解说不尽相同。国内外学者对教学方法有不同的解释，归纳起来大致有三个角度。第一，从广义或宏观的角度，把教学方法看做教学活动方式的总和。如“教学方法是指教师和学生在教学过程中，为达到一定的教学目的，根据特定的教学内容，共同进行一系列活动的方法、方式、步骤、手段和技术的总和。第二，从行为动作的角度，把教学方法看做教师和学生的行为方式或工作方式。如“任何教学方法都是教师的一整套有目的的动作，教师通过这些动作组织学生进行认识活动和实践活动，使学生掌握教学内容，从而达到教学目的。第三，从媒体或材料应用的角度达到教学目的”，把教学方法看做是应用媒体进行教学的方法。如“教学方法是教师为达到教学目的而组织和使用教学技术、教材、教具和教学辅助材料，以促进学生按照要求进行学习的方法”。

2. 教学方法的内在本质特征

教学方法是教学过程中教师与学生为实现教学目的和教学任务要求，在教学活动中所采取的行为方式的总称。教学方法的内在本质特点：

① 教学方法体现了特定的教育和教学的价值观念，它指向实现特定的教学目标要求。

② 教学方法受到特定的教学内容的制约。

③ 教学方法要受到具体的教学组织形式的影响和制约。

3. 教学方法的理解

对教学方法可以从以下几个方面来理解。

① 从方法论角度来看：教学方法是指具体应用的方法，从属于教学方法论，是教学方法论的一个层面。教学方法论由教学方法指导思想、基本方法、具体方法和教学方式四个层面组成。教学方法包括教师教的方法（教授法）和学生学的方法（学习方法）两大方面，是教授方法与学习方法的统一。教授法必须依据学习法，否则便会因缺乏针对性和可行性而不能有效地达到预期的目的。但由于教师在教学过程中处于主导地位，所以在教法与学法中，教法处于主导地位。

② 与教学方法密切相关的概念来看：教学方式和教学手段是构成教学方法的要素，不能将它们等同于教学方法，也不可将教学模式与教学方法混为一谈，一种教学模式是由多种教学方法组成的。教学方法必须依据一定的教学理论，指向一定的目标，应用具体可操作的程序或一系列可操作的环节，解决一定的问题。

教学方法与教学方式：教学方法不同于教学方式，但与教学方式有着密切的联系。教学方式是构成教学方法的细节，是运用各种教学方法的技术。任何一种教学方法都由一系列的教学方式组成，可以分解为多种教学方式；另一方面，教学方法是一连串有目的的活动，能独立完成某项教学任务，而教学方式只被运用于教学方法中，并为促成教学方法所要完成的教学任务服务，其本身不能完成一项教学任务。

教学方法与教学模式：教学模式是在一定教学思想指导下建立起来的为完成某一教学课题而运用的比较稳定的教学方法的程序及策略体系，它由若干个有固定程序的教学方法组成。每种教学模式都有自己的指导思想，具有独特的功能。它们对教学方法的运用，对教学实践的发展有很大影响。现代教学中最有代表性的教学模式是传授—接受模式和问题—发现模式。

③ 从教学方法间的共性来看：教学方法虽然有着不同的界定，但它们之间有着一定的共性：教学方法要服务于教学目的和教学任务的要求；教学方法是师生双方共同完成教学活动内容的手段；教学方法是教学活动中师生双方行为体系。

二、传统教学方法的分类

古今中外的教学方法的确五花八门，名目繁多。对教学方法的分类也是众说纷纭、莫衷一是。因此，有必要将其做以分类，以便更好地分析、认识它们，掌握它们各自的特点、起作用的范围和条件，以及它们发展运动的规律。其实进行教学方法的分类就是把多种多样的各种教学方法，按照一定的规则或标准，将它们归属为一个有内在联系的体系。

1. 不同学者对教学方法的分类

巴班斯基依据对人活动的认识，认为教学活动包括了这样的三种成分，即知识信息活动的组织、个人活动的调整和活动过程的随机检查。把教学划分为三大类：第一大类组织和自我组织学习认识活动的方法；第二大类激发学习和形成学习动机的方法；第三大类检查和自我检查教学效果的方法。威斯顿和格兰顿依据教师与学生交流的媒介和手段，把教学方法分为四大类：教师中心的方法，主要包括讲授、提问、论证等方法；相互作用的方法，包括全班讨论、小组讨论、同伴教学、小组设计等方法；个体化的方法，如程序教学、单元教学、独立设计、计算机教学等；实践的方法，包括现场和临床教学、实验室学习、角色扮演、模拟和游戏、练习等方法。我国学者李秉德教授按照教学方法的外部形态，以及相对应的这种形态下学生认识活动的特点，把中国的中小学教学活动中常用的教学方法分为五类：第一类以语言传递信息为主的方法，包括讲授法、谈话法、讨论法和读书指导法等；第二类以直接感知为主的方法，包括演示法和参观法等；第三类以实际训练为主的方法，包括练习法、实验法和实习作业法。第四类以欣赏活动为主的教学方法，包括陶冶法等；第五类以引导探究为主的方法，如发现法和探究法等。

2. 我国常用教学方法分类

目前，我国中小学常用的教学方法常以学生认识活动的不同形态作为标准，将教学方法分为：

① 以语言传递为主，获得间接经验的教学方法，如讲授法、谈话法、讨论法、读书指导法等；通过直观演示，获得直接经验的教学方法，如演示法、参观法、现场教学法等。

② 以实际训练形式，形成技能技巧的教学方法，如练习法、实习法、实验法等。

③ 以欣赏活动为主，获得情感态度技能的教学方法，如情境陶冶法。

这些教学方法之所以经常被采用，主要是因为它们都有极其重要的使用价值，对提高教学质量具有特定的功效。但任何教学方法都不是万能的，它需要教者必须切实把握各种常用教学方法的特点、作用、适用范围和条件，以及应注意的问题等，使其在教学实践中有效的发挥作用。

三、教学方法选择的基本标准与运用

1. 教学方法选择的基本标准

教学有法，但无定法，贵在得法。教学方法是连接师生双方的桥梁。从过去到现在，从传统到现代，人们创立了各式各样的教学方法。任何教学方法，都是为实现教学目的服务的。教学方法与教学目的、教材内容、教学对象，有着内在联系。运用教学方法，实际上就是把教师、学生、教材内容有效地连接起来，使这些基本因素有效地发挥其各自的功能作用，从而通过所产生的教学效果，来实现教学目的。因此选择教学方法必须依据教学目的、教材内容、教学对象，还要依据教师本身的特点和素养条件。

① 依据教学目标选择教学方法：不同领域或不同层次的教学目标的有效达成，要借助于相应的教学方法和技术。教师可依据具体的可操作性目标来选择和确定具体的教学方法。教学目标将教学的一般性任务具体化，是一个有着多种具体内容的目标群，既有知识信息方向的，也有认知技能、认知策略方向的等。每一方面的目标都须有与该目标相称的教学方法。不同的教学方法有不同，没有一种最好的能适应各种教学情况的教学方法。

② 根据学生的特征选择教学方法：学生特征直接制约着教师对教学方法的选择，这就要求教师能够科学而准确地研究分析学生的基本特征，有针对性地选择和运用相应的教学方法。学生特征主要指心理特征和知识基础特征两方面。学生的心理特征主要在于强调学生年龄差异造成的

在心理发展水平上的差异。教学方法应该顾及到不同年龄的不同心理特征。学生知识基础特征主要是考虑学生原有知识基础或认知结构，强调学生已掌握的知识及其认知方式对学习新知识学习的迁移作用。

③ 根据学科内容选择教学方法。不同学科的知识内容与学习要求不同；不同阶段、不同单元、不同课时的内容与要求也不一致，这些都要求教学方法的选择具有多样性和灵活性的特点。学科内容决定了一般教学方法在各门学科中的特殊形式。艺术性强的学科知识和科学性强的学科知识在教学方法上是有着很大差别的。这是因为通向这些知识的心理过程不同。某些方法具有较强烈的学科特点。

④ 依据教师的自身素质选择教学方法。任何一种教学方法，只有适应了教师的素养条件，并能为教师充分理解和把握，才有可能在实际教学活动中有效地发挥其功能和作用。一般说来，教师往往使用那些掌握得比较好的教学方法，当然教师在实践中总会因自身的某些方面的特点，并根据自己的实际优势，扬长避短，选择与自己最相适应的教学方法。

⑤ 依据教学环境条件选择教学方法。教师在选择教学方法时，要在时间条件允许的情况下，应能最大限度地运用和发挥教学环境条件的功能与作用。

2．教学方法的有效运用

教师选择教学方法的目的，是要在实际教学活动中有效地运用。

① 不断丰富和调整自己的教学方法。在教学实践活动中，每一种课型、每类问题，都有其自身的特点。教师在教学实践中，都不同程度地积累了自己富有实效的应对方法。这些方法也许是学来的，也许是自己创造的，但都有一个共同的优势，那就是适合自己的特点。选择什么样的教学方法要看它是否适合眼前的学生、是否符合新的教材和大纲要求，新的年级、其他班级的学生、别的教师等能否应用，不能用又将如何修改、调整，这些也是教学方法积累中必须要考虑的。

② 积极吸取已有的教学方法。在教学实践活动中积极吸收先进的教学方法是每一个教师的愿望，目前在国内外，存在着大量的经过实践证明是行之有效的中小学教学方法，这些方法通过不断地应用并在实践中检验、论证，正日臻完善，如电化教学法、发现教学法、引探教学法、建构主义教学法等，与传统的教学法相比已有许多新的发展。根据自己教学实际的需要，吸取已有的教学方法为自己的教学所用，是应该提倡的。应用中要注意遵从教学策略的要求，切忌简单机械地任意套用，要适合自己的实际条件。

③ 教学方法的组合。在教学活动中，一节课，一个问题的解决，依靠一种方法往往难以完成任务。这就需要各种教学方法的搭配或有机组合。可以一法为主，多法相助，如利用演示法教学时应有谈话法作为补充，也可以用其他方法来补充某种方法的不足，如在进行长方体教学时，除需教师富于生动、形象和启发性的讲解外，在讲授中，还应该以教具演示做补充。在组合、搭配教学方法中往往存在着方法之间的矛盾，从而影响解决问题的效率。在具体的教学中，应使所需要采用的多种方法构成有机的整体，以便更高效地解决问题，这就是已有教学方法的有机组合，也是形成教学策略的又一重要途径。

④ 对已有方法的改造。由于实际中的主客观条件不同，原有的教学方法可能无法实现教学目标，那么要想更有效地完成教学任务，就必须改变原有的教学方法。如在教学中，采用自学辅导教学法。这种方法是在教师的指导下，通过阅读教材的课文和例题，在已有知识的基础上通过

自学、自练、自己批改作业等手段达到学习目的。如在素质较好的班级中，教师就可以大胆放手，让学生按规定目标，自觉参与学习并完成学习任务。这时可以是学生自学为主，教师指导为辅。而在较差的班级里，尤其是学生缺少自学经验的时候，教师就应改变自学为主的设计，以辅导为主。即使学生初步掌握了自学方法之后，也要伴随较多的指导与启发。

⑤ 其他学科教学方法的借鉴。在低年级数学教学中，考虑到刚上学的孩子，还习惯于幼儿园中凭借游戏学习的特点，有的教师采用了游戏教学法。尤其刚入学的小学生，他们对游戏这种把娱乐、探索和学习融为一体的学习方式颇有亲切感。实践证明，在小学低年级数学教学中，穿插一些游戏活动，对学生的学习十分有益，使学生在游戏中能主动地学习知识，发展自身素质。这便是一种方法的借鉴。在教学方法和教学手段的选择与运用上，应形成各科教学的有机结合，并相互借鉴和补充。教学活动中，不同学科、不同年级、不同风格的教师，均有各自的特点，但也有共同之处。所以，其他学科中富有实效的教学方法，完全有可能在自己的教学中应用。例如，很有影响的暗示教学法，过去只应用于外语教学中，近来有的老师将它引进数学教学，如乘法口诀教学，同样也取得了很好的效果。

⑥ 教学方法的创新。为了不断适应新的社会环境和新的教育观念，为了各学科知识体系的不断更新和教学条件的不断改善，教学方法也必须有新的发展。教学实践中，在充分吸取原有教学经验的基础上，我国小学教学方法改革在教学实践中取得了突出成果。这些新方法有一个共同的特点，就是充分调动学生的学习积极性，激发学生学习兴趣和求知欲，强调教学应该教学生如何学，促进学生个性的发展。

第二节 信息化教学方法概述

一、信息化教学方法的涵义

信息化教学方法是教育者和学习者为达到一定目的，使用现代教育媒体而形成的教与学的活动途径和步骤。这种工作方式主要指教与学的活动途径和步骤。信息化教学方法是教学方法体系的一个组成部分，与其他教学方法没有本质上的差别。但是，信息化教学方法强调媒体或信息技术手段的应用，是围绕现代教育媒体的应用而形成的方法。

① 信息化教学方法必须依靠现代教育媒体而展开工作。这是其区别于其他教学方法的特征。在信息化教学方法中，现代教育媒体的作用是多种多样的，在不同的教学环节中其作用可以有大有小，但它们却是不可替代的。

② 信息化教学方法必须依据一定的教学理论而展开工作。这是一切教学方法的共性。信息化教学方法不刻意追求某一个教学理论，各种现代教学理论对信息化教学方法都具有指导意义。此外，现代教育媒体的应用并不意味着信息化教学方法与现代教学理论就有了天然的联系，先进的思想可以影响它，传统的思想也可以影响它。从某种意义上而言，信息化教学更需要现代教学理论的指导。

③ 信息化教学方法必须指向一定的目标，解决一定的问题。教学方法的应用要在教学目标的导向下进行，如果没有目标，教学方法也难以有成效。

④ 信息化教学方法有其结构。这一结构是根据教学的需要，应用现代教育媒体而形成的一系列步骤、环节和过程等。教学方法在实施中都要展开其步骤和环节等结构性因素，但是信息化

教学方法的实施、现代教育媒体的应用会使这些结构性因素发生变化。如有些教学活动，在现代教育媒体的支持下，可以使教学双方的步骤非同步展开。

信息化教学方法来自两方面，其一是在原有的教学方法的基础上融合了现代教育媒体的应用，使得这些方法有了新的特点，如在传统的讲授法的基础上结合了幻灯、电视等媒体的演播；其二是在运用现代教育媒体的基础上形成了新的教学方法。

二、信息化教学方法的分类

从不同的性质特点出发，可把信息化教学方法分成不同的种类。分类的目的在于明确各种信息化教学方法的概念、特点，以便能够正确选择运用。

1. 从学科性质分类

按照学科性质的不同，信息化教学方法可分为语文信息化教学法、教学信息化教学法、物理信息化教学法、化学信息化教学法，地理信息化教学法等。学科信息化教学方法是研究信息化教学媒体在不同学科中的运用方法。主要是研究信息化教学媒体对不同学科内容的表现方法。

2. 从媒体种类分类

信息化教学媒体丰富多样，各种不同的媒体在教学中有不同的使用方法。据此分为幻灯投影教学法、广播录音教学法、电视教学法、电影教学法、计算机辅助教学法、语言实验室教学法等。媒体教学法的实质是研究各种不同的媒体在教学中的具体运用，包括运用的原则环境要求具体方法等。

3. 根据媒体的教学属性分类

综合考察各种信息化教学媒体的教学属性、主要刺激的感觉器官、依据的教育教学理论等因素，信息化教学方法可分为媒体播放教学法、程序教学法、训练教学法、微型教学法、成绩考察法等。

4. 以教学内容来分类

主要有以传授知识为主要目标的播放教学法和程序教学法、以训练学生技能为主要目标的微型教学法、以检查学生学习成绩为主要目标的成绩考查法。

三、信息化教学的基本方法

目前，在教学实践中可用的信息化教学方法多种多样。在信息化教学中，必定要借助于一定的信息化教学方法具体运用到各学科各课题，这就需要教师利用有限的几种基本教学方法，根据具体教学情况加以选择或综合运用，从而创造出适用于某一学科中某一课题的某一具体情景的具体教学方法。那么，面对可供选择的信息化教学的基本方法，我们究竟选用什么样的方法好，如何运用恰当的教学方法来帮助我们实现有效的信息化教学？这就要求我们了解这些方法，对它们进行具体的分析，讨论这样一些问题：不同的信息化教学方法各有哪些特点？有哪些优势？由哪些具体活动组成？适用的范围和条件如何？当我们从这些方面对信息化教学的基本方法进行具体的分析之后，就能较好地认识它，教师便可根据教学内容的不同、教学对象的差异、教学目标的区别、教学时间的松紧和自己的特长，选择、运用一种或几种基本教学方法创造出生动活泼的具体教学方法。下面围绕信息化教学方法的特点、优势、应用步骤、适用范围和条件等问题，介绍一些基本的信息化教学方法。

1. 讲授-演播法

讲授-演播法是将教师的讲授与播放媒体相结合的教学方法。这是课堂教学中最常见、最普遍的方法。教师的语言表达是进行教学信息传递的最基本的途径之一，讲授的方法具有最悠久的历史。现代教育媒体的出现，给古老的讲授法增添了现代化的色彩。其特点是讲授、讲解能充分发挥教师语言表达的优势，渗透教师个人的语言特色和魅力，可以将知识的逻辑关系和结构系统地传授给学生，以较少的时间向学生传授更多的知识；而媒体的演播可以让学生看到和听到所学的事物和现象，拓展了学生认识客观世界的时间和空间。在教师口头讲授的同时，利用媒体手段把讲授中的难点和重点内容，尤其是抽象的内容加以表现，或给学生提供直观形象的内容，或给学生设置情景，使教师的讲授锦上添花，既增加了教师对信息的表达能力，也丰富了学生获得信息的形式。

讲授-演播法把讲授的特点与媒体播放的特点结合起来。现代教育媒体在讲授-演播法中主要扮演辅助教师讲授的角色，如呈现事物和现象的图像和声音，增加感性的材料，烘托课堂气氛，精练板书等。讲授-演播法既可以教师讲授为主，媒体的播放围绕讲授而展开；也可以媒体播放为主，讲授结合媒体的播放而进行。

讲授—演播法的应用步骤有多种，这里举两个典型的步骤，如图 6-1 和图 6-2 所示。

（1）第一种典型步骤的具体活动内容

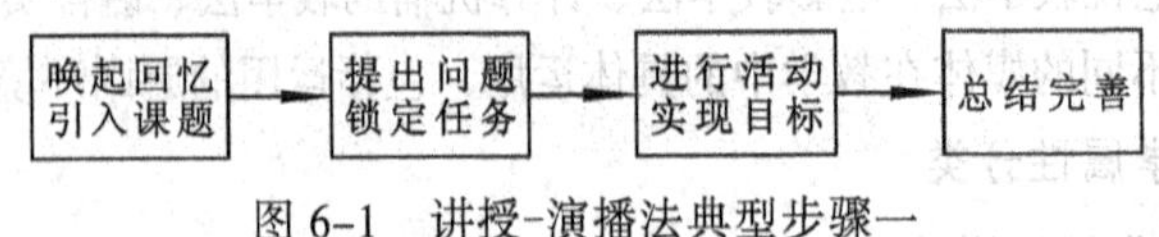

图 6-1　讲授-演播法典型步骤一

① 唤起回忆、引入课题：利用媒体展示事物的图像对该事物的回忆，同时引入课题。

② 提出问题、锁定任务：教师对事物介绍的基础上提出问题，引出和锁定本节课的任务。

③ 进行活动、实现目标：教师播放媒体，给学生观看相关的视听内容，并指导学生阅读文字材料，通过思考、回答问题等一系列活动实现教学目标。

④ 总结完善：教师用投影片和概要、简练的语言进行总结。

（2）第二种典型步骤的具体活动内容

引入课题 → 转化概念 → 学生活动 → 教师总结 → 概念应用

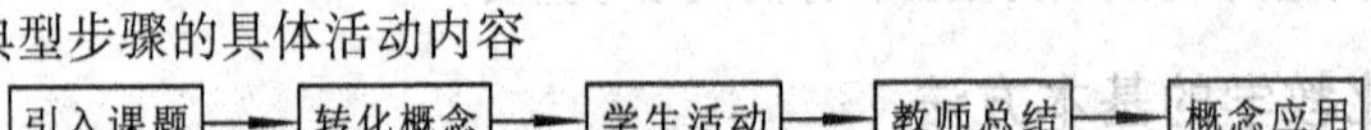

图 6-2　讲授-演播法典型步骤二

① 引入课题：以媒体展示具体事物的形象，暴露问题，把学生的注意力引入课题。

② 转化概念：把形象的东西转化成抽象概念。

③ 学生活动：教师进一步提供新的材料，让学生进行思考、议论等活动。

④ 教师总结：教师进行总结。

⑤ 概念应用：学生在新的情境中运用所学的概念解决问题。

讲授-演播法的适用范围和条件：讲授-演播法适用于教材系统性强的学科，适于传授和学习事实、现象、过程性的知识，而且较适用于中学和较高年级。使用这种方法需要教师有较强的语言表达能力和运用现代教育媒体的能力，并且要求学生有较高的学习自觉性和听讲的能力。

2. 程序教学法

程序教学起源于美国心理学家普莱西于 1924 年设计的第一架自动教学机器，形成于 20 世纪

60 年代斯金纳小步子直线式程序教学理论的提出。程序教学的理论基础是斯金纳创立的操作性条件反射学说和强化理论。

程序教学方法就是在这种理论指引下组合和提供信息的一种特殊方法，是教师根据一定的教育学、心理学和教学理论，按照评定的教学对象的状况，把预先安排的教学内容分解为按一定严格的逻辑顺序排列的小单元，构成程序教材。通过一系列专门的问题和答案，然后通过教学机器由学习者操作显示的教学方法。它要求学习者及时反馈并立即决定是否进到下一个小单元的学习。实际上，程序教学可以理解为一种自学方法。每位学生都可以支配自己的学习进度。每一步都建立在前一步的基础上，并能在每一步之后都能得到立即强化。程序教学特点是：在教学过程中，程序教学法的学生能够积极参与学习活动，思维始终处于高度积极的状态；能充分发挥学生的主观能动性，使学生创造性地学习；人机交互中信息反馈及时，强化有力、指导有方、评判公正；不同的学习者可以自定步调，适应个人的学习进度，有利于个别化教学；对学习能力较低的学生来说是一种有效的学习方法；能有效地缩短学习时间；有良好的激励功能，增强学习信心。程序教学的应用步骤，如图 6-3 所示。

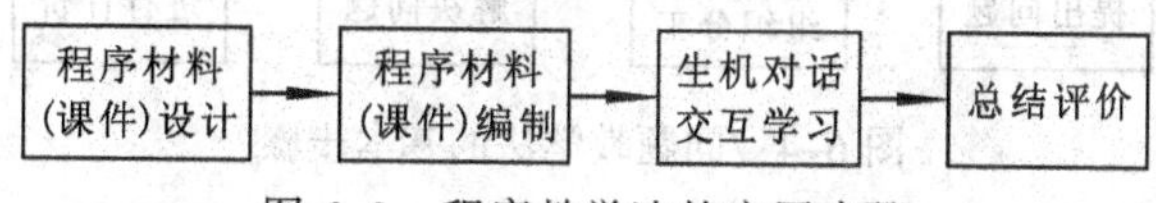

图 6-3　程序教学法的应用步骤

① 程序材料（课件）设计。教师和程序设计人员根据需要，把内容与学习过程加以结合，设计有关程序化的教学材料（课件）的方案。

② 程序材料（课件）编制。程序编制人员根据设计方案，编制程序化材料。

③ 生机对话交互学习。然后，学生操作设备（计算机），与之对话，在程序教学材料的引导下进行学习。

④ 总结评价。最后，教师对程序学习的结果进行总结和评估。

程序教学适用范围和条件：程序教学特别适用于下列情况：帮助优等生学习一些教师因教学时间的限制而未能讲授的扩充性的学习内容，对学生进行补习性辅导；为学生提供预备性知识；要求标准化行为的教学；开设学校由于缺乏优秀教师而难以开出的课程；开展个别化训练。运用程序教学方法必须注意以下一些基本要求：

① 选用或编制结构合理，配置适当的高质量的课件。一个好的课件应具有人工智能的特性，即在人机对话过程中，能从学生的应答反应了解其掌握知识的情况，从而做出有针对性的教学决策，以提高运用程序教学进行学习的效果。

② 教会学生使用教学机器。在运用程序教材进行学习前，学生必须懂得计算机操作要领。因此，必须对学生进行事先培训。

③ 明确学习目的，与文字教材配合使用。应用过程中应有明确的学习目的，注意与传统文字教材结合起来，用程序教材学习要求学生有较高的自主精神和负责态度。

④ 注意与常规教学方法结合起来。程序教学虽有优点，但也存在着削弱师生之间、学生之间即时信息交往等方面的不足。因此，运用程序教学法时，必须与常规教学有机地结合起来，使之相互补充、相互促进。例如，学生在使用程序教材学习之前，可在教师的引导下掌握所学内容的知识背景、基本概念、术语，理解学习目的和思路，然后学生通过上机练习，消化所学知识或形成技能等。

3. 问题教学法

问题教学法就是为启发学生的思维和培养其解决问题的能力，教师与学生围绕某个实际问题而使用的教学方法。它是一种以学生为中心的教学方法。问题教学法的核心是培养学生的思维能力。信息技术在这种教学方法中起着关键的支撑性作用，它被用来呈现问题情景，分析、解决问题的工具。

问题教学法的特点是教学过程中更加注重师生之间的关系处理，突显教师是辅助者、引导者的作用，通常以问题情境来组织教学，以此引起学生思考，促使学生运用知识，分析问题、解决问题，增强学生自主学习能力，同时借助信息技术工具，建立沟通协作渠道，促进人际交往能力和团队合作能力的提高。也就是说，问题教学法以学生为中心开展教学，以问题为教学驱动力，以小组为教学组织形式，通过过程性评价促使学生能力发展。

问题教学法的应用一般有以下几个步骤组成，如图 6-4 所示。

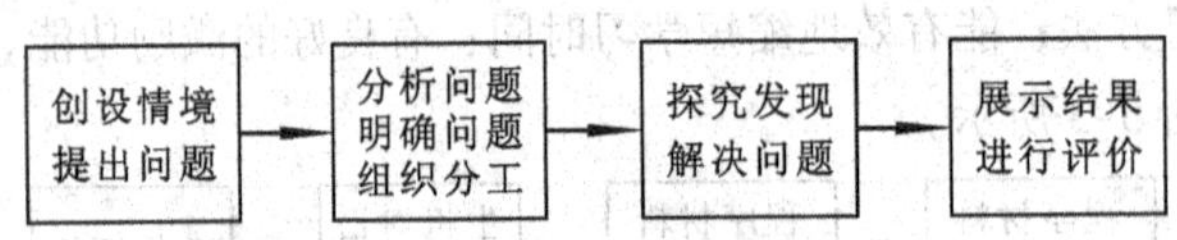

图 6-4　问题教学法的基本步骤

① 创设情境、提出问题。教师充分利用各种信息技术，如借助多媒体教学系统，通过让学生观看相关影视资料、浏览相关网站等多种方式来提出引导性问题。把学生带入问题情景之中，针对问题情境，向学生布置任务；学生接受任务，回忆早期的经验、产生学习的动机和学习的责任感。

② 分析问题、明确问题、组织分工。在教师的组织下，学生讨论解决问题的可能方法，教师帮助学生分析问题情境，理解问题的情节和情形，进一步找到问题的本质，并对问题进行界定、阐述。教师根据学生的兴趣和能力，将学生分组，分配学习任务，提供相关资源。

③ 探究发现、解决问题。教师向学生提供有关材料、参考资料等学习资源，同时学生通过各种途径，借助并利用信息技术，查找、收集与问题相关的信息与资料；小组成员对收集到的信息进行归类、整理、分析，然后通过相互交流、形成解决问题的方案。

④ 展示结果、进行评价。各小组以幻灯片等形式陈述、展示他们在解决问题过程中的计划和任务安排，完成任务的过程，解决问题的建议、主张；最后通过自评、生生互评、教师评价相结合的方式，以过程评价为主，终结性评价为辅，对学习成果进行评价。即各小组对各自的问题解决方案自我评价，小组之间对方案相互评价，教师评价每个小组的学习成果以及在整个问题解决过程中的方案方法的优劣，并向学生提出新的类似的问题，学生尝试解决新的问题等。

问题教学法的适用范围和条件：问题教学法的应用需要信息技术的支持，教师能通过信息技术工具创设问题情境，学生能够利用信息技术工具获取丰富的信息资源，师生之间能够利用信息技术搭建沟通交流平台，这样才能保证其有效开展。问题教学法适用于教授各学科领域的概念、规律、理论等教学内容，适用于实践性强的教学内容。

4. 探究-发现法

探究-发现法就是在教师的安排和指导下，主要由学生借助现代教育媒体进行探索、发现问题，从而掌握知识的方法。教师借助现代教育媒体设置问题情景，提出促使学生思考的问题；学生利用现代教育媒体去搜集、查询有关信息，寻找问题答案。这是一种以培养学生创新和实践能力为目的的教学方法。该方法的主旨在于在教学中不给学生提供现成的答案或结论，而是由教师提出问题或设置特定情境的刺激，促使学生自我探索和发现问题，以类似科学研究的方法去获取知识和应用知识，从而掌握要学的知识，调动学生学习的积极性和主动性，培养学生发现问题、解决问题的能力。

探究-发现法的特点是：探究-发现法是一个发现问题、提出问题和解决问题的学习活动过程。该方法学习者通过亲身活动提出问题、发现答案、解决问题，在探究活动中生成知识，获得的知识印象深刻、不容易忘记；可以发展学习者的分析、综合和评价等高级思维能力，培养发散性和创造性思维；学习者能亲身发展科学知识，帮助他们更好地理解科学的本质。在此方法的应用中，体现出来的是做中学的思想，让学生自己主动学习，亲身实践，探究知识；教师只是提供指导；信息技术不再辅助教师讲授，而是帮助学生认知和探索世界。

探究-发现法的应用步骤一般有以下几个步骤，如图 6-5 所示。

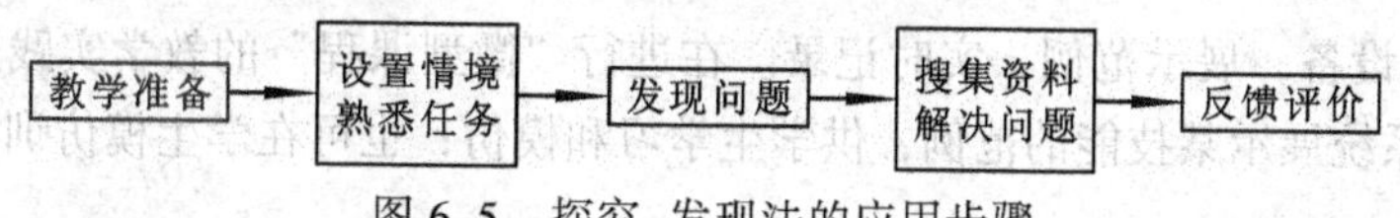

图 6-5 探究-发现法的应用步骤

① 教学准备。让学生了解探究-发现的基本技能，提出探索与发现的基本要求，让学生掌握进行探究与发现的工具，提供必要的信息检索指南、专业网站的地址等，使学生知道如何有效地进行探究与发现学习。

② 设置情景、熟悉任务。教师进一步向学生提供有关需要探究或发现的问题情境，引导学生关注有关的主题，并向学生提供必需的学习材料，以便让学生熟悉任务，进入问题情境之中。

③ 发现问题。学生在教师的要求和引导下，结合过去的知识和经验自行发现问题，确定探究的方向。

④ 搜集资料、解决问题。学生通过各种途径、形式自行搜集资料，如参考和实地考察、调查和采访、进行实验、查阅文献、观看影视录像、个案追踪分析等。搜集资料不是目的，而是了解事物的手段。因此，接下来学生应用现代教育媒体，如计算机网络等工具，自行搜集、加工整理资料，对搜集到的数据资源进行筛选、归类、统计、分析、比较，然后在教师的指导下，得出结论或答案，解决问题。

⑤ 反馈评价。对学生得出的结论或答案，教师要进行点评和总结。

探究-发现法的适用范围和条件：探究-发现法的应用需要教师较强的应变能力和运用现代教育媒体的能力，同时需要学生自主学习能力和信息技术应用能力，尤其是计算机和网络通信技术有了这些条件保障，才能够激发学生的学习动机，引导学生，利用信息技术工具和手段，在自主学习环境中进行探究。探究-发现法适宜教授和学习概括性、规律性的知识，适用于对未知领域的问题探究，或对已有知识进行个性化的再认识。这种方法适用于高年级的学生。

5. 微型教学法

微型教学法由美国斯坦福大学在 1963 年首创。微型教学法是指教师借助电视摄、录像设备培养学生某种技能的教学方法。由于该方法是在小教室中对学生的某种技能进行培训，培训时间短、规模小，故称之为微格教学或微型教学。微型教学法首先在教师培训上获得成功，其后被其他学科领域的技能训练纷纷采用，成为一种卓有成效的教学方法，被广泛地应于各种职业技术训练上。它是让教学对象扮演一个职业角色，表演所要求的一系列活动，利用现代摄录设备记录这一过程，然后指导教师与角色扮演者一起观看重放的录像，进行分析评价，找出差距，再做同样的工作直到掌握所要求的职业技能为止。

微格教学法的应用有以下几个特点：

① 人数少、易操作、微型化。由少数学习者 5 ~ 10 人组成“微型课堂”，以真实的学生或受训者的同学充当“模拟教师”和“模拟学生”，通过不断轮换学生，以保证每个学生都有充分的机会得到培训和个别指导，这样既容易操作，也可使课堂微型化。

② 训练时间短，技能单一，目的明确，重点突出。在教学培训中把内容进行分解，将综合性的教学技能分解为一个个单一的技能。如提示的技能、演示的技能、板书的技能等。每次针对一种技能进行培训，培训目的明确，重点突出。

被训练者利用 5 ~ 10 min 的时间进行一段“微型课程”的教学实践，从中训练某一两项教学技能。

③ 借助媒体设备，展示范例，实时记录。在进行“微型课程”的教学实践过程中，利用电视摄、录像设备系统展示某技能的范例，供学生学习和模仿；也可在学生模仿训练时将实践过程记录下来。

④ 反馈及时准确，评价方式多样。完成训练后，通过视听系统重放已记录的内容，供师生点评分析，让学生及时得到反馈信息。评价方式可以是自我评价、也可以是他人评价。

微格教学法应用需要按一定的程序对学生进行特定教学技能的训练。微格教学包括如下几个基本步骤，如图 6-6 所示。

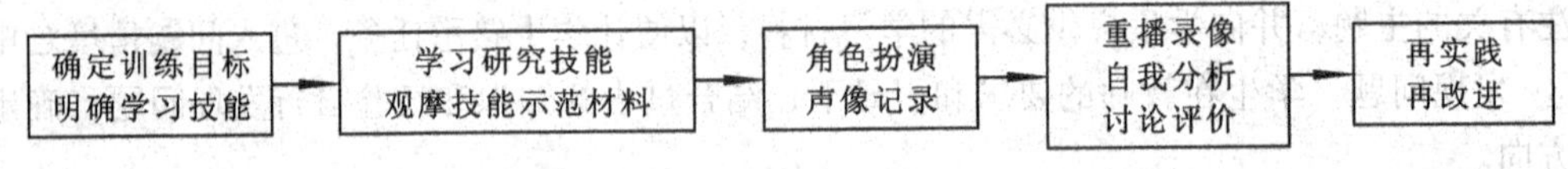

图 6-6　微型教学法应用步骤

① 确定训练目标，明确学习技能。要使学生教学活动开始前了解每一项技能的理论和方法，并掌握各个技能的执行程序和实施要求。通过多次实践、评价、修改，使技能趋于完善，并通过综合训练，形成技能。

② 学习研究技能，观摩技能示范材料。在进行微型教学实践前，应先组织学生对各项技能的有关理论、方法程序、实施要求进行学习研究。并且通过播放反映某项技能的示范性录音、录像资料，使学生对教学技能的事实、观念、过程、操作程序有形象化的了解，使学习者获得技能模仿的样板，使训练目标和要求更加具体化。

③ 角色扮演，声像记录。要组成微型课堂，让学生进行角色扮演，被训练者实践一两项技能，模仿表演前面观察的技能，同时用电视摄录像设备录制被训练者的行为，以便能及时准确地反馈。

④ 重播录像，自我分析，讨论评价。实践活动完成后要重放录像，让被训练者以“第三者”的身份观察自己的行为，并找出不足。被训练者看过自己的实践录像后，首先要进行自我分析，检查实践过程是否达到了预定的目标。指导老师、评价人员、学生角色都要从各自的立场来评价实践过程，通过分析、比较，肯定成绩，指出不足，以便改进。

⑤ 再实践，再改进。经过评价，已经达到基本要求的可进入下一技能的学习，实践新的教学技能。未达到要求的则需要根据反馈信息和教师的点评，做进一步练习。

微型教学法适用范围和条件是：微格教学法是进行技能教学的有效方法。适用于教师教学技能的培训，也适用于艺术、体育等学科的技能或动作行为的教学。这种教学方法需要在微格教学系统中实施。

6. 模拟训练法

模拟训练法就是利用现代教学媒体模拟自然现象、运动状态和过程或者是特定的工作环境而进行实验和训练，以揭示其规律的一种教学方法。模拟训练法的特点是：

① 突破教学条件限制，方便训练教学。由于受各种特定条件的限制，教学中不能用真实环境或事物进行实验或训练，需要用计算机等媒体模拟这些环境或事物，以便于师生经济、安全、省时地进行训练教学。

② 设备与媒体的广泛应用，丰富了模拟工作环境。模拟训练法最初是用机械装置模拟一种工作环境如模拟汽车驾驶室，来培训驾驶技能。计算机被用于模拟训练后，与机械装置结合起来，大大地丰富了模拟的工作环境，

③ 应用信息技术手段，拓展训练类型。由于信息技术手段的应用，训练的类型也从单一变成多样化。模拟训练法大致有以下四种类型，分别是操作性训练、工作情景训练、实验情景训练、研究方法的训练。

- 操作性训练：这种模拟训练就是将计算机、机械装置与特定工作环境结合起来，对学习者进行培训，形成特定的技能，如模拟飞行驾驶舱。
- 工作情景训练：这种模拟训练就是给学生提供模拟的、仿真的工作情景，让学生在这种情况下完成对特定工作行为的训练，如用计算机模拟海关的报关过程。
- 实验情景训练：这种模拟训练就是模拟一种实验环境，让学生在模拟的环境中进行实验活动，以培训相关的技能和方法，如用计算机模拟电子线路的实验、模拟火力发电厂的中心控制室等。
- 研究方法的训练：这种模拟训练是给学生提供一种研究模型，让学生根据该模型构建的要素关系，输入或改变数据参数，研究其他要素或结果的变化，培养学生的研究方法和技能。

模拟训练法的适用范围和条件是：运用该方法要提供可供仿效的适合学生发展的教学信息；要使学生进行仿效训练或亲自操作；要面向全体学生；教师应做好引导，及时分析、评价，明辨正误，分析原因，找出最佳思路和方法；要正确处理模拟教学法与常规的实验法、演示法、参观考察法的关系，在条件允许的情况下，要使它们有机结合起来，以利取长补短；要引导学生抓住事物的本质。

第三节 信息化教学的其他方法

一、任务驱动教学法

1. 任务驱动教学法简介

任务驱动教学法是基于建构主义学习理论的一种教学方法。它就是在学习过程中，学生在教师的帮助下，紧紧围绕一个共同的任务活动中心，在强烈的问题动机的驱动下，通过对学习资源的积极主动应用，进行自主探索和互动协作的学习，并在完成既定任务的同时，引导学生产生一种学习实践活动。

“任务驱动教学法”将以往以传授知识为主的传统教学理念，转变为以解决问题、完成任务为主的多维互动式的教学理念；将再现式教学转变为探究式学习，使学生处于积极的学习状态，每一位学生都能根据自己对当前问题的理解，运用共有的知识和自己特有的经验提出方案、解决问题。“任务驱动教学法”的主要特点有以下几个方面：

① 真实任务的驱动。“任务驱动教学法”强调学生要在真实情景中的任务驱动下，在探索任务和完成任务的过程中，在自主学习和协作的环境下，在讨论和对话的氛围中，使学生带着真实的任务在探索中学习，从而培养学生的探索创新精神。

② 突显学生主体地位，明确教师主导地位。“任务驱动教学法”改变了以往的“教师讲，学生听”，强调学生在完成任务的过程中的主体地位，也明确了教师的角色，教师是学习情境的创设者、学习任务的设计者、学习资源的提供者、学习活动的组织者和学习方法的指导者。

③ 注重学生能力培养。“任务驱动教学法”的应用中，要求学生主动参与到学习中来、自主学习，要与他人互动协作，共同分析问题，完成任务。在整个任务的完成中，既可以激发学生的学习兴趣，又可以培养学生的分析问题、解决问题的能力，提高学生自主学习及与他人协作的能力。

2. 任务驱动教学法的教学应用步骤

任务驱动教学法为了体现学生在学习中的主体地位，老师的主导地位，在具体的应用过程中，可参考下面的几个步骤开展教学过程，如图 6–7 所示。

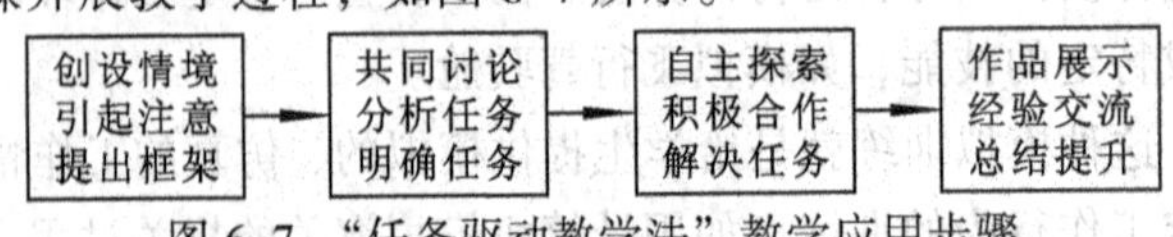

图 6–7 “任务驱动教学法”教学应用步骤

① 创设情境、引起注意、提出框架。创设与当前学习主题相关的、尽可能真实的学习情境，引导学习者带着真实的“任务”进入学习情境，使学生的学习能在与现实情况基本一致或相类似的情境中发生。这样可以激发学生的学习兴趣，有效地激发学生联想，从而利用学生已有的知识与经验去顺应所学的新知识，发展新能力。

② 共同讨论、分析任务、明确任务。教师要引导学生回忆学过的完成任务所应用的知识，导引任务，尽可能选择与当前学习主题密切相关的真实性事件或问题（任务）作为学习的中心内容，让学生面临一个需解决的现实问题。这样才可以使学生更主动，也能使学生激活原有知识和经验，来理解、分析并解决当前问题，问题的解决为新旧知识建立了必然的联系，进而达到知识的建构。

③ 自主探索、积极合作、解决任务。学生在明确了要完成的任务之后，教师向学生提供解决该问题的有关线索，如需要搜集哪一类资料，从何处获取有关的信息资料等，学生自主探索任务或以小组合作完成任务，在这个过程中提倡学生之间的讨论和交流，通过不同观点的交锋，补充、修正和加深每个学生对当前问题的解决方案，进而达到发展学生自主学习能力和解决问题的能力。

④ 作品展示、经验交流、总结提升。学生在完成任务后，必须要让学生展示自己的作品，让学生体验到完成任务后的自我价值的实现，与内心成功的喜悦。同时要做好作品的评价，评价时，可以先让同学们发表一下对作品的看法，然后由教师进行总结，指出学生存在的关键性问题，并给予适当的指导，对学生的作品要进行总结和提升，进而达到培养学生积极探索问题、创新的精神。

3. 任务驱动教学法应用注意事项

① 精心设计任务。任务的设计是关键，是在课堂教学中成功运用任务驱动教学法的前提和保障。在设计任务时就要考虑到任务必须能够激发学生的学习兴趣与学习欲望；任务的设计要考虑到全体学生，难度要适中；任务必须要贴近学生的生活，体现出真实性与合理性；任务的设计必须要有利于培养学生的情感态度与价值观；任务必须有利于小组合作学习。总的来说，任务设计就是要达到目标化、真实性、趣味性、开放性、完整性、整合性、操作性、可行性的几项要求。

② 合理学生分组。在实施任务驱动教学法的时候，将学生合理地分组，采用合作学习的形式，让学生通过小组合作来完成任务。通常根据孩子的知识水平、动手能力与性格特点进行分组。完成作品，最好汇报任务完成情况等。

③ 正确处理师生之间的角色关系。任务驱动教学法是学生自己在完成任务这个目标的驱动下，自己去探索学习，在教学中教师起主导作用，学生是教学的主体。因此，教师在学生完成任务的过程中，不要对学生过多的干预，更多的应该是一些引导和帮助，对于个别完成任务有困难的学生，可以让小组中的其他学生给予帮助。

④ 组织和管理好课堂学生活动过程。组织和管理好课堂上学生的活动，这是任务驱动教学法应用中的难点。教师在具体的操作过程中应该关注：学生是否明白了要完成什么任务？学生对任务是否感兴趣？学生是否清楚该怎样完成任务？有没有学生无事可做，不认真完成任务？学生在进行小组合作时，是不是小组的所有成员都能参与到任务活动之中？

二、情境教学法

1. 情境教学法简介

情境教学法是指在教学过程中，教师有目的地引入或创设具有一定情绪色彩的、以形象为主体的生动具体的场景，以引起学生一定的态度体验，从而帮助学生理解教材，并使学生的心理机能得到发展的教学方法。情境教学法的核心在于激发学生的情感。情境教学是在对社会和生活进一步提炼和加工后才影响于学生的。诸如榜样作用、生动形象的语言描绘、课内游戏、角色扮演、诗歌朗诵、绘画、体操、音乐欣赏、旅游观光等，都是寓教学内容于具体形象的情境之中，其中也就必然存在着潜移默化的暗示作用。“情境教学法”的特点如下：

① 强调效果持久稳定。情境教学将丰富多姿的具体活动化为不断的激励，教育空间得以拓宽，令学习效用发挥得更深更广，达至较持久稳定的教育效果。

② 注重学生真实参与体验。情境教育能通过“亲、助、乐”的师生人际情境和“美、趣、智”的学习情境来缩短学生与老师、与同学、与教学内容的心理距离，促使学习者能以最佳的情绪状态主动参与，形成一种教学相长的作用。并且“情境教学法”的实施过程中，充分地体现了生动的直观到抽象思维的认识过程，让学生体验，让学生感知，通过感知上升到理性认识。

③ 以培养学生能力为目的。培养学生问题解决及推理思考的能力，确实是当今教育的当务之急。情境教学创设一种探究的教学情境，发展学生对知识的追求和探究的精神，通过情境将知识应用在实际生活中，培养了学生独立思考的能力，同时也提高了学生的学习能力，也使其获得了分析问题、解决问题的能力。

2. 情境教学法中的情境创设途径

情境教学法在教学过程中为了达到既定的教学目的，创设、引入或再现教学所要求的富于形象性和情感色彩的具体场景、氛围即情境，这样能够加深对教学内容的认知和情感体验。也就是说对于“情境教学法”实施成功与否的关键是创设好情境。如何创设情境？具体来说，创设情境的途径主要有以下六种：

① 生活展现情境：即把学生带入社会，带入大自然，从生活中选取某一典型场景，作为学生观察的客体，并以教师语言的描绘，鲜明地展现在学生眼前。这一情境教学法的运用，使得学生在轻松愉快的气氛中学习了知识，激发了学生的学习兴趣，发展了学生的想象力和审美能力。

② 实物演示情境：即以实物为中心，构设必要背景，构成一个整体，以演示某一特定情境。以实物演示情境时，应考虑到相应的背景，如“大海上的鲸”、“蓝天上的燕子”、“藤上的葫芦”等，都可通过背景，激起学生广阔的联想。

③ 图画再现情境：图画是展示形象的主要手段，用图画再现课文情境，实际上就是把课文内容形象化。课文插图、特意绘制的挂图、剪贴画、简笔画等都可以用来再现情境。如语文教学中教授《珍珠鸟》课文时可采用此方法，或利用现代教学媒体制成课件再现课文情境，效果将更好。

④ 音乐渲染情境：音乐的语言是微妙的，也是强烈的，给人以丰富的美感，往往使人心驰神往。它以特有的旋律、节奏，塑造出音乐形象，把听者带到特有的意境中。用音乐渲染情境，并不局限于播放现成的乐曲、歌曲，教师自己的弹奏、轻唱以及学生表演唱、哼唱都是行之有效的办法。关键是选取的乐曲与教材的基调上、意境上以及情境的发展上要对应、协调。如教《安塞腰鼓》一课时，可播放有关的乐曲，把学生带入安塞腰鼓那种雄伟、热烈的意境中。教《黄河颂》一文时，老师可组织学生演唱《我们就是黄河泰山》等有关黄河的歌曲，让学生在欢快的歌声中进入课文的意境之中。

⑤ 表演体会情境：情境教学中的表演有两种，一是进入角色，二是扮演角色。“进入角色”即“假如我是课文中的××”；扮演角色，则是担当课文中的某一角色进行表演。由于学生自己进入、扮演角色，课文中的角色不再是在书本上，而就是自己或自己班集体中的同学，这样学生对课文中的角色必然产生亲切感，很自然地加深了内心体验。

⑥ 语言描述情境：情境教学十分讲究直观手段与语言描绘的结合。在情境出现时，教师若伴以语言描绘，这对学生的认知活动起着一定的导向性作用。语言描绘提高了感知的效应，情境会更加鲜明，并且带着感情色彩作用于学生的感官。学生因感官的兴奋，主观感受得到强化，从而激起情感，促进自己进入特定的情境之中。

3. 情境教学法的功能

概括起来，情境教学法有以下几个主要功能：

① 平台功能：即为学生自主学习搭建一个有效的情境学习平台，让学生自主学习，强化学生的主体地位。传统教学把教学封闭在一个由教师唱主角的课堂教学环境中，教学的主要着眼点是如何把知识传授给学生，而不是让学生在各种教学情境中自己去探究获取知识，并获得情感体验和能力提升，学生总是处在被动位置上。而情境教学法是让学生自己在所给定的教学情境中去挖掘知识，把学习的主动权交给了学生，教师是一个教学情境的搭建者、学习过程的组织者、学

生学习的辅导者。对于整个教学过程来说主要由学生自主探讨，而教师只是为学生搭建好情境学习平台而已。

② 体验功能：即让学生充分体验教学情境，获取丰富的感性认识，进而有效地获取知识、能力和情感。传统教学忽视了学生体验过程，违背由感性认识到理性认识的认识规律，机械地灌输理论知识，缺少体验，学生在能力和情感方面就更加贫乏。"情境教学法"的另一大功能就在于体验。它就是要让学生在这个平台上充分体验教学情境，学生真实感知，引起想象，进而上升到理性的高度，实现由"生动的直观到抽象思维"的飞跃，这样所获取的知识就比较牢固和扎实，同时也能获得能力提高和情感升华。为了能使学生有效体验情境，尽量采用活动体验和角色体验等方式，让学生参与到情境教学中去，与情境融为一体，达到情景交融的体验效果，这样更能发挥"情境教学法"的体验功能。

③ 探索功能：即放手让学生去探索隐含在情境材料中的知识，培养学生分析和解决问题的能力以及研究和创新能力。情境教学法为学生提供了一个探索空间，学生可以自主学习，自由探索。情境教学法的探索功能主要表现在三个方面，一是对于教材中比较难以理解的知识，可通过情境材料让学生自己去理解和感悟教材观点，教师的作用主要是帮助学生掌握分析情境材料的方法，就情境材料设计难易适度的问题，引导学生逐步消化难点，切忌包办代替。二是对于教材中比较容易理解且和社会现实联系比较紧密的知识，就要鼓励学生自设情境材料，进行自我理解，自我解读，尊重学生的个人感受，让学生大胆而又自由地发表见解，使学生的学习过程成为一个富有个性化的自主化探索过程。三是要在完成教材教学任务的基础上，尽量拓展学习空间，通过活动课让学生到社会大课堂去探索，更好地培养学生的创新能力。教师要组织好课堂活动，形成学生自我组织和相互启发，互相促进的多向交流关系，通过创造活动，使学生勇于探索，拓宽思路，开创发散和求异思维，去获得新成果。

4．情境教学法的过程

"情境教学法"在具体的应用过程中，主要是教师精心设置动态情境，激发学生兴趣情感，使其积极主动地学习有关知识，培养学生能力，其主要过程包括精心选择、设置情境，引导学生、自主探究，组织讨论、收集信息，教师讲评，教学升华五个环节，如图6-8所示。

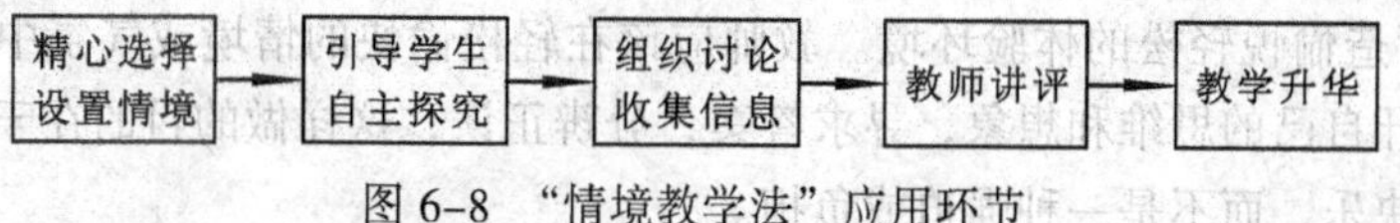

图6-8　"情境教学法"应用环节

① 精心选择、设置情境。指教师精心设置生动活泼的动态情境（根据教学所需要和教学条件，制作多媒体课件，采用挂图、投影、录音、录像、电视、音乐等手段），从而营造出学生学习的一种良好氛围。

选取情境时应遵循实效性、精炼性、整体性的原则。选择学生们所喜闻乐见的事例作为情境；选择有特色的典型实例作为情境；选择事例的多个角度有梯度地设置情境，遵循认识发展的规律，以便于暗示学生，激励学生积极思考。

② 引导学生、自主探究。指教师利用情境暗示的有关问题，引导学生自学有关教学内容，自行探究问题，发现问题并解决问题。这一环节的教学可分为三步，第一步，学生粗略熟悉即将要的学习内容，找出情境与教材内容的结合点，并试图发现新问题，确立自学的思路；第二步，学生研读学习内容并回答相关问题；第三步，教师提示并且提出相关问题，让学生自行比较，自

行作答，初步检查和巩固学习效果。这一环节，要充分发挥学生学习的主动性，教师注重信息反馈，做好个别指导。

③ 组织讨论、收集信息。指在学生自学的基础上，教师提出相关的一些议题，让学生或集体、或分组、或自动分组展开讨论，发表意见，教师收集信息。讨论方式可多种多样，可采用集中讨论的方法也可采用分组讨论。集中讨论适合于议题较少且时间比较充裕时，可以让学生相互交流，教师反馈信息、适度点拨。分组讨论是教师提炼相关联的议题，分别交给学习小组，各小组各自讨论，分析研究各自问题。

④ 教师讲评。在学生充分议论之后，教师选用几个典型观点，纠正学生认识上的偏差与错误，分析解答问题思路，公布有关问题答案，并且引导学生思路，对学生观点和解答方案做出中肯的点评。

⑤ 教学升华。这是教师讲评的继续，教学内容的延伸，学生素质养成的过程。教师在学生把握相应的基本知识及其初步运用的基础上，联系具体问题，引导学生正确分析与认识，培养学生能力。

5. 情境教学法应用注意事项

为了更好地使"情境教学法"能够有效地被应用，在具体的教学应用中，应该把握以下几个方面：

① 课前要认真备课，精选情境。备课是上好课的基础，运用好情境教学，教师在设计教学方案和创设课堂问题情境时必须熟练地掌握、驾驭教材，掌握教材的内部结构，了解新旧知识的内在联系。同时，还要充分了解学生，引导和督促学生做好参与活动的准备工作。

② 课堂实施中要注重师生情感交流。教学本是一种特定情境中的人际交往，情境教学更强调这一点。只有师生间相互信任和相互尊重，教师对学生真正做到"晓之以理，动之以情"，这样才可以融洽师生关系，活跃课堂气氛，使学生积极性充分调动，从而达到课堂教学的最佳效果。

③ 把握学生主体地位，发挥学生自主性。学生在教学中的主体地位决定了自主性侧重于教师鼓励学生"独立思考"和"自我评价"，培养学生的主动精神和创新精神。这一原则要求教师在情境教学中要从学生的实际出发，使学生在完成学业的同时得到如何做人的体验。它意味着一切教学活动都必须建立在学生积极、主动的基础上。

④ 要多加营造愉悦轻松的体验环境。教师应该在轻松愉快的情境或气氛中引导学生产生各种问题意识，展开自己的思维和想象，寻求答案，分辨正误，这样做的目的在于使学生把思考和发现体验为一种快乐，而不是一种强迫或负担。

⑤ 掌握好启发原则。情境教学法可以模拟一些场景，离开了启发原则，就没有了它的深远意义，也就无法达到调动学生思维，培养学生思维的目的，而变成哗众取宠的装饰。在情境的创设中一定要启发学生看到隐藏在情境后面的实质内容，否则就喧宾夺主了。

三、案例教学法

1. 案例教学法简介

案例教学法起源于1920年代，由美国哈佛商学院（Harvard Business School）所倡导，当时是采取一种很独特的案例形式的教学，这些案例都是来自于商业管理的真实情境或事件，透过此种方式，有助于培养和发展学生主动参与课堂讨论。这种案例教学法到了1980年，才受到重视，尤其是1986年美国卡内基小组（Carnegie Task Force）提出《准备就绪的国家：二十一世纪的教师》

（*A Nation Prepared:Teachers for the 21st Century*）的报告书中，特别推荐案例教学法在师资培育课程的价值，并将其视为一种相当有效的教学模式，而国内教育界开始探究案例教学法，则是1990年以后。

案例教学法是一种以案例为基础的教学法（case-based teaching），案例教学法是根据一定的教学目标，选择合适的案例进行教学的一种教学方法。教学中的案例是对真实的实践或事件的描述，这些事件包含一个或多个教学问题，也可能包含问题的解决办法。

案例教学法的主要特征是以教学案例为载体，以学生的积极参与为前提。在案例教学中，学生是教学关注的焦点；学生与教师一同来选择和确定讨论的主题和形式；教师在教学中的角色是促进者、组织者和资源提供者；教学过程是以学生对案例的分析与讨论为主；教师与学生双方积极参与，共同对学习负责；知识传递是多向的，在教师与学生、学生与学生之间自由互动，传授知识是为了提高学生的自主学习能力；教学的目的是培养学生批评性、分析性思维能力，培养学生总结、讨论和说服的能力以及自信心。具体来说，在其应用的过程中"案例教学法"所表现出来的主要特点有以下几点：

① 调动学生主动性，鼓励学生独立思考与探索。传统的教学只告诉学生怎么去做，而且其内容在实践中可能不实用，且非常乏味无趣，在一定程度上损害了学生的积极性和学习效果。而案例教学要求每一个学生积极参与到案例的学习过程，教学中教师不会告诉学生应该怎么做，而是要学生自己去思考、去创造，使得枯燥乏味的内容变得生动活泼，而且案例教学中每位学生都要就自己和他人的方案发表见解，通过这种经验的交流，可取长补短、促进人际交流能力的提高，也起到一种激励的效果。

② 注重学生的启发与多向交流。传统的教学方法是教师满堂灌，学生被动学习，整个的学习效果需要通过考试等评价手段获知，学到的知识不能有效应用到实践当中。而案例教学法目的在于启发学生独立自主地去思考、探索，注重培养学生独立思考能力，启发学生建立一套分析、解决问题的思维方式。在案例教学的开展中，教学过程中学生与学生之间存在多向交流，大家一起讨论思考，共同探讨，集思广益，可以对复杂的问题从多个角度，多个方面全面思考和探讨，开阔思路，效果更好。

③ 目的明确，注重学生能力培养，致力问题解决。传统的教学方法，注重的只是学习书本上的死知识，忽视了实际问题的解决能力。而案例教学则教学目的明确，通过一个或几个独特而又具有代表性的典型事件，让学生在案例的阅读、思考、分析、讨论中，建立起一套适合自己的完整而又严密的逻辑思维方法和思考问题的方式，实施过程中侧重于引导学生的创造能力以及实际解决问题能力的发展。

"案例教学法"的优势在于：案例教学法能帮助学生获得概念性和原理性知识，有助于学生内化所学知识，帮助学生对复杂的、劣构领域的知识进行建构；通过提供的第一手资料和真实的教学情境，有效缩短了教学与实际生活情境之间的差距；有助于提高学生表达、交流和讨论的能力，增强面对困难的自信心；可以帮助学生深度理解教学中的疑难问题，深入分析和反思教学过程，形成反思的行为习惯；学生面对案例所呈现的问题情境，在获得相关知识、掌握处理问题的方法、技能和技巧的过程中，使其创造能力和解决实际问题的能力得以培养。

2. 案例教学法的应用过程

"案例教学法"在具体的教学应用过程大致有五个环节组成，主要包括精选案例，展示案例，共同讨论、自主协作、分析案例、提炼理论，应用理论、审视案例、回归实践、巩固所学，总结归纳、形成体系、适时点拨、延伸应用等五个部分，如图 6-9 所示。

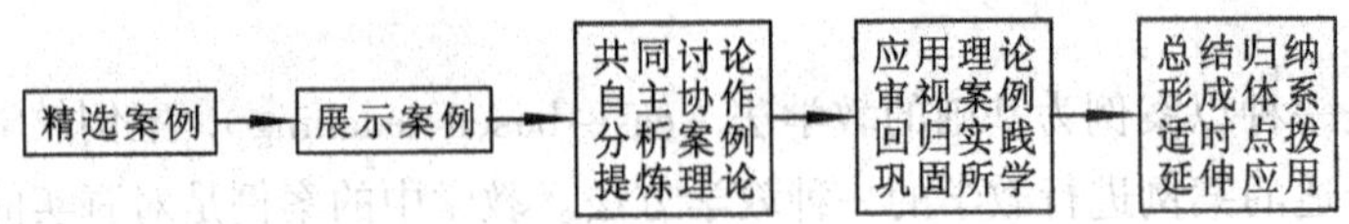

图 6-9 “案例教学法”教学应用过程

① 精选案例。案例教学效果如何，取决于教师能否选择恰当的案例。精选出的案例应当是典型的、有代表性的，最能揭示所学理论的案例。这就势必要求教师必须吃透教材，弄懂教材的每个概念原理、知识之间的内在联系。要选择与教学内容和教学目的密切相关的正面与反面的典型案例，寓所教理论于案例之中。

② 展示案例。教师把精选的案例以恰当的方式适时展示给学生，吸引学生的注意力，激发学生探究案例的热情，让学生带着案例问题（或情境）去探讨课本理论知识，为学生学习课本理论知识打开思路的大门。

③ 共同讨论、自主协作、分析案例、提炼理论。这是案例教学最重要的一步。教师要创造良好的自由讨论的气氛及环境，精心设计问题、提出问题，启发学生积极参考、主动进取，引导学生自主学习、参与合作，逐步分析，同时在案例讨论中要进行必要的引导，发挥教师的引导作用，对学生的各种回答做恰当评价，使案例讨论紧紧围绕中心问题展开，这样通过师生共同对案例的分析，总结归纳出带有普遍规律性的理论，使学生切实体会到理论是如何来自于实践。

④ 应用理论、审视案例、回归实践、巩固所学。学生通过案例分析得出理论，反过来要站在理论的高度，重新审视案例，分析案例正确应用理论的成功所在；或没有正确应用理论的失败之处；也可分析在改变案例客观环境的假设条件下，可能出现的另外结果。由此使理论回到实践，使理论指导实践，这样还可以进一步加深学生对理论的理解，巩固所学的理论知识，在此教师还可以改变角度，就当前的案例，从多方面向学生提出新的问题。通过学生的分析，使他们进一步明确理论的效力；教师也可展示新的案例，让学生运用提炼的理论去分析，进一步调动其思维活动，增强其理论应用的机会。

⑤ 总结归纳、形成体系、适时点拨、延伸应用。总结点评是案例教学法的归宿。教师要及时总结评价学生讨论案例的优缺点，分析案例问题的疑难点，有针对性地对案例进行深入的分析。对学生讨论中暴露出来的问题有针对性地点拨，教师要教会学生从不同角度、用不同方法来探究解决案例问题，和学生一起总结出最佳的解决问题的方案，教会学生有效地运用所学的知识来解决案例或实际问题。教师在总结点评中，要通过归纳总结形成一个具有内在逻辑联系的知识体系，从而才能有效指导学生对理论知识的实际运用，这样才能让学生运用所学的知识系统的解决实际问题，把学到的理论知识延伸、应用，内化为自己的具体行动。

3. 案例教学法应用注意事项

在“案例教学法”的具体应用过程中，应该把握和注意以下几个方面：

① 应提高教师综合素养和信息化教学能力。运用这种教学方法要求教师有丰富的知识；具备倾听、回应和沟通的能力，较强的应变能力和运用现代教育媒体的能力；熟悉教材的内容，能够将教学置于案例中，给学习者提供必要指导与反馈；能够为学生创建协作性学习环境。

② 应精选案例，教学应用适度。案例是否适合现实教学的需要应仔细选择，因为一个好的

教学案例编制需要时间、需要教师有一定的技能和经验。案例选择要适当，尤其是开始组织案例教学要适度应用案例，不要运用过于频繁。教师运用案例教学法时可以提供正反和由简单到复杂的案例，从而使学生更易理解。

③ 教学过程要体现启发性、参与性和互动性。教师在讲课过程中要适时地提出与教学内容密切相关的案例供学生思考，启发学生。只有让学生置身于具体的实践活动中，才可以提高学生的参与意识，发挥学生的主动性和积极性。在案例教学的实施阶段，开展讨论时应考虑师生、学生之间的互相交流，体现学生的主体地位，畅所欲言，充分地阐述自己观点。

④ 教学开展，重视讨论与协作。讨论是案例教学的重要环节。案例教学法让学生向书本和老师学习，让学生之间相互学习，在平等的讨论中分享不同的观点和价值，案例讨论是变化的，每个学生都有自己的理解，老师会带领学生对若干可能的解决方案进行评价，既讨论方案的优点，也讨论方案的缺陷，无论实际发生了什么，真正有效的是通过案例学习，使学生知道在一个特定情况下如何分析和处理不同的决策选择。

思考与练习

1. 如何理解教学方法？
2. 传统的教学方法有哪些？其分类依据是什么，结合自己理解谈谈对传统教学方法的理解？
3. “教学有法，而无定法”如何理解？
4. 教学方法的具体应用过程中，该如何选择与把握？
5. 信息化教学有哪些方法？各有什么特点？
6. 信息化教学方法的主要特征是什么？
7. 结合所学专业，自选一种信息化教学方法，设计课堂教学过程。

第七章 信息技术与课程整合

导言

信息化是当今世界经济和社会发展的大趋势，以多媒体和网络技术为核心的信息技术已成为拓展人类能力的创造性工具。在《基础教育课程改革纲要》强调："促进信息技术与课程的整合，逐步实现教学内容的呈现方式、学生的学习方式、教师的教学方式和师生互动方式的变革，充分发挥信息技术的优势，为学生的学习和发展提供丰富多彩的教育环境和有力的学习工具。"为了适应这个发展趋势，我国已经确定在中小学普及信息技术教育，并继续加强信息技术与其他课程的整合。"信息技术与课程整合"是我国面向21世纪基础教育教学改革的新视点，是继承了传统的学科教学的优势，同时又具有一定相对独立的特点的教学类型。现在使得信息技术与课程整合成为了信息化教育的一个重要领域。

学习目标

理解信息技术与课程整合的概念、目标；了解和掌握信息技术与课程整合的内容、模式、方法、原则；了解信息技术与课程整合的实现机制；了解信息技术与课程整合中对教师的要求及教师所扮演的角色；掌握教学资源的概念、分类及特点；了解网络教育资源建设的含义、网络教育资源建设的意义及教学资源库建设的基本原则；掌握 Internet 信息资源的特点；了解网络教学资源的评价方法。

第一节 信息技术与课程整合概述

一、信息技术与课程整合的涵义

1. 课程

课程（Curriculum）是指为了实现一定的教育目的而设计的学习者的学习计划或学习方案。这个定义是从学习者的角度把课程作为一种计划或方案来理解的，在学习方案中对学习者的学习目标、学习内容和学习方式进行了设计和规定。信息技术与课程整合应该从课程的各个方面入手，其中任何一个方面出现问题，整合的效果都会受到影响。有人认为信息技术与课程整合只应局限在教师与学生的具体活动之中，这显然过于狭隘，说明这种整合没有真正从课程的视角去思考，因此并不是真正意义上的课程整合。信息技术与课程整合应该考虑总体课程目标，总体课程的内容，总体课程的组织，科目内容，单元学习方案中具体学习活动等，应该与课程的各个要素进行整合，并且还要与各种类型的课程进行整合。这种整合应该是全方位的整合。

2. 信息技术

信息技术（Information Technology）是国际上流行的说法，各国或地区在具体表述上也有一定差别。如在英国基础教育中称为信息和通信技术（Information and Communication Technology，ICT）而在法国则称为 TIC（Technology of Information and Communication）。

信息技术的一般定义为：应用信息科学的原理和方法对信息进行获取、处理和应用的技术，它覆盖微电子技术、计算机技术、通信技术和传感技术而成为一门综合技术。显而易见，对于基础教育而言，信息技术应该突出的是获取、处理和应用信息的能力。

3. 信息技术与课程整合

"信息技术与课程整合"的概念最早源自西方的"课程整合"的概念。在英文中，"整合"一词表述为 Integration，这一单词在汉语中有多重涵义，如综合、融合、集成、一体化等，但它的主要涵义是"整合"，即由系统的整体性及其在系统核心的统摄、凝聚作用而导致的使若干相关部分或因素合成为一个新的统一整体的建构、程序化的过程。具体要求体现在教育、教学中，则是指教育、教学中各要素的整体协调、相互渗透，以发挥教育系统的最大效益。"课程整合"的内涵是对课程设置、各课程教育教学的目标、教学设计、评价等诸要素进行系统的考察与操作，就是要用整体的、联系的、辨证的观点来认识、研究教育过程中各种教育因素之间的关系。狭义的课程整合则是考虑到各门原来相互分裂的课程之间的有机联系，将这些课程综合化。

那么，什么是信息技术与课程整合呢？所谓信息技术与课程整合是指将信息技术以工具的形式与课程融为一体，将信息技术融入课程教学体系各要素中，使之成为教师的教学工具，学生的认知工具，重要的教材形态，主要的教学媒体。也可以说在信息技术与课程整合是指在课程教学过程中把信息技术、信息资源、信息方法、人力资源和课程内容有机结合，共同完成课程教学任务的一种新型的教学方式。第一，应该在以网络和多媒体为基础的信息化环境中实施课程教学活动。第二，对课程内容进行信息化处理后成为学习者的学习资源。第三，利用信息加工工具让学习者改变学习方式，进行知识重构。在信息化学习环境中，由于将信息技术与课程进行整合，使得学习者的学习方式发生了重要的变化。主要变化在于学习是以学习者为主体的，学习可以是个性化的，能满足个体需要；学习是以问题为中心的；学习过程是通信交流的过程，学习者之间、教师与学生之间是协商的、合作的；学习过程具有创造性；学习可以随时随地进行的。可以说，学习者的学习可以不再只是依赖教师的讲授和学习课本，而是可以利用信息化平台和数字化资源，教师、学生之间展开协作学习，并通过对资源的收集利用、探究知识、创造知识、展示知识的方式进行学习，因此通过信息技术与课程整合，可以使学习者掌握信息时代的学习方式，包括会利用资源进行学习；学会在数字化情境中进行自主学习；学会利用网络通信工具进行交流，协作学习；学会利用信息技术，进行实践创造性学习。总之，学习者可以利用文字处理、图像处理、信息集成的数字化工具，对课程知识内容进行重组、创作，使信息技术与课程整合不仅只是向学习者传授知识，而且能够使学习者进行知识重组和创新。

在信息技术与课程整合的过程中，不是把信息技术仅仅作为一种新的教学媒体来使用，而是要把信息技术与教学系统中的各要素相结合，有机地融合在一起，逐步形成新的教学结构。信息技术与课程整合是要把信息技术与原有教学结构中的各个要素——教师、学生、教学内容、教学媒体有机结合，形成在信息化环境下的新的教学结构——具有信息素养的教师、具有信息素养的学生、信息化的教学内容、数字化教学媒体资源。

这里需要我们注意一个问题，信息技术与课程的整合具有双向性，应该是双向整合，即信息技术整合于学科课程和学科课程整合于信息技术，两者应该做到各取所需，前者是研究信息技术如何改造和创新课程，后者是研究课程创新中如何开发和利用信息技术，在教学过程中不能简单将信息技术与其他学科课程综合。

4. 信息技术与学科课程整合的三大核心领域

信息技术与学科课程整合的特殊性何在？在教学实践中，信息技术与学科课程整合的涵义已经远远超过了一般课程之间的整合，它的目标是多方位的。总结起来可以分为三大核心领域。

① 信息技术作为学生必须掌握的一类学习内容——信息技术课程，可以把整合理解为信息技术课程的目的、任务与学科课程教学的目的、任务整合在同一教学过程之中，在这里，信息技术本身就是学生的学习对象和目标。然而，信息技术作为学习内容，无论是从教材形式设计，还是教学方式选择都应该有一个新视角，应该在与其他课程整合的过程中学习信息技术，学生也可以通过完成一项综合任务学习信息技术，很显然，这种学习方式使学生不仅学习了信息技术，提高了信息素养，而且还促进了其他学科的学习。可以说，信息技术的角色既是学习目标又是学习工具，学生是通过信息技术来学习信息技术。

② 教师可以利用信息技术进行教学——教学工具。信息技术与学科课程相整合，可以将信息技术作为教学工具和手段融合到学科课程中。这是信息技术用于学科教学的最初形式，信息技术在学科教学中可以改善教学手段，提高教学效果。信息技术为教师的教学提供了一条超时空的隧道，把网络上和光盘里丰富多彩的信息资源呈现给学生，为学生的学习创造了广阔天地，提供了学习环境，增强了对学生思维兴奋点的刺激。

③ 学生也可以利用信息技术进行学习——认知工具。教师作为主体可以运用信息技术，学生同样也可以作为主体运用信息技术。学生掌握了必要的工具软件，就可以利用这些工具软件进行自主学习，以便更好地丰富原有的认知结构。

5. 信息技术与学科课程的四种整合观

对于信息技术与学科课程整合的认识，是一个不断发展和变化的过程，人们从不同的视角分析和理解这种教学和学习现象，产生了多种不同的观点，这些不同的观点各有各的合理性及意义，都在一定程度上从不同的侧面把握了信息技术进入教育教学领域的基本规律，同时这些观点也可以在信息技术与课程整合的实践过程中找到例证。从总体上看，可以把 20 世纪 60 年代以来影响较大的整合观概括为四类。

① 保护主义的整合观。当信息技术对人类的影响力达到人们不可忽视的程度时，便产生了一种要求学生远离信息技术的观点，这种观点要求将学生与现代媒体相隔离，特别强调将信息技术带给学生的消极影响彻底消除，有选择地整合信息技术，以减少信息技术对学生的消极影响，这种观点就是所谓的保护主义的整合观。因此，人们试图阻止学生收看某些节目或站点，并开发出了使学生不能浏览有害站点的应用软件。成年人在将媒体所表现的信息分为好与坏的二相对立的价值判断的指导下，将学生与媒体的消极影响相隔离的方法已经发展到了极限。事实上，学生与现代信息技术的接触点，已经远远超出了成人的控制范围，并且这种保护主义的做法有时还会起到一定的相反效果。

② 技术主义的整合观。如果说保护主义的整合观是明确地与社会行为规范紧密结合的理想主义，那么技术主义的整合观就是以效率性和经济性为基础的机能主义。技术主义的核心目标是

促进教学过程最优化，提高教学质量和学习质量。技术主义观认为教学和学习可以利用信息技术的各种功能解决各种实践性问题。技术主义的整合观对提高学生的学习兴趣，提高理解能力以及反复练习、巩固知识都是具有重要意义的。技术主义的整合观的问题主要有两个：第一，比较忽视对信息技术本身的思考。只将信息技术作为实现学科教学目标的手段，而忽视了信息技术的教学。因此，技术主义的整合观确实不利于培养学生的信息技术能力；第二，学生只是单向的信息接受者，也就是说，在将知识和能力的给予者与接受者完全分开作为基础之后，十分重视提高教学传递的效率。

③ 主体行动主义的整合观。主体行动主义的整合观具有各种各样的特性，如批判性、开放性和能动性等，但是最重要的特性是它积极地面向社会的主体。社会的主体应该是构成社会的要素，并且应该具有变革社会的能力。同时，信息技术也是现代社会的构成要素之一。社会主体在接受信息技术所承载的信息时，并不是无意识地进行的。社会主体是依据自己的经历和所生存的社会环境来消化理解信息技术所提供的内容，利用信息技术表现自己感兴趣的内容。由此可知，信息技术一方面可以作为我们接受和理解社会信息的手段，另一方面它也是人们表达对社会各方面看法的手段。

从人本的角度出发，主体行动主义与保护主义、技术主义有很大的不同。它既不主张在恶劣环境中消极防守，也不提倡只是被动接受知识，它倡导能动地利用信息技术，运用信息技术进行交流，而且应该作为社会的主体积极主动地改变信息技术环境，实际上，对信息技术的应用也包括思考社会行为本质的问题，学生应该在实际行为活动中学习，并且应该充分发挥学习的主体性。在信息社会中生存的学习者，具备根据实际情况，自主性、创造性和负有责任感的行动能力。通过对学生与信息技术相联系的接触点的设计，可以提高学生社会行为的水平。因此，在信息技术与学科课程整合中，教师为了提高学生的知识水平和促进学生的社会性及认知能力的发展，应该为学生创设可以亲身体验的和可以进行活动的良好条件。在具体操作时，整合的出发点应该是学生的实际生活，与学生目前和未来的生活状况相关联；整合应该在各种各样的交流方式中进行，应该不断扩大学生与信息技术、学生与学生、学生与教师交流的可能性；应该收集学生的各种需求意见，按照学生的实际情况和需要改进方法；学生应该将自己的亲身经验带入整合的学习过程之中，同时也应该在学习中形成信息技术的直接经验；整合应该从学生的社会和认知发展水平出发，促进学生的全面发展。

④ 工具主义整合观。工具主义整合观是近年来在美国产生的一种新观念。美国国际教育技术协会（ISTE，2000）先后针对学生、教师和教育管理者等分别制定了教育技术标准和相应的绩效指标。这个标准给我们的启示是：①信息技术用于教学和学习之中的作用应该是促进学生主体性的充分发挥，使得学生真正成为学习活动的主体；②信息技术不仅可以作为教师的教具，而且更能成为学生的学具，作为学生的实践性学习工具；③信息技术教育的目的，是获得对信息技术更深刻的理解，而不是仅仅使用一些信息技术工具；④信息技术教育不只是讲授信息技术基本知识，而是运用信息技术解决问题和处理信息，提高解决问题的能力；⑤教师应该全面理解和掌握信息技术，重视设计能够保证充分发挥信息技术作用的学习环境和教学环境，解决整合的根本性问题，认真研究如何运用信息技术的教学策略，并重视信息技术与学科课程整合的人文问题。

二、信息技术与课程整合的目标

信息技术与课程整合的宏观目标可概括为“建设数字化教育环境，推进教育的信息化进程，促进学校教学方式和学生学习方式的根本性变革，培养学生的创新精神和实践能力，实现信息技术环境下的素质教育与创新教育，培养有21世纪能力素养的人才”。

1. 在学科教学中渗透信息技术教育，提高师生信息素养

面向素质教育、基于信息技术的课程与教学改革，其根本要点是将培养和发展人的信息素养作为渗透素质教育的核心要素。信息素养是信息时代公民必备的素养，所谓信息素养指①信息获取：包括信息发现、信息采集与信息优选。②信息分析：包括信息分类、信息综合、信息查错与信息评价。③信息加工：包括信息的排序与检索、信息的组织与表达、信息的存储与变换以及信息的控制与传输等。④信息利用：包括如何有效地利用信息来解决学习、工作和生活中的各种问题。例如，能不断地自我更新知识、能用新信息提出解决问题的新方案、能适应网络时代的新生活等。⑤信息意识：指对信息的深度感知，如对信息内容的批判与理解能力、运用信息能力，具有融入信息社会的态度和能力。信息技术与课程的整合，是渗透信息技术教育的基本途径，在信息技术中，为发展包括信息素养在内的综合素养的教学活动，为加强信息技术教育提供了一个有效的平台和促进学生发展的空间。

今天，基于知识与信息的新经济形态已经崭露头角，以多媒体计算机和网络为代表的信息技术取得的飞速发展使“21世纪是知识信息的时代”成为共识。由新经济的发展带来的变化说明，随着我国现代化的进展，物质贫困的影响正在逐渐减弱，然而由于获取、交流和创造知识能力的匮乏而产生的“知识的贫困”或“信息的贫困”则正在深刻地影响着我国在21世纪的国际生存与竞争力。面对新世纪的挑战，为了实现教育的跨越式发展，我们必须重视将迅速提高青少年的信息素养作为渗透整个素质教育的核心要素，并将信息素养的培养融入教材、认知工具、网络以及各种学习与教学资源的开发之中，以形成人对信息的需求，培养人查找、评估、有效利用、传达和创造具有各种表征形式信息的能力，并为此拓展对信息本质的认识。

2. 完善拓展课程的学习内容，为多种专业人才的培养打下基础

通过信息技术与课程的整合，可以充实、完善、拓展、提高课程的学习内容，以实现从单一学科知识作为课程内容向逐步形成以高新技术为主体的综合知识型课程内容的转变，提高学生学习兴趣，同时培养学生具有终身学习的态度和能力使之具有主动吸取知识的愿望并能付诸日常生活实践，将学习视为享受，而不是负担；能够独立自主地学习，能够自我组织、制订并执行学习计划，并能控制整个学习过程，对学习进行自我评估。为社会发展所需要的各种人才的培养打下基础。

3. 培养学生的自我适应、自我生存能力

在信息时代，知识量剧增，知识成为社会生产力、经济竞争力的关键因素；知识的更新率加快，陈旧率加大，有效期缩短。另外，知识的高度综合性和各学科间相互渗透，出现更多的新兴学科、交叉学科，由此带给人们难以想象的社会生活、经济生活、政治生活和人类一切领域内深刻而广泛的冲击波和影响力。在这种科学技术、社会结构发生剧变的大背景下，自我适应能力、自我生存能力将变得至关重要。学校教育中，这些能力可通过综合学习、研究性学习予以培养。在综合学习、研究性学习中，信息技术的应用占有十分重要的位置，而信息技术与课程的整合是当前综合学习的主要形式。

4. 促进教师教学方式的变革

在《基础教育课程改革纲要（试行）》对教学过程的改革提出了明确的要求。如教师在教学过程中应与学生积极互动、共同发展，要处理好传授与培养能力的关系；教师应尊重学生的人格，关注个体差异，满足不同学生的学习需要；创设能引导学生主动参与的教育环境，激发学生的学习积极性，培养学生掌握和运用知识的态度和能力，使每个学生都能得到充分的发展；大力推进信息技术在教学过程中的普遍应用，促进信息技术与学科课程的整合。逐步实现教学内容的呈现方式、学生的学习方式、教师的教学方式和师生互动的教学方式的变革。充分发挥信息技术的优势，为学生的学习和发展提供丰富多彩的教育环境和有力的学习工具。信息技术与课程的整合，促进了教师教学方式的变革。表现为：

① 教师的功能和作用由“传道、授业、解惑”，转向对学生学习的帮助和指导。教师不仅仅是信息的传递者、知识的传播者，而且是智慧的启迪者，学习活动的组织者、协调者。

② 教师的地位由“首长”变为“平等中的首席”。

③ 数字化的信息媒体由教师展示教学内容的工具，变为学生的认知工具。

④ 教师的主导地位由课堂上的显形行为，转变为教学设计中的隐性行为。

⑤ 教师促进学生学习网络形成：广泛收集各种分散的学习资源、学习信息，并注意在教师间、教育部门间交流，形成一种支援学习者学习的网络系统。

⑥ 注重学生信息能力的培养。

5. 促进学生学习方式的变革

信息技术的发展，为学生的学习和发展提供了丰富多彩的教育环境和有力的学习工具，信息技术与课程的整合为学生的自主学习、个性化发展提供了保证，促进了学生学习方式的变革。

① 书本不再是唯一的学习资源，学生由依赖书本的学习转向利用多种媒体获取资源来学习。

② 减少了对教师的依靠，学习的自主性加强。以知识的传递、知识的学习为中心的传统教学中，学生是被动地接受知识，对学生的要求陷于理解知识、掌握知识。信息技术的广泛应用，要求学生从被动接受知识转变为主动接受知识。在这种情况下，要求学生更注重学习方法、思维方法、讨论方法的掌握，具备一定的自我学习能力。

③ 改变了学习的时空观：在空间上，学习由校内转向超越学校围墙，实现了优质资源的共享；从时间上说，人们再也不能只通过一段时间的集中学习获得够一辈子享用的知识技能。人类将从接受一次性教育向终身学习转变，人生被分为学习阶段和工作阶段的时代已一去不返。

三、信息技术与课程整合的意义

1. 信息技术与课程整合可以促进课程改革的深化

随着信息化时代的到来，如何培养具有较强的创新精神和较高的信息素养的人才已成为当前教育改革面临的重要课题。加强信息技术教育、实现信息技术与课程的整合成了不断深化中国教育改革的重要途径。

在传统的教学结构中，教师用一支粉笔、一本书对学生进行机械地、单一地知识传授。教师是主动的施教者，是教学过程中的绝对权威，教师通过口头讲授、板书把知识传递给学生；作为学习过程主体的学生，在整个教学过程中主要是用耳朵听、用手记，完全处于被动接受状态，成为外部刺激的被动接受者；教材是学生获取知识的唯一来源。

这种教学结构重视知识的传授、智力的培养，忽视能力、情感的培养，忽视学生在教学过程中的主体作用，忽视学生在学习过程中内在心理的发展变化，忽视学生的主动性和积极性的发挥。由于学生在整个教学过程中一直处于被动地位，学生的积极性和主动性没能调动起来，在此情况下，很难达到“培养学生的创新精神”这一教学目标。

信息技术与课程整合就是要改变“以教师为中心”的教学结构，构建新型的、既能发挥教师主导作用又能充分体现学生主体地位的“主导——主体相结合”的教学结构，充分调动学生的主动性、积极性和创造性，强调研究性学习、探究性学习、协作性学习和自主性学习等多种学习方式的统一，从而使“培养创新型人才”这一信息时代素质教育的目标落到实处，而这恰恰正是当前中国教育改革的立足点所在。在此意义上说，信息技术与课程整合对于革新传统教学结构，深化教育改革有着很深远的意义，主要表现在以下几个方面：

① 新型的教学媒体提供了课程教学内容表现形式与教材模式的多样化。

② 信息技术促进了教学手段的现代化和教学模式的变革。

③ 信息技术与课程整合把教学媒体扩展为新的教育环境，并引起了教学结构的变化。

④ 信息技术与课程整合提高了师生的信息素养。

⑤ 信息技术与课程整合导致了整个教育目标与评价体系的变化。

⑥ 信息技术与课程整合带来了人们教育思想、观念和课程教学理论与实践上的改变。

2. 信息技术与课程整合是优化学科教学的需要

自 20 世纪 90 年代中期以来，各地对信息技术与课程整合的实验不断增加，并取得了良好效果，起到了优化学科教学的作用。

① 为学科教学提供了现代教育观念和背景。以计算机为核心的信息技术能够使各种教学信息资源（包括教的理论、学的理论、教学内容、教学方法等）、各种先进的教学媒体之间具有高度的灵活性和可重组性，使教师与学生有多种选择，充分体现了面向 21 世纪尊重人、以人为主体的教育思想，教育的终身化、民主化、个性化才有可能真正成为现代教育观念体系的核心部分。同时，信息技术能及时带来国际社会教育发展和改革的新动向、新成果，为人们教育观念现代化提供基础和外在条件；由信息技术带来的教育内容、教育手段、教育制度等方面的巨大变化，促使人们重新审视教育中的一系列问题，为教育观念现代化提供了内部动力；在信息技术的影响下，人们的生活方式等多方面都会逐渐发生深刻的变化，并引起人们在观念上的变革，从而潜在地推动教育观念的现代化，为学科教学的开展和优化提供了活性土壤。

② 丰富了学科教学内容。信息技术与学科课程整合的过程中，自然丰富了学科教学内容，主要表现在三个方面：第一，可以提供大量的教学内容以及教学辅助信息。信息技术解决了大信息量和超大信息量的记录、存储、传输、显示、累加等问题，并且实现了实时的和非实时的交流机制和反馈机制，为教学资源的共享、链接、上传、下载提供了一个完整的平台。第二，可以提供多媒体的、综合性教学内容。在信息技术与课程整合的同时，信息化的教学内容可以包含各种媒体形式，如图形、动画、图像、声音、视频等多种媒体信息，使教学内容的呈现图文并茂、丰富多彩。第三，对教学信息进行最有效的组织与管理。超文本（Hypertext）按照人脑的联想思维方式，利用网状结构非线性地组织管理信息，对教学信息能进行最有效的组织与管理，使各种教学信息的联系更紧密，也更容易，有利于学习者进行创造性的主动学习。

③ 提供进行教与学的有效工具和手段。以计算机为核心的信息技术可以为各学科教学提供形象直观、丰富有趣的交互式学习环境和多媒体教材，能使学习者的多种感官同时进入学习过程，形成参与性的、探索性的独立学习方式，有利于激发学生的学习兴趣，使学生产生强烈的学习欲望，触发学习动机，从而促进学习者的认知主体作用的发挥。同时，信息技术为教师提供多种教学工具，教师可根据学科特点的不同，有针对性地选择有效的教学工具和手段。

3. 信息技术与课程整合是培养创新型人才的有效途径

信息技术与课程整合，不是把信息技术仅仅作为辅助教或辅助学的工具，而是强调要把信息技术作为促进学生自主学习的认知工具、情感激励工具和丰富教学环境的创设工具，有利用信息技术所提供的自主探索、多重交互、合作学习、资源共享等学习环境，把学生的主动性、积极性充分调动起来，使学生的创新思维和实践能力在整合过程中得到有效的锻炼。由此可见，信息技术与课程整合是改变传统的教学结构、实施创新人才培养的一条有效途径，也是目前国际上基础教育改革的趋势与潮流。

① 创造个别化学习环境。信息技术融于教与学的过程中，以计算机、网络为代表的信息技术是教师的得力助手，同时也为学生打开了一片具有丰富学习资源的广阔天地。借助信息技术，提供相关学科的预备知识及开阔视野所需要的扩展知识，学生可以进行程度较深的自学，有能力的学生可以将学习范围扩展到标准课程之外，实现因材施教。另一方面，基于信息技术的学习资源内容丰富，并且具有交互的特性，可以激发自学能力较弱的学生的学习兴趣，允许他们以适合自己的节奏学习。信息技术可以鼓励学生在学习活动中表现更加活跃。

② 有效培养学生的信息能力。21 世纪的教育所面对的是信息技术飞速发展、信息资源极为丰富的信息时代，信息成为一种战略性资源，对信息的获取、分析、处理、发布、利用等方面的能力日益成为现代人基本的生存能力，整合信息技术和学科教学，有利于培养学生的信息能力。一方面，超文本特性与网络特性的结合实现信息共享，有利于实现能培养合作精神并促进高级认知能力发展的协作式学习，有利于实现能培养创新精神和促进信息能力发展的发现式学习，培养学习者共同生活的意识和能力。另一方面，学习者可以经常在 Internet 信息海洋中自由地探索、发现，并对所获取的大量信息进行分析、评价、优选和进一步的加工，然后再根据自身的需要加以充分的利用，在这个过程中学习者本身将得到关于信息能力方面的最好的学习与锻炼，使学习者能够运用信息并具有融入信息社会的态度和能力。另外，信息技术与课程整合还可以使学习者具有强烈的社会责任心，具有良好的与他人合作共事的精神，使信息技术的应用能推动社会进步，并为社会做出贡献。

③ 培养学生具有终身学习的态度和能力。学习资源的全球共享，虚拟课堂、虚拟学校的出现，现代远程教育的兴起，使人们可以随时随地通过互联网进行学习，学习空间获得大范围扩展。教育信息化还为人们从接受一次性教育向终身学习转变提供了机遇和条件。终身学习就是要求学习者能根据社会和工作的需求，确定继续学习的目标，并有意识地自我计划、自我管理、自主努力，通过多种途径实现学习目标。要实现终身教育和终身学习，信息技术与课程整合是一条有效的途径。它能增强学生的批判性思维、合作技能和解决问题的能力，能使教学个性化、学习自主化、作业协同化，使培养出的学生具有终身学习的态度和能力。

④ 培养学生掌握信息时代的学习方式。在信息化学习环境中，人们的学习方式发生了重要的变化。学习者的学习主要不是依赖教师的讲授与课本的学习，而是利用信息化平台和数字化资

源，师生之间开展协商讨论、合作学习，并通过对资源的收集利用，探究知识、发现知识、创造知识、展示知识的方式进行的。因此，通过信息技术与课程的整合，要使学生掌握以下信息时代的学习方式：①利用资源进行学习。②学会在数字化情境中进行自主发现的学习。③学会利用网络通信工具进行协商交流、合作讨论式的学习。④学会利用信息加工工具和创作平台，进行实践创造的学习。

第二节　信息技术与课程整合的内容和模式

信息技术与课程整合其实就是利用信息技术对教学结构进行优化。传统的教学系统由教师、学生和教学内容三个要素构成，而现代化教学环境下还有教学媒体这个要素。这几个要素不是简单地、孤立地拼凑在一起，而是彼此相互联系、相互作用形成的有机整体。

一、信息技术与课程整合的组成要素

从教学的角度来看，信息技术与课程整合一般具有如下一些组成要素：

1. 学科课程内容

既然是学科内容，那么不同的学科就具有不同的内容，如对文字的认识，对内容的阅读和理解，对内容的自我创作，概念的把握，图形的认识，简单与复杂的演算，个人对听、说、读、写能力的提高，科学知识的相关概念、原理、定律、实验数据的处置等，这些都是在信息技术与课程整合过程中不同学科所针对的不同类型的内容。

2. 信息技术的应用

对于信息技术的应用包含了信息技术环境的创设和信息资源的建立，信息技术环境的创设要有利于学习者对学习内容进一步的有效地掌握，信息资源的建立可以为学习者提供一个自我学习的环境。

3. 教师主导教学的行为

在进行信息技术和课程整合的过程中，要把教师在进行教学过程中对学生进行知识学习方法指导融入其中，如进行情景的创设，问题的设置等，同时要融入教师对学习者学习活动组织的策略。具体来说就是如何组织研究，如何组织进行协作学习等。

4. 学生的主体活动方式

信息技术的应用，主要是为了学生能够更好地学习知识，能够使教学的效果进一步优化。学习者在整个过程中是最重要的主体，因此在进行信息技术和课程整合过程中必须注重学习者的个体活动。如学习者如何进行资源搜索，如何发现问题并如何解决问题等。为了达到这些目的，必须让学习者明白自己在其中的角色，并能进行交流，进行辩论，进行合作。

二、信息技术与课程整合模式及要素

信息技术和课程整合的模式很多，下面介绍几种常见的：

（1）基于课堂讲授型的“情境探究”模式

这里所说的情境即情况、环境，一般是指由外界、景物、事件、人物关系等诸多要素构成的

某种具体的有机结合的境地。课堂教学情境，主要包括语言文字、图表、图像、实物材料、人物动作、人际关系等。探究就其本意而言，就是探讨和研究。探究是求索知识或信息，是求真的活动；是搜寻、研究、调查、检验的活动；是提问和质疑的活动。"探究"不同于"研究"，"研究"一般是指用科学的方法去探求事物的本质和规律，而"探究"则指"深入探讨，反复研究的活动"。"研究"一词似乎多了几分严谨、稳重，而"探究"则更有生气，更有动感，也更符合青年学生的生理和心理特点。

情境探究教学，是指教师根据教学目标和教学内容，创设特定的教学情境，引导学生自主探究的教学。具体就是指教师以现行教材为基本内容，以学生周围世界和生活实际为参照对象，选择综合而典型的材料，创设特定的语言、形声色、问题等情境，努力真实、全面地反映或模拟现实，引导学生应用所学知识，自主地探究事物的整体结构、功能、作用，分析理解事物的变化发展过程，从而形成新知识、新观点，进而找到解决问题的新方法、新手段。该模式中信息技术与课程内容教学的关系如图 7－1 所示。

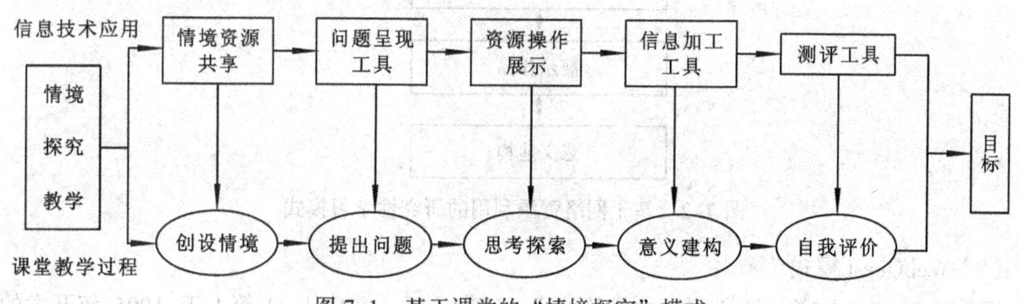

图 7–1 基于课堂的"情境探究"模式

基于课堂的"情境探究"模式除了兼具传统课堂教学师生面对面交流、信息反馈及时的特点外，还具有学生参与性高、学习方式灵活和学习资源丰富等特点，对于革新传统课堂教学，提高教学质量和效率，促进素质教育，培养创新精神和实践能力具有重要的意义。

（2）基于网络资源利用的主题研究型学习模式

主题研究型学习模式又称基于项目的研究性学习模式，是指在丰富的教学资源环境下，教师根据学生所关心的社会、生活或学习中的热点问题，要求学生确立论点；教师提供与主题相关的资源目录、网址和指南，指导学生检索资源或浏览相关网页；学生根据论点搜集相关的支撑材料，最终完成具有个性特点的论文或作品。

这种模式是通过社会调查、确定主题、分组合作、收集资料、完成作品、评价作品和意义建构等环节完成课程学习。其教学过程如图 7–2 所示。

主题研究型学习需要丰富的学习资源支持（包括丰富的信息资源和导师资源），现实世界由于教学资源的相对分散，收集困难，在一定程度上难以适应研究型学习对资源的需求。而网络中海量的信息资源，同步、异步并行的信息交流方式及超越时空传递信息的能力，解决了研究型学习信息资源和导师资源的不足，有利于学生探究真实生活中的实际问题。通过师生互动，不但培养了学生的合作精神，也体现了学生个人价值。

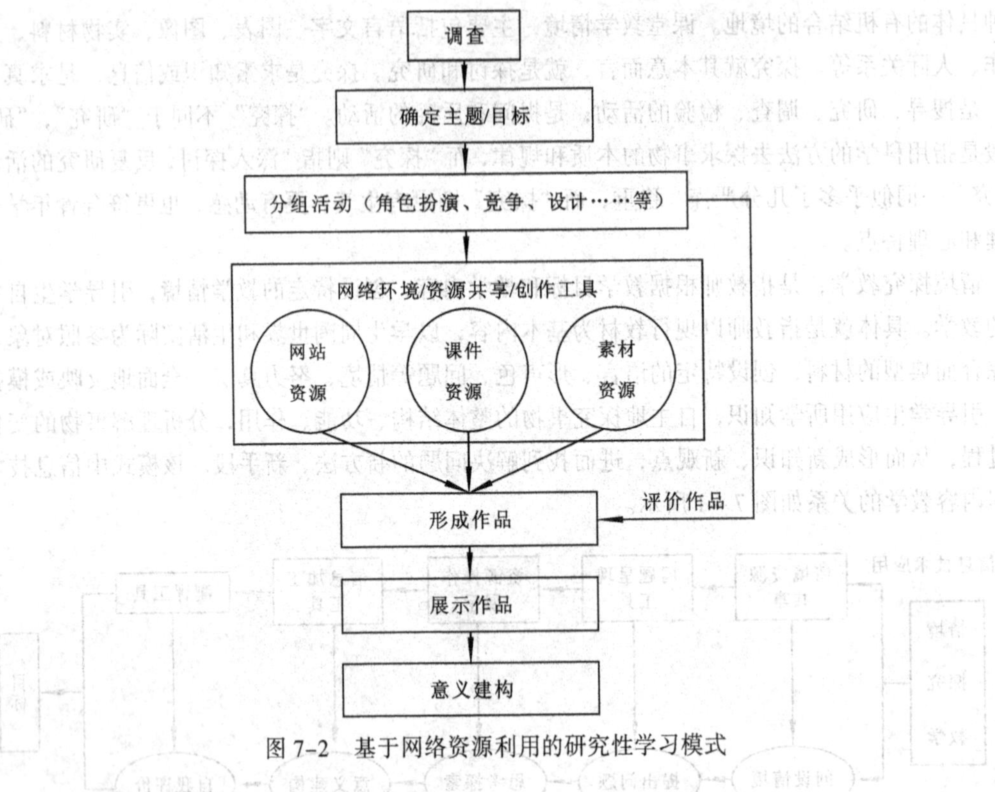

图 7-2 基于网络资源利用的研究性学习模式

（3）WebQuest 模式

WebQuest 是美国圣地亚哥州立大学的伯尼·道奇（Bernie Dodge）等人于 1995 年开发的一种课程计划。Web 是“网络”的意思，Quest 是“寻求”、“调查”的意思。WebQuest 是一种“专题调查”活动，在这类活动中，部分或所有与学习者互相作用的信息均来自互联网上的资源。根据这一意思我们可以把它译为“网络探究”。

一个 WebQuest 必须包括绪言（Introduction，主要是创设情景）、任务（Task，组成小组合作研究或个人独立研究，分析任务，发现并提出问题）、资源（Resources，教师围绕任务，预设学习资源）、过程（Process，学生进行自主探究，形成初步成果）、评估（Evaluation，自我评价和互相评价，实现交流与共享）、结论（Conclusion，学生进行反思，教师进行总结）等 6 个部分。除此之外还可以有诸如小组活动、学习者角色扮演、跨学科等非关键属性。其教学过程如图 7-3 所示。

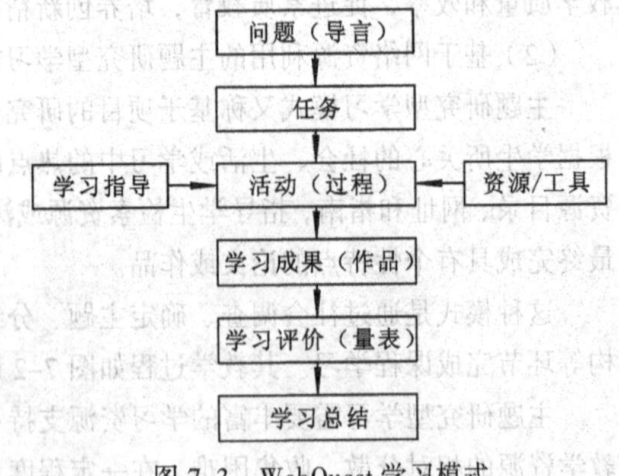

图 7-3 WebQuest 学习模式

（4）基于专题学习网站共建的任务驱动型学习模式

任务驱动学习模式，是指由教师根据课程内容，为学生安排一定的学习任务，让学生在完成学习任务的过程中掌握所学知识的一种学习方式。

该模式是指根据学习网站的专题内容与学习资源状况，提出任务，并通过任务驱动，培养学生的创新学习能力。其主要过程为：收集专题相关资源，上传资源，丰富资源库内容；利用专题资源，创作新网页型课件，丰富知识库内容；利用专题资源，环绕课程教学，形成学生作品，并对学生的创作实践进行评比和共享。其教学过程如图 7–4 所示。

（5）基于因特网的校际远程协作学习模式

校际远程协作学习是指校际之间，环绕相同的主题，分别以网站方式，相互展示学习内容、学习过程、学习成果以及学习体会，共同总结学习收获的一种协作学习方式。其特点是：以课程内容为主题的研究性学习；以网页设计、制作、观摩和讨论过程进行学习；不同地区相关学校组成学习共同体。其教学过程如图 7–5 所示。

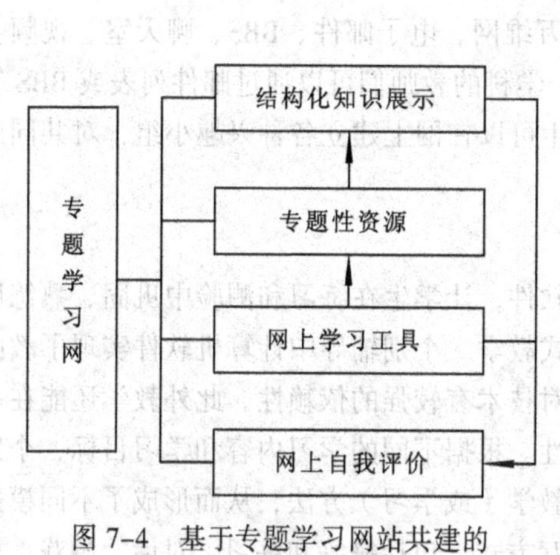

图 7–4 基于专题学习网站共建的任务驱动型学习模式

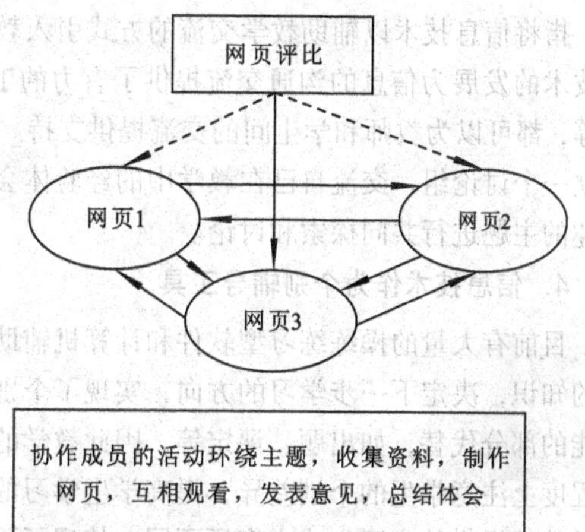

图 7–5 基于因特网的校际远程协作学习模式

三、信息技术与课程整合的具体方式

信息技术与课程整合的关键是如何有效应用信息技术的优势来更好地达到课程学习的目标，培养学生的信息素养、创新精神与实践能力。因此，要培养学生学会把信息技术作为获取信息、探索问题、协作讨论、解决问题和构建知识的认知加工和情感交流工具，其具体表现形式为：

1. 作为学习对象

信息技术作为学习对象包含三个方面的含义。

① 学习信息技术科学知识：与物理、化学一样，信息技术科学也凝聚了人类的智慧，学生应当学习信息技术科学知识，了解计算机的基本原理、构成、程序语言、历史以及未来发展趋势等。

② 学习信息技术基本技能：信息技术在社会中具有广泛的用途，作为未来社会的公民，学生应当掌握信息技术的基本技能，如开关机器、使用键盘和鼠标、管理磁盘软件等。

③ 学习信息技术对社会的用途和影响：信息技术对社会产生了重大影响，学生应当了解信息技术给社会各领域带来的变化以及问题，知道信息技术能做什么不能做什么。

2. 信息技术作为演示工具

这是信息技术用于学科教学的最初表现形式，是信息技术和课程整合的最低层次，目前大多数基础教育和高等教育都采用这种方式。

教师可以使用现成的计算机辅助教学软件或多媒体素材库，选择其中合适的部分用在自己的讲解中；也可以利用 PowerPoint 或者一些多媒体制作工具，综合利用各种教学素材，编写自己的演示文稿或多媒体课件，清楚地说明讲解的结构，形象地演示其中某些难以理解的内容，或用图表、动画等展示动态的变化过程和理论模型等。另外，教师也可以利用模拟软件或者计算机外接传感器来演示某些实验现象，帮助学生理解所学的知识。这样，通过合理的设计与选择，计算机代替了幻灯、投影、粉笔、黑板等传统媒体，实现了它们无法实现的教育功能。

3. 信息技术作为交流工具

指将信息技术以辅助教学交流的方式引入教学，主要实现师生之间情感与信息交流。网络通信技术的发展为信息的沟通交流提供了有力的工具，万维网、电子邮件、BBS、聊天室、视频会议等，都可以为教师和学生间的交流提供支持。同一个学科的教师们可以通过邮件列表或 BBS 等建立一个讨论组，交流自己在教学中的经验体会。学生可以在网上建立各种兴趣小组，对共同感兴趣的主题进行共同探索和讨论。

4. 信息技术作为个别辅导工具

目前有大量的操练练习型软件和计算机辅助测验软件，让学生在练习和测验中巩固、熟练所学的知识，决定下一步学习的方向，实现了个别辅导式教学。个别辅导中计算机软件实现了教师职能的部分代替，如出题、评定等，因此教学的发生对技术有较强的依赖性，此外教学还能在一定程度上注意学生的个别差异，提高学生学习的投入性。根据不同的学习内容和学习目标，个别辅导软件提供的交互方式也有所不同，体现了不同的教学（或学习）方法，从而形成了不同模式的个别辅导软件，反映了利用计算机进行学习时的交互方式，包括操练和练习、对话、游戏、模拟、测试、问题解答等。

个别辅导式教学一般通过计算机辅助教学（CAI）课件而实现的。课件是一种内容特定、组织良好的计算机辅助教学程序，这与一般的信息资源不同。学生可以通过与某种课件的交互来学习相应主题的知识和技能。在这种交互过程中，课件可以针对学生的反应情况给予反馈，展开下一步的学习内容，就像一个“辅导教师”。常用的计算机辅助教学课件主要有以下几种类型：①个别辅导型：这种课件的目的是引导学生学习某种新的知识技能。一般将某一课教学内容划分成一小块一小块的教学单元，每个单元针对一个知识点。在每个单元上，计算机先讲解这一单元的内容，然后向学生提问，以检查学生的掌握情况。如果学生已掌握了这个单元的内容，就进入下一步学习，否则就要进行补救性的讲解或辅导。②操练与练习型：操练与练习型课件的目的是帮助学生巩固和熟练所学的知识技能，提高学生完成任务的速度和准确性。在这种课件中，计算机首先向学生呈现要回答的问题，回答方式可能是选择题，也可能是通过键盘输入答案。如果学生的回答正确，就给予确认和鼓励，然后呈现下一个问题，否则计算机会针对学生的错误给予相应的提示，在尝试一定次数之后会给学生出示正确答案。③模拟型：计算机可以模拟某种现象或过程，教师可以利用计算机模拟来进行演示实验，也可以让学生直接对模拟软件进行操作，以发现其中的基本规律。此外，CAI 课件还有建模型、游戏型及问题解决型等。

5. 信息技术提供资源环境

用信息技术提供资源环境就是要突破书本是知识主要来源的限制，用各种相关资源来丰富封闭的、孤立的课堂教学，极大地扩充教学知识量，使学生不再只是学习课本上的内容，而是能开阔思路，了解到百家思想。同时，在丰富的资源环境下学习的同时，还可以培养学生获取信息、分析信息的能力，让学生在对大量信息进行筛选的过程中，实现对事物的多层面了解。

6．作为情境探究和发现的学习工具

一定的社会行为总是伴随行为发生所依赖的情境。如果要求学习者理解这种社会行为，最好的方法是创设同样的情境，让学生具有真实的情境体验，在特定的情境中理解事物本身。根据一定的课程学习内容，利用多媒体集成工具或网页开发工具将需要呈现的课程学习内容以多媒体、超文本、友好交互等方式进行集成、加工处理转化为数字化学习资源，根据教学的需要，创设一定的情境，并让学习者在这些情境中进行探究、发现，有助于加强学习者对学习内容的理解和促进学习能力的提高。

在发现性教学中，教师不是直接把现成的知识呈现给学生，而是给学生提供一定的问题情境和有关的资源，让学生通过自己的思考、探索来形成某些概念，发现一定的原理。在这种教学中，信息技术的作用主要是呈现探索情境，提供解决问题所需要的工具和信息资源，另外也可以评价检查学生的学习情况。

利用模拟软件或其他多媒体软件呈现探索情境，发现学习开始于需要学生探索的问题情境。传统教学中的习题往往是高度简化的，是与现实问题相差很大的“假问题”。在这些问题中，条件和问题是明确给出的，而且它们之间是对应的，即所需要的条件都给了，不需要的条件一点不提，这与现实世界中的问题情境截然不同。这种教学方式不利于培养学生解决实际问题的能力。因此，新的教学方式提倡让学生对真实性问题情境进行探索，而多媒体比文字更能够表现真实的问题情境，如可以用动画来表现一个故事情节，其中蕴含着需要学生解答的问题以及解决问题所需要的条件，这种方式更能激发学生的兴趣，而且更能保持问题的真实性。计算机模拟软件是发现学习的好工具。模拟软件一般向学生展现了某种情境或过程，其中蕴含着一定的变量关系，学生可以通过对模拟情境的操纵来发现其中的规律。一些开放的工具型教学软件也可以作为发现性教学的有力工具，如中学数学教师利用几何画板来发现三角形重心的规律、探索直角三角形的三条边的关系，等等。

通过信息技术来对呈现的社会、文化、自然情境的观察、分析、思考，激发学习兴趣、提高观察和思考能力；通过信息技术对设置的问题情境的思考、探索，利用数字化资源具有多媒体、超文本和友好交互界面的特点，培养发现问题、解决问题的能力；通过利用结点之间所具有的语义关系，培养学生进行知识意义建构的能力；通过信息技术创设的虚拟实验环境，让学生在虚拟实验环境中实际操作、观察现象、读取数据、科学分析，培养进行科学研究的能力，形成正确的科学研究态度，掌握科学探索的方法与途径。这些都是信息技术作为情境探究工具的主要作用。

7．信息技术作为信息加工与知识构建工具

信息技术可以培养学生的信息加工、信息分析能力和思维的流畅表达能力，强调学生在对大量信息进行快速提取的过程中，对信息进行重整、加工和再应用。将信息技术作为知识构建工具可达到对大量知识的内化，在内化的过程中还可以开展通信和交流，提高学生在信息技术环境下思考、表达和信息交流能力以及对信息的应用能力。在教学过程中，教师要密切注意学生整个的信息加工处理过程，在其遇到困难的时候给予及时的辅导和帮助。

8. 信息技术作为协作工具

计算机网络技术为信息技术和课程整合实现协作式学习提供了良好的技术基础和支持环境。计算机网络环境大大扩充了协作的范围，减少了协作的非必要性精力的支出，学生可以借助 Mud、E-mail、BBS 等网络通信工具，实现相互之间的交流，参加各种类型的对话、协商、讨论活动，促进学生独立思考、发展求异思维、培养创新能力和团队协作精神。在进行协作研讨性教学时，教师要注意：

① 精心设计讨论的主题，保证主题与教学目标的一致性。

② 在需要的时候，教师要起到“激励者”和“促进者”的作用，以促进讨论的深入和扩展，但教师不是主要发言人。

③ 在利用互联网进行协作研讨时，教师要明确研讨活动的目标和任务，说明学习者的具体责任，说明整个活动的大致时间表，要及时通过网络与参与者保持联系，通知大家最新进展情况，创造一种集体气氛。

④ 在活动的最后，教师可以做精炼而关键的概括。

9. 信息技术作为研发工具

虽然我们强调对信息的加工、处理以及协作能力的培养，但最重要的还是要培养学生的探索、自己发现问题和解决问题的能力，以及创造性思维能力，这才是教育的最终目标。在实现这种目标的教学中，信息技术扮演着“研发工具”的角色。如在中学数学教学中，几何画板可为学生提供自我动手、探索问题的机会：当面对问题时，学生可以通过思考和协作，提出自己的假设和推理，然后用几何画板进行验证；在经济学课程中，虚拟现实技术可以模拟真实的商业情境，让学生在各种真实、复杂条件下做出决策和选择，提高学生对真实问题的解决能力。

10. 信息技术作为评价工具

新课程改革要求评价的功能、内容、方式等要发生改变。评价的功能不再是单一地评定学业成绩的好差，更重要的是对教师的教学、学生的学习进行诊断，为改进教与学提供参考；评价的内容也不再局限于学生的知识掌握情况，开始关注学生的能力及其发展的过程，重视过程的评价；考试不再是唯一的评价方法，档案袋评价、课堂评价、学生自我评价、调查问卷等都成为评价的一部分。这些改变对教师提出了新的要求，要求教师不仅要经常性地设计课堂评价表、调查问卷、学生自主评价表等，还要付出更多地精力来统计、管理这些评价用的材料和相关信息，这对于过程性评价是否能真正落到实处、真正实现评价诊断教学的功能都将是一个极大的挑战。如果有一个高效的电子评估系统，将学生的成长档案袋、日常的评价信息、调查问题等进行电子化管理，那么就有可能使教师从繁重的统计、档案管理中解脱出来，使他们有更多地精力关注教学，关注评价结果所表现的教学信息，利用评价诊断教与学中出现的问题，从而促进教与学。

11. 计算机作为教学管理工具

计算机管理教学（CMI）是指用计算机来帮助教师进行教学的管理，也就是辅助教师对学习过程进行跟踪记录和评估等。狭义的计算机管理教学仅指专门的计算机管理教学系统的应用，广义上的计算机管理教学还包括文字处理、电子表格、数据库、统计分析、通信等软件在教学管理中的应用。

第三节 信息技术与课程整合的方法、原则与实现机制

一、信息技术与课程整合的方法

信息技术与课程整合的方法是什么，人们一直渴望找到一剂良方，一把万能钥匙。如何具体整合属于教学方法范畴，况且不同学科具体整合的方法不一样，所谓教无定法，所以企图为所有的学科规定统一的整合方法是不可能的，也是不可取的。但信息技术与不同学科课程的整合具有一定的共性，我们反对将信息技术与不同学科课程整合定式化，但对其应遵循的一般规律还是有必要进行探讨。

1. 基于任务的学习

以“任务驱动”组织教学过程的思想，是建立在建构主义教学理论基础上的。“任务驱动”教学法强调学生在真实情景中的任务驱动下进行学习，学习活动必须以大的任务和问题相结合，以探索问题来引发和维持学习者的学习兴趣，这一教学方法适用于培养学生的创新能力和独立分析问题、解决问题的能力。它由以下几个环节组成：

① 创设情境：使学习能在和现实情况基本一致或相类似的情境中发生。

② 确定问题：在上述情况下，选择出与当前学习主题密切相关的真实性事件或问题作为学习的中心内容（让学生面临一个需要立即去解决的现实问题）。

③ 自主学习：不是直接告诉学生如何去解决问题，而是由教师向学生提供解决问题的有关线索，并特别注意发展学生自主学习的能力。

④ 协作学习：讨论、交流，通过不同观点的碰撞，补充、修正、加深每个学生对当前问题的理解。

⑤ 效果评价：由于基于问题的学习要求学生解决面临的现实问题，学习过程就是解决问题的过程，既由该过程可以直接反映出学生的学习效果。所以，对这种学习效果的评价不需要进行独立于教学过程的专门检测，只需要在学习过程中随时观察并记录学生的表现即可。

2. 协作式学习

协作式学习是在充分利用各种通信系统的基础上实施的一种学习形态，是学生以小组形式参与、为达到共同的学习目标、在一定的激励机制下最大化个人和他人学习成果，而合作互助的一切相关行为。它能充分表现信息技术与课程整合的特点，有效地培养学生的协同工作能力，增强个人责任感，提高社交技能，培养学生的信息能力，分析问题、解决问题的能力。

协作式学习可实现不同地域的合作，进行大面积的体验学习，利用因特网可进行国际间的交流、校际间的交流，也可进行不同文化间的交流。学生在这种交流中进行学习，实现能力的培养。信息技术的突飞猛进，使协作式学习潜在的价值吸引了越来越多的研究与开发投入。计算机支持的协作学习（Computer Supported Cooperative Learning，CSCL），以其强大的交互性（传输信息丰富性、交互人数可变性、交互控制权既可均衡分配又可高度集中的可设计性、时间和空间的灵活性、交互过程的可记录保存性）和协作性（支持共享信息、支持共享活动、支持角色扮演、支持创造行为、支持控制管理）显示其广阔的前景。目前有不少网络教学平台支持协作学习。

（1）Virtual-U

Virtual-U 联机教育系统，是一套服务器上运行的软件系统（开发工具），由加拿大某大学开

发，可实现以下功能：①创建会议与子会议，允许更加集中、更加具体的讨论主题；②为每个会议定主题、结构、参与者；③参与者可以看到所定制协商的列表，并可以通过讨论主线、作者或日期来搜寻信息；④可以选择是浏览全文还是标题；⑤师生或协作者间分享意见；⑥定制符合学校品牌与形象的校园氛围；⑦确定协作组；⑧允许学生进行角色扮演，如扮演讨论的仲裁者、参与者、观察者；⑨在消息中插入多媒体素材，如图形、视频和动画等。

（2）WebCL

WebCL 是由北京师范大学网络教育实验室在教育部远程教育关键技术项目的支持下成功开发的一套完整的协作学习系统，该系统除了支持资源共享、不同分组策略和互动协作等功能外，还具有任务调度、项目管理等功能，是一个真正全面支持协作学习的教学支撑平台，具有如下功能：①对学生的学习风格与智力特征进行测量；②根据学生特征与选取的学习内容进行自动分组（由教师指定分组策略）；③对小组的协作学习过程提供材料支持；④对小组的协作学习过程进行记录；⑤自动对协作绩效进行评价。

3. 研究性学习

研究性学习又称基于方案的学习，它是对主题和专题做深入研究的模式，包括收集信息、加工信息、应用信息等过程，是相对于接受学习而言的发现学习。它不像接受学习将学习内容直接呈现给学生，而是将学习内容以问题的形式来呈现，它追求的不仅仅是一个结论，更是一种经历，即使是失败或挫折。和接受学习相比较，它具有开放性、问题性、实践性、参与性的特征。

研究性学习是以建构主义理论为指导的一种学习方式，其目的在于改变学生被动接受知识的学习方式，建构开放的学习环境，提供多渠道的获取知识、应用知识的机会，促进学生形成积极的学习态度和良好的学习策略，培养其创新精神和实践能力。它强调学生在真实的情景中主动探索，然而在具体教学实践中，由于教学条件和时间的限制，完全在现实场景中实现研究性学习是不太现实的。信息技术与课程的整合为研究性学习的顺利实施创造了条件：计算机网络以其便捷性、交互性、超时空性等技术优势，创造了一个全新的、开放的学习环境。丰富的网上资源和多媒体网络环境是实施研究性学习的重要条件。

4. 综合学习

综合学习是以培养学生自我生存能力为主要目标的学习形态，它也是实现信息技术与课程整合的主要方法。信息技术与课程整合可根据综合学习的学习过程进行设计。综合学习是一种探究性学习的学习形态，其学习流程如下：将学生置于问题环境，学生自主地发现问题→决定课题→制订计划→探究学习→解决问题→评价→课题再构成、再探究→总结、发表、交流、推广、应用。

首先，将学生置于实际的环境中，让学生在实际环境中与环境相互作用，发现问题。根据问题，学生自主地决定应解决的课题，并基于所决定的课题，自主地研究制订解决该课题的计划。该计划应包括所研究课题的目标、方法、过程、人员、分工等。

其次，通过学生自主地探究，进行课题解决，并对解决问题的过程、方法、结果进行评价，在探究、评价的基础上，学生对课题及其解决有了一定的认识，基于这种认识，应对课题进行再认识、再探究。如此反复，最后对课题及其研究实现完全的解决。

最后，在课题完成的基础上，应进行总结、发表、交流。一方面可对课题及其解决有更深入的认识、理解，同时让学生有一种成就感。这个过程也是培养学生信息表现能力、协同工作能力的一个过程。

课题解决后，应注重成果的推广、应用，使课题及其研究又返回到实践中。在整个综合学习的过程中，始终应让学生与实践紧紧地连接在一起。

二、信息技术与课程整合的基本原则

信息技术与课程整合不等于信息技术与课程混合，其中影响信息技术整合效果的因素有很多。在利用信息技术之前，应该做好“三件”建设，首先是硬件建设，主要是信息技术设备、设施的建设。其次是软件建设，即课程和教材的建设。第三是潜件建设，即整合理论和方法的建设，这个建设是起决定作用的。教师要掌握一定的信息技术，清楚信息技术的优势和不足，以一定教育理论为指导，根据学科教学和教学对象需求，设法找出信息技术在哪些地方能优化教学效果。具体说来，信息技术和学科整合时需遵循以下基本原则：

1. 运用正确的教育理论指导信息技术与课程整合的实践

现代学习理论为信息技术与课程整合奠定了坚实的理论基础。在教学和学习的层面上，每一种理论都具有其特定的正确性，但是一旦推广到实践中却没有一种理论显现出普遍的合理性，换而言之，无论哪一个理论都不能涵盖其他理论而成为唯一的指导理论。否则，误入了二元分立的思维方式易导致为了克服一种片面性而又陷入另一种片面性。行为主义学习理论对需要机械地记忆知识或具有操练和训练教学目标的学习有其合理成分。认知主义学习理论的指导作用，主要体现在激发学生的学习兴趣、控制和维持学生的学习动机。建构主义学习理论提倡给学生提供建构理解所需要的环境和广阔的建构空间，让学生自主地、发现式地学习。建构主义较适合于不良结构领域的高级学习，而对于中小学生来说，由于他们正处在知识积累和思维发展阶段，他们的认知结构还比较简单，自主学习能力还没有得到很好的培养，这个年龄阶段的学生还缺乏自制力。因此，教师的指导、传授及人格魅力的影响，就有着不可替代性。因此，在信息技术与课程整合的应用中应该兼顾各种理论的合理成分，根据教学对象、教学内容及教学媒体等多种变量，灵活地运用理论并指导实践。

2. 根据教学对象选择整合策略

人类的思维类型可按抽象思维、具体思维、有序思维和随机思维进行组合，不同学习类型和思维类型的人的学习成效与他们所选择的学习环境和学习方法有关。在长期的教学实践中，我们也可以发现，有的学生不能主动地对外来信息进行加工，喜欢有人际交流的学习环境，需要明确的指导和讲授。而有的学生在认知活动中，更愿意独立学习、个人钻研，更适应结构松散的教学方法或个别化的自主学习环境。因此，信息技术与课程的整合应该根据不同的教学对象，实施多样化、多元化和多层次的程合策略。

3. 根据学科的特点构建整合的教学模式

每个学科有其固有的知识结构和学科特点，对学生的要求是不同的，如语言教学的一个任务是培养学生运用语言的能力，训练学生在各种不同的场合下，用正确的语言，流利地表达自己的思想，很好地与别人交流。为此，应该利用信息技术，模拟出接近生活的真实的语境，提供给学生反复练习的机会。数学属于逻辑经验科学，主要由概念、公式、定理、法则以及它们的应用问题组成，数学教学的重点应放在开发学生的认知潜能，可以通过给学生创设认知环境，让他们经历由具体思维到抽象思维，再由抽象思维到具体思维的思维过程完成对数学知识的建构。而物理学和化学，是与人们生活、生产密切相关的学科，应注意学生的观察能力、解决问题的能力和亲自做实验的动手能力等。对那些需要观察自然现象或事物变化过程的知识，形象和直观的讲解有助于学生理解和记忆，但对培养学生操作能力来说，如果用计算机的模拟实验全部代替学生亲手实验，则违背了学科的特点，背离了培养动手能力的学科教学目标。因此，对于不同的学科，既有相同的整合原则，也应该根据学科的特点采用不同的整合策略，信息技术与课程整合的方式不相同。

① 加强学生的动手能力。因为信息技术是一个应用性很强的实践领域，而非纯理论性领域，因此积极参与、积极探究和合作，更要求学生亲身体验、具体操作、反复练习。

② 优化组合各种媒体的优势，促进媒体技术的广泛运用。"信息技术"与"计算机技术"是两个不同的概念，信息技术的范围十分广泛，包括多种媒体，如摄像机、电视机、录音机、照相机等。应该要求学生掌握各种媒体的功能和操作方法，利用各种媒体制作电子作品。

③ 通过学生的学习结果作品化的形式，促进成果的共享交流。获得学习成果之后，应该要求学生将学习成果发布给其他人，包括同学、老师、家长以及社会上的各种人员。这样能够培养学生更多的能力，包括交流能力、表现力、约束力，还能够使学生分享更多的学习成果，并能够大大提高学生的自我效能感，增强自信心。

三、信息技术与课程整合的实现机制

1. 信息技术是整合的物质条件

没有信息技术，没有娴熟的运用信息技术的能力，那么信息技术与课程的"整合"只能是"凑合"。信息技术为整合提供了充分的物质条件，具体表现在它可以用于数字化硬件环境的建设，教育资源建设，以及作为教与学的优化的有效工具。

（1）信息技术是整合的数字化硬件环境建设的必备条件

数字化硬件环境建设主要是建设能支持信息技术应用于教育的硬件设施，包括各种教学媒体，校园服务设施，各种配套的教学、管理、实验设施等，主要分为：①以多媒体计算机技术为核心的信息技术设施的建设。包括用于课堂教学的多媒体教室、多媒体语言学习系统、网络教室，用于个别化自主学习的 CAI 系统、电子阅览室，方便教师备课的电子备课室等现代化的教学场所。②校园网络建设。包括校园局域网的建设和连接 Internet、中国教育科研网、中国教育教学网、中国教育考试网、中国教育信息导航台等网络的广域网的建设，以保证师生员工快捷、方便地获取相关信息资源。③校园广播、电视设施的建设。包括配置相关的广播、电视设备，建设相应的电、声、光学用房、实验室，建设校园广播网、电视网，使各种信息在校园里更好地流通和传播，满足师生的各种需要。④校园远程教育系统设施的建设。主要是远程广播教学系统、远程电视教学系统、远程网络教学系统以及相应的设施和用房的建设，以方便学习者能够进行远程学习。⑤校园管理控制系统的建设。包括相应的计算机管理系统、电子监测系统、电子测量系统、办公管理系统、信息发布系统、视频会议系统、网络安全系统等。控制系统必须能兼顾全局，包揽总体。考虑到实际情况，各学校可以根据实际条件和需要，分批分步建设，逐渐完善。

（2）信息技术是多元化课程资源开发的必备物质条件

在一定意义上可以说，教育资源的开发与利用水平决定了课程实施的程度，也影响着信息技术与课程整合的实施。当前，为了整合的有效实施，必须加大对信息化教育资源建设投入的力度。

有条件的地方还应提倡利用卫星电视、网络教育等远程资源。对于一些贫困地区，应该尽量地开发和利用观念形态的、隐性的课程资源，立足本地本校的实际，因地制宜，充分利用当地自然的、历史的、富有地方和民族特色的课程资源。当然，我们重视整合中课程资源的建设，并非要所有教师都去开发新的资源，而是要求广大教学工作者适当地利用信息技术这一有力工具，广泛搜集、整理和充分利用已有资源。同时，信息技术也可以作为交流手段，促进在资源建设的过程中地区间、学校间的交流和合作。

（3）信息技术是整合中必需的教学手段和学习工具

将信息技术作为一种工具应用于学科教学之中，是整合的表层，目的是促进教师的教和学生的学。这一层次的整合是基于将信息技术作为教学手段、作为学习工具的视角来探讨的，整合定位于方法论的范畴，研究信息技术对教学信息再现的作用，对教学质量的影响，对发展学生思维能力、分析问题和解决问题的能力的作用。通过信息技术手段营造一定的学习环境，从而研究学生的个别化学习、网络学习、协作学习、讨论学习、研究性学习等内容。这一层次的整合使信息技术融合到教学过程中的教学目标、媒体信息、教学对象、学习方法、学生能力发展等各个要素之中。《基础教育课程改革纲要（试行）》中指出："要大力推进信息技术在教学过程中的普遍应用，促进信息技术与学科课程的整合，逐步实现教学内容的呈现方式、学生的学习方式、教师的教学方式和师生互动方式的变革，充分发挥信息技术的优势，为学生的学习和发展提供丰富多彩的教育环境和有力的学习工具。"

因此要实现这一目标，要求教师和学生能熟悉信息技术，并能够有意识、合理、熟练地运用信息技术去解决教育教学中的相关问题。教师能够根据教学的需要，依据建构主义的有关理论，运用信息技术手段营造合适的教学环境，为教师的教和学生的学提供帮助。学生能够按照教师的要求，运用适当的信息技术去探索、解决问题，最终完成学业任务，发展相关技能。需要指出，在整合的实现过程中，不能为了使用技术而使用技术，要清楚地认识到信息技术只是教学的一种工具或手段，不应该去排斥以往所使用的技术和手段。而对它们进行选择的标准就是能否最有效地实现教学（或者说课程）的目标，在同时能实现目标的情况下，应该选择经济实用的工具或技术。

综上所述，只有最新的思想观念走在先，娴熟技能、资源丰富、硬件设备跟上、有效"信息技术与学科课程整合"才会成为可能。

2．课程整合的相关机制

① 课程改革的要求是整合的实现机制。新课程改革鲜明地提出三位一体的课程功能，即知识与技能、过程与方法、情感、态度与价值观，促进学生全面发展。这一培养目标体现了时代的要求，也从根本上改变了应试教育的影响。课程改革具体还强调促进每个学生身心健康发展，培养良好品德，培养终身学习的愿望和能力；改革课程结构过于强调学科独立性、门类过多和缺乏整合的现状，加强课程的综合性、选择性；加强信息技术教育，使学生适应现代社会与科技的进步与发展。通过综合实践活动的信息技术教育、研究性学习、社区服务与社会实践、劳动与技术教育，增强探究和创新意识，培养科学态度和科学精神，发展综合应用知识、分析和解决问题的能力，培养学生的创新精神和实践能力。

各学科课程标准，在力求通过加强过程性、体验性目标，以及对教材、教学、评价等方面的指导的同时，更要引导学生主动参与、亲身实践、独立思考、合作探究，发展学生搜集和处理信息、获取新知识、分析解决问题的能力，以及交流与合作的能力。信息技术在新课程改革中具有举足轻重的地位。不过我们不能把信息技术作为学习的对象，而应当作为学习的工具，要努力实现信息技术与课程的整合，实现教学方式、学习方式的根本变革。因此课程改革的要求就成了信息技术与课程整合的实现机制。

② 学习资源扩充是整合的动力机制。信息技术和课程整合，要求学生自主地从丰富的信息资源中获取有效的教学信息，通过自主发现和自主探索，达到培养学生的创新精神和信息素养的目的。没有丰富的高质量的教学资源，就谈不上学生自主学习，也不可能让学生进行自主发现和自主探索，传统的教学结构也不会产生根本性变革，2l世纪素质教育的培养目标也无法落实。

③ 教师能力是整合的实施机制。在信息技术和课程整合的过程中，教师的素质和能力也是决定整合效果的关键因素之一。教师具有良好的素质，是实施素质教育、培养21世纪新型人才的根本保证。信息意识、信息能力才是教师信息素质的主要内涵。教师的教育观念，信息技术的能力和素养等因素都直接影响着能否将信息技术与课程有机的整合，所以教师的能力是整合的实施机制。

第四节　信息技术与课程整合中教师角色定位和能力要求

信息化社会的教师，面临信息技术与课程整合的开放式教学环境的影响，需要顺应时代要求，重新进行自身角色的定位。

一、信息技术与课程整合中的教师角色定位

为适应教师角色的发展变化，教师必须进行角色转换，重新进行角色定位，实现真正意义上的信息技术与课程整合，促进信息化教育的不断发展。

1. 教师作为学习的组织者和引导者

信息技术与课程整合构成的新教学环境中，教师要转变其拥有知识的权威者角色，而成为学习的组织者。传统的学校教育是“以教师为中心”的，教师作为知识的化身而进行单向的知识灌输。布鲁纳认为，知识的获得是一个主动的过程，学习者不应是信息的被动接受者，而应该是知识的主动参与者。在第斯多惠所著的《德国教师培养指南》一书中写到，“不称职的教师强迫学生接受真知，一个优秀的教师则教学生主动寻求真知。”在信息技术与课程整合的教学环境下，要求教师转变自身形象，成为学生学习的组织者，为学生的自主学习创造条件。作为认识和实践活动的主体，学生主体性的基本特征表现在自主性、能动性、创造性等方面，学生主体性的发挥需要教师的指导，因此教师必须首先认识并认同学生作为学习主体的地位，尊重学生的主体性，转变传统的“以教师为中心”的做法。

我国的教育长期以来对学生的主体地位重视不够，在教育过程中，教师仅仅把学生作为教育的客体，忽视了学生主体性的培养和发挥。教师从自己的教学经验出发把书本上的知识传授给学生，学生只是接受知识的“容器”，完全处于被动的位置。这种“以教师为中心”的教学方式割裂了知识与学生经验的内在联系，不能很好地从学生经验出发培养身心和谐发展的未来人才。在信息技术与课程整合中，教师再也不能固守原有的“以教师为中心”的做法，必须站在学生中间，从学生的经验出发来开发活动课程并组织学生的实践活动。

在信息技术与课程整合构成的教育教学环境中，教师作为学生学习征程上的引导者必须改变

信息的传播者或知识体系的呈现者的角色，其主要职责应从“教”学生，转变为“导”学生，主要体现在：

① 作为学习的指导者。信息技术在教学中的应用，使学生对网络学习目标和过程的认识产生很大的局限性，教师必须从系统的角度去考虑组织学习的整个过程和安排有关细节，包括如何运用网络来激发学生的兴趣等。还有在网络教学中，学习资源的组织是采用超媒体方式，而超媒体容量大、内容丰富，学生使用超媒体学习时就像在信息海洋中遨游；另外超媒体是由结点和链组成的网状结构，结构关系复杂，大部分结点都连接到多个结点上，并且有些结点间的链接并没有真正表达出结点间的关系，或给出这些链接的一个适当的解释，这样学生在学习时就容易迷失方向，即迷航。因此，教师需要对网上学习过程进行精心地监控，同时积极引导学生避免在信息海洋中迷航。

② 作为知识获取的促进者。学习是获取知识的过程，而知识并不是完全通过教师传授得到的，而是学习者在一定的情境（社会文化背景）下，借助他人的帮助，利用必要的学习资源，通过努力而获得。因此，在信息技术与课程整合构成的学习环境下，教师的作用将不再仅仅局限于将一套组织得很好的知识集合清楚、明晰地讲解或呈现出来，更主要的在于运用信息技术手段激发学生的学习兴趣，努力促使学生将当前学习内容所反映的事物尽量和自己已经知道的事物相联系，通过创设符合教学内容要求的情境和提示新旧知识之间联系的线索，帮助学生明确当前所学知识的意义，在条件允许的情况下尽可能组织协作学习（开展讨论与交流），并对协作学习过程进行引导，使之朝着有利于知识掌握的方向发展。如提出适当的问题以引起学生的思考和讨论；在讨论中设法把问题一步步引向深入以加强学生对所学内容的理解；启发诱导学生自己去发现规律，自己去纠正错误。

③ 作为学生的学术顾问。在新学习环境下，学生之间除了协作学习外，个别化学习也是学习的主要形式。因此，为了适应和促进学生的个别化学习，使每一个学习者都能获得适合他们各自特点的教学帮助，使每一个人的潜力都能得到最大发挥，教师还将扮演学生的学术顾问的角色。作为学生学术顾问的教师将独自或与他人合作给学生一定的宏观引导和帮助，如确定学生为完成学业所需学习的知识和技能；帮助学生选择一种适合其特点的、能有效完成学业的学习计划；指引学生进行学术研究；对学生的学习情况给予一定的检查、评价等。其最终的目的在于促进学生有效学习。

教师作为组织者和引导者，要面向全体学生，了解和研究每一个学生的需要及其发展的可能性，注重个别指导，尽可能满足学生的不同需要。

2. 教师作为课程的设计者和开发者

在信息时代，知识更新速度极快，这就使得课程和教学形式不可避免地发生变化。为了跟上这种变化，教师应具备课程设计和开发的能力，要以先进的媒体技术为基础，以建构主义理论为指导，改革课程结构，制定最佳教学策略和信息组织形式，重组课程传递方式，使之适应时代的变化，达到更佳的信息技术与课程整合效果。

同时，教师还应是信息资源的设计者和查询者，在一个基于多媒体计算机和网络通信的学习环境中，为了支持学生的主动探索和完成对所学知识的了解和掌握，教师在学生的学习过程中要为其提供各种信息资源，即进行信息资源的设计：确定学习某个主题所需信息资源的种类和每种资源在学习过程中所起的作用。为此，教师还将承担在线专职信息查询顾问的角色，这一角色要求教师自身不仅要掌握多媒体技术以及与此相关的网络通信技术，学会在网上查找信息，能够设计开发先进的教学资源，并将它们融于教学活动中，为学生创设必要的、最佳的学习环境，除此之外，教师还必须帮助学生学会如何获取信息资源，从哪里获取以及如何有效地利用这些资源完成对知识的主动探索和掌握。

教师作为一门课程或整套课程体系开发者的角色在传统教学中也存在，但主要是课程的消极接收者或实施者。著名教育技术学家 Lee 和 Reigeluth 在谈到作为课程开发者的教师角色时曾提出：教师在开发课程体系时需要有一种建构主义的眼光，须考虑社会生活每一方面的剧烈变革对课程体系和教学模式等方面的影响。在信息时代，在新的学习环境下，作为课程开发者的教师，其主要作用已经发生了显著的变化。在信息技术与课程整合中，教师更要重新确定基于一系列新技能技巧之上的课程体系及课程结构，重新组织课程的教学形式、教学策略，不断评价、完善新的课程体系。因此，在新的教学环境下，作为课程开发者的教师，在对某一门课程的教学上，将不仅仅局限在确定出某门课程应进行的时数，在和学生进行该课的讨论时，应采取什么样的启发诱导方式，或某一门课程宜划分几单元，应给学生布置什么样的任务等诸如此类的具体工作，更重要的是要根据信息时代发展的需求，不断更新教学内容，改变教学的组织形式和方法，完善新的课程体系。教师作为课程的设计者和开发者的角色，最终要求教师要从课程开发活动的外围逐渐走向参与，以课程开发者的姿态承担课程开发的权责，转变消极的课程实施者的角色。

3. 教师作为教育教学的研究者

苏霍姆林斯基说过："如果你想让教师的劳动能够给教师带来乐趣，使天天上课不至于变成一种单调乏味的义务，那你就应当引导每一位教师走上从事研究这条幸福的道路上来。"

1960 年，英国学者劳伦斯·斯坦豪斯（Lawrence Stenhouse）提出了课程开发的过程模式，并从课程实施的角度首倡"教师作为研究者"（teachers as researchers）理论。斯坦豪斯认为，在以过程原则为基础的课程中，教师应该扮演学习者和研究者的角色，它促使教师在教学上采用探究的方法而不是讲授、指导的方法。教师应以研究者的形象出现，而不是经验和技术型的专家。斯坦豪斯的观点受到越来越多的人的认可，并通过积极反思"教书匠"式的教师形象而对教师作为研究者提出了新的要求。

研究并不是科学家和理论工作者的专利，为了提高教学实践的质量和深入认识自身的专业行为，教师有必要进行研究。由于使用了先进的媒体传播技术，教师已从繁重的教学工作中解放出来，有了更多的时间和精力来从事教育科研，为实现由"教书匠"向"研究型"教师的转变，成为名副其实的教育专家提供了时间保障。教师要研究在现代信息技术环境下学生学习的特点及规律；要进行教学实验，研究创设不同的学习情境对学生学习产生地影响；要研究如何利用新技术提高学生高层次思维及解决问题的能力；要研究如何利用最佳信息呈现方式，突破课程中的重点、难点；要研究和评价网络提供的信息资源，为充实和改变教学内容准备资料等。教师作为研究者的新角色有利于确立教师的研究地位、树立新的教师形象，对教育理论和教育实践都有积极意义。

4. 教师作为新知识新技术的学习者

在科学技术发展和知识积累相对静止的农业经济和工业经济时代，教师可以在传统学校里进行一次性"充电"后向学生永远"放电"。在科学技术迅速发展和知识剧增的信息社会里，教师不可能一次性"充电"后永远"放电"。据专家预测，自 1960 年以来，工科大学生迈出校门时，其所学知识的50%已经过时。所以说，未来的社会是一个学习化的社会，作为知识象征的教师，要适应不断发展变化的科学技术，必须具备自我发展、自我完善的能力。要不断地提高自我素质，积极地从多方面、多渠道充实自己，要不断接受新知识、新技术，及时更新知识结构，以使自己的教育观念、知识体系、教学方法跟上时代的变化。例如，在现代信息技术条件下，有的教师因习惯于传统教学手段而对新的教学媒体拒之门外；有的认为信息技术高不可攀，产生了技术恐惧症；有的对新技术期望值过高，由于失败而产生了无效感和失望心理。凡此种种，教师不学习掌握现代信息技术的基础知识、不具备操作现代教育媒体的能力，就不能完成角色定位，就不会走出传统迈向现代，就无法顺应现代教育。

在第45届国际教育大会上，德洛尔在主题发言中特别强调教师的四点责任之一，就是教师自身的培训，教师必须终身学习并不断地再培训自己。教师不仅是照亮别人的“蜡烛”更是不断充电的长明灯。教师教书育人的过程是一个不断追求的过程，是教师不断发展和完善的过程，也是自身价值得到提升的过程。要强化“活到老，学到老”的意识，让学习伴随自己的一生。教育教学不再只是教师的工作，还应该成为教师的事业。

5. 教师作为群体的协作者

协作即指通过互相配合来共同实现某种目标、完成某个任务的意识。在《国际教育大会第35次会议给各国教育部的建议书》中提出“必须认识到，学校教育的效果在很大程度上依赖于师生之间新型关系的建立（他们在教育过程中成为了更活跃的合作者），依赖于教师同他们的同事，同其他可能的合作者之间的新型关系的发展。”

苏联教育家马卡连柯指出“无论哪一个教师，都不能单独地进行工作，不能做个人冒险，不能要求个人负责，而应当成为教师集体的一分子”，只有与其他教师合作，每个教师才能“使自己本身的成就辉煌起来，同时，使整个集体的成就也辉煌灿烂起来。”

在传统教学中，教师之间也曾尝试过群体协作，共同努力完成某件事情或解决某一难题。但传统教学中的协作仅局限于教师之间，而且是在很小范围内教师间的协作，没有或很少有学生参与。在信息技术与课程整合构建的新的教学环境下，特别强调协作学习。但这里的“协作”是一种新型的相互协作关系，它强调学生的参与，强调学生在教师的组织和引导下一起讨论和交流，对问题提出自己的看法、论据及有关材料，并对别人的观点做出分析和评论。通过这样的协作学习，学习者群体（包括教师和每位学生）的思维与智慧就可以被整个群体所共享，整个学习群体共同完成对所学知识的了解到掌握，多媒体计算机和网络通信技术的发展为这种“协作学习”环境提供了技术上的支持，在这种新型的协作学习环境中，教师作为群体协作者的作用体现在组织协作学习，并对协作学习过程进行引导，与学生建立良好、和谐的师生关系，同时在合作的环境中发展学生的创造能力。除了师生间的协作学习外，教师之间借助以计算机网络为代表的信息技术提供的便利，可进行超越时空地协作，打破以往封闭自锁，将自己与他人隔离开来从事研究的局限。同时，开展同事合作，集体备课，共同进行教学设计，开发教学软件，集中大家智慧，提高教学质量。

西方的研究证明，校内教师之间的协作互助能够有效地促进教师把新学到的知识和技能应用到课堂教学。乔依斯与许瓦斯（Joyce & Showers，1982）通过等组试验发现，教师在课程培训的同时，如参加校内同事间的互助指导，可有75%的人能在课堂上有效应用所学内容；否则只有15%能有同样的表现。其他的研究（ Sparks，1986，Singh & Shifftte，1996）也发现同事间相互协作远胜于单元式的工作作坊。事实证明，在信息时代，仅靠“单打独拼”的工作方式已经很难胜任工作的需要，教师必须走上“协作”、“合作”化的道路。

6. 教师作为学生的评价者

评价具有导向、激励作用。“评价不仅要关注学生的学业成绩，而且要发现和发展学生多方面的潜能，了解学生发展中的需求，帮助学生认识自我，建立自信，发挥评价的教育功能，促进学生在原有水平上的发展。”信息技术与课程整合，使教师可利用计算机来诊断学生的学习情况、学习能力及心理素质，并以评语形式及时反馈给学生，肯定优点，鼓励进步：指出不足，提出建议，帮助学生确定努力的方向。通过学生自控，实现学习目标的完成。这对于学生树立自信心，发展能力具有十分重要的作用。

技术对教学的支持，促进了教学环境的变化，环境的变化把重点从以教师为中心，转变为以学生为中心，教学模式由以教为主转变成以学为主。在以学为主的教学模式中，因为采用了自主学习策略，学生可以按照自己的认知结构、学习方式，选择自己需要的知识，并以自定的进度进行学习，所以评价方法也应多以个人的自我评价为主。评价的内容，也不是掌握知识数量的多少，而是自主学习的能力、协作学习的精神等。个人自我评价的优越性在于，学生可以不顾及评价结果造成的不利影响，因此评价会更客观确切地反映学生的实际情况。

教师角色能否正确定位，还要看教师是否具备相应的能力，因为教师的角色定位仅仅是目标，而教师的能力是条件、是支撑点、是基础。

二、信息技术与课程整合，要求教师掌握一定的现代教育技术知识

当然我们在此提出的现代教育技术不仅包括信息技术、教学技能，更包括体现教学艺术的技术，例如如何让合作学习从学习组织形式成为学生自主学习的需要？再例如设计高级思维活动的技术等。在研究中发现这些技术的核心是知识分类技术。从整合课的心理学基础来看，知识以信息的形式被学生建构，其心理过程就是信息加工。由于信息的意义、呈现方式、刺激强度等直接影响学生的意义建构，因此教师必须掌握知识分类的技术。从整合课的教学过程来看，教师的主导作用主要体现在两个方面：教学设计和教学组织。其中，教学设计是关键。教学设计决定教什么和怎样教的问题，核心是教学目标的准确定位。要精确确定教学目标，教师首先应区分知识的类型：是陈述性知识还是程序性知识。陈述性知识是无须要教的，只要融入一定的学习资源当中，或通过一定的检测手段，或通过交流讨论等教学组织手段让学生了解或进行强化记忆。陈述性知识不应是教师课堂教学的主要任务，教师课堂教学的主要任务应在程序性知识。在程序性知识当中，教师仍需区分智慧技能和策略性知识，因为这两类知识对教学目标的制定有很大的影响，例如，智慧技能对应行为教学目标，即通过对学习行为（活动）可以检测教学目标。而策略性知识对应表现性教学目标或生成性教学目标。教学目标影响教学重点和教学难点的确定，进而影响教学方法的选择和教学过程。例如某节化学课，老师花了不少的时间讲计算，但是计算问题不是本节课的重点，而且讲的计算也不难，但是教师认为学生的计算能力不强，因此把计算当成难点，进而变成事实上的重点，这种目标定位不准确，影响了学习的效果和效率。事实上这是一个表现性目标，学生计算出错，教师组织学生进行诊断性学习，没有出错就不必讲。再例如历史教师总觉得历史知识琐碎、客观，认为教师不说，学生可能不知道，故课堂上总免不了多讲，生怕遗漏一些知识。实际上，历史课的重点在于教会学生学会用历史的观点分析社会现象，培养学生历史

唯物主义观。琐碎、客观的历史知识多是陈述性知识，可以通过多种方式，例如图片、电影、文字、声音等资料组织和呈现的方式获得，也可以利用教学检测的方式获得，还可以通过交流的方式获得。掌握知识分类的技术，教师就可以确定一节课的核心内容，准确地制定教学目标，精确地进行教学任务分析，从而设计出富有挑战性的、符合学生认知特点的探究性学习活动。建立在行为主义、信息加工理论基础上的基于网络环境下的学习让学生的自主学习活动成为现实，因而支持建构主义在课堂教学中的作用，但是要求教师掌握一定的现代教育技术，尤其是知识分类技术。从这个意义来说，制约信息技术与课程整合的关键因素不是教师的计算机技术，而是教师的教学理念和教学专业知识（学科专业知识和心理学、教育学知识、教育技术）。

信息技术与课程教学虽然国家明确倡导，教育专家极力推进，一线教师也很感兴趣，但是信息技术与课程教学的整合目前存在不少问题和困难。①强调理论研究，忽略实践探索信息技术与课程整合是一个全新课题，理论的研究是非常必要的，没有正确的理论指导，实践就不会有正确的方向。但如果只重理论研究，忽略实践的探索，则再好的理论也没有价值。从当前的情况来看，对这个问题的理论研究十分活跃，相比之下，实践的探索却显得不足。②绝对化与片面性，在信息技术与课程整合的研讨过程中，不少文章在一谈到某种新的教学理论的时候，就把它抬得很高，似乎成了灵丹妙药。对原有的理论持一概否定的态度，如强调以学为主体，就把以教为主的教学模式说得一无是处，这不是唯物主义的正确态度。对过去实践证明有效的东西，应该采取批判继承的态度。③过分强调技术的作用是不可取的。高技术不一定能带来高质量。认为信息技术的应用会自然地引起教育的全面改革的观点难免有失偏颇。当前有的学校应用信息技术进行教学也有不受学生欢迎的失败的例子，这是值得我们深思的。如何应用信息技术改革教学，实现教学方式和教学模式的变革，正是信息技术与课程整合要研究解决的重大任务。

总之信息技术与课程的整合，是在课堂教学中把信息技术、信息方法、信息资源、人力资源和课程内容有机结合，共同完成课程教学的一种新方式。将信息技术与课程的教与学融为一体，是将技术作为一种工具，来提高教与学的效率，改变教与学的效果，改变传统的教学模式。最重要的是培养学生的信息意识、信息能力，整合不仅仅是为了解决教师如何教的问题，而是要把信息技术作为学生的认知工具整合到各学科中，推动课堂教学改革与创新，提高学生自主学习的能力和创新能力。

思考与练习

1. 查阅相关资料，结合所学谈谈你对信息技术与课程整合的理解。
2. 信息技术与课程整合的目标有哪些？
3. 常见的信息技术与课程整合模式包括哪几个？各自的步骤与特点是什么？
4. 信息技术与课程整合过程中具体的表现形式有哪些？
5. 信息技术与课程整合过程中方法有哪几种？各自特点是什么？
6. 假如你是一名教师，在信息技术与课程整合背景下，你该如何应对和适应现在的教育改革与变化？
7. 选定内容，结合信息技术与课程整合的基本模式，设计一节课堂教学过程。

第八章 信息化教学设计

导言

随着信息技术向教育领域的扩展，计算机多媒体化和计算机网络在教学过程中的应用越来越普遍，教育信息化的任务和关注的重心也在不断发生着改变，如何在信息化环境下进行教学设计，成为教师们当前面临的主要问题。作为教师，为适应教育信息化形势发展，在传统的教学设计的基础上，根据教育信息化发展的新变化，结合教育信息化的实际，应该能够进行信息化环境下的教学设计即信息化教学设计。教师可以通过将信息技术有效地融合于各学科的教学过程来营造一种新型教学环境，科学合理安排各要素，以实现一种体现学生主体地位的学习方式，达到教学的最优化。

学习目标

了解教学设计的基本理论及其发展；掌握教学设计的基本原理和方法，能够分析教学设计要素，借助设计工具，进行教学设计；了解信息化教学设计的概念与基本原则；掌握信息化教学设计的基本步骤和设计方法；结合所学专业能够进行信息化教学设计；培养学生初步的信息化教学设计能力。

第一节 教学系统设计概述

一、教学系统设计的概念

教学是一种多要素的、动态的复杂系统。教师、学生、教学内容、教学目标、教学媒体和方法等众多要素构成了教学活动。为使这些要素有机地配合起来，达到教学的最优化，就必须对它们进行整体的、系统的规划和安排，即进行教学系统设计。

教学系统设计（Instructional System Design，ISD）又称教学设计（Instructional Design，ID）是以传播理论、学习理论和教学理论为基础，运用系统论的观点和方法，分析教学中的问题和需求从而找出最佳解决方案的一种理论和方法。不同的时代，不同的人对教学系统设计的含义有不同的观点，不同的理解：

1. 对教学系统设计的几个不同观点

一是“计划”说。“教学系统设计是运用系统方法分析研究教学过程中相互联系的各部分的问题和需求。在连续模式中确立解决它们的方法步骤，然后评价教学成果的系统计划过程。”（美国学者肯普）这种学说主张用系统的方法分析教学问题，研究解决问题途径，评价教学结果的计划过程或系统规划。

二是“方法”说。把教学系统设计看做是一种“研究教学系统、教学过程和制订教学计划的系统方法”。而这种方法与过去的教学计划不同，其区别就在于“现在说的教学系统设计有明确的教学目标，着眼于激发、促进、辅助学生的学习，并以帮助每个学生的学习为目的。”

三是“技术”说。认为教学系统设计是一种用以开发学习经验和学习环境的技术，以促进学生获得特定的知识和技能（美国学者梅里尔）。

四是“过程”说。认为“教学系统设计是运用系统方法分析教学问题和确定教学目标，建立解决方案、评价试行结果和对方案进行修改的过程。”这种观点在我国有较大的影响面，代表人物是乌美娜和何克抗。

五是“操作程序”说。认为“教学设计就是运用系统方法和步骤，并对教学结果做出评价的一种计划过程与操作程序”。

目前主流教学系统设计定义以“过程”说或“程序”说为主，即如何对教学进行任务分析、如何编写教学目标、如何选择教学策略和教学媒体，如何开展教学评价等。

总之，教学系统设计的目的是教学效果最优化；以教学理论、学习理论、传播理论为基础；研究对象是教学系统，教学系统中的资源和过程；强调运用系统方法对教学系统进行预先分析与决策，创设情景，以促使学生更有效的学习。

2．教学系统设计的基本内涵

从概念的表述上，可归纳出教学系统设计的基本内涵为：

① 教学系统设计是对教学活动的过程和操作程序的设计。教学系统设计是连接教学理论与教学实践的桥梁。将教学理论运用于教学实践是教学系统设计研究的核心问题。教学系统设计主要就是研究解决教学问题的方案程序、各种具体的教学方法，教学策略、教学媒体的运用、教学效果的评价方法等。简言之，就是研究教师怎样教、学生怎样学、师生如何互动的过程。

② 教学系统设计以系统方法为指导。教学系统设计把教学过程中各要素看成一个系统，探索教与学系统中要素间、要素与整体之间的本质联系，分析教学问题和需求，确立解决的程序纲要，使教学效果最优化。

③ 教学系统设计以学习理论、教学理论、传播理论为理论基础。教学系统设计以学习理论、教学理论、传播理论为理论基础，现已形成了自己的理论体系。它以系统方法为指导，将其应用于解决教学实际问题，形成经过验证、能实现预期功能的教与学系统，也可以是直接使用于教学过程。图 8–1 直观地反映了他们之间的关系。

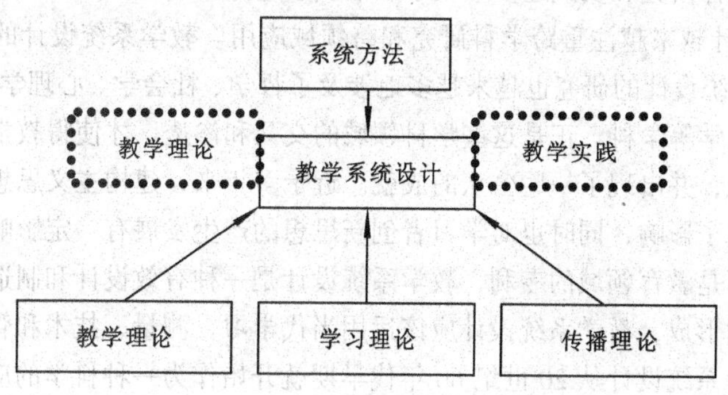

图 8–1 教学系统设计与相关理论的关系

④ 教学系统设计的目标是教学效果最优，目的是促进学生更有效地学习。教学系统设计主要是运用系统方法，以帮助每个学习者的学习为目的，系统设计的教学将创设有利的学习环境，促进学习者自身发展，达到教学的优化。

二、教学系统设计的发展

为了更好地了解教学系统设计，我们来回顾教学系统设计理论发展的历史轨迹。

1. 教学系统设计的发展历史

① 教学系统设计的思想萌芽与早期发展（20 世纪初—20 世纪 60 年代）。建立教学系统设计学的构想最初来源于美国哲学家、教育家杜威，他提出了应建立一门所谓的“桥梁科学”，以便将教学理论和实践联系起来。但是由于当时条件的限制教学系统设计处于思想萌芽状态。到了 20 世纪中叶，行为主义学习理论的迅速发展，为教学系统设计的发展提供了理论支持，促使了“程序教学”和“教学机器”等概念在教学实践中的应用

② 教学系统设计的大发展时期（20 世纪 60 年代）。西方的教学系统设计研究在 20 世纪 60 年代进入大发展时期。当时主要是引入系统方法，对教学系统各要素综合考虑、教学策略优化与评价、教学系统特性的明确认识为主。行为主义在教学实践中的表现使得一些教师和心理学家开始对这一理论的有效性产生怀疑。在 20 世纪 60 年代末以及整个 70 年代，认知学习理论逐渐代替行为主义，成为教学系统设计的指导思想。

20 世纪 60 年代末，教学系统设计便以它独特的理论知识体系、结构而立足于教育科学之林。20 世纪 70 年代以来，教学系统设计的研究已经形成了专门的领域，成果日渐丰富：如基于建构主义的教学系统设计理论、强调人本主义的教学系统设计观点以及自动化教学系统设计理论等。

③ 整合化的教学系统设计理论（20 世纪 80 年代至今）。到了 20 世纪 80 年代教学系统设计理论的逐步完善，教学系统设计研究者开始倾向于将不同的教学系统设计理论综合形成一个行之有效的总体模式。如赖格卢特的精加工理论，藤尼森提出的概念教学理论等。我国于 20 世纪 80 年代中后期开始引入教学系统设计。

在 20 世纪 90 年代，建构主义对教学系统设计理论起了较大的作用。这一时期，学习者与教学媒体、教学情境的结合是教学系统设计发展的一个重要特征。

2. 教学系统设计的发展趋势

当前教学系统设计研究和实践逐步形成了以下发展趋势：

① 教学系统设计越来越注重跨学科研究和跨领域应用。教学系统设计的研究越来越出现跨学科的趋势，教学系统设计的研究也越来越多地涉及了哲学、社会学、心理学、信息科学与技术、系统科学、教育技术学等学科。正是这些学科领域的交叉和渗透，才使得教学系统设计的思想有了验证和实现的可能，并出现了一些公认的成就。近十多年来，建构主义思想逐渐兴起。它对教学系统设计者也产生了影响，同时也对学习者创新思想的产生发展有一定影响。另外，教学系统设计的研究和应用不是教育领域的专利，教学系统设计是一种有效设计和制造学习环境的方法。为了加强学习环境的形成，教学系统设计应该运用当代学习、测量、技术和管理等方面的理论来改进学习状况。教学系统设计从 20 世纪 60 年代早期就开始作为一种科学的应用领域，被广泛应用于工业、军事、政府部门、高等教育与职业培训中。

② 教学系统设计越来越注重信息技术与教育理念的整合。教学系统设计的一个主要变化来

自于技术对教学内容和方法的影响。但没有一定程度的教学系统设计，技术不会在本质上自动改进教育。事实上，在信息化时代，只有通过利用多媒体、交互性和对刺激呈现的控制而丰富任务环境。技术提供的新能力包括了直接跟踪和支撑问题解决技能、把学习者解决难题的行动过程可视化、建模和模拟复杂推理任务等。信息技术也使得对概念组织和学生知识结构的其他方面进行数据收集，以及他们参与讨论和小组项目的表征成为可能。

③ 教学系统设计越来越注重各种因素整合下的学习环境的建构。学习不是传输的过程，也不是接受的过程。学习是需要意志的、有意图的、积极的、自觉的、建构的实践，该实践包括互动的意图–行动–反思活动。知识和技能通常是在个体运用知识和技能的"境脉（context）"中获得的，这是一个与环境有关的问题。环境的发展与个体作为组织中的成员的发展密切相关。人类在特定群体中所能支配的知识和技能的总量是如此之大，以至于通常不可能在使用专业技术的特殊环境中进行个体到个体的传授。而且可以使用知识和技能的环境可能很复杂、很遥远或是很危险，以至于必须创设一个为学习而设的特殊环境来代替"真实"的情况。

④ 教学系统设计越来越注重新的评估理念和方法。教学系统设计越来越呈现出把课程、教学、实施和评估进行总体规划的趋势。需求分析、信息和方法的结构分析、个体差异的分析、社会文化差异的分析成为评估的重要内容；信息技术成为评估的主要工具。认知、观察和解释，这三个元素必须清晰地联系在一起并被设计成一个相关的整体。评估需要超越对局部技能和离散的知识点的关注，要把推动学生进步的更复杂的方面包含进来，具体主要包括以下几个方面：对元认知的评估、对实践和反馈的评估、对社会文化大环境的评估。

三、教学系统设计的基本原理与方法

1. 教学系统设计的基本原理

指导教学系统设计操作的基本原理主要有：

（1）目标控制原理。在教学过程中，教师是教学信息的传播者，学生是教学信息的接受者，媒体是教学信息的载体。但教师的活动，媒体的选择、学生的反应都是要受到教学目标控制的。它们之间的关系如图 8–2 所示。根据这一原理，教学系统设计必须首先确定教学目标。它包括总体目标和具体目标两个层次，总体目标就是优化教学的总要求，而具体目标则依各门学科、各个教学单元的内容和学生的原有状态而确定。

（2）要素分析原理。教学过程可以看做一个开放系统，环境对学习者作用（输入），使学习者对环境做出反应（输出）。在教学系统设计时必须对构成这个系统的各个组成部分进行分析，找出哪些是对系统性质、功能、发展、变化有决定性影响的部分并作为系统的要素加以研究，而把次要的因素忽略。如图 8–3 系统中，把刺激输入部分、学习者及反应输出部分看作为三个子系统，而每个子系统又各自由不同的要素构成。对于"教"的部分，它包括有教师、学科内容、媒体、方法等要素；而"学"的部分、即学习反应，则可包括学习态度、学习行为和认知效果等要素；对于学习者，这是一个"灰色系统"，无法完全了解其内部结构和思维过程，但可以对其心理结构、基础知识水平这两项要素有部分的了解。根据这一原理，教学系统设计的一项重要内容，就是教学策略的设计，实际上是对输入部分这一子系统的设计，包括媒体的选择与教学过程结构的设计。教学过程结构实际就是这一子系统中各个要素的组成及其联系方式的分析与设计。

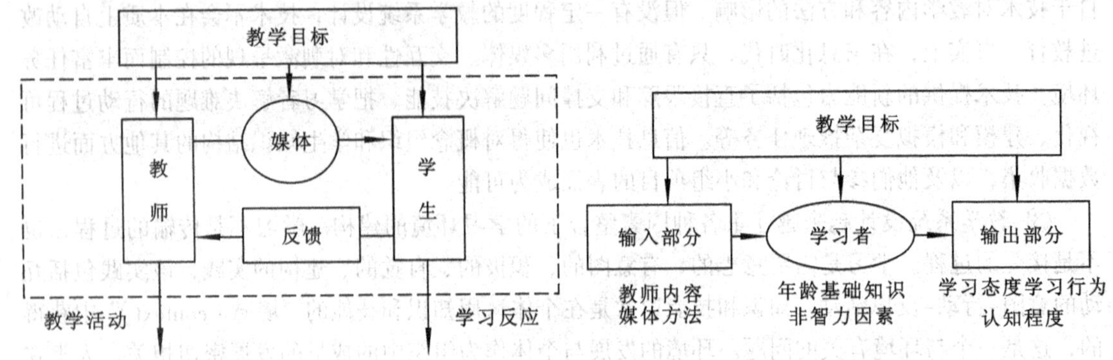

图 8-2 以目标控制教学过程　　图 8-3 教学过程系统模型

（3）优选决策原理。教学系统设计是以分析教学需求为基础，以确立解决教学问题的步骤为目的。解决教学问题的步骤就是教学策略，主要包括媒体选择与教学过程结构的设计。在教学策略设计过程中，必须使用系统方法中的模型化方法、优选方法与决策技术等具体方法，对各种设计方案可待选的对象进行分析，比较、评价，从而选取最佳的策略。

根据这一原理，在教学系统设计的实际操作中，使用了媒体选择几率公式、媒体选择坐标判定决策模型、流程选择方法、等级综合评判方法等优选决策方法，使教学策略更能符合教学目标的需要。

（4）反馈评价原理。反馈控制是系统科学的重要方法，这就是利用反馈信息，使系统的反应输出状态与预期目标相比较，然后根据比较的一般结果，对输入值进行修正，以达到系统输出状态与目标要求相一致的目的。

根据这一原理，教学系统设计必须重视反馈信息的收集，即必须进行学习评价，设计各种输出反应的测量工具，确立学习评价指标体系，以获得反馈信息，控制和调整教学过程。

2．教学系统设计的基本方法

由于教学系统设计是应用系统对教学活动进行系统规则的过程，因此系统方法是进行教学设计的主要工作方法。

（1）系统方法

系统方法，就是按照事物本身的系统性把对象放在系统的形式中加以考察的一种方法。即从系统的观点出发，在系统和要素、要素和要素、系统与其外部环境的相互联系、相互作用中揭示对象的性质和规律，以达到最优处理问题的一种方法。它的显著特征是整体性、综合性、历史性和最优化。

（2）系统方法的基本构成

系统方法是结构方法，功能方法和历史方法的辩证统一。

结构方法是一种向内的研究方法，它基于系统的内部描述，着重研究产生系统功能所能依赖的结构，也就是解决和处理系统内部各要素关系。

功能方法是一种向外的研究方法，它基于系统的外部描述，它把系统当做“黑箱”，通过研究系统与环境的相互作用去研究系统的功能，也就是处理系统的输入输入输出问题。

历史方法是从系统的历时性及系统进行规律出发，研究系统随时间变化，即系统的产生、发展、老化和消亡过程。也就是主要解决系统发展的目标问题。

教学设计就是上述三种方法的辩证统一的运用。目的是通过应用以上三种方法达到系统的最优化。

（3）系统方法的特点

整体性是系统方法的基本出发点。它把对象看做由各构成要素形成的整体，整体的性质不等于形成它的各要素性质的机械加和，它具有“突现”的特征，这种“突现”特征是由系统的结构决定的，思维方法上，改变过去“局部–整体”“分析–综合”的方法，强调“整体–局部–整体”，“综合–分析–综合”的思维方法。

综合性是系统方法的一个特点，它有两重含义：一是认为任何系统都是以要素为特定目的组成的综合体；二是要求对任何系统的研究，都必须从它的成分、结构功能、相互联系方式、历史发展等方面综合的考察。

历时性是系统方法另一基本原则。历时性是指运用系统方法分析对象时，要研究系统存在、发生的背景，发展过程经历的阶段，目前达到的水平，成熟的程度，预测其发展的前景。因此，历时性原则要求我们“不仅力图从相互联系中，而且力图从发展中考察客体”。把客体当做随时间变化的系统考察，是完全符合唯物辩证法的。

最优化则是指运用系统方法能达到的目标。最优化实施要求是，从许多可供选择的方案中选择出一种最优方案，以便使系统运动处于最优状态，达到最优的效果。这一点是任何传统方法所不能做到的。系统方法要求：①根据需要和可能为系统定量地确定最优目标（不是样样最优，而是优化组合，达到整体目标的最优）；②用最新的技术手段和处理方法把系统分成不同等级、不同层次，在动态中协调整体与部分的关系，使部分的功能和目标服从整体的目标，从而达到整体最优化的目的。

四、教学系统设计的基本过程

1．教学系统设计的基本环节

（1）分析学习任务和学习对象

学习任务的分析，是教学设计中最为关键的教学资源分析阶段。学习任务不仅是制定教学目标的依据，也是整个教学工作的核心内容。学习任务分析包括学习内容的结构、如何有效组织学习内容、如何使学生掌握学科的基本结构等。学习任务分析与学习对象分析是密切相关的。这个环节要做的工作就是用特定的方法分析教学内容和教学对象，并使用评价的工具和方法对学生学习前的起点行为进行分析。起点行为是指学生已有的与新学习有关的能力或倾向的准备水平。教学的起点总是以学生已有的水平为依据，起点过高或过低都不能收到好的教学效果。在教学设计实践中，分析学习者的工作常常与前一环节的工作交织在一起进行。

（2）确定教学目标

教学目标是师生活动的重要依据，也是建立教学评价标准的依据，这个环节要做的工作就是：在分析教学内容和教学对象的基础上，参照学习者的特征确立和陈述出教学目标。这既有利于教学模式、方法的设计，教学媒体的选择，也有利于教学评价的进行。学习目标应该说明学习的结果，要以明确、具体的术语加以表述；在教学活动开始以前应把目标告诉学习者，使之心中有数，学习活动有的放矢。

（3）设计教学策略

教学策略是教师在教学过程中，为了达到某一特定的教学目标而采取的系统行为，它是教学体制或教学成果所要求的总括性的教学方法。教学策略是指为实现教学目标而进行的思考、策划和谋略，因而选择教学策略是实现教学目标的一个重要工作步骤。

教学策略设计，从宏观上来说，首先是设计者为达到教学目标，对教育价值观，各种教育、教学流派所提出的理论、原理、方法和模式的选择。从具体操作来说，包括了如下三个主要方面：①划分教学单元、课时，组织教学内容，设计教学顺序；②选择教学组织形式和方法；③组合运用教学媒体。

（4）教学媒体的选择与设计

媒体组合教学最能体现教学的直观性原则，合理地选择和组织运用媒体，使学生在最佳的条件下进行学习，是实现教学最优化的重要措施。由于不存在普适的万能媒体，因此对于不同的信息和环境，要对媒体进行合理的选择、安排和设计以及对信息资源的查寻和传播。同时，媒体的选择与教学方法的运用也是密切有关的。

（5）教学结构的设计

教学结构设计就是根据教学目标和学生的特征，对教学中师生的活动过程、形式，涉及的教学媒体和方法等多种要素进行整体优化的安排，形成特定的教学结构或模式。这种整体优化安排的结果就是形成实施教学的综合性方案，即教学策略。可以说教学策略是教学结构设计的产品。从安排教学的措施和方案的角度看，课堂教学结构、教学模式与教学策略均属同一概念。

这个环节要做的工作是：根据学生现有的准备状态，要完成的教学任务，要达到的教学目标以及要学习的内容等情况，综合地、整体地选择教学方法和媒体，合理地确定教学组织形式和程序，形成行之有效的教学方案，即形成课堂教学结构或模式。

（6）实施教学评价

按照既定的教学方案或模式进行的教学是否有效，能否达到目标，都需要进行检验。这是学习评价的主要任务。此环节要做的工作是：根据教学目标，运用评价的手段和方法，在教学过程中或过程后，对学习效果给予价值上的判断。前者属形成性评价，目的是检验教学设计的方案在实施中的效果如何，若存在问题，便及时调整、补充教学方案；后者是总结性评价，目的是对一个阶段的教学给予全面的评定，并对学生的学习结果给出成绩。

教学评价的目的是获得教学设计产品的成功或失败的反馈信息，以对教学设计产品作进一步的修改，不断提高教学设计产品的质量。

2. 教学设计过程模式

教学设计的理论建设并不只是停留在理论研究阶段，而是要扩展到实践应用的领域。许多教学设计专家把教学设计的相关理论应用到实践中，形成了一系列的设计过程模式。设计过程模式一方面综合了理论和技术等各方面的因素，另一方面却简化了复杂的教学过程以及教学过程各要素之间的关系。教学设计过程模式如图 8-4 所示。

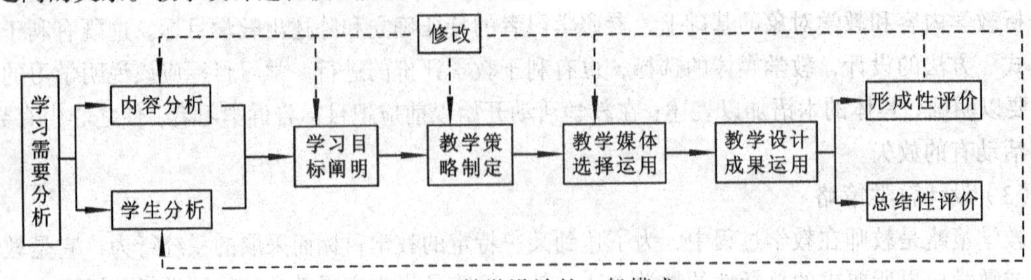

图 8-4　教学设计的一般模式

五、教学系统设计的要素分析与操作工具

1. 教学系统设计的基本要素

关于教学设计过程，目前有许多不同类型的理论模式。但是，可以从各种理论模式中抽取出一些基本组成部分，如学习需要分析、学习内容分析、学习目标的阐明、学习者分析、教学策略的制定、教学媒体的选择和利用以及教学设计成果的评价。这七个基本组成部分可以构成教学设计过程的一般模式。从这七个基本组成部分中还可以进一步抽取出以下四个最基本的环节（或要素）：分析教学对象、制定教学目标、选择教学策略、开展教学评价。各种完整的教学设计过程都是在这四个基本要素（学习者、目标、策略、评价）的相互联系和相互制约所形成的构架上建立的。

教学设计过程的一般模式描述了教学设计的基本过程。这个过程可以分为四个阶段，即前端分析阶段、学习目标的阐明与目标测试题的编制阶段、设计教学方案阶段和评价与修改方案阶段。教学设计的四个阶段之间是相互联系、相互作用，密不可分的。

这里应强调说明的是，我们人为地把教学设计过程分成诸多要素，是为了更加深入地了解和分析，并发展和掌握整个教学设计过程的技术。因此，在实际设计工作中，要从教学系统的整体功能出发，保证“学习者、目标、策略、评价”四要素的一致性，使各要素间相辅相成，产生整体效应。

另外，还要清楚地认识到所设计的教学系统是开放的，教学过程是个动态过程，涉及的如环境、学习者、教师、信息、媒体等各个要素也都是处于变化之中，因此教学设计工作具有灵活性的特点。我们应在学习借鉴别人模式的同时，要充分掌握教学设计过程的要素，根据不同的情况要求，决定设计从何着手、重点解决哪些环节的问题，创造性地开发自己的模式，因地制宜地开展教学设计工作。

2. 教学系统设计的要素分析

① 学习者特征分析。通过对学习者特征分析主要是为了说明所要进行的课题对学生的知识、能力等智力因素方面和非智力因素方面的要求以及学生是否已具备了本课题学习的要求。

学习者特征分析就是要了解学生的学习准备状态和学习风格。学习准备包括初始能力和一般特征两个方面，初始能力是指学生在学习某一特定的课程内容时，已经具备的有关知识与技能的基础，以及他们对这些学习内容的认识和态度，学生的一般特征指的是在学习过程中影响学生的心理生理和社会的特点包括年龄、性别、年级、智力才能、学习动机、个人对学习的期望、生活经验、文化、社会、经济等背景因素。学习风格是指对学生感知不同事物、并对不同事物做出反应这两方面产生影响的所有心理特征。

② 教学目标分析。教学目标是师生活动的重要依据。教学是一个受多种因素影响的复杂活动，需要有一系列明确、具体的教学目标作为教学活动的参照点，指明教学活动运行的方向。它让教师知道学习者应学习哪些内容，学到何种程度；它还能引导学生的活动，使他们明确要掌握的内容，减少学习中的盲目性。教学目标主要包括知识目标、能力目标、情感目标三部分。分析教学目标是为了确定学生学习的主题，即与基本概念、基本原理、基本方法或基本过程有关的知识内容；根据学科的特点，将教学内容分解为许多的知识点，可以按照一定的习内容分类方法，确定每个知识点内容的属性（事实、概念、技能、原理、问题解决等），然后进行学习内容（教学

内容）与教学目标（学习水平）的分析，确定各知识点认知领域的教学目标（识记、理解、应用、分析、综合和评价）。

③ 学习内容分析。学习内容分析是根据总的教学目标，去规定学习内容的范围和深度，并揭示出学习内容中各个组成部分之间的联系，以实现教学效果的最优化。学习内容分析以学生的学习结果为起点，并以学习起点为终点，是一个逆向分析过程。

④ 教学策略分析。教学策略是对完成特定教学目标而采用的教学顺序、教学活动程序、教学方法、教学组织形式和教学媒体等因素的总体考虑。教学策略主要是解决教师“如何教”和学生“如何学”的问题。教学策略的选择与制定就是一项系统考虑教学要素，总体上择优的富有创造性的设计工作。教学策略的设计是最能体现教学设计的创造性。教学策略一般有两种类型，是产生式教学策略和替代式教学策略。产生式教学策略主要是强调让学生自己产生教学目标，学生自己对教学内容进行组织，安排学习顺序等，鼓励学生自己从教学中建构具有个人特有风格的学习。也就是说，学生自己安排和控制学习活动，在学习过程中处于主动地处理教学信息的地位。这种策略的有效应用可以将学生的信息与其认知结构联系起来，实现对信息的进一步加工和处理，并且也可以允许学生自主地设计、实践和改善学习策略，提高自我学习能力，它还可以激发起学生对学习任务和学习过程、学习策略的积极性，培养学习兴趣等。替代式教学策略在传统教学中比较常用。它更多地倾向于给学生提出教学目标，组织、提炼教学内容，安排教学顺序，指导学生学习。主要是替学生处理教学信息，能使学生在短期内学习许多内容；知识储备有限和学习策略不佳的学生可以获得成功的学习。

⑤ 教学媒体的选择。当确定了教学目标、选择与组织好教学内容后，教师就要考虑组织教学活动去实现目标。在教学活动的组织中，要做的一项重要工作就是对教学媒体的选择。如何才能在众多功能各异的教学媒体中选择出恰当、适宜的媒体来开展教学活动呢？这需要我们了解影响教学媒体选择的因素，掌握选择教学媒体的方法，对教学媒体的选择一般考虑各种教学媒体的功能特性和教学的实际需要，将两个方面结合起来加以分析，决定取舍。首先要考虑教学目标、教学任务和教学内容的要求，在教学中，不同的教学目标常需使用不同的媒体去传输教学信息，不同的任务要求教师采用不同的媒体和方法去完成，不同性质的教学内容对教学媒体也有不同的要求。其次要考虑学生的需要和水平，不同年龄阶段的学生有着不同的认识能力和思维特点。再次要考虑教学媒体的功能，每种媒体都有不同的功能和特点，它们应用在不同的教学环境下会产生不同的教学效果。此外，对教学媒体的选择还要考虑一定的教学条件，如技术问题、经费问题和教学环境问题等。

⑥ 教学评价分析。教学评价是教学设计中一个极其重要的部分。通过客观、科学的评价，教学设计工作将不断得以检验、修正和完善。教学评价已经形成一门独立的学科，有它自己专门的研究领域。教学设计过程中的评价是以设计成果的形成性评价为主。教学设计成果评价的实质是从成果和影响两个方面对教学设计活动给予价值上的确认，使教学设计工作沿着预定的方向进展。

3. 教学系统设计操作的辅助工具

教学系统设计操作的辅助工具是指“两表一图”。“两表”是指“教学设计中相关要素一览表”和“学习水平检测表”；“一图”是指“教学设计流程图”。

（1）课堂教学设计中相关要素

表 8–1 系统地考虑了实施教学活动的四大基本方面，教学内容、确定学习水平、陈述教学目标

和选用教学媒体，并使它们相互对应起来，以产生和谐、协调、一致的效用。在具体的操作过程中，教师通过分析教学内容勾勒出教学要点，从“知识”和“能力”两方面入手，确定教学要点在相关学习水平层次上的归属，并在此基础上，陈述具体的教学目标，选定相应的教学媒体。

表 8-1 教学设计中相关要素一览表

<table>
<tr><th rowspan="4">课题</th><th colspan="6">教学内容</th><th colspan="6">学习水平</th><th rowspan="4">教学目标</th><th colspan="7">教学媒体</th></tr>
<tr><th rowspan="3">要点</th><th colspan="5">构成</th><th rowspan="3">识记</th><th rowspan="3">理解</th><th rowspan="3">应用</th><th rowspan="3">分析</th><th rowspan="3">综合</th><th rowspan="3">评价</th><th rowspan="3">实物</th><th rowspan="3">模型</th><th rowspan="3">挂图</th><th rowspan="3">录音</th><th rowspan="3">录像</th><th rowspan="3">幻灯</th><th rowspan="3">投影</th></tr>
<tr><th colspan="3">知识</th><th colspan="2">能力</th></tr>
<tr><th>事实</th><th>概念</th><th>原理</th><th>观察</th><th>推理</th></tr>
<tr><td></td><td></td><td></td><td></td><td></td><td></td><td></td><td></td><td></td><td></td><td></td><td></td><td></td><td></td><td></td><td></td><td></td><td></td><td></td><td></td><td></td></tr>
</table>

（2）流程图

在上述基础上，教学设计者便可以进行教学过程的具体安排。在安排、设计教学过程中，我们借助一种类似计算机程序的方法，来计划教学过程展开的每一步骤，并用图形表示出来，以使每一步进程都有章可循，活动目的明了，相互衔接紧凑，过渡自然平缓。这种图示方法称之为流程图。运用流程图，不仅可以具体地表述教学过程中教师、学生、教学媒体、师生互动等方面的相互关系，而且可以标示教学进程的顺序。这使教学过程的具体安排、设计，既能系统地考虑诸教学要素或方面的作用与相互影响，又能有条不紊地实施这种系统设计的思想。

在教学过程的设计流程图中，常用的图形及表示的意义如表 8-2 所示。

表 8-2 教学设计流程图常用符号及意义

符号	表示的意义
	一项任务的开始或结束
	说明每一个步骤中的行动或操作功能
	表示决策点，每个决策点分别引导采取不同的步骤，包括返回原先的步骤
	学生的活动
	媒体的应用

（3）学习水平检测表

表 8-3 的设计及使用的目的在于实施及时、准确有效的教学评价。教学评价的类型主要有诊断性评价、形成性评价和总结性评价。

形成性评价是每个课时教学进程中最为直接、具体的评估。只要每个课时的形成性评价做得好，总结性评价的效果便有根本的依托。因此，在教学设计中，教学评价指的是具体的课堂教学过程中的形成性评价。

表 8-3 学习水平检测表

<table>
<tr><th rowspan="2">课题</th><th rowspan="2">要点</th><th colspan="6">学习水平</th><th rowspan="2">形成性检测题</th></tr>
<tr><th>识记</th><th>理解</th><th>应用</th><th>分析</th><th>综合</th><th>评价</th></tr>
<tr><td></td><td></td><td></td><td></td><td></td><td></td><td></td><td></td><td></td></tr>
</table>

在设计形成性检测题时，检测题内容必须反映教学目标的内容，即教学要点以及预先规定的学习者应当达到的学习水平。以免出现“检非所学（教）”的现象，避免检测内容过难，过易的倾向，从而失去检测的意义与作用。

六、教学系统设计的应用范围和层次

1. 教学系统设计的应用范围

教学系统设计发展的历史告诉我们，教学系统设计最早萌芽于军队和工业培训领域；到 20 世纪 60 年代才逐渐被引入到学校教育当中。并作为一门独立的知识体系得到迅速的发展。目前，教学系统设计在正规的学校教育、全民的社会教育和继续教育以及工业、农业、金融、军事、服务等各行业、各部门的职业教育和培训领域中都得到了广泛的应用。国外如美国、加拿大和澳大利亚的职业培训，英国的开放大学以及美国、日本等国或地区的中小学教育中均在课程设置、培训计划和教材资源等方面开展了教学系统设计，取得了许多成功的经验。我国在九年义务教育的文字教材与声像教材的编制中，在全国中小学计算机辅助教学软件的开发中，在职业高中、高等院校的部分课程设置和多媒体教材设计中，以及大、中、小学的课堂教学中，教学系统设计的理论和思想也在逐步被接受，教学系统设计的实践正越来越为人们所重视。

根据《教育技术国际百科全书》的描述，在学校教育中，教学系统设计常常以现存的课程文献或一个待完成的课程为出发点。在职业环境里，工作岗位是教学系统设计的参考和出发点，教学系统设计从具体的工作任务描述和分析开始，使职业岗位培训中的教学目标非常明确和有的放矢。某些教学系统设计者企图把教育和职业培训做同样处理，就容易忽视遍布于教育决策中的政治和道德因素以及很重要但却难以具体化、任务化的基本思维方式和情感、道德教育。因此学校教育中教学系统设计的应用更加复杂，难度也相对更大。

2. 教学系统设计不同层次的应用

教学系统设计是一个问题解决的过程，根据教学中问题范围、大小的不同，教学系统设计也相应地具有不同的层次，即教学系统设计的基本原理与方法可用于设计不同层次的教学系统，到目前为止，教学系统设计一般可归纳为三个层次：

① 以“产品”为中心的层次。教学系统设计的最初发展是从以“产品”为中心的层次开始的。它把教学中需要使用的媒体、材料、教学包等作为产品来进行设计。教学产品的类型、内容和教学功能常常由教学系统设计人员和教师、学科专家共同确定。有时还吸收媒体专家和媒体技术人员参加，对产品进行设计、开发和测试、评价。

② 以“课堂”为中心的层次。这个层次的设计范围是课堂教学，它是根据教学大纲的要求，针对一个班级的学生，在固定的教学设施和教学资源的条件下进行教学系统设计。其设计工作的重点是充分利用已有的设施和选择或编辑现有的教学材料来完成目标，而不是开发新的教学材料（产品）。如果教师掌握教学系统设计的有关知识与技能，整个课堂层次的教学系统设计完全可由教师自己来完成。当然，在必要时，也可由教学系统设计人员辅助进行。

③ 以“系统”为中心的层次。按照系统观点，上面两个层次中的课堂教学和教学产品都可看做是教学系统，但这里所指的系统是特指较大、较综合和复杂的教学系统。例如，一所学校或一门新专业的课程设置、某行业职业教育中的职工培训方案等。这一层次的设计通常包括系统目标的确定、实现目标方案的建立、试行和评价、修改等，涉及内容面广，设计难

度较大。而且系统设计一旦完成就要投入范围很大的场合去使用和推广。因此这一层次的设计需要由教学系统设计人员、学科专家、教师、行政管理人员、甚至包括有关学生的设计小组来共同完成。

以上三个层次是教学系统设计发展过程中逐渐形成的。当然，也可以把教学系统设计分为宏观和微观两个层次，规模大的项目如课程开发、培训方案的制定等都属于宏观层次的教学系统设计，而对一门具体课程、一个单元，一堂课甚至一个媒体材料的设计都属于微观层次的教学系统设计。

七、教学系统设计的意义

教学系统设计是开展教学活动的前提和基础，它为教学活动的实施提供了可靠的"蓝图"。通过教学系统设计，教师可以清楚地知道学生要学的内容，学生将产生哪些学习行为，并以此确定教学目标；通过教学系统设计，教师可以依据教学目标和学生的特征，采用有效的教学模式，选择适当的教学媒体和方法，实施既定的教学方案，保证教学活动的正常进行；通过教学系统设计，教师可以准确地掌握学生学习的初始状态和学习后的状态，便于有效地控制教学过程。

1．进行教学系统设计是信息社会发展的要求

信息时代知识的爆炸和科技的日新月异，对人才的需求提出了更高的要求，一般应用型人才，如书架型人才、工匠型人才，已难以适应时代的发展，而素质全面，接受继续教育能力强，智能型、创造型人才在时代的激烈竞争中愈来愈表现出充分的活力，这也就对信息时代的教育提出了更高的要求。现代教育要求"信息化、多媒化、多元化"的三化教育，也是"高效率、高效益、高质量"的三高教育。它能帮助人以较小的代价获得较大的收获，用较少的时间和精力获得较多的教育和学习效果。在信息社会中，只具有专门的技术知识是远远不够的，信息社会变化速度快，对信息社会的适应性能力的高低决定了人才水平的高低。在获取专业知识的同时，掌握一定的信息知识、信息能力，具备一定的信息意识、信息观念，可以促进人的个性的全面发展。信息社会，要求人必须具有利用多媒体计算机和网络技术进行学习和工作的能力，具有信息获取和存储、处理的能力，具有利用多媒体计算机和网络技术进行信息交互的能力。现代教育的发展方向之一是终身教育，信息教育在人的每个发展阶段都是必不可少的，从小学、中学到大学，到在职教育都离不开它，只有通过系统、完整的信息教育，社会成员才能更好地适应社会的发展，促进社会的进步。

综合分析以上信息社会的要求，可以看到教育、教学中迫切要解决的实质问题是我们应采取什么措施使人们接受到效率高、效果好的教育，采用什么策略教会人们"如何学习"，从而使生活在信息时代的人们适应社会的飞速发展，提高教学效率、效果，促进每一个学习者自身的发展正是教学系统设计的根本思想，而根据社会发展中出现的与教育有关的问题采取相应措施进行解决以满足社会的需要也正是教学系统设计的方法。

2．进行教学系统设计有利于教学工作科学化

传统教学中虽然教学系统设计的活动普遍存在于教师的教学实践当中，但只是把设计看做是一门艺术，其设计思想之精华也只掌握在少数优秀教师的手中，赋有才华的老教师靠"师傅带徒弟"的传、帮、带的方式把自己的经验传授给其他教师和年青教师，但难以大范围普及他们成功设计教学的经验。

现代教学系统设计则是从教学的科学规律出发，对教学问题的确定、分析，对解决问题方案的设计、试行乃至评价和修改等系列教学系统设计的内容和程序都建立在系统方法的科学基础上，从而使教学活动的设计摆脱了纯经验主义，而纳入到科学的轨道，使广大教育工作者容易学、乐于接受，并在教学中进行实践。教学工作的普遍科学化，可以大面积地提高教学效率和效果，提高教育、教学的投资效益，这正是教学系统设计的宗旨。学习和运用教学系统设计的原理是推动教学工作科学化的有效途径。

3．学习教学系统设计有利于提高学习者分析问题、解决问题的能力和培养科学思维能力与科学态度

教学系统设计是系统解决教学问题的过程，它提供的一套确定、分析、解决教学问题的系统方法、逻辑思维和决策技术也可用于其他领域和其他性质的问题情境里，具有很强的迁移性。学习教学系统设计除了使学习者掌握教学系统设计基本原理和必要的知识以外，更重要的就是要让学习者学会创造性地解决问题的方法和技术，培养学习者创造性地分析问题、解决问题的科学思维能力和科学态度。

师范专业的学生除了要有良好的思想品德、扎实的专业基础知识和健康的身体以外，为了适应未来社会的激烈竞争，还必须掌握现代教育思想和现代教育技术，将来在具体的学科教学中能应用先进的教育思想和理念指导教学,利用现代教学系统设计理论和现代教育技术手段培养学生。这样，才能胜任未来教师的工作，才能适应教育改革的挑战。

4．学习教学系统设计可促进教育技术的实践与理论的发展

教学系统设计是教育技术学科的重要组成部分，是教育技术专业的一门主干课程。它是教育技术理论和思想方法运用于教学实践中的一门应用性很强的新学问。教学系统设计的学习将进一步推动教育技术的实践，也必然会进一步检验教育技术的理论，从而使教育技术的理论在不断总结其实践经验的基础上得到升华和完善。

第二节　信息化教学设计

世界各国或地区大都是在20世纪90年代后期进入教育信息化时期的，不同的国家和地区的教育理论工作者和一线教师都在探索网络时代的教学改革问题。由于各国或地区的经济、政治、文化、历史背景不同，解决信息技术在教育中的应用的思路和发展模式也就各有特色。因此，结合中国国情，充分吸收和借鉴各国或地区在教育信息化环境下进行教学设计的方法，有助于发展适合我国国情的教学设计理论。因为IT改变了信息的社会分布形态和人们对它的拥有关系，造成了信息的多元性、易得性和可选性，从而改变了人们之间的教育关系。信息化教学设计理论和实践融合了现代的教学理念、信息素养培养的目标和信息化的评价手段，体现了信息化教学的基本原则，代表了信息化教学的发展方向，其实践模式具有在不同学科的教学中复制迁移的可能。

一、信息化教学设计概述

1．信息化教学与信息化教学设计

① 信息化教学的概念。信息化教学就是在信息化环境中，教育者与学习者借助现代教育媒体、教育信息资源和教育技术方法进行的双边活动。其特点是：以信息技术为支撑；以现代教育

教学理论为指导；强调新型教学模式的构建；教学内容具有更强的时代性和丰富性；教学更适合学生的学习需要和特点。信息化教学不仅仅是在传统教学的基础上对教学媒体和手段的改变，而且是以现代信息技术为基础的整体的教学体系的一系列的改革和变化。

② 信息化教学设计的概念。信息化教学设计是上海师范大学黎加厚教授提出的，将教育信息化环境下的教学设计简称为“信息化教学设计”，以区别于20世纪90年代以前没有使用计算机和网络等信息技术的教学设计。信息化教学设计就是运用系统方法，以学为中心，充分利用现代信息技术和信息资源，科学地安排教学过程的各个环节和要素，以实现教学过程的优化。应用信息技术构建信息化环境，获取、利用信息资源，支持学生的自主探究学习，培养学生的信息素养，提高学生的学习兴趣，从而优化教学效果。

2. 传统的教学设计与信息化教学设计

信息化教学设计是教学系统设计中的特殊的一种，是在教育信息化环境下所进行的，作为教学系统设计的一个发展方向。教学系统设计以客观主义为理论基础，包括行为主义理论和认知主义理论。整个设计过程是自上而下，包括带行为目标的严格行动计划，并且按计划有组织地顺序展开设计过程，教学设计专家对于成功的教学系统设计至关重要。信息化教学设计则是以建构主义作为理论指导。由于建构主义学习理论强调以学生为中心，教学设计从“以学生为中心”出发，并强调培养学生的首创精神和高级思维技能。整个信息化设计过程是非线性的，有时甚至是混沌的。这种教学设计需要懂得教学内容与情境的开发者。其教学的重点是在意义丰富的情境中发展理解，注重信息化的学习环境的创设和学习资源的提供。信息化教学设计并非仅仅指现代信息技术对教学领域的介入。传统的教学设计对于信息技术所持的是“媒体观”，即视信息技术为教学的媒体，用于辅助教师的讲解与演示；而在信息化教学设计中，现代信息技术作为学生的认知工具。通过现代信息技术（以多媒体和网络为主）创设学习环境，提供丰富的学习资源，支持学生的自主学习和协作式探索。信息化教学设计的基本特征之一就是网络化，信息化环境需要网络技术的支持。网络能够为学生学习提供丰富及开放的学习资源、极大可能的交互性、多样的选择性。信息化教学设计的一个必要条件就是网络环境，区别于传统的教学设计，信息化教学设计不再是一个封闭的回路，而是一个开放的系统（见表8–4）。

表8–4　传统教学设计与信息化教学设计中关键要素对比

关键要素	传统教学设计	信息化教学设计
教学策略	教师导向	学生探索
讲授方式	说教性的讲授	交互性指导
学习内容	单学科的独立模块	带逼真任务的多学科延伸模块
作业方式	个体作业	协同作业
教师角色	教师作为知识施与者	教师作为帮促者
分组方式	同质分组（按能力）	异质分组
评估方式	针对事实性知识和离散技能的评估	基于绩效的评估

总的来说，信息化教学设计把静态的教学设计，转变为动态信息设计，让课堂充满活力、激发兴趣；把传统的教学设计，转变为网络教学设计，让解读教材变为引导知识学习；把集体、统一设计，转变为个性化设计；从重视结果评价，转变为能力评价，关注了学生学会学习、学会创新、综合素质能力的提高和培养。

二、信息化教学设计的基本原则

在信息化教学设计中，要求以建构主义理论为指导，充分利用信息技术手段进行基于资源、基于合作、基于研究、基于研究的问题等方面的学习，使学习者在意义丰富的情境中主动建构知识，它关注了学生能力的培养，关注了学生的学习过程。

为此，可以将信息化教学设计的基本原则归纳为以下几点：

1. 强调以学生为中心，注重学习者学习能力的培养

信息化教学设计，强调和主张信息技术环境中进行学习，教师是作为学习的促进者，引导、监控和评价学生的学习过程。

在信息技术环境中进行学习时，学习者的自主性将发挥巨大的作用，包括对于学习内容和学习方式的选择等。因此信息化教学设计十分重视学习者的主体作用。以学为中心，注重学习者学习能力的培养，不论以"任务驱动"还是"问题解决"等方式开展学习或研究活动，在相关的有具体意义的情境中教授学习策略和技能时，教师都应该充分尊重学生的主动性和自主选择。在这一过程中，教师作为学习的促进者，要引导、监控和评价学生的学习过程，帮助学生掌握主动学习的技巧，使学生能够更好地开展自主学习。同时学生通过信息技术，也可以找到更多的高素质"隐性教师"。

2. 充分利用现代信息技术，注重情境的创设与转换，使学生尽可能在真实情境中灵活应用知识

信息化教学设计强调学生的积极参与，而活动的参与需要一定情境的支持，因此在信息化教学设计中应该注重情境的创设，使学生经历与实际相类似的认知体验。同时注重情境的转换，使学生的知识能够得以自然的迁移与深化。在情境的创设与转换过程中，可借助于信息技术手段，选择和组合各种信息技术，创设一个学习者可以互相合作和支持的地方，在那里他们使用许多工具和信息资源参与问题解决的活动，而不是创设一个学习只能单独孤立进行，不重视知识的实际运用的场所。让学生的学习总是与一定的社会文化背景（即情境）相联系，在实际情况下学习，使学生利用自己原有认知结构中的有关经验赋予新知识以某种意义。

3. 充分利用多种工具和丰富的资源，为学生提供良好学习环境，以保障学习活动的有效开展

信息化教学设计注重对信息技术工具和信息资源的使用进行设计。现代信息技术的发展尤其是多媒体和网络技术的发展，能够为学习者提供信息化学习工具，提供丰富开放的信息化学习资源，为有效开展基于问题的学习和主动探究学习等提供了充分的条件。

这些工具和资源应当同学生的主题任务相关，能够帮助学生完成问题解决的过程，促进学生的意义建构。例如提供给学生与教学主题或问题相关的网络资源、典型案例，对学生的学习进行一定的指导和帮助等。信息技术工具和信息资源在信息化教学设计中具有不可替代的作用。因此，有关信息化学习工具和资源的提供与设计，也是教师在信息化教学设计中的一项重要任务。在信息化教学过程中，教师要充分发挥信息化学习工具的作用，利用各种信息资源支持学生的学习。

4. 以"任务驱动"和"问题解决"作为学习和研究活动的主线，鼓励学生自己体验学习和检验观点

以"任务驱动"和"问题解决"作为学习和研究活动的主线，主要在于说明学习活动的展开可以围绕某一问题或主题，这些内容来自现实学习和生活中的一些具体事例。同时，也说明了学习活动具有明确的任务性、目的性，学生知道为什么而做，教师的重点放在如何有效地引导学生方面。借助于现实中的任务与问题给学生制定学习目标、学生进行探究性学习、问题解决或完成任务，这样学生可以在相关的有具体意义的情境中获得学习策略和技能、可以通过对问题和主题的主动的探索活动体验学习的快乐，培养学习兴趣。

5. 鼓励合作学习，强调学生间的协作，努力营造良好的心理环境

信息化教学中，协作学习不仅指学生之间、师生之间的协作，也包括教师之间的协作，如实施跨年纪和跨学科的基于资源的学习等，但是主要是以学习者之间的协作学习为主。学习者通常是以小组或其他协作形式展开学习，在学习过程中互相帮助，共同完成某一项任务目标，实现“问题解决”。每个学习者在中间承担一定的任务，担当一定的角色，学习活动过程成为“学习者身份和意义的双重建构”。学生之间相互协作，共享他人的知识和背景，共同实现组织目标。

6. 突出环境资源的开放性，学习过程中要注意学习内容的适量，保持学习内容的灵活性

整个学习过程的开放性是信息化教学设计的一个特征，也是学习环境、学习资源等信息化教学要素的重要特征。开放包含了丰富和多样，信息技术本身也为开放性提供了可以实现的条件。信息技术也为教师和学生提供了形式多样的沟通方式和内容呈现形态，如同步与异步的一一对话，一对多广播与多对多讨论等，这些都为学生开放的学习方式创造了可能性。就学习指导者而言，除了教师，各行各业的专家都可以对学习者的学习予以指导和帮助。但在这方面在突显资源环境开放性的同时需要注意学习内容的适量，并且要使学习内容具有一定的灵活性。

7. 学习结果通常采用灵活的、可视化的方式进行阐述和展现

在学习活动结束时，学生应当对自己的学习结果进行总结和展示，同他人进行讨论和协商，以加深对学习过程的理解和反思，这些内容通常以研究报告、演讲、讨论等形式展开。在这些过程中，教师应当对学生的学习成果进行必要的指导和帮助，帮助学习者更好的将学习成果展示出来。

8. 充分发挥评价功能，强调针对学习过程和学习资源的评价

信息化教学设计是一个连续的、动态的过程，在学习过程中，教师通过不断的研究和质量评估，收集数据，使用过程性评价达到改进设计的目的。同时，由于信息化学习资源种类繁多，为了有效地利用信息化学习资源，也必须对资源进行优化选择。

三、信息化教学设计步骤与方法

信息化教学设计基本上可以分为单元教学目标分析、教学任务与问题设计、信息资源查找与设计、教学过程设计、学生作品范例设计、评价量规设计、单元实施方案设计、评价修改8个步骤。在整个教学设计过程中，对于各步骤的分析和操作通常是按照这样一个顺序进行的，但必要时也可以跳过某些步骤或重新排序。

就整个教学过程而言，首先要经过分析确定单元的教学目标，即确定通过教学以后学生应该达到的水平和获得的能力。目标的实现需要有效而适合的教学方法或策略，方法和策略的选择在每个学习单元中都应各有侧重。这种选择需要相应的技术工具和资源的准备，要查找和设计信息资源。在信息化教学中比较注重任务驱动或是基于问题的教学，这样的教学需要根据教学目标，精心设计和准备真实任务和针对性强的问题。之后根据任务和问题、学生的学习水平确定资源的提供方式，例如是让学生自主探索，还是教师事先收集和整理等。在教学过程中，由于信息技术的介入，学生的学习成果也要求通过一定的电子作品来体现，这样教师还要事先提供电子作品的范例及相应的评价标准。另外，在教学设计和整个教学实施的过程中，评价与修改必须始终贯穿于其中，作用于教学设计和教学实施的各个环节。不断地评价与修改能够保证整个信息化教学设计的开放性和动态性。下面就分步来介绍一下信息化教学设计中各步骤的具体要求：

1．分析单元教学目标

分析教学目标是为了确定学生通过教学应该达到的水平或获得的能力。即教学活动展开后对目标的一个整体描述包括学生通过这节课的学习将学会什么知识和能力、会完成哪些创造性产品以及潜在的学习结果。

2．学习任务和问题设计

学习任务和学习问题（包括疑问、项目、分歧等）的设计，这是整个信息化教学设计的关键，这个环节主要是根据已阐明的教学目标，设计真实任务、有针对性的问题，让学生在信息化学习中通过解决具体情景中的真实问题来达到学习的目标。

3．信息资源的查找与设计

学习资源对学习活动是一种支撑作用，不同的学习活动可能需要不同的学习资源和学习工具。因此，在信息化教学设计中就要根据任务和问题以及学生的学习水平，确定提供资源的方式，可以要求学生自己按照学习目标查找资源，也可以提供现成的资源给学生。前者必须要教师设计好要求、目的；后者要求教师寻找、评价、整合相关资源或提供资源列表。

4．教学过程设计

教学过程设计是信息化教学设计的核心设计环节之一，通过教学过程设计，可以做到梳理整个教学过程，使之有序化，一般情况下应写出文字的信息化教案。

5．学生作品范例设计

信息化教学设计中都有具体的成果，形式多种多样，为了更好地帮助学生以完成电子作品的形式来进行学习，在教学过程中就应该提供电子作品的范例，使学生对将要完成的学习任务有一个感性认识。

6．评价量规设计

运用结构化的评价工具——量规评价信息化学习（特别是电子作品）。量规的设计应当具有科学性，以确保评价的可操作性和准确性。

7．单元实施方案设计

具体实施方案设计，内容包括实施时间、分组方法、上机时间分配、实施过程中可能出现的软硬件问题等。

8．教学设计过程的评价和修改

在教学设计过程中， 评价修改是随时进行的，伴随设计过程的始终。

四、信息化教学设计过程的关注点

教师在进行信息化教学设计的过程中，需要把握好以下几个要点。

1．问题或主题的设计

问题设计的水平是衡量教学设计水平的重要标志，是信息化教学设计的核心。设计问题或主题是指在对整门课程及各教学单元进行学习目标分析的基础上，确定当前所学知识的“主题”。依据学习目标，选出当前所学知识的主题（或基本内容），然后围绕这个主题进行意义建构。最后由教学者或指导者总结和综合，并考虑学习者的实际水平及所有目标达成的可能性进行筛选，从而最终确定主题，作为对学习内容的规划和设计的主线。教师进行问题或主题的设计时，要求能够重新组织大量知识，激发学习者全身心进行探究学习，深刻理解所学知识，促进学习者高级思维的发展。

2．学习情境的创设

学习情境的创设要以促进学习者的积极性和主动性作为前提，尊重学习者“探究的需要、获得新的体验的需要、获得认可与欣赏的需要、承担责任的需要”，充分利用网络技术，尽可能创设各种情境，包括问题情境（以激发学生强烈的求知欲、发现欲）；应用情境（让学习者能有多种机会在不同情境下应用所学知识，将知识外化），从而构造出一个利于学习者开展自主学习的网络化的学习环境。

对于可创设的情境，主要包括故事情境、问题情境、模拟实验情境、协作情境等。

① 创设故事情境。如在学习“我国的行政区”时，运用多媒体教学软件，设计制作动画片：“机器猫假期旅游”的故事情境。《走遍美国》的英语教学软件。

② 创设问题情境。在教学内容和学生求知心理之间设障立疑，问题应该真实、生活化。

③ 创设模拟实验情境。如物理、化学、生物、历史一些学科中的虚拟实验等。

④ 创设协作情境。利用网上多种交流工具如BBS、可视化语音聊天室、电子邮件、Net meeting等工具，通过竞争、协作、伙伴和角色扮演等方式进行学习，针对某一个问题展开讨论交流，共同完成学习任务。

只有创设一些结合学习者实际的情境，学习者在这样的学习情境中进行学习，才便于学习者对新知识的建构。

3．学习资源的设计

学习资源的设计主要是为了支持学习者的主动探索和完成意义建构，它是指确定学习主题所需信息资源的种类和每种资源在学习主题过程中所起的作用。对于应从何处获取有关的信息资源，如何去获取（用何种手段、方法去获取）以及如何有效地利用这些资源等问题，如果学生确实有困难，教师应制作相关的资源列表，以方便学生查阅，提高学习效率。由于支持主题学习任务的学习资源多种多样，因此需要通过学习资源的设计以避免学生漫无目的地查找信息资源，浪费学习时间，使学生获得可靠、有用的信息。

4．自主学习的设计

建构主义学习环境下的学习所追求的最终目标，就是让学生能建构知识意义。“意义的建构”要由学习者在适当的学习环境下通过主动探索、主动发现，即通过“自主学习”才能完成。在信息化教学设计中，要根据教学内容及所选择的教学方法，对学生的自主学习作不同的设计。自主学习活动的方式需要根据教学实践运用不同的自主学习策略来设计。自主学习策略是帮助学生“自主探索、自主发现”的学习策略，其核心是要发挥学生学习的主动性、积极性，充分体现学生的认知主体作用，其着眼点是如何帮助学生“学”。目前比较常用的自主学习策略主要有支架式教学策略、抛锚式教学策略、随机进入教学策略。根据不同的教学策略，对学习者的自主学习应做不同的设计。

5. 评价方式的设计

在信息化教学设计中，其评价理念和传统的教学评价相比较发生了较大变化，主要表现在以下几个方面：更多的关注了学生的表现和过程，侧重评价学生应用知识的综合能力；强调学生在学习过程的主动参与，而且也强调评价过程中学生的自我参与和主动参与；资源的开放和多样性，也促使了信息化教学设计中对资源要进行评价；评价标准的制定是由教师和学生根据实际问题和学生先前的知识、兴趣和经验共同制定的。

在信息化教学设计中，除了理念上的转变以外，其评价方式也有了一定的变化。主要包括传统的评价方式（测验、调查、观察）、学习契约评价、量规评价、范例评价、学习档案袋评价、概念地图评价、自我评价。

① 学习契约评价。学习契约又称学习合同，这种评价方法来源于真正意义上的契约或合同。评价设计是否合格的主要依据将是合约。学习契约的意义和实施方法与日常生活中所说的合约相差无几。在信息化教学设计中，主要就在于任务的完成、问题的解决、作品的提交、项目的设计等。学习契约这种评价方法能够让学生在完成任务和解决问题时有一个具体的目标或依据，能够对信息化教学进行客观合理地评价。

② 量规评价。量规评价是利用量规对学生学习水平进行评价的方法。量规是一种结构化的定量评价工具，往往是从与评价目标相关的多个方面详细规定评价指标，具有操作性好、准确性高的特点，有利于避免评价的主观因素。随着教育信息化的发展，越来越多的学习任务是以非客观性的方式呈现的。因而，量规这种评价工具的应用逐渐受到重视，量规评价成为信息化教学评价的重要方法之一。

③ 范例评价。范例评价是通过范例展示、参照范例完成学习任务、评价学习过程和成果等环节对学生进行评价的方法。在完成学习任务之前，由教师根据学习任务给出解决该类问题的典型范例。这些范例可以是教师或其他人完成的，也可以是以前的学生完成的作品。学习者可以参照这些范例中解决问题的思路、方法，对照自己的学习过程和学习结果进行自我评价，也可以进行互评。

④ 学习档案袋评价。学习档案袋评价是利用学习档案对学生在信息化教学过程中的学习水平进行评价的方法。学习档案是按一定的目的收集的反映学生学习过程及最终产品的一整套材料。学习档案中可包含各种形式的学习材料，如录像带、书面文章、图画、计算机编程等。学习档案能使学生检视自己的成长，也能使教师有效地辅导和支持学生达到学习目标的要求。在信息化教学中，学习档案的建立和维持可以自动进行，成为电子学习档案，其中不但可以记录并保持学生学习过程，还能汇集学生的电子作品等。通过学习档案评价，可以非常清楚地了解学习者在整个学习过程中的表现和学习收获，有利于做出公正的评价。

⑤ 概念地图评价。概念地图评价是利用概念地图对学生在信息化教学过程中的学习水平进行评价的方法。概念地图是一种用来帮助表现思维过程与结果的工具，可用以指示课、单元或知识领域的组织形态。学生可通过手绘或电子工具的方法将概念沿着空间等级层次或时间先后顺序的维度联系起来，形成他们对这些概念关系的理解。利用概念地图进行评价时，可以通过要求学小画出所学内容的概念地图，对学生的学习水平做出评价。

⑥ 自我评价。自我评价是学习者运用一定的评价工具对自己的学习结果以及在学习过程中的表现进行评价的方法。自我评价的作用是让学习者有针对性地反思与提高自身的学习水平。自我评价多采用问卷调查表的形式设计表单，帮助学习者通过回答预先设计好的问题来产生某

种感悟，从而促使他们对自己的学习过程和学习结果进行更新审视和修改，增强他们的自主学习能力。

五、信息化教案的主要内容

1. 单元教学计划

具体地描述教学单元的主题、学习目标、学习活动（教学过程）、学习资源等，其中的学习活动和学习资源在很大程度上是由信息技术支持的，因此这种教学计划可称为信息化教案。

2. 学生电子作品范例

给学生提供参考用的电子作品，可以从各种电子信息源中选取或由教师自行制作。

3. 学生作品评价量表

提供结构化的定量评价标准，从内容、技术、创意等方面详细规定了评级指标。利用这种量规来评价学生电子作品，既可以让教师评，也可以让学生自评和互评。

4. 教学支持材料

为支持学生有效进行学习活动准备的各类辅助性材料，如软件工具、资料光盘、在线参考资料、教师电子讲稿等。

5. 单元实施方案

包括教学活动的时间安排、学生分组办法、上机时间分配等。

6. 信息化教学设计评价的主要内容

① 对学生收集信息能力的评价：能运用网络收集信息资源。

② 对学生整理信息能力的评价：资料的相关性。

③ 对学生运用计算机能力的评价：演示文稿或网站的制作。

④ 对学生基本实验操作能力的评价：相关工具或软件的操作。

⑤ 对学生感悟运用所学知识能力的评价：整理某一事物的发展历程。

⑥ 对学生创新能力的评价：寻找身边事物的不足，提出有新意的创想。

第三节　多媒体教学设计

多媒体技术应用于课堂教学，是试验中教学手段改革的物质基础。但多媒体技术不应只以手段论，应从教学新理论新思想的高度上使多媒体技术成为教学设计的一部分，完成从手段到方法、从实践到理论，以此彻底改革传统教学观，形成完善的教学观。为达到这一目的，多媒体教学设计尤为重要，这是由于教学设计是教学思想的具体体现，是教学方法实施的总体构想。

一、多媒体教学的指导思想和评价

怎样的教学思想就会导致怎样的教学设计和教学过程。利用多媒体技术进行课堂教学，如果是以传统思想作为指导，就一定是把多媒体作为一种单纯的先进教学工具，不可能融多媒体优越性于教学过程中，抑制功能优势的发挥，难以转变教学方式，将电化教学变为“电灌”，这样将可能适得其反，会把传统的应试教学的弊端推向极端，对新课程试验将产生消极的影响。

以建构学生认知结构，倡导自主学习的建构主义，已成为多数人认同的先进的学习理论基础。它与新课程试验的重视基础，面向现代化，提高能力，培养综合素质，面向全体学生，发展学生个性有着相当的共性。试验中的课堂教学，必须建立在以学生为主体、充分发挥学生能动性的基础之上；必须在教学过程中形成平等的师生关系，使教师既是知识的传授者又是学生认知形成、探索未知世界的引导者。

这就是说，多媒体教学设计，首先要突破传统的学生被动受教育的格局，使老师学生都成为教学过程中的主体，共同协调发挥作用，拓宽学生的学习视野和学习空间；其次要改变传统教学中，只能以顺序方式进行教学的落后教学形式，使教学过程具有交互性、交叉性、拓展性和研究性，培养学生的应变能力和创新意识；再次要转化学生听、看单一的刺激反应形式，将教学过程变为教师的感染力、示范性与生动运动的形象、丰富的色彩、轻松愉悦的声乐融于一体，学生在犹如身临其境的环境中，各种器官协同发挥作用，在学习的情境中全面发挥学生的潜能。

新兴的多媒体课堂教学的效果，不能用应试教育评价的标准来衡量，应从学生认知结构形成的快慢，结构的优化，学生素质、能力的提高程度来确定；应从新课程试验目的出发，全面衡量教学改革任务的落实情况。现代学生，处在科技日益发展、视野不断开阔、新鲜事物层出不穷的社会环境里，思维发展由直线型变为发散型，感知事物的能力由片面型转向立体型，接受知识的方式由被动型进化到主动型，掌握知识的方法由记忆型逼近于探索型，只以掌握条条本本的多少不能完全刻划他们了解事物的全貌，说教模仿不能满足他们的总需求，应试不是现代学生希望的目标，也不是现代教育的根本目的。教育的全部内容应是使下一代对未来的人如何适应他们所面对不断进步的社会生活环境，如何推动社会的发展。多媒体教学有可能使学生全方位地对事物进行观察分析、对知识形成自己独特的见解和结构，各种素质同步提高，特殊素质优先发展。一堂多媒体课的好坏，主要以教师的前缘性引导、教师个人的教学魅力、学生的主动学习、师与生、生与生之间的交流、学生对知识的深刻理解和认知结构的优化，学生的探索创新能力来评价。

二、多媒体教学设计的基本原则

多媒体教学是当前和未来教学的一种普遍形式，它的教学设计直接地影响教学的质量，也是推广应用多媒体技术必然的准备。根据多媒体教学的指导思想和多媒体技术的特点，我们认为，多媒体教学的教学设计基本原则是：

1. 信息情境与学习目标相一致

多媒体技术引入课堂教学，使教师过去文字、符号的讲授，语言启发思考的静态刺激形式变得丰富多彩，课堂能够组织、输出更多的信息形式和信息量，使课堂变成一个较大的学习空间。但是每一堂课的信息情境不能是简单的声像堆砌，不能将媒体演播变为讲授式的新变化，也不能一味地将无连贯性的未经选择的声像干扰学生的注意力，应该在意义上有一定秩序形式，在情境中有趣味，能为教学目标服务的生动的信息集合。多媒体课堂教学，既要创设丰富资源的学习环境，更要对信息资源、自主学习、协作学习环境进行设计，达到信息情境与学习目标的高度一致。

2. 教师前缘引导与学生自主学习的原则

以教师为主导学生为主体是试验乃至今后教学的主要教学思想。利用多媒体进行教学，学生对各种信息的接受与处理应有全新的方法。学生要在丰富的情境中利用自己某一方面的信息加工优势，灵活地理解掌握所学知识。因此，教师不能是对每条信息都进行解释，或者是一味地进行“启发”，当然也不能让学习像看电视节目或听音乐各自为政不放任自流，教师应站在超前于学生智力发展的边界上（最邻近发展区），进行前缘性的引导；应适度分析当前的信息，引导学生观察发现、研究归纳，引导学生优化认知结构进行意义建构。这样既可排除非主要信息给学生带来的干扰，同时又积极使学生独立思考自主学习。我们在教学中，要克服过多的启发，避免抑制学生主动性的发挥，也要通过恰当的引导使学生形成正确的思维品质、形成并改善认知结构。

3．刺激适度与充分记忆的原则

任何教学方法和教学形式，都应遵循学生生理发展的规律，按照其特点组织教学。我们知道，较大的刺激量，能使学生增强注意力，提高学习效率；而过度的刺激会引起过早疲劳，分散学生的注意力，降低学习效率。多媒体教学应根据教学要求，设计刺激的方式，准确把握刺激量的大小，积极调动学生的各种情绪即利用非智力因素，以达到提高学习效率的目的。一般的多媒体教学，其课堂容量往往比传统教学形式下的容量要大，给学生的刺激程度也较高，这样加速了学习的进程，增加了单位时间内的学习内容，同时也就减少了学生理解记忆时间。如果不充分认识到这一问题，就会造成欲速而不达事与愿违的后果。大量的教学实践告诉我们，由于对刺激量大小的认识不足和控制不当，结果事与愿违。这就要求我们在教学中安排的刺激量适度，把握教学节奏，使学生有充分理解记忆的时间和过程。

4．人机交互与师生交际的原则

多媒体课堂教学通过超文本链接和网络学习，能够实现人机的交互学习，增大了学生学习的自主性。这是多媒体教学中的一大显著特点。在教学中，学生可以脱离教师进行学习，而我们许多的教师，也容易依赖于机器，使讲课的对象与教师分离，减少了师生之间的思想交流和情感交流，忽视了教师的形态、教师的参与及教师的个人气质和教学艺术魅力对学生情感和知识掌握的巨大影响力。因此在教学中既要充分发挥人机交互的作用，更要在协作学习中，体现师生的相互作用，注重师生交际，使交互与交际两者有机地结合起来。

三、多媒体教学设计的基本过程

多媒体课堂教学要设计什么，怎样进行设计，是我们要解决的重要问题。根据多媒体课堂教学的任务，我们要遵循其教学基本原则，确立如何去实现教学目的，解决信息的组织和输出方式，明确教学中教师的地位和学生学习的方式及学习效果等问题，从整体上去设计教学。

1．分析教学内容，确定教学目标

按照课程的逻辑结构（章、节、问题）明确所讲授的知识点，确定每个知识点内容的属性，并分析这些知识点的内容是属于哪一种类型（事实、概念、技能、原理、问题解决等），进而确定教学目标。

2．教学媒体的选择

选择教学媒体，就是根据教学内容和教学目标，选择记录和储存教学信息的软件和硬件。注意其目的性、针对性、多样性以及适度性、经济性等原则，按照教学媒体选择的方法和流程进行科学选择。

3. 信息情境的创设

多媒体信息是多样化的，信息要进行合理、适度的组合，达到某种能够刺激学生，实现当前学习主题和教学目标。

① 信息资源的设计。确定为实现教学目标所需的信息资源的种类、利用资源以突出主题进行组合；使学生在学习过程中具有可接受性，深化学习主题、突破难点突出重点。

② 情境创设的设计。情境，又称教学情境或学习情境，是学生参与学习的具体的现实环境。"知识具有情境性,是被应用的文化、背景及活动的部分产物。知识是在情境中通过活动而产生的"。具体的、充满情感和理智的教学情境，是激励学生主动参与学习的根本保证。教学情境的创设是指创设有利于学生对所学内容的主题意义进行理解的情境，是教学设计中的一个重要环节。通过有关的信息资源，使教学内容在社会文化背景下，逼近实际生活和与当前学习主题相吻合。通过生动、直观、运动的形象，营造与学习主题气氛一致的声态环境，并动静结合有效地激发学生的联想，引起积极的观察，唤醒学生长期记忆中的相关知识和感受，从而使学生有新的认识，有新的理解、掌握深化的知识，进行新的建构。情境创设要使学生在不同的环境中选择其适合他们个人的学习兴趣和爱好，主动地发现和探索，激发学生参与交互式、协作式的学习的积极性。通过教师前缘性的引导，使学生在营造的氛围里感受新的事物，完成对问题的理解，进而运用新的知识、形成意义建构。

③ 信息刺激的设计。情境的创设与刺激量密切相关。要正确处理各种信息输出方式、时机和量度的问题。动态有利于引起注意，超量则容易造成可记忆时间的缩短、深度的分析理解不能完全消化，从而浮于表面，对知识的自我链接不牢靠；音像有助于营造气氛形成新的感受，使学生在愉快中、在与学习内容一致的氛围里引起共鸣，可减轻学习疲劳，但使用不当会干扰对事物的深入分析和干扰严密思考的进程。因此，信息刺激的设计要从方式、时机、量度、动态、声态几个方面进行全面的安排，达到和谐。值得注意的是，多媒体课堂教学，由于显示内容相对较多速度高于一般情况，特别是显示的内容屏与屏之间无残留性，学生对知识系统的整体感受相对下降，因此要通过概括性的小结和高度浓缩，刺激学生回忆、记忆和进一步理解教学内容，使学生感受系统的完整和连贯，完成知识系统的建构。

4. 学习方式的设计

多媒体教学的特点能够很大程度上地改变也必须改变学生学习的方式。多媒体课堂教学中学习方式的设计，直接影响学生的学习效率和效果，影响多媒体教学目的的实现。

① 交互式学习设计。交互式学习设计要体现各种学生层次的需求，并由不同基础向深化知识趋近，使学生主动地通过交互式的对话，引入到一个更高的水平。因此，交互的内容要有随机的进入和随机的处理方式，能够通过选定的典型问题、情境，引导正向迁移；也要通过框架式、树式等形式的填充使学生形成整体认识。交互式学习设计的三个主要要素是主动性、引导性和探索性。

② 协作与引导学习设计。协作学习是自主学习的一种特殊形式，通过分组讨论、协商，以及小组之间提出各组统一见解的学习，是用集体智慧深化个体理解的方式。协作学习离不开教师的引导和指导，在教师设计的问题范围内进行充分的思考。因此，协作学习可以是在每堂课的初始期，由教师提出能引起争论的议题开始，并通过设计，步步向教学目标靠拢的后续问题，统一学习认识，使学生在协作之中发挥主动性，进行认知建构；也可以是在教学中对遇到的实际疑难

问题展开讨论，教师通过一些变式的问题组让学生明辨是非，深化对问题的理解。在协作学习中，教师的主导性要充分地发挥，让学生在老师教学艺术的感染下，在其魅力的呼唤下，进入智力邻近发展区，达到充分调动学生的积极性，自主地解决问题的目的。

5．进行学习评价

学习评价是指对学生的学习评价。它是指依据一定的标准，采取一定的手段对学生通过教学所发生的行为予以确定的过程。学习评价的对象是学生的学习过程及其结果，评价者主要是任课教师。学习评价不能等同于学习测量，测量是人们对事物进行某种数量化的测定，运用各种测量手段获取各种信息，只是对学生行为进行描述，而不管其价值如何，而评价则以这种描述为基础而试图确定学生行为的价值，即根据测量结果对学生的行为做出价值判断。简言之，学习测量着重于对学习状况的数量化确定，而学习评价则是在测量的基础上着重于对学习状况的“解释”与“判断”。在学习评价中，测量的手段或工具很多，但主要是测验。教师根据测验结果对学生的学习做出价值判断。

第四节　ASSURE 教学设计

一、ASSURE 教学设计概述

ASSURE 模式包括 6 个阶段：即分析学习者（Analyze Learners），陈述教学目标（State Objectives），选择教学方法、教学媒体和资料（Select Methods，Media and Materials），使用媒体和资料（Utilize Media and Materials），鼓励学习者参与到学习活动中（Require Learner Articipation），评价和修正（English Evaluate and Revise）。取这 6 个阶段第一个字母就组成了 ASSURE。

ASSURE 是一个系统地计划教学过程（其中包括媒体和技术的应用）的指南。ASSURE 模式假定，对于教学对象来说，培训和教学是必须的，所以在 ASSURE 中不再对教学进行需求分析。而其他的教学设计模式是从需求分析开始的，以确定教学或培训是不是解决当前绩效问题的合理的方案。ASSURE 模式是围绕在教室环境下怎样选择和使用媒体的一套模板，其实质是一种针对课堂教学媒体运用的小型化的教学设计模式。

二、ASSURE 教学设计模式

所有有效的教学都需要进行精心的设计。利用教学媒体及技术进行的教学当然也不例外。使媒体具体化的 ASSURE 模式，是设计和传递教育的一个程序上的指导。下面对 ASSURE 模式做一个简单的介绍。

1．分析学习者特征

教学设计的第一步就是分析学习者。学习者可能是学生、受训人员或某单位的工作人员等。为了选择完成教学任务的最佳媒体，你必须了解学习者。可以把学习者的特征分为两类：

（1）一般的特征

对学习者一般特征的分析不涉及对教学内容的确定。但关系到对整个教学水平的正确把握、对教学中下文的铺垫以及对具体举例的选择。学习者的一般特征是指他们的年龄、年级、工作类别、职务类别、文化程度、社会经济背景等因素。要知道，对于学习者特征的哪怕是肤浅的分析也会对教学的全局和媒体的选择起到很有帮助的作用。例如对阅读有困难的学习者采用非印刷类的媒体就能大大提高教学的效果。你的学习者中有人类学家或者文艺界人士，你就要多选择一些他们感兴趣的实例和材料。如果你所面对的是一个特殊的种族或文化群体，你要优先考虑文化和种族的禁忌，在选择教学媒体的时候也需要高度重视文化差异。如果学习者对主题缺乏兴趣，可以考虑采用高刺激的教学媒体，例如戏曲录像带、模拟游戏和其他的活动。学习者第一次进入新的领域时，可能需要更多直接的、具体的经验，例如参观访问、角色扮演等。具有丰富背景经验的学习者可以考虑采用抽象的视听教学材料或文字材料。对于不同的学习小组来说，小组成员具有不同的知识背景，可以采用录像带等视听媒体为主，视听媒体可以从多种渠道传达信息，建构共同的知识基础，使他们具有对某项事物的共同经验，为后续的小组讨论或者个人学习奠定基础。如果教学面对的是一些特征相似的学习者，那么分析学习者的共同特征就是一件必须做的工作。

但是有时候，进行学习者分析是很困难的。如果你教的是一班新同学，没有时间来观察和了解他们的特点。也可能，某一班的学生之间的差异比别的班级要大，很难确定你所选择的教学媒体和教学技术是否符合大多数人的需要。此外，在进行商业培训或者市民培训、兄弟会或者青年俱乐部等培训活动中，确认受教育者的一般特征也是比较困难的事情。

在这些情况下，学生们以前的学习成绩记录、直接提问让学生回答问题、与学生交谈、与老师交谈等都可以帮助我们了解教学对象的特征。有经验的演讲家经常要面对不熟悉的听众，他们通常会提前到达会场，然后与观众进行简短的交谈，通过这种方式了解观众的一些共同的特征：他们的背景、期望和心态。

（2）具体的能力特征

在准备一个教学的具体内容时，教师无论自觉还是不自觉地都已经做了两个假定：其一，是假定了在所要教学的领域里，学习者还不了解、不掌握什么，这就是所要教学的东西；其二是假定学习者都已经掌握了，它们正是学习者能够听懂教学内容的基础。这两个假定似乎是不言而喻的，但它们实际上是一个教学能够成功的前提。而在实际生活中，把握不好这两个前提的事例实在是太多了。有的时候是对学习者现有知识技能估计偏高，有时又估计偏低。结果不是学习者难以理解，就是学习者感到索然无味。

2．明确教学目标

ASSURE 模式的第二个内容是阐明目标。即阐明教学所要传递的信息、解决的问题、建立的概念、教会的技能、改变的态度、建立的价值标准等方面的目标。在准备教学时必须对于这个目标有严格、具体的分析和限定：哪些目标一定必须达到？哪些目标不可能达到?如何检验和判断这些目标是否达到？这都需要给出明确的陈述。

（1）阐明目标的依据

无论教学的内容、方式和条件有多大的差别，无论是何种水平、何种学科、针对何种对象的教学，都必须事先对教学目标有清晰的阐述，在教学时要认真地把握。否则就会出现那种令学习者厌烦而又无奈的“不知所云”、“离题万里”的教学。

（2）阐明目标的 ABCD

概括来讲，目标应该包含行为、条件和程度三个层次的含义。再加上行为的主体，也就是学习者一共四个要素。其英文字头刚好是 ABCD，为了便于记忆，称之为“目标的 ABCD”：行为主体 Audience，行为 Behavior，行为条件 Condition，行为的程度 Degree 。

例如：通过计算机文字处理软件培训班的学习，学习者（主体 A）在结业时要能熟练使用中文 Word 97 For Windows 软件（行为 B）。能够在一小时内录入、编辑完成 1 000 字的日常公文（条件 C），其差错率小于 5%（程度 D）。

① Audience：系统化教学的前提是学生在做什么而不是老师做了什么。只有当学生积极地思考或者积极实践一项技能时，学习才可能发生。不管是练习思维训练还是运动技能都是如此。因为完成学习目标要依赖于学生做了什么，所以目标描述中一定要说清楚是谁的技能发生了变化。

② Behavior：在目标描述中最重要的是动词，描述学习完成后学生获得什么样的新能力。如果这个动词描述的是一个可观察的行为，那么这样的描述最可能清楚地表示你的意图。在教学完成后，学生会做什么？含糊不清的词汇，像知道、理解、意识等词不适合出现在教学描述中。好的词汇包括定义、分类和示范等，都表示可观察的行为。

③ Conditions：教学目标的陈述中要包括对展示技能的环境描述。例如，在描述过量使用酒精的后果时，学生能不能使用笔记？如果要求学生辨认鸟类，就要说明是使用彩色图片还是用黑白照片？在示范的时候，允许学生使用哪些工具和设备，不允许使用那些工具和设备？例如，一个教学目标可以这样描述："在欧洲行政区划图上，请学生标出主要的煤炭产地"。或者也可以说"在没有笔记、课本和其他图书资料的情况下，请学生写一篇 300 字的短文，讨论营养与学习的关系。"

④ Degree：对于写好教学目标的最后一个要求是必须指明一个标准，用这个标准来评价学生的行为。学生必须达到什么样的熟练程度和正确程度？这项标准是否要用定量或者定性的词汇来描述？这项标准还必须要符合实际的需要。例如，为了成为一个生产能手，机械师操作车床的技术要好到什么程度？

3. 选择、修改或设计教学材料

一旦了解了学习者和明确了教学目标，就已确定了教学的起点（学习者目前的知识、技能和态度）和终点（教学目标）。接下来的任务是在这两点之间建"一座桥"。可以从以下几个方面着手：

① 选择教学方法。不要简单地认为有一种教学方法超过了其他所有的方法，能够适用于所有的教学环境。随着教学进展，我们需要使用不同的方法来服务于不同的教学内容。例如，教学开始可能需要使用模拟活动，集中学生的注意力、激起学生学习的兴趣；然后用示范方式展示新的教学内容；最后，安排计算机辅助的练习活动提高学生的熟练程度。

② 选择媒体格式。在教学中，最常用的媒体格式包括：活动挂图（静态图像和文字）、幻灯片（可放映的静态图像）、音频（声音和音乐）、视频（电视画面上的移动图像）和计算机多媒体（显示器上的图形、文字、移动图像）等。

按照记录和显示信息的方式来看，每一种媒体格式都有自己的优点和局限。选择媒体格式是一项复杂的任务。考虑到媒体的种类，学习者的多样性，各种不同的教学目标，选择媒体的确是一件不容易的工作。

为了简化这项工作，多年来，人们开发出了很多的媒体选择公式，又称选择模型，通常采用流程图或者检验表的方式。在多种媒体选择模式中，教学环境（如大组、小组或者自学）、学习者（如阅读、非阅读、音频偏好等）、教学目标的特征（如认知、情感、运动和人际交往技能等）以及每一种媒体格式（如静态图像、动态图像、印刷文字或者口语文字等）的特征都是要考虑的因素。有的选择模式还要考虑每一种媒体格式的反馈性能。

③ 获取教学资料。显然，如果有现成的符合要求的教学资料，学生们可以方便地使用这种资料，那是最好的，可以省时间省金钱。如果没有完全满足教学目标或者适合学生的教学资料的时候，一种折中的方法是修改现有的教学资料。如果也没有可供修改的资料，那就只有自己设计新的教学资料了。虽然这种方法费时间费金钱，但是可能是最适合你的学生和学习内容的资料。

4．使用教学材料

完成了以上工作之后，就要决定怎样使用这些材料以及在这些材料上花费多少时间。接着就要备课，准备好所需要的设备和工具，然后开始讲解材料。利用课堂讨论、小组活动或个别化学习来学的内容。无论是对已有媒体还是对自己设计制作的媒体，不同的使用方法是会得到不同的使用效果的。因此，ASSURE 模式要求像重视媒体和材料的选择那样重视对它们的运用。运用是需要进行周密的计划和认真的准备的。在教学前要预先观看和熟悉所选择的媒体材料，进行预演，特别是对媒体间的衔接和连贯对于教学的效果关系很大。

这里介绍一种使用媒体的过程模板，简称为 5P 模型，即预览资料（Preview Materials），准备资料（Prepare Materials），准备环境（Prepare Environment），让学生做好准备（Prepare Learners），使用媒体学习（Provide Experience）。

① 预览资料。在使用教学资料之前，一定要预先浏览一遍所要使用的媒体，千万不要贸然使用任何一种教学资料。在选择的过程中，要确定哪一种资料合适。公开的评论、出版商的内容介绍，同行的评价等都是很有价值的资料。然而，这些都不能代替你自己，一定要在使用之前预先浏览所用的资料。只有了解了资料的内容，你才能充分挖掘资料的潜在价值，用好资料，提高教师对教学过程的控制。

② 准备资料。准备需要的媒体和资料，为教学计划提供支持。不管是由教师展示媒体还是学生自己使用，都需要做好准备。以教师为主的课程中，教师需要提前练习各种设备的操作使用。以学生为中心的环境中，要保证学生们有足够的资料、媒体和设备。教师作为学习任务的推动者，要保证每个学生获得必要的资料，还要准备一些其他必要的资料。

③ 准备环境。准备好教学的环境，检查媒体、电源以及灯光等条件。教师要提前检查这些条件是否具备，设备是否操作正常，能不能用。安排好这些条件，让所有的学生都能够看清楚、听清楚。

④ 让学生做好准备。对学习的研究清楚地表明如果学生集中精力准备学习，则学习活动将取得好的效果。我们注意到在很多商业活动中有一个“暖场”的过程。让学生做好学习的准备，对教学的展开是非常重要的。

⑤ 使用媒体学习。如果课堂教学是以教师为主的，那么教师就应当注意教师“教学的技巧”，要像演员一样能吸引学生的注意力。如果课程是以学生为主的，教师的角色就应当是一个引导者的角色，帮助学生查找 Internet 上的主题，讨论课程内容，准备多媒体的文件夹，或者向别的同学呈现自己找到的其他信息。教师可以指导学生制作自己的多媒体作品。

5．要求学习者参与

ASSURE 模式的第五步是要求学习者的参与。这一点对于教学效果影响最大，也是 ASSURE 模式中最具挑战性的一步。忽视了学习者的参与和响应，教学就是单向的传播，单调的注入。而我们知道学习是人类的一个主动过程，如果缺乏学习者的参与和响应教学的效果是难以令人满意的。在教学过程中，学习者要到达学习目标则必须对于教师讲解的内容进行思考加工和实践。只有在正确的响应过程中新学的知识和技能才会得到强化。因此，凡是在目标中提出的要求，必须在最后的评估之前给学习者以操练和实习的机会。而且，学习者也必须对他们所学到的内容进行练习，教师也必须强化学习者的正确答案。

6．评估及修改

ASSURE 模型的最后一个阶段是对有效的学习进行评估和修正。评估有很多方式，最常见的是书面考试，评价学生的学习成绩等。这里所说的评估包含两方面的含义：对学生学习成绩的评估，对教学媒体和教学方法的评估。

虽然要等到整个教学单元结束后才能进行总的评估。但实际上在教学前、教学过程中、教学完成后都要进行评估。例如，教学开始前，教师需要评估学生的特征和起点能力，判断所采用的学习资料和教学方法是否合适。而且，资料也需要提前评价。教学过程中，可以采用学生练习反馈、小测验和自评的方法。教学过程中的形成性评估，主要起到诊断检查的作用，可以检测发现和纠正教学过程中的问题，可以尽早发现影响学生成绩的困难。

修正是教学过程的最后步骤，检查收集到的评估信息。看一看所设想的教学目标和实际达到的目标之间是否有差异？学生是否在一个或多个教学目标上有落后的现象？学生对使用的教学媒体反映如何？教师对选择的媒体是否满意？教师应当对课程和课程中所采用的媒体和技术进行反省。并且在课程完成后马上做笔记，在下一次教学前一定要查询这些笔记内容。如果在任何方面有所缺憾，就要找到问题所在加以修正。

思考与练习

1. 谈谈你对教学设计概念的理解。
2. 如何理解教学设计的基本原理？
3. 简述教学设计的基本过程与环节。
4. 在教学时，要对学习者特征进行分析，如何分析及对教学有何影响和作用？
5. 分析对比传统教学设计与信息化教学设计。
6. 简述信息化教学设计的基本步骤与方法。
7. 如何理解多媒体教学设计？
8. 简述 ASSURE 教学设计基本过程。

第九章 信息化教学评价

导言

评价是信息化教学的重要组成部分。教学评价与学生学习具有正相关性，显然如果评价采用一纸客观题闭卷形式，学生必然死记硬背；如果教学评价中记录了学生学习的过程，学生自然会积极地参与教学。评价体系要体现评价主体的多元化和评价形式的多样化，评价应关注学生综合能力的发展过程以及学习的效果，采用形成性评价和终结性评价相结合的方式，既关注结果，又关注过程，使对学习过程和学习结果的评价达到和谐统一。信息化教学评价是为了收集学生所掌握的知识和技能的数据、监测学生的学习行为并不断地改进教与学的实效性，评价可以让教育者了解教学设计目标是否达到，并为修正教学系统提供实际依据。

学习目标

了解教学评价、信息化教学评价的基本内涵、意义和作用，充分理解信息化教学评价的基本类型和特点，掌握信息化教学评价的基本过程和方法；掌握面向学习过程和学习资源的信息化评价。

第一节 教学评价概述

一、评价与教学评价的涵义

评价（Assessment）就是为了解个人和群体、部门而收集与其相关的信息的行为。教学评价是指以教学目标为依据，按照科学的评价标准，运用一切有效的技术手段，对教学活动的过程及其结果进行测定、衡量，并给以价值判断。教学评价的目的一是为学生的学提供学习反馈；二是为教师的教用作教学诊断手段。

评估（Evaluation）是关于单位或部门的品质或价值评估结果的判断，这种判断基于多种评估信息来源。评价是较精确的价值判断，既有对群体或单位的价值判断，又有对个人的评价。但在实际的操作中二者并无严格的界限，只是在不同的范围和场合有不同的习惯用法，如高等教育领域多提教育评估，在督导部门又称督导评估，而在普通教育领域多称为教育评价。从目前我国的教育实践看，使用评价这个称谓的情况越来越普遍。

影响教学质量的因素是多方面的，笼统地讲主要有教育理念、师资力量、教学方法、课程设置、教学管理、教学媒体、校园文化和学习氛围、学习者的文化基础和人文品质等若干方面。其核心因素集中在教师的教和学生的学两个方面。要提高教学质量就必须对教学提出一定的质量要求。而对教学是否达到了一定质量要求的判断就是教学评价。换言之，教学评价就是根据教学目标的要求，采用测量的工具和方法对学生的学习结果进行量化的描述，并对量化的结果做出价值判断的过程。教学评价的实质是从结果和影响两个方面对教学活动给以价值上的确认，并引导教学活动朝预定的目标发展。教学评价是教学活动中一个极其重要的部分。

首先，教学评价要以教学目标为依据。教学目标是指教学活动实施的方向和预期达成的结果，是一切教学活动的出发点和最终归宿。教学目标规定了学习者学习后应达到的能力水平。教学之后，学习者在认知、情感和动作技能等方面是否产生了如教学目标所期待的变化，这是要通过教学评价来回答的。因此，教学评价依据的标准是教学目标，离开了明确具体的教学目标就无法进行教学评价。例如某个教师讲课生动，课堂气氛活跃，非常受学生的欢迎，但学生没有发生如教学目标所期待的变化，也就是说，表面上热热闹闹的一堂课，实际上学生什么也没学到，我们应该说这堂课没有达到预期的教学目标，课堂生动、气氛活跃、受学生欢迎都将失去意义。因此，教学评价的标准应该和教学目标相一致，否则就无法全面、准确、客观地评价教学效果的好与差。如果教学评价的标准和教学目标不一致，那么教学目标将失去它自身的作用，而被它的评价标准取而代之。

其次，教学评价需要采用一些有效的技术手段。通常，通过测量来收集资料，但是测量不等于评价，测量是指以各种各样的测验或考试对学生在学习和教师在教学过程中所发生的变化加以数量化，给学生的学习结果赋以数值的过程。评价是对测量结果作价值判断的过程。另外，虽然测量是评价的重要手段，但并不是唯一的手段。教学评价还可以通过一些非测量的方法如观察法、谈话法、收集学生的作业和作品、教学活动记录等有关资料来实施。尤其是信息技术的发展，给教学评价提供了很多方便、快捷的测量、跟踪和统计等工具。

再次，教学评价要对教学的过程和结果进行评价。教学评价，不仅仅是评价教学的结果，更要对教学的过程，对教学活动中的方方面面进行评价。信息技术环境下的教学设计要改变以往单一评价主体、过分重视总结性评价的教学评价方法，强调多元评价主体、形成性评价、面向学习过程的评价，由学生本人、同伴、教师对学生在学习过程中的态度、兴趣、参与程度、任务完成情况以及学习过程中所形成的作品等进行评估，实施评价的办法有课堂调查表、课堂打分表、作品打分表等。

为了提高教学评价活动的效度和信度，学习评价必须以客观资料为基础，在对客观资料量化处理的基础上进行价值判断，判断学生的学习掌握程度及心理结构的形成情况与教学目标的差异，同时需分析教学成效，对今后的教学工作提出明确的改进措施。

二、教学评价的功能

教学评价在学习和教学过程中发挥着许多重要的作用。教育心理学和教学论的研究指出教学评价对提高教学效果具有明显的促进作用，可以概括为以下六个方面：

1. 对教师的教学水平做出判断

教师利用评价的结果可以明确课堂教学目标的实现程度，教学活动中使用的方式是否有效、学生的接受程度和学习状况，从而随时调整自己的教学行为，反思和改善自己的教学计划与教学方法，不断提高教学水平。教学评价是以教学目标为依据的，如果评价后的学习结果与预期的教学目标相符，表明教师完成了教学任务，教师的教学方法是成功的。如果评价后学生的学习结果与预期的教学目标不相符，那么教师必须重新考虑教学目标的适当性及教学方法的有效性，考虑如何进一步改进教学。

2．对学生当前的学习水平做出反馈

通过教学评价，学生可以有机会了解自己学会了什么，学习的程度如何，是进步还是退步了。教学评价作为对学生学习结果的反馈，可以进一步增强学生的学习动力。学生也可以进行自我评价，即学生通过自我评价加深对自我的了解，以便调整学习策略，改进学习方法，增强学习的自觉性。

3．强化激励作用

科学、合理的教学评价可以调动教师教学工作的积极性，激起学生学习的内部动因，使教师和学生都把注意力集中在教学任务的某些重要部分。对教师来说，适时客观的教学评价，可以使教师明确教学工作中需努力的方面，对学生而言，适当的测验可以提高学生的积极性和学习效果。

4．有利于教学目标的实现

教学过程的科学化即要遵循教学规律进行教学。定期对教学情况进行检查和评价，能够揭示哪些做法符合规律，哪些做法违背规律，教学是否达到预期目标，达到程度如何。这有利于调整教学过程，促进教学过程科学化。教学评价是以教学目标为依据，对教学进行全面检查，并予以价值上的判断。它的目的不在于区分学生学业成绩的等级差别，而在于测评每个学生对教学目标的达到程度。除对学生的成绩进行判断外，还要评价学生的性格特点、行为习惯、身体素质等方面的情况，因而有利于社会、家庭、学校对教育价值的认识，克服目前存在的只重智育，片面追求升学率的价值观念，更好地对学生实施全面教育，促进学生全面发展，提高教学质量。

5．管理作用

教学评价反映着教师教学的质量和水平，可以为教学管理提供比较可靠的依据，也为学校的人事决策提供依据。另外，对学生学习结果的评价，可为学生学习的质量和水平提供证明，并成为选拔与淘汰、升留级、是否毕业等决策的依据。

6．研究的功能

评价作为教学研究与实践中的一种工具，用于查明在达到一整套教学目标时，可供选择的程序是否同样有效。例如，教学质量评价可以检验教学实验的成败，可以对新旧教材、教法等做出比较性判断。此外，教材、教具的开发，课程设置和师资素质的调查，学生能力的研究都离不开教学质量评价的帮助，教学评价已成为教育科学研究中的重要工具。

三、教学评价的类型

教学评价工作是十分复杂的，根据不同的划分标准，可以将教学评价分为不同的类型。如按评价基准的不同，教学评价可分为相对评价和绝对评价；按评价功能的不同，教学评价可分为诊断性评价、形成性评价和总结性评价；按评价表达的不同，教学评价又可分为定性评价和定量评价等；按评价所依据的不同标准与解释方法，可以将评价分为常模参照评价和标准参照评价。

1．按评价基准分

按评价基准分，教学评价可分为相对评价、绝对评价、自身评价。

① 相对评价。相对评价是在被评价对象的集合中选取一个或若干个个体为基准，然后把各个评价对象与基准进行比较，确定每个评价对象在集合中所处的相对位置。为相对评价而进行的测验一般称为常模参照测验。它的试题取样范围广泛，测验成绩表明了学生学习的相对等级。由于所谓的常模实际上近似学生群体的平均水平，所以这种测验的成绩分布符合正态分布规律。利

用相对评价来了解学生的总体表现和学生之间的差异或比较不同群体间学习成绩的优劣是相当不错的。它的缺点是基准会随着群体的不同而发生变化，因而易使评价标准偏离教学目标，不能充分反映教学上的优缺点，为改进教学提供依据。

② 绝对评价。绝对评价是在被评价对象的集合之外确定一个标准，这个标准被称为客观标准。评价时把评价对象与客观标准进行比较，从而判断其优劣。评价标准一般是教学大纲以及由此确定的评判细则。为绝对评价而进行的测验一般称为标准参照测验。它的试题取样就是预先规定的教学目标，测验成绩主要表明教学目标的达到程度，所以这种测验的成绩分布通常是偏态的。低分多高分少，为正偏态；低分少高分多，为负偏态。绝对评价的标准比较客观。如果评价是准确的，那么评价之后每个被评价者都可以明确自己与客观标准的差距，从而可以激励被评价者积极上进。但是绝对评价也有缺点，最主要的缺点是客观标准很难做到客观，容易受评价者的原有经验和主观意愿的影响。

③ 自身评价。自身评价既不是在被评价群体之内确立基准，也不是在群体之外确立基准，而是对评价个体的过去和现在相比较，或者是对其若干侧面进行比较。

2．按评价功能分

按评价功能分，教学评价可分为诊断性评价、形成性评价和总结性评价。

（1）诊断性评价

这种评价又称教学前评价或前置评价。诊断性评价指为查明学生的学习准备状况及影响学习的因素而实施的测定，一般是在某项活动开始之前。诊断性评价的主要用途有三个方面：①检查学生的学习准备程度。常在教学前如某课程或某单元开始前进行测验，可以帮助教师了解学生在教学开始时已具备的知识、技能程度和发展水平。②确定对学生的适当安置。通过安置性诊断测验，教师可以对学生学习上的个别差异有较深入的了解，在此基础上经过合理调整使教学更好地适应学生的多样化学习需要。③辨别造成学生学习困难的原因。在教学过程中进行的诊断性评价，主要是用来确定学生学习中的困难及其成因的。

（2）形成性评价

教学设计中进行的评价主要是形成性评价。对于提高教学质量来说，重视形成性评价比重视总结性评价更有实际意义。

形成性评价主要指在教学进行过程中为改进和完善教学活动而进行的对学生学习过程及结果的测定。它能及时了解阶段教学的结果和学生学习的进展情况、存在问题等，以便及时反馈，及时调整和改进教学工作。形成性评价进行的较频繁，如一个单元活动结束时的评估，一个章节后的小测验等。形成性评价一般又是绝对评价，即它着重于判断前期工作达到目标的情况。对于提高教学质量来说，重视形成性评价比重视总结性评价更有实际意义。要使形成性评价在改进教学方面真正发挥作用，应做到：①把评价引向提供信息，而不要把它简单地作为鼓励学生学习或评定成绩等的手段。②把形成性评价与日常观察结合起来，根据测试的反馈信息和观察的反馈信息对教学做出判断和改进。③仔细分析测试结果，逐项鉴别学生对每个试题的回答情况，如果大部分或相当数量的学生对某个试题的回答都有误，那就表明自己在这方面的教学有问题，应及时加以改进。

（3）总结性评价

总结性评价又称“事后评价”，一般是在教学活动告一段落后，为了解教学活动的最终效果而进行的评价。学期末或学年末进行的各科考试、考核都属于这种评价，其目的是检验学生的学业是否最终达到了各科教学目标的要求。通过总结性评价，教师可以检验本学期教学目标的实现程度，从而判断教学效果的好与坏，是否需要对教学做进一步的改进，以及为制定新的教学目标提供参考。总结性评价的次数比较少，一般是一学期或一学年两三次，在学期或学年结束时进行。期中、期末考查或考试以及毕业会考等均属此类。

上述三种类型的评价有着各自的特点，对比情况如表 9–1 所示。

表 9–1 诊断性评价、形成性评价和总结性评价的对比

类型 要点	诊断性评价	形成性评价	总结性评价
实施时间	教学之前、教学过程中需要时	每节课或者单元教学结束后，经常进行	课程或者阶段性教学结束后，一般每学期一到两次
评价目的	摸清学生不利因素、学习准备以便安排学习	了解学习过程，调整教学方案	检验学习结果，评定学习成绩、预测后继教学的可能性
评价方法	观察和调查的记录分析、作业分析、测验、学籍档案	经常性测验、作业分析、日常观察	考试或考查
评价作用	查明学习准备情况和不利因素	确定学习效果	评定学业成绩
评价重点	素质，过程	过程	结果
测试内容	必要的预备知识、与学生行为相关的生理、心理、环境等样本调查	课题和单元的教学目标	课程总教学目标

3. 按评价方法分

按评价方法分，教学评价可分为定性评价和定量评价。

① 定性评价。定性评价是对评价资料进行“质”的分析，是运用分析和综合、比较与分类、归纳和演绎等逻辑分析的方法，对评价所获得的数据、资料进行思维加工。分析的结果有两种：一是描述性材料，数量化水平较低甚至毫无数量概念；另一种是与定量分析相结合而产生的，即包含数量化但以描述性为主的材料。一般情况下定性评价不仅用于对成果或产品的检验分析，更重视对过程和要素相互关系的动态分析。在教学工作评价过程中不采用数学的方法，只是根据平常的表现和观察，给教学工作做出定性的评价，即为定性评价法。如等级法、评定法都是经常使用的定性评价法。

② 定量评价。定量评价则是从“量”的角度，运用统计分析、多元分析等数学方法，在复杂纷乱的评价数据中总结出规律性的结论。由于教学涉及人的因素，各种变量及其相互作用关系是比较复杂的，因此为了提示数据的特征和规律性，定量评价的方向、范围必须由定性评价来规定。定量评价是采用定量计算的方法，搜集数据资料，然后用数学的方法做出定量结论的评估。在定量评价中，常用的数量化方法的形式有百分法、分数法、指数法、累积分数法、统计分数法、综合评判法等。可以说，定性评价和定量评价是密不可分的，两者互为补充，相得益彰，不可片面强调一方面而忽视了另一方面。

4. 常模参照评价与标准参照评价

按评价所依据的不同标准与解释方法，教学评价可分为常模参照评价和标准参照评价。

① 常模参照评价。是以个体的成绩与同一团体的平均成绩或常模相互比较，从而确定其成绩的适当等级的评价方法。这种评价方法重视个体在团体内的相对位置和名次，它所衡量的是个体的相对水平，因而又将这类评价称为“相对评价”或“相对评分”。常模参照评价以常模为参

照点，常模实际上就是团体测验的平均成绩，以学生个体的成绩与常模比较，就可以确定学生在团体中的位置，知道他的成绩在团体中属于“差”、“中下”、“中上”还是“优”。常模参照评价具有甄选性强的优点，因而可作为分类排队、编班和选材的依据。它的缺点是在排队选优时，对于个人的努力状况及进步的程度不加重视，尤其对于后进者的努力缺少适当评价，例如在几次考试中，某学生学习的实际成绩在提高，但他在班级里的相对位置（名次）也许仍没变化，因而缺乏激励作用。

② 标准参照评价。是以具体体现教学目标的标准作业为准，确定学生是否达到标准以及达标的程度如何的一种评价方法。标准参照评价是用来衡量学生的实际水平的，它关心的是学生掌握了什么或没掌握什么，以及能做什么或不能做什么，而不是比较学生之间的相对位置。用来评定的所谓标准就是具体的教学目标，教师编制测试题的关键之处是必须正确反映教学目标的要求，而不是这些题目的难易和鉴别力。为准确体现教学目标的要求，客观测得学生的实际水平，必要时过难或过易的试题也应保留，不要轻易删除。评分时学生该得满分就给满分，该得零分就给零分，一切按既定的标准评分。因此，标准参照评价的评分方式又称为“绝对评分”，这种评价也被称为“绝对评价”。通过标准参照评价可以具体了解学生对某单元知识、技能的掌握情况，哪些学得较好，哪些没学好需要补救。因此，标准参照测验主要用于基础知识、基本技能的测量，适用于形成性测验和诊断性测验，利用测验提供的反馈信息，可及时调整、改进教学。但是，由于测题的编制很难充分、正确地体现教学目标，因此教师还不能充分利用严格意义上的标准参照评价或绝对评价。

无论是常模参照测验，还是标准参照测验，它们都具有某些特性，其中最基本的是效度、信度和可用性。

① 效度。效度（Validity）又称可据性，是指一个测验所测量的结果与该测验所要求测量内容的相符程度。效度有多种，这里主要介绍内容效度（内容可据性），它指的是测试问题能否真正代表或推断测验编制者所希望测量的目标能力。教学内容与测试结果的一致性越高，测试结果的效度就越高，反之亦然。

② 信度。信度（Reliability）又称可靠性，指一个测验所测量结果的前后一致的程度。如果一个学生受两个等值形式的测试后所获得的分数相距甚远，这个测验是低信度的；反之，若两个等值形式的测试后分数相似，则这个测验则可认为有较高信度。信度与效度的关系，高效度必定是高信度，低信度必定是低效度，高信度未必是高效度。

③ 可用性。可用性指测验的实际用途，它包括测验要易于管理、评分、解释和应用等。在教学评价过程中，由于形成性评价便于了解学生在学习某一教学内容时的长处和短处，因此最好运用标准参照测验。经过科学编制的标准参照测验，可以在给定的教学单元中，描述学生已掌握和未掌握的内容。标准参照测验还可以帮助教师指明学生在学习中的薄弱环节，可帮助教师制订补习和进一步的诊断性测验的计划。总结性评价通常涉及了较宽的知识领域，需要运用常模参照测验。

总之，当我们主要是测量有确定范围的教学目标时，最适于运用标准参照测验，因为它具有描述性质。然而，当我们主要是测量范围较宽的学习结果时，每一教学目标领域的样本就会受到限制，使测验结果很难用于对学生的描述，例如用几道试题测量每一个学习结果，可以作为成绩的指标，但作为学习结果的描述并不适当，因此在这种情况下，更多地采用常模参照测验。

四、教学评价的原则

1. 全面性原则

全面性原则指评价指标的设计应从整体出发，既要考虑教学过程的各个环节，又要区分好各评价指标的性能，设置合理的权重，以强调该指标的作用。

2. 科学性原则

科学性原则指评价指标的设计、评价手段以及结论都应当是科学的，设计要符合教育学和心理学的基本原则，要体现信息化带动教育现代化；评价手段应采取定性和定量相结合的方式，使结论具有较高的可信度，并具有可比性。

3. 客观性原则

客观性原则指各评价指标的设计要能对课堂教学质量进行客观、公正的评价，能有效地测出教学的实际水平，减少评价人员的主观随意性。

4. 实用性原则

实用性原则指评价指标应明确具体，评价方法要简便易行，便于评价人员和广大教师使用和接受。

5. 指导性原则

指导性原则指评价标准的设计应对教师的教学具有一定的指导作用，帮助其改进工作，不断提高教学质量。

6. 重视学习原则

重视学习原则评价的目的是促进学习者有效地学习，提高教学效益。因此，在评价标准的设计上不仅要重视如何教，更要重视怎样学。

五、教学评价的测量工具

1. 资料法

资料法是所有评价类型都要采用的方法，资料的完备程度对评价的效果有较大的影响。积极提供资料是被评对象主动性的表现，评价领导小组在下达评价任务时，应当说明被评对象所需准备的资料，评价方案中也最好注明被评对象应提供的材料。资料的主要来源是被评对象的自评报告、会议记录、校内文件、学生成绩等。

2. 问卷法

问卷法是资料的补充，与一般资料相比，它具有更强的针对性与更大的灵活性。设计问卷首先要明确方向，设计问题时要通过咨询专家、查阅资料，选出较合适的一些问题，然后再考虑被调查者会不会回答，能否按要求回答这些问题，怎样分析他们的回答，怎样将分析结果进行量化、分类。选定问题后再设计问卷格式，对问卷本身进行说明。如果问卷采用邮寄方式，还要附上与问卷有关的说明。

问卷法有两个主要问题：一是回收率，二是真实性。提高回收率的方法是要使答卷人对所问的问题有兴趣，使答卷人感到，回答问题既是权利，也是义务；另外，问卷应由有权威性的组织发放，使答卷人感到他所反映的意见可以影响决策。而要做到回答的真实，下列的几点则应充分注意：问卷应是无记名的，问卷不宜提出是非很明确的问题，问卷不要直接提出与答卷人利害相关的问题，问题的陈述要明确等。

3. 实地考察法

实地考察是一种很有用的收集信息的方法。实地考察可以是一位专家进行简单的非正式的观察，也可以是一个专家组进行的全面的、严格的检查。其规模大小和程度深浅主要取决于检查的时间和检查人员的素质。

当考察团进行实地考察时，应注意以下几个方面：①事先拟出考察提纲；②事先通知对方，并安排采访；③在进行实地考察时应该考虑到考察所用的时间、考察的目的、方式及要求；④召开考察会议，与当地教育技术的管理干部如学校或系领导、有关工作人员见面；⑤分头进行考察和采访，对关键问题进行集体研究；⑥集体讨论每个人获得的信息，得出综合的评定结论。

4. 观察评分法

这种方法是指在教学活动中，对评价对象的活动进行有计划、有目的的观察，通过观察获得信息，经思维进行加工，做出评定判断。它是行动观察法、调查法、谈话法、轶事记录法等评价工具的综合运用，是各级各类学校教学工作评价中应用很广的一种方法。如教师的业务水平、工作能力、备课态度、上课情况、学生掌握知识情况等，都可用这种方法评价。

采用这种方法要注意以下问题：一是事先要明确观察的目的、程序和方法；二是使观察对象处于正常状态，否则收集的资料不能正确反映实际情况；三是观察者不要带有任何的成见或偏见，要如实记录；四是对观察所得的各种信息要真实记录，记录的方法主要有量表法、录音、录像、电子计算机储存等；五是要把获得的信息与事先制定的教学工作评价指标体系进行比较，做出恰当判断。

5. 查阅文献资料法

这种方法是指通过查阅现有的书面材料，并进行分析，做出评价。这些材料是在教学过程中自然形成的，能真实反映教学工作情况，如教师的教学计划、教案本、学生作业本、教学工作总结、教学研究的体会、教学管理制度、学生的考试卷等。通过分析这些材料，可对教师的教学情况、学校的教学工作质量、教学活动的发展变化等做出动态判断。运用这种方法时，尽量和观察评分法等方法相结合，以提高教学评价的全面性和信度、效度。

6. 等级计分法

这种方法是把教学评价项目分为几个等级，这些等级是一种定性的描述，再把定性描述转换成对应的分值，从而做出判断。如以教师课堂教学评价为例，先把教学评价标准分为 4 个等级：优、良、中、差，再把这些等级转换成相应的分值，即优（4 分）、良（3 分）、中（2 分）、差（1 分）。假设 4 项指标的权重为 0.2、0.3、0.3、0.2，某教师在课堂教学中的教学目标被评为良，教学内容被评为良，教学方法被评为优，智能发展趋势被评为中，其综合分值为：$3\times0.2+3\times0.3+4\times0.3+2\times0.2=3.1$。该教师课堂教学综合评价得 3.1 分，如果把分值换为等级时，该教师的课堂教学被评为良好。

7. 访谈法

访谈就是研究性的交谈，是以口头形式，根据被询问者的答复收集客观的、不带偏见的事实材料，以准确地说明样本所代表的总体的一种方式。尤其是在研究比较复杂的问题时需要向不同类型的人了解不同类型的材料。访谈法广泛适用于教育调查、咨询等，既有实施的调查，也有意见的征询，更多用于个性、个别化研究。

8. 作业与测验法

① 作业。作业是教学的有机组成部分，是教师针对教学目标和教学内容布置给学生的学习任务。通过对作业的评析，教师可以了解学生对课堂所学知识的掌握情况、判断教学目标的达成度和教学实施的有效性。作业分为以下三类：第一类是口头作业，如阅读、复述、背诵等；第二类是书面作业，如作文、演算练习、绘制图表等；第三类是实践作业，如实验、社会调查、科技制作等。

② 测验。测验法是教学评价的一种重要方法，是对行为样本客观和标准化的测量。测验法最常用于评价学生认知目标的达标程度，同时也可以为其他评价收集间接资料。例如，当评价某种学习资源在某种教学条件下的适用性时，利用测验可以取得学生学习后的量化资料，而从这些量化资料中，我们可以分析出该学习资源对学生学习的作用。

9. 反思笔记

反思即对行动结果及其原因进行思考。在反思过程中，一般需要对观察到的和感受到的与制订和实施计划有关的各种现象进行归纳，描述出其过程和结果，并进行判断，对现象的原因做出分析解释，指出计划与结果之间的不一致，形成基本设想、总体计划和下一步行动的计划。教学反思即教师对自己教学过程和结果的自我监控和调整，通过反思，教师能够及时发现自己存在的缺陷和不足，以采取相应的补救或改进策略，从而加快教师专业发展的步伐。

第二节　信息化教学评价的工具和原则

一、信息化教学评价与传统教学评价之比较

为了达到信息化教育的培养目标，即培养具有处理信息能力的、独立的终身学习者，其教学评价必须要与各种相关的教学要素相适应，从而也必然与传统的教学评价迥然不同，其区别可以概括为以下五点。

1. 评价目的不同

传统的教学评价侧重于评价学习结果，以便给学生定级或分类。评价通常包含根据外部标准对某种努力的价值、重要性、优点的判断，并依据这种标准对学生所学到的与没有学到的进行判断。为了评价学习结果，传统的评价往往是正规的、判断性的。而在信息化教学中，评价是基于学生表现和过程的，用于评价学生应用知识的能力。关注的重点不再是学到了什么知识，而是在学习过程中获得了什么技能。这时的评价通常是不正规的、建议性的。

2. 评价标准的制定者不同

传统评价的标准是根据教学大纲或教师、课程编制者等的意图制定的，因而对团体学生的评价标准是相对固定且统一的；而信息化教学强调学生的个别化学习，学生在如何学、学什么等方面有一定的控制权，教师则起到督促和引导的作用。Csete 和 Gentry（1995）甚至建议使用名词“学生控制的教学”（learner controlled instruction）来代替这种以学为中心的教学，学生所“控制”的要素中也包括对“评价”的控制。为此，在信息化教学中，评价的标准往往是由教师和学生根据实际问题和学生先前的知识、兴趣和经验共同制定的。

3．对学习资源的关注不同

在传统教学中，学习资源往往是相对固定的教材和辅导材料，因而对于学习资源的评价相对忽视，往往只是在教材和辅导材料等成为产品前，才有由特定学生与教师所实施的检验或实验性质的评价出现。而在信息化教学中，学习资源的来源十分广泛，特别是互联网在学习中的介入，更使学习资源呈现了取之不竭之势。如何选择适合学习目标的资源不仅仅是教师的重要任务，也是学生所要获得的必备能力之一。因而，在信息化教学评价中，对学习资源的评价受到更广泛的重视。

4．学生所获得的能力不同

在传统的教学评价中，学生的角色是被动的。他们通过教师的评价被定级或分类，并从评价的反馈中认识自己的学习是否达到预期。然而，在信息化社会中，面对不断更新的知识，指望他人像传统教学中的教师一样适时地对自己的学习提供评价是不可能的。因而，作为一个合格的终身学习者，自我评价将是一个必备的技能，培养学生的这种技能本身就是信息化教学的目标之一，也是评价工作的任务之一。

5．评价与教学过程的整合性不同

在传统教学中，评价往往是在教学之后进行的一种孤立的、终结性的活动，目的在于对学习结果进行判断（见图 9-1）。而在信息化教学中，培养自我评价的能力和技术本身就是教学的目标之一，评价具有指导学习方向、在教学过程中给予激励的作用，正是由于有了评价的参与，学生才有可能达到预期的学习结果。因此，评价是镶嵌在真实任务之中的，评价的出现是自然而然的，是一个进行之中的、嵌入的过程，是整个学习的不可分的一部分（见图 9-2）。

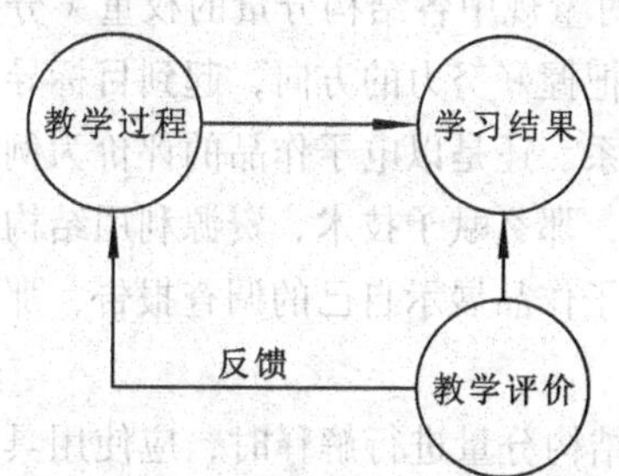

图 9-1 评价在传统教学中的位置

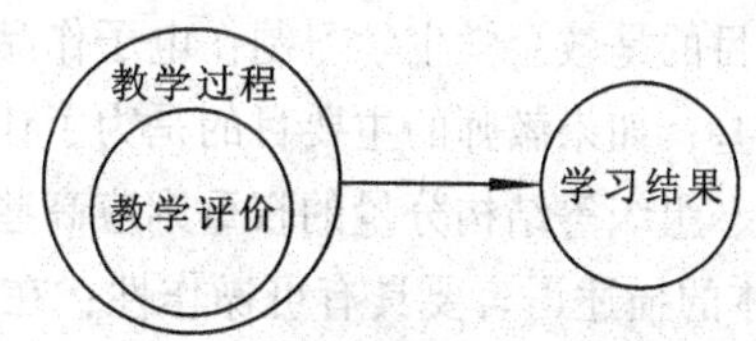

图 9-2 评价在信息化教学中的位置

二、信息化教学评价的工具

在信息化教学中，除了要根据教学目标的不同要充分利用传统的优秀评价方法，同时还要对传统评价方法进行改造，还要发展一些新的评价方法（工具）。评价工具是评价主体为完成评价任务所采用的相关技术和方法，它们支撑着评价中的各种相关因素，决定着评价的质量。因此，正确选用评价工具，对顺利完成评价工作有着不可忽视的意义。

1．学习契约

学习契约（Learning Contract）又称学习合同，这种评价方法来源于真正意义上的契约或合同。例如，当建筑设计师承担一项设计时，委托人通常要就这项设计的具体要求及交付日期进行详细的说明，并与设计师签订合约。待设计完成后，评价设计是否合格（设计师是否能拿到酬金）的主要依据将是这纸合约。学习契约的意义和实施方法与上例中所说的合约相差无几。在信息化教学中，其基本原则就包括以“学”为主，以“任务驱动”和“问题解决”作为学习和研究活动的主线。为了能够让学生在完成任务和解决问题时有一个具体的目标或依据，也为了客观合理的评价，学习契约这种评价方式是应该得到足够重视的。

2．量规

在教育领域，量规（Rubric）是一种结构化的定量评价工具，是为评价、指导和改善学习行为而设计的某种标准或一套标准。在表现形式上，它常常是一个二维表格，从与评价目标相关的多个方面详细规定评级指标。量规评价更多地关注学生学习的过程，在学习之前事先公布量规，形成了对远程自主学习过程的鲜明的导向作用；量规评价既可以教师评，还可以让学生自评或同学互评，进一步强化了对学习过程情况的关注。在目前的远程教学中，有越来越多的学习任务以非客观性的方式呈现，传统的客观性评价方式变得难以胜任；量规评价则可以弥补这种缺陷，因为使用量规进行学习评价操作性强、准确性高，可以有效降低评价的主观随意性，较好实现对非客观任务的客观评价。在成人远程学习评价中，量规越来越受到重视，成为评价学习绩效的有力工具。

在设计量规时应注意以下几条原则：

① 要根据教学目标和学生的水平来设计结构分量：教学目标不同，量规的结构分量也应不同。例如，在评价学生的电子作品时，通常从作品的选题、内容、组织、技术、资源利用等方面考虑，而在评价学生的课堂参与性时，又会从学生的出勤率、回答问题情况、作业完成情况、小组合作情况等方面考虑。另外学生的水平也是决定量规结构的一个重要方面，不符合学生水平的结构分量在评价时往往是没有意义的。

② 根据教学目标的侧重点确定各结构分量的权重：对量规中各结构分量的权重（分数）进行合理的设置不但可以帮助有效的评价，还可以引导学生把握好努力的方向，起到目标导向的作用。结构分量的权重设计与教学目标的侧重点有真接的关系。还是以电子作品的评价为例，如果教师的主要目的是教会学生学习制作电子作品的有关技术，那么赋予技术、资源利用结构分量的权重应该高些；如果教师的主要目的是为了让学生通过电子作品展示自己的调查报告，那么赋予选题、内容、组织等结构分量的权重则应高些。

③ 具体的描述语言要具有可操作性：在对量规的各结构分量进行解释时，应使用具体的、可操作性的描述语言，而避免使用抽象的概念性的语言。

3．范例展示

范例展示（Example Presentation），就是在布置学习任务之前，向学生展示符合学习要求的学习成果范例，以便为学生提供清晰的学习预期。例如，在信息化的教学中，常常会要求学生通过制作某种电子文档来完成学习任务，如多媒体演示文稿或网站等，教师所提供的范例一方面可以启发和拓展学生的思路，另一方面还会在技术和主题上对学生的工作起到引导作用。科学的范例展示不但可以避免拖沓冗长或含糊不清的解释，帮助学生较为便捷地达到学习目标，还会对学生日后的独立学习起到潜移默化的引导作用，使他们在必要的时候，可以通过各种途径寻找可参考的范例来规范自己的努力方向。

4．档案袋（电子学档）

档案袋（Portfolio）兴起于西方 20 世纪 80 年代后期的“评价改革运动”，最早是为了取代传统的标准化考试的评价，全面、真实地反映学生学到的知识和能做的事情的实际水平，体现了“学习是个过程，学习评价也应有过程评价”的思想。档案袋评价是一种典型的质性评价工具，它由学生和教师或同伴按照一定的目的，有系统地收集相关材料，以检查学生的努力、进步、过程和成就，以此评价学生的能力发展状况。档案袋评价充分体现了关注过程的评价思想。它强调形成性评价，重视学生成长、改变历程和表现性行为，既重视学习的结果也重视学习的过程。它显示的是学生成长的历程、进步与成就的现状，是对学生进步的连续考查，而不是对学生掌握内容范围的阶段性审定。档案袋评价体现了评价与学习活动不可分割的思想。档案袋依据一定的教学和学习目标，要求学生在某一段时间内系统地收集各种有代表性的学习成果，所强调的是评价活动与学习活动的一致性，评价活动就是学习活动的重要组成部分，评价本身就是一种学习。档案袋评价还体现了对学生在评价中的主体作用的确定。学生是选择档案袋内容的决策者，他们有计划地收集、积累资料，设计目录导览、整理、美化等，还要做出相关的反思和评论。这些工作能够有效培养学习者的主体意识和自我学习、自我评价、自我反省、自主成长的能力。

电子学档（Electronic Portfolio）是指在信息技术支持下的档案袋。信息技术的发展和应用突破了传统档案袋制作的时空限制，促使了电子学档的产生。在远程教育中，借助计算机数据库技术进行自动化的数据收集处理和档案管理；借助计算机网络技术完成学生学习行为的跟踪和记录；借助计算机的智能性实现自适应的学习反馈，以数字化形式记录的学生学习档案成为可能。电子学档没有一定制式的内容和结构，可以根据实际需要和技术条件进行设计。例如孙晓梅设计的适用于网络学习评价的电子学档包括了五个部分：一是个人信息；二是学业信息（与学生的学习相关的信息，包括学习任务、学习计划、学习进度和学习绩效、三是学习活动记录（与学生的学习过程相关的信息，包括参加讨论的情况、聊天室的发言、请教和解决问题情况、网络课程学习情况、利用资源的情况等）；四是作品集（学生的学习成果信息，包括完成的作业和电子作品、学习的心得体会、课程论文等）；五是评价信息（学生学习评价的汇总，包括学生对自己学习档案的反思及自我评价、学习同伴的评价教师的评价、各种测验和考试的成绩等）。由于电子学档的设计和使用突出了学生的网络学习主体与评价主体的地位，注重过程性评价，实现了网络评价与学习过程的融合，而且在网络技术的强有力支持下非常方便、快捷、真实，所以它越来越被人们重视和应用，成为远程学习评价的重要工具。

5. 概念图

概念图（Concept Map）是一种图表，可用以指示课、单元或知识领域的组织。概念图是由美国康奈尔大学的 Novak 在 20 世纪 70 年代末提出的，逐渐被引入课堂，目前被广泛地应用于发达国家的课堂教学和评价中。概念图就是一种以科学命题的形式显示了概念之间的意义联系，并用具体事例加以说明，从而把所有的基本概念有机地联系起来的空间网络结构图。作为评价工具的概念图是由以下三个部分组成：①要求学生提供表明他们在某一领域的知识结构的任务；②学生的反应方式；③将学生所绘的概念图进行准确地、稳定地评定的计分体系。

6. 绩效评估

在信息化教学中，学生个人或小组针对某一主题，独立完成任务，并以成果（如电子作品、解决方案、研究报告等）方式来展示绩效，已经成为一种普遍认可的学习模式，在这种学习模式中，绩效评估（Performance Assessment）这种评价方法显得尤为重要。绩效评估涉及学生创造成果或完成所要求的既定任务的过程，并且需要一整套的辅助工作，如学生作业的观察、展现、陈述、访问、学生生成的计划、模仿以及角色游戏等。为了绩效的真实性，它们应与真实世界或该世界的某些方面保持联系；即这应当是知识的应用，而不只是对知识的回忆。好的绩效评估反映了真实世界的复杂性并同时对许多方面进行测量。在绩效评估中，学生有机会显示广泛的才能。通过绩效评估，学生意识到学习不仅仅是记忆的练习，而且是发展既有具体训练的深度，又能适应所学领域的复杂性的一种感悟。

7. 模糊综合评判法

模糊综合评判法是以多值逻辑为基础的模糊数学的模型来刻画评价因素集与评判集的综合评判方法。模糊综合评判法的引入，是由教育评价本身的特点决定的。由于人的思维具有多维、不完整、瞬时、非连续性、跳跃式、模糊等诸多特点，教育评价在指标内容、表现形式、评定结果上均呈现出模糊的特性，引入模糊综合评判法，可使评价的模糊性和精确性达成协调统一。模糊综合评判法因其数理知识较易接受，为国内外评价研究人员广泛使用。但是，它仍未解决指标间相关性问题，此方法在教育评价的应用中有待进一步研究与完善。

8. 计算机辅助测验

学习评价中的计算机辅助测验（Computer Assisted Testing，CAT） 是指以一定的教学评价理论为指导，以计算机及其网络系统为主要工具对学习者的学习进行评价。它主要用于量化评价的测试法。在学习中，计算机辅助测验应用越来越广泛，逐渐成为主要的学习测验工具。一般来说，计算机辅助测验包括三个子系统：一是编制系统。它支持在计算机中建立题库，并根据要求从题库中选取题目生成测验试卷。二是联机测验系统。它支持计算机呈现测验题目，学生回答，计算机即时判定结果给予评分反馈。三是测验评分与分析系统。它支持测验后期进行自动评分、统计成绩和报告结果，并利用计算机对测验本身进行分析和评价，以便不断改进。尽管计算机辅助测验以获得具体的成绩为目的，但在学习评价实践中，它特别适合于学习过程的阶段性测验，学习者通过测验，及时了解自己的学习状况，及时调整学习方式，促进学习。因而，计算机辅助测验可以看做是过程评价的重要工具。

9. 自我评价

自我评价（Self Evaluation）的作用是让学习者有针对性地反思与提高。自我评价的表单设计可以采用量规方式，但更多地采用问卷调查表的形式。因为后一种方式可以帮助学习者通过回答预选设计好的问题来产生某种感悟，从而促使他们对自己的学习过程和学习结果进行重新审视和修改，从而增强他们的自主学习能力。

三、信息化教学评价的目的

在信息化教学中，以下一些评价原则将有助于达到评价目的，进而实现整个教学的目标。

1. 在教学进行前提出预期

在信息化教学中，学习的任务往往是真实的，而学生又具有较大的自主权和控制权。为避免学生在学习过程中迷途，在教学进行前，预先通过提供范例、制定量规、签订契约等方式使学生对自己要达到的结果有一个明确的认识将是非常有效的。这样，学生们就会主动地使自己的工作与任务的预期要求看齐。

2. 评价要基于学生在实际任务中的表现

在信息化教学中，教学的组织者要尽可能地从“真实的世界”中选择挑战和问题，并在评价时关注学生在实际任务中所表现出来的提问能力、寻求答案能力、理解能力、合作能力、创新能力、交流能力和评价能力。评价的重点要放在如何使学生的这些能力得到发展和提高上，而不仅仅是判断学生的能力如何上。

3．评价是随时并频繁进行的

既然信息化教学中的评价是一个进行中的、嵌入的过程，那么它也应该是随时并频繁进行的，目的是衡量学生的表现与教学目标之间的差距，进而及时改变教学策略，或者要求学生改变他们的学习方法及努力方向。事实上，评价是促进整个学习发展的主要工具。

4．学生对评价进程和质量承担责任

要发展自我评价能力，学生需要有机会制定和使用评价的标准，使他们在思考和反思中发展自身的技能。学生应该知道如何回答和解决诸如“需要解决的问题是什么？”、“我们怎样才能知道自己已经取得了进步？”、“我们如何才能得到提高？”、“我们怎样才能达到优秀？”之类的问题。因此，只要有可能，就要尽量鼓励学生进行自评或互评，并使他们对评价的进程和质量承担责任。

第三节　面向学习过程的评价

一、面向学习过程评价的涵义

面向学习过程评价又称“过程性评价”，是指对学生学习所经过的各个历程的学习行为及其成效的评价。或者说学习过程评价是对学生的学习过程做出的价值判断，包括教师在教学过程中对学生的学习行为、态度、知识、能力的分析与评价。通过评价促进学生全面、持续、和谐发展，使每个学生成为拥有健全人格和健康心理的人，为学生的终身可持续发展奠定基础。在对学生学习的评价中，利用一切有效的手段和方法收集学生学习过程中各种有用的信息，通过对所收集信息的分析，评估学习过程本身的效果，并根据评估结果调节学生在学习活动过程中的发展变化，促进学生的发展而进行的评价，这种评价能及时获取反馈信息，适时调节控制，以缩小学习过程与学习目标之间的差距。通过评价，研究学习过程，总结经验教训，可以及时改进教学工作。

信息化教学评价的关注对象主要就是学习过程和学习资源的评价。面向学习过程的评价的实施其难点在于如何监控学习者的学习过程，学习过程信息的收集是其中的关键之处。因为只有学习过程信息采集正确无误，才能给每位学习者一个客观公正的评价。学习过程的评价侧重于测量与评价学生的学习过程，也就是针对不同的学习形式与方法，依据一定的标准，采用适当测量工具和方法对学生的学习过程或学习结果进行描述，并根据教学目标对所描述的学习过程或结果进行价值判断。

二、面向学习过程评价的作用

过程取向的评价强调评价活动关注学习的过程，体现了现代教育思想和评价理念。现代教育以学生为中心，以学生的自主学习为中心，关注自主学习的过程，因此运用过程评价对提升学习效率，促进学习者全面发展，保证教育质量有着重要的意义。

1．过程评价有助于诊断和调节学习者的学习行为

教育以学习者的自主学习为中心，对这种自主学习行为的有效诊断与调节是过程评价的重要作用。过程评价贯穿于学习的全过程，关注学习过程中的各个环节，通过对学习过程具体状况的

诊断和分析，有效判断学习者的学习情况，帮助学生加深对自我的了解，及时、客观地发现自己学习中的优势、不足和问题，以便调整学习策略，改进学习方法，增加学习付出，从而提高学习效率。过程评价能够引导学习者以更加有效的、尽可能适应自己的方式开展学习。

2. 过程评价有利于进行学习监控

评价作为一种外部手段能够通过某种规定、提示和约束等对学习产生监控作用，能够激发学生的学习动机，促使其学习能够有效继续。教育师生的分离和教与学行为的分离，使学习拥有了更多的自组织和自控制特点，这对学习者的自我控制能力提出了很高的要求。尽管学生学习者有较高的社会化程度，但总体上说学习的内部动机远没有外部动机那么强烈，因此，大多数人需要得到一些约束和激励，以获得学习的成功。过程评价正是在学习的过程中，通过对学生学习活动的跟踪、评价、反馈、指导，既精确地把握学生的学习状态，又通过客观和积极的反馈信息对学生学习进行引导以促进学习，在动态的学习质量把握中不断推进学习质量，使学习评价不断发挥监控的作用。

3. 过程性评价能有效促进学习者学业和能力的提高

通过贯穿于学习过程的方式多样的评价，促进学习者在知识的领悟和建构以及技能的发展中更上层次。准备评价的过程和评价过程本身，都是一种特殊的学习活动。这种学习活动比平时的学习更具概括性、更有成效。评价在构建新的知识体系、促进学习者达到更高层次的学习目标中具有重要意义。

4. 过程评价还有利于学习者沟通、协作，培养自我评价和反思能力

过程评价中学习者积极介入并成为评价主体，通过自评与互评等形式，一方面加深了对自我的了解，增进了自身的批判能力、鉴别能力和分析能力，增强了学习的自觉性；另一方面，在观察、评价他人学习的过程中，学会了沟通，培养了合作精神。通过自评、互评，学生也获得了成功的情感体验，积极主动参与网上学习活动受到鼓励，学习的内部动机得到强化，自我调控能力、自我评价能力和自我反思能力得到有效培养，逐渐成为更加主动、更善于思考、善于反思的学习者。

三、面向学习过程评价的特征

1. 关注每个学生的发展

面向学习过程的评价应以人为本，以尊重学生的人格为前提，注重学生的全面发展，培养学生的自尊和自信，淡化学生之间的评比，帮助学生学会用教学目标与自已的过去进行比较，并在比较中客观地了解和评价自己，从而为每一位学生创造自主学习的机会。让每一位学生都能体验到成功的喜悦和快乐，让每一位学生都获得成功，由“精英教育”向“大众教育”转变。例如，对于信息技术课程来说，学生的信息技术基础差异更大，有的家庭拥有机器设备，经常使用，有的甚至只在电视中见过，从未接触过。经过一个学习阶段的学习，以“了解、掌握和熟练操作”程度为标准，评价学习者个体的发展水平。对有的学生，每分钟打20～30个字，我们可以评价为“优”；有的学生能在网上找到资料，虽然不熟练，速度也很慢，但相对于他个人来说，我们也可给个“优”。只要他有所进步，就值得表扬。不求最好，只求更好。若采用传统的评价方式，显然会打击一部分学生的积极性。

2. 关注学生的个体差异

强调差异性评价，主要是指在评价学生时，要注意到学生本身的学习基础和各年龄段学生的特点，不能以单一的标准去评价处在不同发展阶段的不同个体，要充分注意到学生个体间的差异。

现在有些同学上课非常努力，由于个体差异原因，考试分数不理想，教师如果按照传统的学习评定方法给学生进行学习评定，学生基本处于被动地位，自尊心和自信心得不到很好的保护，主观能动性也得不到很好的发挥。所以在平时教学的安排上就要特别注意这一点，注意选择一些适合这些学生特点的内容，对他们进行评价，这样既保护了他们的自尊心，又增强了这些学生上课的积极性，同时让学生也享受到了公正、民主和人性化的教育。

3. 在学习过程中评价

评价内容可以是自主性学习的能力、问题意识、创新思维、协作意识等。这种评价应经常使用，逐渐成为学习环节的一个组成部分，而不应成为师生的学习负担。另一方面，在做学期（学年）的总评时应兼顾两者，平时评价和阶段性评测上，以平时的评价为主，比分上可占到60%。

4. 多角度综合评价

在学习过程中，有的学生语言表达能力强，有的学生操作及技巧好，有的学生思维敏捷，有的同学组织协调能力强。个人有强弱项，老师在摸清学生的具体情况后，注意促进学生改进个体的智能弱项，促进其优势智能领域的优秀品质向其他智力领域迁移，实现优势互补，从而真正促进每一个学生全面发展。

5. 评价主体的多元化

评价的主体可以是学生、教师、也可以是其他人员。学生的自我评价，在整个评价体系中是非常重要的。可以介绍、评价本人（本组）的学生研究进程、创作（研究）思路、作品的优缺点，通过自我评价，达到认识上的深化，进而分析、调整自己（本组）的学习（研究）行为。学生的互评应以叙述自己观点、介绍自己的设计（修改、研究）思路为主。既要引导学生表达自己的见解，接纳他人的观点，对自我反思，同时又要引导学生欣赏他人，肯定他人的长处。而教师的评价要注意引导性，任何一件作品、一项研究进程允许有所不同，引导学生从不同的角度来思考、来观察，不要以一个标准来衡量，对于一项学习研究课题，允许有不同的结论，引导学生去认识其结论的正确性，引导学生去分析。

四、面向学习过程评价的原则

1. 可持续发展原则

学习过程评价要有利于学生的可持续发展，即评价的方向——比昨天、定今天、促明天，评价的方式——师评、自评、互评，评价角度——知识、态度、能力各个方面。由于每一个学生所处的文化环境、家庭背景和自身思维方式不同，决定了学生的学习活动是一个存在差异的富有个性的过程，出于学生的这种个体差异，应强调评价的促进功能，注重学生的发展进程，把重点放在学生自身的纵向评价上，强调学生自己今天与昨天比，明天与今天比，着重于学生个体素质、能力的增值，切忌将学生与学生横向做比，这样会使暂时落后者产生自卑心理，使暂时领先者自满，不利于孩子的健康成长。在方式上，应打破过去教师绝对权威的现象，让学生加入评价主体的队伍，改变过去教学中只有师评而产生的单一性、表面性、盲目性，为评价增添新的活力。因为在学习过程中学生自己对自己的学习活动的了解超过包括教师在内的任何人，学生对他周围同学的学习活动的了解又超过老师，毕竟老师是以一对半百，精力分散，肯定无暇精心觉察每位学生的表现。在评价的内容上，评价不仅要关注学生的学业成绩，而且要发现和发展学生多方面的潜能，了解学生发展中的需求，帮助学生认识自我、建立自信。

2. 全面性原则

学习过程评价要重视人的主体地位，重视正面评价，重视学习的动态发展，重视学生潜能的开发。一方面，教育是面向人的教育，这就要求我们要以人为本，重视学生的主体地位，关注学生本人的成长、进步与提高，而不是重视其分数的高低。第二方面，由于年龄原因，学生的学习情况在很大程度上会受来自教师评价的制约。老师说他棒，他就会无比高兴；老师说他声音好听，他就会在回答问题时大声地表达自己的想法；老师说他有进步，他就会更加主动、更加积极地思考。可见教师的正面评价对学生的成长进步有不可估量的作用。第三方面，事物都是不断向前发展进步的，因此对待学生，我们也应该用辩证的、发展的、动态的眼光去评价，学生的今天并不代表学生的明天，要相信学生潜在的能力。

3. 综合性原则

学习过程评价要做到书面作业结果与行为表现相结合、过程性评价与终结性评价相结合、肢体语言鼓励与物质奖励相结合、个体表现与团队表现相结合、差异性与策略性相结合，体现出评价的综合性原则。第一，学习情况的好坏，不仅仅从静止的书面文字方面反映出来，在学生课堂上动态的言行举止（如动手操作实践、小组讨论、举手发言等）方面也能很好地体现其学习情况，因此在评价时注意书面作业与行为表现相结合。第二，每节课都有学生个体自主学习与小组合作学习两种形式，那么在评价时就要着眼于学生的表达能力、组织能力、协作能力、创造能力等各方面，不仅对学生个体进行评价，而且还对表现突出的小组进行表扬鼓励。第三，在课堂中，同学之间，师生之间一个会心的微笑、一句鼓励的话语、一个关心的动作都会激起学生学习的兴趣，因此各种精神上、物质上的奖励都是必要的。此外承认学生是有差异性的，我们不能用同一把尺子去衡量不同的学生，但这并不表示在评价时只注意表现突出的学生，而忽视其他表现平平的学生。老师要注意其中的策略问题，要清醒地认识到每个人都各有所长与所短，要注意留心观察，善于发现每个学生身上的不同闪光点，扬其所长避其所短，让每一个学生都得到积极的评价，让他们体验成功，这样才真正发挥了以评促学、以评促发展的功能。

五、学习过程评价的类型

1. 教学的基本形式

① 课堂教学。在传统的课堂教学中介入现代教学媒体，利用教学媒体来表示和传达教学内容。课堂教学是目前最主要的教学方式，其特点是学生和教师面对面，有利于情感交流，形象直观的媒体表达，加上教师的讲解，有利于学生对知识的全面理解。

② 函授。函授学习是一种比较传统的学习方式，它经历了三个发展过程，即印刷材料学习、广播电视学习和网络远程学习。函授教学的特点是学生的自主学习空间大，教师与学生不是面对面，学习中的困难是通过书信、电子通信方式来向教师讯问的。

③ 网络教学。网络教学是 20 世纪 90 年代逐步发展并盛行起来的一种全新教学方式。其根本特点是交互性强、信息容量大、传播速度快，自主学习、协作学习空间更为广泛。

2. 评价方法

不同的教学形式和学习方法其评价方法也不同。表 9–2 是国外成人教育专家关于评价类型选择的建议，有很好的参考价值。

表 9-2 教学方式和评价方法

媒体/教学 评价方法/形式 教学方法	课堂教学	函 授	网络教学
讲授/示范	言语 O，S，C	手册/工具包 O，S，C	WWW，CBI，FTP O，S，C
书本学习	课本/印刷品 O，S，C	手册/印刷品 O，S，C	WWW，CBI，FTP O，S，C
录像/媒体介绍	录像带或其他媒体 O，S，C	录像带，CBI O，S，C	WWW（带影视）为主，录像带为辅 O，S，C
班级讨论	面对面 S，C	倾听（异步） S，C	交谈（同步），通信列表 S，C
同伴辅导	小组 O，S，C		群件 O，S，C
项目	小组 C，P，T，X，R		交谈或群件 C，P，T，X，R
对话	班级讨论 R	倾听 R	交谈 R
独立完成的项目	C，P，T，X，R	C，P，T，X，R	C，P，T，X，R
合作学习	小组 S，C	S，C	交谈 S，C
辩论	小组成员扮演不同角色 C，P，T，X，R	指导/支持 C，P，X，R	交谈/MUD C，P，T，X，R
独立研究	C，L，R	C，L，R	C，L，R
备注	O 常模参照测验，T 情景性评价，S 观察、调查，X 过程性评价，C 标准参照测验，L 学习契约，P 绩效（产品、结果）评估，R 自我评价		

六、信息化教学评价原则、类型、指标体系设计

1. 信息化教学评价的原则

① 适应性原则。信息化教学评价体系必须要适应课程、学科教学的需要，服务学科是目的是内容，而评价是方法、是手段、是形式。形式要服务于目的，不能为了评价而评价。评价更不能哗众取宠，做一些不切实际的花里胡哨的东西是达不到目的的。

② 可测性原则。评价是通过指标体系来判断教学目标的达到程度，因此指标体系应该是目标的具体化、行为化，其评价项目和要素具有可观察性、可感受性、可测定性。

③ 系统性原则。信息化教学是在传统教学基础上增加了现代化教学媒体要素，对教师、学生、教学内容等要素产生了重要作用。多媒体教学评价指标体系应体现信息化教学特征，具有关联性、层次性、整体性、目标性，脱离整体对局部进行评价是不科学的、片面的。

④ 实事求是原则。评价指标、评价方法，要从教学单位的实际情况出发，不能从空洞的理论出发，这样才使评价具有可操作性，符合于教学原理的要求，也使教师可以参照执行，否则评价会脱离实际、流于形式。

⑤ 科学性原则。评价体系在适应教学需要，实事求是的前提下，要符合教育科学、教育技术、教育规律和学习理论的要求。不能随心所欲，不能违背科学。

⑥ 定性与定量相结合原则。信息化教学评价应尽量采用量化指标，由于教学评价有许多内容标准具有模型性，以达到准确、标准。为便于控制、操作，在量化评价的基础上，不便于量化的指标可采用一些定性评价。

⑦ 指导性原则。评价指标的设计应对教师的教学具有一定的指导作用，帮助其改进工作，不断提高教学质量。

⑧ 结构合理原则。信息化教学评价体系的结构要符合教学的特点和要求，能全面而完备地反映信息化教学的情况。

2. 信息化教学评价的内容分类

由于信息化教学涉及了教学环境、教师、学生、教学内容、教学过程等因素，十分复杂，因此在评价体系上分类分块评价。信息化教学评价主要可以分为以下内容：

① 学科评价。也指教学内容的专业评价，这是信息化教学评价的主要内容，是关系到一门课程讲授成败的关键。从根本上来讲，不论采取什么方式进行教学，其根本在于用教学内容吸引学生，打动学生，让学生主动学习、热爱学习、喜欢学习。学科评价的内容包括教学目标和学科地位，教学内容的先进性、时代性，教学内容结构的科学性，教学内容思路的清晰度，教学内容的启发性和教学内容的开放性。

② 过程评价。对信息化教学的教学设计、教学过程进行评价，主要包括多媒体的设备状况，教学中多媒体的使用状况，交互、反馈、沟通的状况，教学人机交互的个性特征。

③ 效果评价。信息化教学的效果评价主要指学生学习的效果评价，即与教学目标和传统教学方法等相比较，信息化教学的效果如何。主要包括学生的参与性，学生的学习方法，学生的接受度和达到教学目标的程度。

④ 教学评价。多媒体对教师的教学态度、教学方法、教学水平的影响和效果的评价。主要包括教师信息化教学技术培训，教师知识补充及更新情况，教师教学态度，教师教学方法的转变和教师的自我定位。

3. 信息化教学评价指标模型

① 信息化教学系统模型。从系统科学角度看，信息化教学系统由教师、学生、教学课件（教学内容）、教学平台四个要素构成，四个要素相互关联、相互影响、相互依存（见图 9-3），其功能是增强学生的基本知识、基本理论、基本技能，提高学生素质与能力。在信息化教学系统中，学生处于中心地位，应以发展学生的认识为中心，把教师、教学课件、教学平台与学生有机结合起来，创造出一个优化的结构，促进四个要素的共同作用，形成最佳的运行状态，实现信息化教学系统的目标，并最终达到人才培养目标。

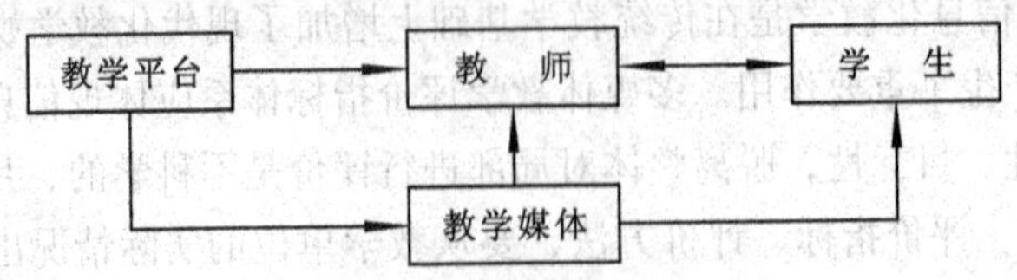

图 9-3 多信息化教学系统模型

② 信息化教学评价指标模型。基于信息化教学系统模型分析，根据评价目标，对影响教师、学生、教学课件、教学平台四个要素的因素进行综合分析，可得到图 9-4 所示的信息化教学评价指标模型。

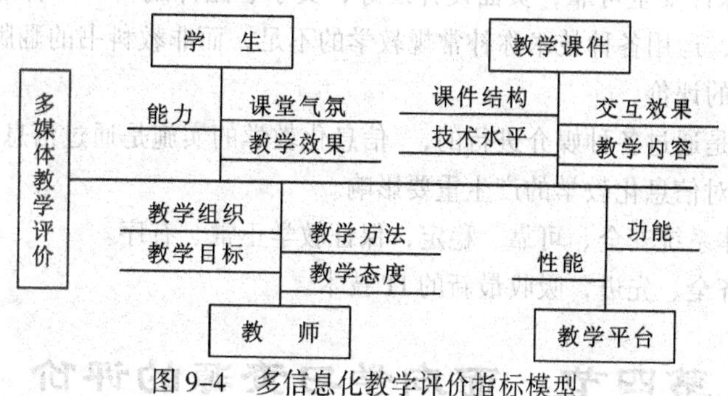

图 9-4 多信息化教学评价指标模型

4. 信息化教学评价指标体系设计

信息化教学是一种因教学媒体变革伴随教学方法、教学媒体革命的新型教学活动，与传统的教学模式相比，信息化教学的评价指标体系涉及面更广，内涵发生了变化，根据以上分析，信息化教学评价指标体系设计如下：

（1）对学生的评价

① 课堂气氛。课堂学习效果的好坏有一个很重要的指标就是课堂气氛。课堂气氛活跃、有序，讨论热烈，思维活跃，注意力集中，教师与学生、学生与学生交流融洽。

② 教学效果。学生有自主学习的习惯，有竞争意识和合作意识，学生学习积极性高，能够提出问题，善于发表见解，兴趣浓厚，乐于参与，敢于创新。不同程度的学生均得到应有的发展，从整体上达到教学目标。同时，评价学生的观察能力、提出问题和解决问题的能力、做出猜想和假设的能力、收集信息和处理信息的能力、交流能力、自主探究能力的培养和提高。

（2）对教师的评价

① 教学目标。教学目标明确、具体，符合课程标准与学生实际程度，符合素质教育要求。

② 教学态度。对教学工作热情高，全身心投入，遵守教学纪律，为人师表，关心学生，严格要求，教风良好。

③ 教学组织。教师能在指定的教学时间内进行教学活动，能够合理、充分利用先进的信息化教学设备组织教学，能很好地调动课堂教学气氛，能在规定的时间内完成教学任务，能及时、合理地改进教学组织工作。

④ 教学方法。充分运用现代教学媒体变革传统教学方法，讲解深入浅出、易于理解，善用教学技巧引发学生学习兴趣，启发式、开放式教学渗透到教学过程中，学生主体、教师主导地位明确。

（3）对教学课件的评价

① 教学内容。教学内容正确、深入浅出，富有内涵，具有引导、启发作用，充分运用多媒体技术突出重点、分散难点，易于学生理解和接受知识，培养学生探究能力和创造思维能力。

② 课件结构。课件内容组织符合学生认知规律，与学生思维同步并循序渐进，内容显示与操作控制布局合理。

③ 交互效果。信息化教学模式区别于其他教学模式的一个重要方面是交互性，交互响应时

间及时，演示机动灵活，输入输出功能强，学生学习的主动性强、参与性和积极性高，师生沟通融洽。

④ 技术水平。课件安全可靠，页面设计友好，文字、图片编辑、声音配置等有利于学习，获取、加工信息便捷，运用各种技术弥补常规教学的不足，而非教科书的翻版。

（4）对教学平台的评价

教学信息的传递是通过各种媒介进行的，信息化教学的实施是通过信息化教学平台进行的，因此信息化教学平台对信息化教学的产生重要影响。

① 性能。多媒体系统安全、可靠、稳定，保证教学正常、有序。

② 功能。功能齐全、先进，吸收最新的 IT 技术。

第四节　面向学习资源的评价

一、学习资源及其评价

学习资源是指可以提供给学习者使用，能帮助和促进学习者学习的信息、技术和环境，这些资源的要素可以单独地使用，也可以由学习者将它们结合起来使用。学习资源主要包括模拟音像教材、数字化音像教材、多媒体学习软件、电子出版物、网络学习的教材等，学习资源具有处理数字化、存储光盘化、显示多媒化、传输网络化、学习资源系列化、学习过程智能化等特征。

学习资源评价是指以学习资源为评价对象，根据一定的目标，采用一切可行的教育评价技术和方法，对学习资源的设计、开发、使用及其效果进行测定，分析目标实现程度，做出价值判断的过程。学习资源评价是由评价对象、评价指标体系和评价者三个基本要素所构成。评价对象是指被评价、被研究的人或者事物。在学习资源评价研究中，评价对象包括学习软件、多媒体学习课件、网络学习资源等，也包括各种学习媒体、学习设施等硬件设备，还包括学习资源的质量、在学习过程中的作用、学习效果及学习资源事业管理等多方面，但最主要的是对学习资源的设计人员、开发人员、使用人员进行评价。评价指标体系是评价研究工作的工具，通过它进行资料的搜集、分析，依据它做出价值性的判断。评价指标体系包括评价要素（指标项）、评价标准和指标权重三个部分。评判者包括组织领导机关、研究人员、专家、同行、教师、学生以及评价对象自身。

二、学习资源评价的功能

1. 提高教育教学质量

学习资源作为我国教育改革时期的新生事物，能否取得更大发展最终还将取决于教学质量和教学水平。学习资源是教育、教学和学习的资源和依据，其质量之优劣是决定教育质量的关键要素。纵观学习资源的发展现状，我们发现学习资源都是仅仅将非常先进的现代信息技术当做了简单的通信工具，建立学习资源评价体系，有利于规范学习资源，指导学习资源的设计与开发，提高学习资源质量，改善学习资源的发展现状，从而提高教育教学质量，进而促进教育良性发展。

2. 提高学习资源质量

科技的发展和普及使人类的信息交流突破了地域空间的限制，拓宽了信息交流的范围，实现了瞬时交流。而另一方面信息资源呈爆炸和无序的状态，加大了信息获得的难度。信息查找困难、信息质量不一、真伪难辨，成为学习者有效利用学习资源的瓶颈。对学习资源的评价是整个教育基础的评价，它直接关系到学习资源、学习内容的质量，也关系到学习资源在不同系统之间的共享与相互操作，所以学习资源评价有益于提高学习资源质量。开展学习资源评价能有效地指导学习者和专业人员方便、快捷地选择和获得有价值的信息资源，并节约大量宝贵的时间，从而产生巨大的社会和经济效益。对于社会处于全民教育和终身教育的今天，有不可估量的教育价值。

3．提高学习资源开发效率

开展学习资源的评价工作，其意义首先体现在对教学的促进作用上，是提高教学水平、进而推动教育事业发展的重要措施。同时也是对教学软件的研发、选用进行宏观指导和质量管理的重要手段。学习资源的开发离不开评价工作的指导，学习资源的开发是一项复杂的工程，各个开发公司为每个开发项目投入的人力、财力、物力较大，正确的评价工作的指导，可以大大降低开发的风险。评价工作中提出的改善意见能够有效地保证软件质量，对各种学习资源的优缺点的总结也为今后的开发指明了方向。在一个具体的学习资源开发项目中，评价工作可以帮助决策人最终决定这个项目是否还要进行下去；接受或否决设计方案；学习软件现有的结构、程序和内容是否需要变动；开发的经费是否需要做出增减等。学习资源开发过程的每一步都离不开评价这一环节，无论是形成性评价还是总结性评价，它都是提高学习资源开发效率和保证其产品质量的必要条件。

4．有利于学习资源推广

评价工作的意义还体现在对学习资源的推广和优胜劣汰上。公正、客观、科学、量化的评价结果是教育行政部门决定是否接受和扶持学习资源应用推广的直接依据，同时也帮助教师和家长打消对这种新型教育方式的疑虑和顾虑，有助于学习资源推广工作的进行。学习资源评价工作也可以增强教学的可信任程度，提高它成功的把握，并有利于国家制定相关的扶持政策。只有教学的大发展，才有学习资源的相关软件的大发展。

目前教育市场上的学习资源可以说是纷繁芜杂、良莠并存，顾客如何能选择到适合自己的、高效的、经济的学习资源，在很大程度上依赖于评价工作的开展情况。评价工作得出的足以信赖的科学结果，定期或不定期的权威评价报告将成为顾客选择学习资源的重要依据，这项工作也在一定程度上规范、净化教学市场，促进行业竞争，促进学习资源整体水平的提高。伴随着教育信息化的深入发展，如何科学地评价学习资源的质量，成为教师、学生、家长和软件开发商日益关心的问题，建立一套完整的、实用的学习资源评价指标体系，能对学习资源做出中肯的评价，具有重大意义。

三、学习资源评价的原则

在学习资源的评价过程中，人们逐步认识了学习资源评价的规律，在此基础上，许多学者提出了为保证学习资源评价科学、规范地进行应遵循的原则。学习资源评价过程中的评价方案的设计、方法的选择、评价数据的处理等，都是在这些原则指导下进行的。

1．科学性原则

学习资源评价必须建立在科学的基础上，评价结果才可能准确、可靠、可信。科学性包括评价要有科学依据，要有科学态度和科学的方法。学习资源评价的科学依据是教育科学、管理科学、心理科学、统计测量科学及学习资源评价科学的基本原理。在制定评价方案、建立评价指标体系、确定各项指标的评价标准时都要遵循有关科学的基本规律。在计量方法上要充分运用数学工具，使评价结果准确、可靠。

2．客观性原则

学习资源评价是根据一定的评价目标对学习资源设计、开发和使用的效果进行科学的判定。客观的判定能够推动学习资源的发展，反之则会妨碍学习资源的发展。因此，在实施评价时，必须实事求是，不能主观臆断或掺杂个人感情。学习资源评价客观性的核心是评价标准的严肃性。只能按照既定的评价目标确定评价标准，不能为了照顾某个评价对象或为了排斥某个评价对象，把不应列入的条件列入或把应该列入的条件排除。而且，评价标准一旦确定，任何人都不能随意改动。

3．全面性原则

学习资源是一项系统工程，它的效果是综合多种因素形成的。因此，在制定学习资源评价标准时，要考虑各种因素的相互关系，使评价标准尽可能全面，不宜过分地突出某一项或某几项。即使在对学习资源的某个局部进行评价时，也应对这一局部的整体做全面评价。学习资源评价的全面性原则的另一层含义是在评价过程中，要全面收集、分析信息，避免片面性，使学习资源评价能全面反映评价对象的真实情况。

4．可行性原则

学习资源评价的核心是根据评价实际测定的结果做出价值判断。因此，在设计方案、选择方法时必须考虑可行性。可行性首先体现在建立指标体系时，要在科学、全面的前提下，尽量使指标体系简便、易测。其次是评价标准的等级划分不宜过多、过细，评定标准必须具体，便于掌握。计量方法也不宜太繁杂，对不同项目评价结果的精确度要求不一定统一，可定性评价与定量评价共存。

5．可比性原则

评价学习效果的优劣是学习资源评价的重要功能。评价学习效果的优劣一般分纵比和横比两种。纵比是同一评价对象在不同时期学习效果的比较；横比是不同评价对象在同一时期学习效果的比较。不管横比还是纵比，比较的都是评价结果，因此评价结果必须具有可比性。评价结果具有可比性的关键一是“量化”，二是“等值化”。学习资源评价的许多项目采用定性评价方法，但定性评价的描述性信息难以进行比较，必须使其量化。现在经常使用的量化方法是先进行等级评定，再用模糊数学隶属度的方法对各等级“赋值”，将定性评价转化为定量评价。等值化即指不同评价对象的分数值相等。因为只有分数值相等，比较才有意义。实现评价分数等值化的条件是对不同评价对象采用统一的评价标准和统一的计量方法，操作时掌握统一的尺度。

6．民主性原则

学习资源评价的最终结果，是各评价者独立判定结果的综合。由于评价者的价值观念不完全一致，个人思想品德水平也不相同，因而评价的主观性很难避免。为了使学习资源评价结果尽可能准确、客观、真实，必须坚持评价的民主性原则，增强评价工作的透明度。教育资源评价的民主性原则体现在以下几个方面：

① 在建立评价方案和评价标准时，要广泛征求意见。既要征询评价专家、评价者的意见，也要听取评价对象的意见。使评价方案较为客观、实际，评价标准科学、具体，便于操作，减少人为误差。

② 实施评价时，要使评价者的组成有广泛的代表性。评价开始前先对评价者进行培训，使之熟悉评价标准，并提出技术上和职业道德上的要求。

③ 要广泛搜集资料，先听取被评价者的自我评价，在自评材料的基础上，经过检核、认定再进行总评。

④ 要进行评价结果的再评价，判断评价结果的一致性，从而确定评价结果的可信程度。

四、学习资源评价的框架

对于学习资源的评价，应该从微观和宏观两方面着手，如关注界面设计和在更大范围内关注多媒体学习资源的教育价值。Nielsen 提出了探索式评价方法（Heuristic Evaluation），关注用户界面中的适用性问题，而 Reeves 则提出教育维度应该被作为评价不同形式的计算机辅助教学的标准。

探索式评价方法是一种在用户界面设计中发现有关适用性的问题以便在以后的设计过程中留意这些问题的工程学设计方法，探索式评价就是评价者逐步研究用户界面以及判断其设计是否符合公认的适用性原则。Nielsen 提出了十个探索式评价的构成要素：系统状态的可视性，系统和真实世界的匹配度，用户控制的自由度，一贯性和标准性，防错和容错，认知而不是回忆，使用的灵活性和效率，美学化和最小化设计，能帮助用户认知，诊断并纠正错误和帮助文档。Reeves 提出了 CAI 的教育维度分类，用于比较 CAI 的不同形式或同种形式的 CAI 的不同应用。这些教育维度都基于可以用来指导评价不同形式的计算机辅助教育的理论基础，分为 14 个类别：认识论，教育哲学，普通心理学，目标定向，经验取向，教师角色，教学程序的灵活性，错误的价值，动机，个性差异调节，学习者控制，用户活动，合作学习和文化敏感性。

学习资源主要可以由内容、内容呈现方式和组织结构、技术支持和升级、学习评价四个指标来进行评价。

五、网络教学资源的评价

1. 网络教学资源评价的意义

资源评价是资源建设中不可缺少的一个环节。资源建设的目的是为广大学习者提供各种系统而有效的资源，同时要方便学习者的检索和使用。因此，资源建设过程中就需要对资源进行评价，确保资源建设的质量。评价一般是指衡量人物或事物的价值，而价值则是指事物的用途和它的积极作用。美国教育评价专家斯克里文曾指出：评价是“决定事物、产品或过程的优点和价值的过程”。教学资源的评价是对资源建设质量的把关，在资源建设和使用过程中，是一个不可缺少的重要环节。

2. 网络教学资源评价的内容

教学资源通常包括媒体素材、题库、试卷、案例、文献资料、课件和网络课件等几大类， 各类资源虽然有不同的特点，它们在教学应用中却具有共性。资源的评价应用重点从以下几个方面进行:

① 资源的教育性。资源建设过程中，搜集资源需要考虑其教育意义，能对学生的身心发展起到正面的促进作用，培养学生形成良好的人生观、价值观，坚决杜绝那些不健康的资源。

② 资源的科学性。校园网中的资源应是客观的、科学的，资源提供的知识性应比较强，能为日常的教学活动提供相关的参考材料。

③ 资源的技术性。校园网中的资源在技术上应达到一定的要求，例如文本图像清晰、多媒体画面、结构连贯等。

④ 资源的艺术性。这主要是对某些多媒体教学资源而言，如课件资源的表现手法多样，情节生动，富有趣味性，构图合理，画面灵活，给学生以艺术上的熏陶。

3．网络教学资源评价的方法

常用教学资源的评价方法可以分为自我评价、组织评价、使用中评价和过程评价法。

① 自我评价。在资源开发的过程中由资源开发人员自己对资源进行评价，属于形成性评价。

② 组织评价。组织一些专家进行评价，又称专家评价，属于总结性评价。

③ 使用中评价。在用户使用资源的过程中，观察用户的行为，了解用户的态度，据此对软件进行评价。

④ 过程评价法。将组织评价的过程、教学资源的开发过程、教学资源的使用过程结合起来进行评价。

在上述几种评价方法中，最常用的是组织评价法。这种评价方法一般是将有关专家组织在一起，对资源的稳定性、可靠性、表达方式的准确性、资源的教育性进行层层审核，中间会筛选掉质量较差的产品，最后将多个专家的意见综合起来，确定资源的等级。

思考与练习

1. 简述教学评价和信息化教学评价的意义。
2. 信息化教学评价有哪些基本作用？
3. 信息化教学评价应遵循哪些原则？
4. 常用的信息化教学评价的工具有哪些？

第十章 信息化教学环境建设

导言

开展信息化教学，离不开信息化教学环境，它既是学校教育信息化建设的重要方面，也是适应现代教育、教学必备的条件。随着信息技术的发展及其在教学中的应用，教育信息化的程度日益深化，最明显的表现就是教学媒体的日新月异。反过来讲，现代教学媒体的应用为教育信息化的实现提供了媒体保障。现代教学媒体所处的媒体环境也较以前相比发生了很大的变化，对现代教学媒体的应用有正面的影响也有负面影响，如何为现代教学媒体的应用构建合理的媒体环境进而对其进行优化，成为制约现代教学媒体应用的瓶颈之一。要为现代教学媒体构建合理的媒体环境首先要了解媒体环境的基本构成要素，以及各要素对整体环境的影响，在此基础上，为现代教学媒体的媒体环境进行构建和优化，为现代教学媒体的应用提供一个合理的应用平台。

学习目标

理解信息化教学环境的定义、作用及其功能；熟悉信息化教学环境建设的项目；了解信息化教学环境建设项目的组成及其相关特点，并掌握其在教学中的应用。

第一节 信息化教学环境

一、环境与信息化教学环境

环境一词的通常含义是“直接或间接影响个体的形成和发展的全部外在因素。”环境包括自然环境和社会环境。一般生物的环境是由纯粹的自然存在物构成的，这种纯粹的自然环境是人与动物共有的环境，是人与动物生存的基础，离开了它，人和动物都不能生存下去。然而，自然环境毕竟只是人类生存和发展的一个基础，真正给人的身心发展以巨大影响的是社会环境。社会环境是人类社会所特有的环境，它由人生活于其中的各种社会条件、社会关系、社会意识形态以及经过改造的自然等因素构成。社会环境决定着人的社会化程度，决定着人身心发展的内容、方向和水平。

教学环境则是指教学要素存在于其中，并能影响受教育者发展的一切外部条件的综合。它有广义和狭义之分。从广义上说，社会政治经济制度、科学技术发展水平、社区文化、家庭条件以及亲朋邻里等，都属于教学环境，因为所有这些在某种程度上都制约和影响着教学活动的成效；从狭义上说，即定向于学校教学活动而言，主要是指学校教学活动的时空条件、各种教学设施、教学设备、校风、班风、师生关系、心理环境等。

随着教育信息化的发展，教育环境发生了很大的改变，教育环境从传统课堂发展到信息技术应用空间，形成了信息化教育环境。信息化教学环境可以理解为在教与学的实践活动中，所涉及的系统化的信息技术设施、布局、应用条件等，即实现教学信息呈现与教学资源共享、有利于学生主动参与和协作讨论、有利于信息反馈和教师调控的现代化教学环境。随着多媒体技术和网络技术的发展以及校园网络的逐渐普及，学校的信息化教学环境大为改善，为教师运用现代教育理论、教学模式和教学方法提供了优良的支持平台，十分有利于高素质、创造性人才的培育与成长。

信息化教学环境，可以理解为“在教与学的实践活动中，所涉及的系统化的信息技术设施与条件，即实现教学信息呈现与教学资源共享、有利于学生主动参与和协作讨论、有利于信息反馈和教师调控的现代化教学环境。”

也有人认为，“学校现代教育技术环境是指学校教学活动周围的现代教育技术条件”（李运林，1998）。并且认为学校现代教育技术条件应包括以下几个重要方面：现代学习资源设计、开发的条件，现代学习资源利用的条件，现代学习过程设计、开发与利用的条件，学习过程和学习资源的现代管理与评估条件。

二、信息化教学环境的作用

根据 AECT94 教育技术的定义：“教育技术是关于学习过程与学习资源的设计、开发、利用、管理和评价的理论与实践”的定义，信息化教学环境应该是为实现学习过程与学习资源的设计、开发、利用、管理、评价提供支持的外部因素，信息素养对学生的信息意识、信息能力、信息道德、实践能力、创新能力提出了要求。为此，信息化教学环境应该是能满足培养学生的信息素养，同时应能起到如下作用：

① 提供现代学习资源设计、开发的条件。现代学习资源主要是指幻灯、投影、录音、电影、电视、计算机等现代教学媒体，包括硬件和软件。至于这些现代教学媒体的设计、开发，应该设立专门的研究与生产部门去进行，但在一些学校，应该具备部分现代教育媒体设计与开发的条件，如幻灯投影教材、录音教材、录像教材、计算机课件等的设计与开发条件。

② 提供现代学习资源利用的条件。学校应为多种多样的现代教学媒体运用于教学活动提供条件。这是信息化教学环境建设的重点，它的建设范围渗透到校园教学环境的各个方面。如在校园环境中，有校园的信息网络，以实现信息资源的共享与利用；在教室环境中有多种媒体组合的课堂教学环境；在图书馆环境中有视听阅览室；在实验室、实践基地环境中充分利用现代媒体技术强化教学活动的功能；在社会与家庭环境中通过建立信息网络控制与利用各类信息去提高教学活动的质量与水平等。

③ 提供现代学习过程设计、开发与利用的条件。现代学习过程是指在现代教育思想与理论指导下，运用现代教育媒体去开展的学习进程结构。从另一角度被称为新型的教学模式。信息化教学环境要为创建现代学习过程或新型的教学模式创造条件。

④ 提供学习过程和学习资源的现代管理与评估条件。包括应用现代科学理论与技术成果，建立学校教学信息管理，如教育电视监控、计算机教学管理、校长办公室教学管理等；学习资源检索与管理，以及教学信息的反馈分析和学生考试评分等。

信息化教学环境仅是学校教学环境的一部分，也是在教育现代化进程中，需要加速建设的部分。因此它的建设必须与一般的教学环境建设密切结合为有机的整体，才能充分发挥其在教学活动中的功能与作用。另一方面，信息化教学环境，在学校中是一个独立的环境体系，但它必须依赖全国性和地区性信息化教学环境，与它密切联系、相互补充，才能发挥更大的功能与作用。

三、信息化教学环境建设的功能要求

教育部1997年启动了1 000所现代教育技术实验学校项目，其中对实验学校的教育技术教学环境建设提出要求，即在“项目实施过程中，要结合实际，积极建设好现代教学环境，并从发挥最大效益出发，建立不同功能的现代化教学环境，使这些教学环境有利于开展多种媒体组合教学，有利于教师对教学过程的调控，有利于学生的积极参与和学习主体作用的充分发挥，有利于开展个别化学习，有利于多种学习资源的利用和资源的共享等”。对教育技术教学环境的功能基本要求是：

① 有利于开展多种媒体组合教学。如多媒体综合教室，将传统的黑板（白板）和多种现代媒体如幻灯、投影、录音、录像、影碟、多媒体计算机等组合成一个有机系统。大大方便了教师开展多媒体组合教学。

② 有利于教师对教学过程的调控。这意味着在教学中教师能方便地动手去操作各种媒体，又能方便地取得学生的学习信息去调控整个教学进程。

③ 有利于学生的积极参与和学习主体作用的充分发挥。使学生能利用多种感官，主动获取信息，加工信息，形成自身的知识结构与能力。

④ 有利于开展个别化学习。这意味着提供学习资源的数量要多，传输技术要先进，以便学生根据自身需求进行有效的个别化学习。

⑤ 有利于多种学习资源的利用和资源的共享。这意味着要建立学校的学习资源中心和信息传输网络，达到资源的共享和充分利用。

学校建设的教育技术教学环境，不一定每个都同时具备上述5个有利因素，但起码要满足上述1～2 个以上的有利因素。在建设中必须结合实际，讲求效益。结合实际，是指教育技术教学环境建设必须根据教学的实际需要和可以投入经费能力的实际。我国地域广阔，经济发展差异很大，各地的教育经费投入也受多种因素制约，因此教育环境建设必须考虑自身的经济能力，从实际出发，去建设合适的项目。讲求效益，是指信息化教学环境必须得到充分利用，用出效果，不能只作摆设，成为参观活动的展品，应付评比。同样教学功能的环境应采用最节省经费的方案，提高功能价格的比值。

第二节　语言实验室

语言实验室（language Laboratory），最早由美国夏威夷州立大学提出。其含义是指利用各种实验仪器对语言进行分析和实验的场所。当时不是像现在这样把它用于语言教学上。第二次世界大战以后，美国军队急需培养大量外语人才，于是在语言实验室中采用录音机进行语言训练，收到很好的效果，因此语言实验室得到了迅速发展。现在的语言实验室是现代教育媒体综合运用的重要成果。它是由录音机、电视机、计算机等多种媒体装备起来的教室。在普通学校中，语音室主要用于语言教学，特别是语言训练教学。随着科学技术的飞速发展，各种现代化的视听设备逐渐丰富，以计算机为主的学习反应分析器也被引入语言实验室，从而大大扩大了语言实验室的教学功能。它不仅适用于语言教学，而且还适用于其他学科的教学，甚至适用于个别自学和班级复式教学。这种扩大了功能的现代化语言实验室又称学习实验室或视听室。

一、语言实验室的种类及特点

语言实验室设备的组成形式多种多样，按其教学功能来分有听音型（AP 型）、听说型（AA型）、听说对比型（AAC 型）、视听型（AVC 型）、多媒体学习型（ML 型）等。

1. 听音型语言实验室

听音型语言实验室（Audio Passive Language Laboratory，AP 型语言实验室），如图 10-1 所示。

AP 型语言实验室是一种简易语言实验室，相当于一间听音教室。它的主要设备是一台或几台录音机与多副耳机。教师通过操纵控制台上的录音机，使学生在耳机中收听各种节目。AP 型语言实验室的使用效果比录音机播放效果好，学生之间互不干扰，可提高学习效率；它不足的地方是，学生只能根据教师讲授或已录制好的节目被动学习，缺少师生对话和人机对话，也不能听到自己的声音，不便于发现和纠正发音错误以及解决学习中的问题。这种语言实验室不宜用于外语专业学生上课。

2. 听说型语言实验室

听说型语言实验室（Audio Active Language Laboratory，AA 型语言实验室），如图 10-2 所示。

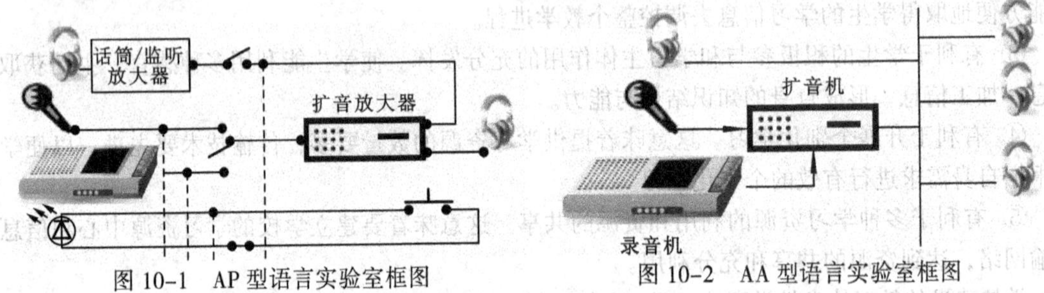

图 10-1　AP 型语言实验室框图　　图 10-2　AA 型语言实验室框图

AA 型语言实验室除具备 AP 型语言实验室的功能外，在学生使用的耳机上增设了送话器，师生可以直接对话，同时还增加了监听和呼叫功能。这样教师便可随时监听学生的学习情况和及时进行个别或集体辅导，学生也可以通过呼叫键请求教师解答问题。这种语言实验室可以用做听力、听写、语音、语调、语言句型、会话和口头翻译等多种训练。AA 型与 AP 型相比较，“双向交流”是一个显著优点，更适合教学活动，但它仍属简易型，其缺点是学生不能自录（座位上无录音机），不能录下标准音与自己作业进行比较与研究。

3. 听说对比型语言实验室

听说对比型语言实验室（Audio Active Comparative Language Laboratory，AAC 型语言实验室），如图 10-3 所示。

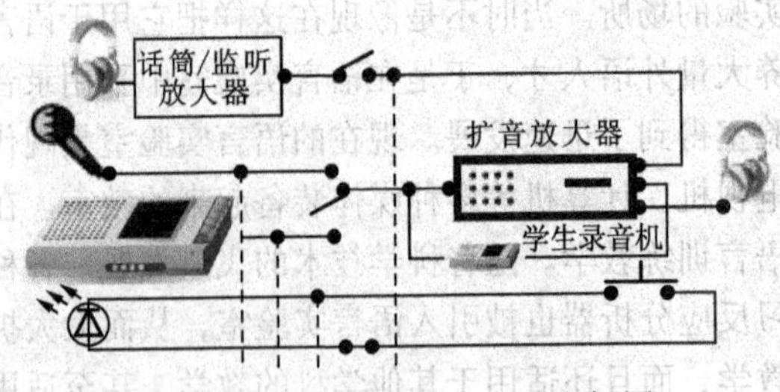

图 10-3　AAC 型语言实验室框图

AAC 型语言实验室是在 AA 型语言实验室基础上改进而成，除具备 AA 型原有功能外，学生课桌上增设了录音机，使教学功能进一步完善。它的教学功能是：

① 呼叫（Call）呼叫可有全班呼叫、小组呼叫和单向送话或插话。教师布置学习要求、下达指令、讲课和对节目插话时，也使用这一功能。

② 小组会话（互相联系）教师根据教学要求，可以让教师与学生之间或学生与学生之间进行会话练习，其编组对象可以任意选择。

③ 监听教师可对学生的跟读进行监听，以便掌握情况及时纠正普遍或个别学生的错误。

④ 节目选择主控台可以将一个教学节目或几套节目同时送出，供学生选择听音和复制。

⑤ 录音复制与跟读练习。通过操作主控台的按键，可以录下学生的练习或教师的讲课，学生也可录下主控台发出的信号，以便进行比较，从中找出错误进行纠正。

AAC 型语言实验室对提高学生独立学习能力和学习积极性十分有利，因为每个学生配备了一台录音机和送话器。学生有较强的学习主动性，既可以用来听课又能在听课的同时记录重点、难点，然后根据个人的实际情况反复听，而且还能真实地记录下自己的发音，便于及时纠正错误。AAC 型语言实验室较 AP 型和从型语言实验室效果好，但投资较多。

4. 视听型语言实验室

视听型语言实验室（Audio Visual Comparative Language Laboratory，AVC 型语言实验室），如图 10-4 所示。

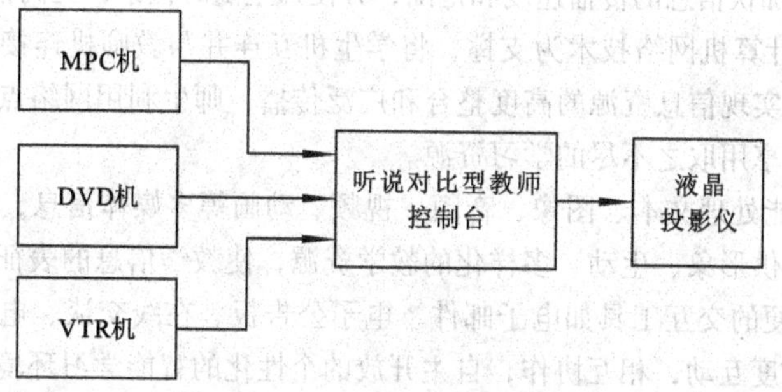

图 10-4　AVC 型语言实验室框图

AVC 型语言实验室是在 AAC 型语言实验室基础上发展起来的一种新型语言实验室，它除了具备听说对比功能外，还增设了图像显示装置。近年来，人们不断改造 AVC 型语言实验室的设施，增加了视频展示台、多媒体计算机、多媒体投影机等设备，教学功能更加完善，使之成为多功能语言实验室，教师可以根据教学需要放映幻灯片、投影片、文字、图形、图像等各种教学节目。

AVC 型语言实验室既能听又能看，学生视听并用，这就大大提高了学生的学习积极性，使教学效果更好。它不仅用于外语教学，而且还用于音乐、戏曲、体育、教育等其他科目的教学。

5. 多媒体学习型语言实验室

多媒体学习型语言实验室（Multimedia Learning the Language Laboratory，ML 型语言实验室），如图 10-5 所示。多媒体语言实验室是指采用计算机多媒体技术、网络技术，实现和优化课堂教学的一种教学平台。它能改善教学手段和方法，实现校内外资源共享，完善教师与学生、学生与学生之间的双向交流活动。

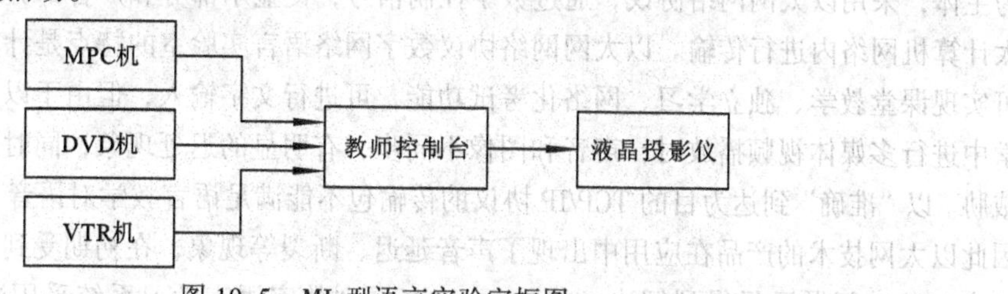

图 10-5　ML 型语言实验室框图

多媒体语言实验室系统由教师主控制台和学生用多媒体计算机一套组成，构成一个多媒体计算机网络教学系统。主控制台包括有教师用多媒体计算机一套、视频展示台、录像机、多媒体语言实验室除了具有 AVC 型语言实验室的全部教学功能外，还具有网络教学功能，同时还具有很强的控制功能。

多媒体语言实验室由于采用多种的媒体和利用计算机技术进行管理，可将学生数、提问次数、问题回答的正确率、错误率等有关的教学管理的数据信息显示或打印出来供教师随时掌握教学现状，随时修正自己的教学方案，这就将课堂教学置于动态的交互的快速反应状态下，也利于教学管理人员课后根据实际的反应结果做出统计和检查。

随着数字技术的发展，多媒体语言实验室向多媒体数字语言实验室发展，数字语言实验室是利用多媒体计算机技术、网络技术、数字显示技术等形式进行图文声像的传递各种信息，加深学习者对语言的理解和接受。

6. 多媒体数字语言实验室的主要特征

① 数字化。多媒体数字语言实验室的设计理念、硬件设备、软件平台和信息资源全是数字化的，实现数字化可以加快信息的传播速度和范围，方便师生随时检索，提高信息资源的共享效率。

② 网络化。以计算机网络技术为支撑，将学生机互连并与教师机连接，通过其服务器与校园网、互联网相连，实现信息资源的高度整合和广泛传播，师生利用网络点播教学资源，网上批改作业，制作教案，享用取之不尽的学习资源。

③ 多媒体化。能处理文本、图像、音频、视频、动画等多媒体信息，给学生以多种感官的综合刺激，为教学提供形象、生动、多样化的教学资源，使教学信息的表征呈现多元化。

④ 智能化。方便的交互工具如电子邮件、电子公告板、在线交谈、电子白板等，具备了学生能够积极参与，高度互动，相互协作，自主开放的个性化的智能学习环境，便于开展新的交互协作和个性化学习模式。

⑤ 标准化。具备标准联机考试功能，教师可以进行标准化命题的练习或随堂考试；学生通过学生机按键即可选择答案序号。考试分析系统能及时显示每个学生的对错及积分统计，大大节省了印刷试卷的时间和费用。

7. 多媒体数字语言实验室的类型

就产品的功能实现方式看，目前可分为两大类，即硬件数字语言学习系统和纯软件数字学习系统。

（1）硬件多媒体数字语言实验室

硬件多媒体数字语言实验室在技术实现方式上又可分为以太网（Ethernet）协议和 ATM（Asynchronous Transfer Mode）网络技术两种。

① 以太网网络协议数字化语言实验室。以太网网络协议数字网络语言实验室。以计算机网络为主体，采用以太网网络协议，通过数字控制信号，使显示部分和声音部分以数字信号形式在以太计算机网络内进行传输。以太网网络协议数字网络语言实验室的特点是计算机网络功能强大，可实现课堂教学、独立学习、网络化考试功能，可进行文字输入，但由于以太网的性质在课堂教学中进行多媒体视频播放时，声音和图像不同步，有明显的迟延现象，同时还易受计算机病毒的威胁。以“准确”到达为目的 TCP/IP 协议的传输包不能满足语言教学对语音“实时”到达的要求，因此以太网技术的产品在应用中出现了声音延迟、断裂等现象，在初期受到一些学校的质疑。但如今，这一问题已经得到解决。如 Newclass 系列数字语言学习系统采用嵌入式实时操作系统

(RTOS)，特别采用RTP实时传输协议，突破性地实现了音频在以太网络环境下的实时传输，声音清晰逼真，实时流畅，是一次里程碑是的技术飞跃。

② ATM网络技术数字语言实验室。ATM网络技术数字语言实验室以装有ATM 语音卡的计算机为主体，采用ATM 网络技术，通过数字控制信号，使显示部分和声音部分以数字信号形式进行传输。ATM网络技术数字语言实验室的特点是技术先进，价格较便宜，线路简单安全，可实现课堂教学、独立学习、网络化考试功能，可进行文字输入，还可使用变速不变调的教学方式，无语音延迟现象，不易受计算机病毒的威胁。ATM 技术采用的是信道分配，信息按照时分复用的方式进行传输，它适合音频和视频流的并发、实时传输。很好地解决了语音传输中的延迟、断裂等直接干扰和影响语言教学的问题。基于ATM技术的数字语言实验室满足了数字网络语言实验室的五项重要指标：

- 语音质量。数字语言实验室中语音是最重要的指标，专业化的数字语言实验室必须是无延迟、无断裂，高保真度的语音质量。
- 视频质量。数字化语言实验室视频是必不可少的，视频质量也是数字语言实验室的重要指标，要保证图像的高清晰度显示。
- 音像效果。基于网络构成的数字语言室，在进行多媒体授课时，要保证音、视频的同步，和高质量的音像效果。
- 资源共享。数字化语言实验室最大的特点是资源共享，不但要有一个完善的可升级本地教学资源库，而且要能进入 Internet 和配备 DVD、卡座、实物展台等外设资源。
- 学生终端的功能。一个系统具有丰富的资源，最终要被学习者使用，因此要保证学生终端不但能上 Internet 网络，而且要能点播资源库的各种资料，尤其是要能点播按教学大纲编辑的多媒体课件。

要实现专业化ATM 数字网络实验室与基于以太网构建的校园网和互联网相连的要求，就要解决ATM网络与以太网的交互问题，ATM与以太网都是网络的传输方式和规则（协议），而不是信号传输的内容和格式，能否交互，只取决于能否实现ATM协议数据与TCP/IP数据协议的相互转化。而协议的加载和卸载通过网卡来完成。因此ATM网与以太网之间的交互可以通过一台代理服务器，在其中装置一块ATM网卡和一块TCP/IP网卡来实现。以太网与以太网之间的连接是无缝连接，而ATM网与以太网的连接是有缝连接。但这种连接是“透明”，在应用层（用户）是完全没有感觉的。

这两种方式的语言实验室程度不同的都存在一定的缺陷。以太网数字语音交互存在语音延迟、断裂问题，其终端的复杂性及高额的成本影响了产品的推广。ATM网络技术数字语言实验室结合同步定位技术的类 ATM 网络结构，虽然克服了语音延迟问题，但同步头脉冲窄，采样困难，易受干扰，影响系统的可靠性和稳定性；并需增加同步的传输线。终端成本虽然不高，但全部用单片机处理，与语音编解码器配合困难，结构复杂。

（2）纯软件多媒体数字语言实验室

纯软件多媒体数字语言实验室解决方案的软件特性使之能够充分利用主流 PC 强大的计算能力和完整的应用环境。目前市场上主要的硬件多媒体数字语言实验室产品都是基于嵌入系统，其嵌入式处理器与 PC 处理器相比极为原始。而纯软件语音室解决方案对于几乎所有主流文件媒体格式的支持，在硬件语音室平台上更难以想象。纯软件多媒体数字语言实验室解决方案使语音室系统拥有无限的升级能力，不需要螺钉旋具。纯软件多媒体数字语言实验室系统采用独有网络传输算法，以极低延迟传输高质量音频。

另外，从网络结构来看，多媒体数字语言实验室主要有 ATM 网络、以太网络和 ATM 网络+以太网络三种形式；从硬件设备来看，主要有嵌入式终端型、PC 终端型和 PC + 嵌入式终端型三大类，其中 PC 终端型又分为纯软件和软硬件结合两种，PC + 嵌入式终端型可分为内置终端和外置终端两类。网络结构和硬件设备结合起来目前主要有七大类产品，如表 10-1 所示。

表 10-1 数字网络语言实验室的结构类型

网络结构	嵌入式终端型	PC 终端型		PC + 嵌入式终端型	
		纯软件	软硬件结合	内置终端	外置终端
ATM 网络	√				
以太网络	√	√	√	√	√
ATM 网络+以太网络					√

二、语言实验室教学的优点与局限性

1. 优点

① 可进行集体教学，也可进行个别化教学。

② 创造了良好的语言学习环境，有利于提高学习兴趣和效率。

③ 语言实验室的个别化教学功能可有效地克服教师对个别学生进行指导或训练时其他同学处于消极被动的旁听状态，避免了相互间的干扰，让所有的学生在整个教学过程中处在积极主动的状态，提高了单位课时的利用率。

④ 有利于不同水平的学生选用不同难易的教材，教师通过监听学生的学习，有针对性地个别通话辅导，实现因材施教。

⑤ 为学习者提供良好的自学环境与自学条件。学生除接受教师的直接指导，还可进行自我比较的学习。学生可以反复听，反复训练，消除了心理负担，学习积极性、主动性得到充分发挥。

⑥ 语言实验室的多种功能和交互作用，促使教师更新其教学思想，改进教学方法。

2. 局限性

① 座位的隔断，使师生间的视觉联系也受到阻隔，阻碍了教师形体语言的发挥，如眼神、动作、情绪对学生的积极影响，反过来教师也难以观察学生的表情和学习情绪。

② 要求师生有正确的操作技术，否则不能充分发挥系统功能，达到预期的教学效果。另外还要求教师有较强的能力去控制课堂。

三、语言实验室管理的主要工作任务

多媒体语言实验室管理的任务主要体现在人员管理、设备管理、课件管理、环境管理等几个方面。

1. 人员管理

人员管理包括对管理人员、教师和学生的管理。语言实验室的管理人员在语言实验室管理中起着主导和核心作用。这个岗位的基本要求是要热爱教育事业，热爱学生，敬岗爱业，管理育人，勤劳和乐于奉献。设备的完好率和利用率是其考核的指标。管理人员必须具有扎实的无线电基础技能，具有一定的专业基础知识和基本技能或经过专门的培训，才能保证设备的完好率、利用率。

目前语言实验室管理人员大部分是专业出身且未经过培训者，而且很多单位的决策者对这项工作缺乏认识，广大师生、甚至管理者对自己的工作也认识不足。他们认为语言实验室的管理只是开门、关门、管理卫生、维修设备而已。在这种现状下，谈不上对管理人员进行任何培训，他们也得不到任何机会去进修，管理人员甚至连微机的操作和管理都是一片空白，课件开发无从谈起，造成了人力物力的巨大浪费，使其远远滞后于现代教学的要求。只有提高认识，提高管理人员的素质，才能使语言实验室发挥应有的作用。

管理人员要与教师保持良好的关系，因为教师的协助管理有着十分重要的意义。管理人员要经常与教师交流设备的结构、教学功能、使用技巧，尽可能地帮助他们熟练使用、开发设备的各种功能。管理人员与教师沟通感情，在双方的共同努力下，完成教学任务。对那些只管上课，对学生的违纪视而不见，无视实验室管理制度的教师，管理人员要耐心地帮助他们；对操作不当造成设备损坏或由于其他原因造成设备无法使用者，要追究其责任。

教书育人是教师的天职，如果说完成所教内容是教师的主要任务，那么帮助学生如何使用设备便是首要任务。如果说完成教学内容是教书，那么进课堂管理、以身作则便是育人。只有既教书又育人，才能改进教学技巧，提高教学质量。

一切为了教学，为了学生的学习，这是教师和管理人员的共同目标。在这个前提下，相互的协作是必须的。与管理人员相比，教师与学生的交流更多、更广泛，更能掌握学生及设备运行情况，所以经常与管理人员交流有关设备、学生甚至教学方面的问题既有助于管理又有助于教学。爱护公物、爱护设备、保持卫生、尊重他人的劳动是师德所在。这一切都是为了保证语言实验教学的正常进行。

人员管理是语言实验室管理的难点。为此，首先要制定针对教师的制度，如《主控台使用人员须知》或《教师使用规则》，针对学生的制度，如《语言实验室制度》或《学生使用规则》。其次，给学生安排固定座位并签订座位专用、保护设备、保持本座位及周围区域的卫生等方面的责任书。然后，让学生每次填写《设备使用状况记录表》，教师填写《故障记录表》，做到严格按制度执行。

2．设备管理

设备管理主要包括建立设备档案、设备的操作与使用、设备的维护与维修。建立设备档案是学校财产管理的需要，也便于管理人员全面掌握所引进设备的性能和质量，便于零配件购买，掌握故障情况。设备档案的栏目有设备名称、型号规格、购买日期或使用日期、生产厂家记录及联系方式、原购单价、数量、故障情况和备注等。故障栏内简要填写从教师、学生记录表中反馈来的信息并填写故障排除情况，以便日后查找以提高维护、维修的效率和质量。

在设备的操作和使用方面，管理人员要熟练操作所购设备。为此，在引进设备之初，要全力以赴，全面学会操作各种功能。按照说明书上的操作步骤操作完整，一般不能半途转换功能或半途关机；计算机一旦出现混乱现象，首先按主控台上的 Clear 键或 Reset 键，或按设备自检功能键，使设备进入自检状态，看计算机是否自行消除混乱状态，然后考虑重新启动计算机。另外，要注意对师生进行认真培训，使人人都能熟练操作设备。管理人员要保持与生产厂家的联系与交流，尽可能多地与同行交流，在正确使用设备的基础上，进一步开发各种功能。

3．课件管理

课件管理主要包括各种课件的收集、使用及开发。多方动员、多种渠道搜集教学软件，只有拥有丰富的声像资料，才能为教学活动提供材料和能源。纯粹购买并不是获得资料的唯一途径，任课教师拥有的好软件，可以借用、购买或复制下来；通过给师生录制、出售资料，适当收取一些费用，专用于扩大声像资料；加强校际间的资料交流；开发适合于本校师生的软件，等等。总之，在一切为了教学，一切为了提高教学质量的前提下，领导、师生只要上下一心，通过日常工作长期进行积累，教学软件一定会丰富起来。

软件管理要系统、科学，要提高软件的利用率。良好的电教设备，丰富的教学录像带和投影片、幻灯片、光盘及计算机辅助教学 CAI 课件等，在语言教学中起着举足轻重的作用，只有管理好并利用这些软件，它们才能起到应有的作用。

4．环境管理

环境管理主要包括室内外环境卫生是否良好，仪器设备是否干净整齐，语音室内学习氛围是否良好等等。由于语音室承担的课时普遍较多，上课的人次相对于普通教室要多，因此卫生管理相对较难，因而责任到人，任务明确，才会有效果。要明文规定，不论是教师还是学生都必须保持各自座位及其周围区域的卫生清洁，课后各班安排值日生打扫公共区域（走道、讲台及门口）的卫生，还要根据需要每周或隔周轮流安排各班彻底打扫一次语音室。这样，个人保持与集体打扫相结合，使之制度化，才能解决卫生问题。

第三节　微格教学系统

一、微格教学的概念

微格教学（Microteaching，微型化教学），通常又被称为“微型教学”、“微观教学”、“小型教学”、“录像反馈教学”等。它是由美国斯坦福大学艾伦（D.Allen）教授等人创立的一种利用现代化教学技术手段来培训教师的实践性较强的教学方法。它以现代教育理论为指导，通过视听技术和反馈，按照严格的程序，对师范生和在职教师轮流进行培训，

从而使他们更好地理解教学过程和掌握教学技能的一种教学技术。艾伦将微格教学定义为：“它是一种缩小了的可控制的教学环境，它使准备成为或已经是教师的人有可能集中掌握某一特定的教学技能和教学内容。”

根据实践体会，我们认为：“微格教学是在有控制的条件下进行学习的实践系统。它是以现代教育教学理论为指导，利用现代视听技术，通过反馈评价，以集中解决某一特定的教学行为技能为目的，对教师教学技能进行系统训练的方法。”

微格教学具有如下特征：

① 由少数学习者（5～10 人）组成“微型课堂”，以真实的学生或受训者的同学充当“模拟教师”和“模拟学生”，使课堂微型化。

② 把教师教学技能分解为若干个环节，学习者根据训练目标，选择一小段“微型内容”进行教学设计并编写教案。

③ 被训练者利用 5～10 min 的时间进行一段“微型课程”的教学实践，从中训练某一两项教学技能。

④ 在进行“微型课程”的教学实践过程中，利用视听设备系统将实践过程记录下来。

⑤ 通过视频系统重播已记录的内容，进行反馈评价和分析，可以是自我评价也可以是他人评价。

微格教学技术自诞生后，得到了迅速推广和大量研究，尤其受到各国或地区师范教育界的重视。在欧美，微格教学已成为教师培训的基本课程。

二、微格教学系统的组成

微格教学是在有控制条件下培训师范生和在职教师教学技能的一种方法，微格教学系统是一个可控制的实践系统，它一般有微格教室、控制室、示范室、观摩室组成，如图 10-6 所示。随着计算机技术和通信技术的发展，微格教学系统也基于网络化发展。目前微格教室操作智能化和简单化，一般不需要专门的操作人员进行操作，由训练者自己操作设备和训练。智能微格教室操作相当方便，即使从没见过微格教室的老师，3～5 min 可以学会操作和使用。

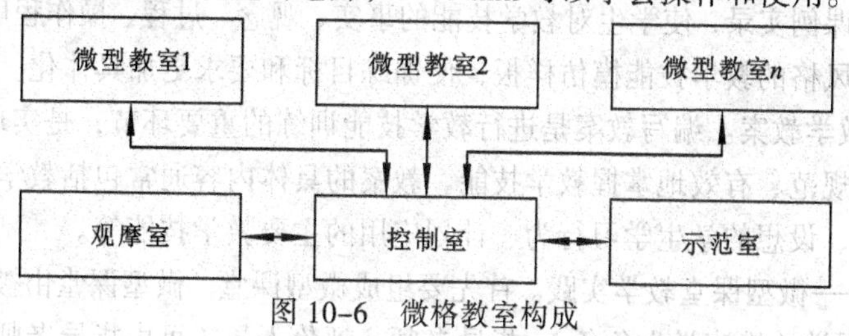

图 10-6 微格教室构成

1. 微格教室

基于计算机网络的微格教室，一般的装有话筒、摄像头、计算机、液晶显示器（电视机可用大屏幕投影代替）、分控平台、学生声音采集器、中央控制器。话筒用来拾取训练者的声音；摄像头用来录取训练者的活动过程，一般每个微格教室装有 3 个摄像头，摄像头的活动在控制室控制；电视用来播放训练者的教学过程，以便进行教学评价。计算机用来播放课件、浏览服务器中记录的训练信息、录制并上传训练信息、播放教学资源等。微格教室的所有设备都和控制室相连，可以在控制室控制。性价比较高的微格教室的摄像头具有自动跟踪、自动调焦、镜头锁定目标等功能。计算机即可以录制每一台摄像头的画面，也可以录制经视频切换台的信号；调音台用来控制训练者和学生的声音大小。

2. 控制室

基于计算机网络的控制室装有主控计算机、微格信号控制器、微格数字平台、服务器、液晶显示屏、对讲主控台等。监视器用来监视每个摄像头的工作位置和情况，以便控制摄像头。从微格教室来的信号（视音频）分两路，一路送往服务器，另一路送往观摩室，供同步评价分析。

3. 观摩室

基于计算机网络的观摩室装有大屏幕投影或者大荧屏电视的普通教室，将来自某一微格教室的视音频信号，通过控制室选择的传输到观摩室的电视机，其既可以实时的播放，也可以非实时的播放信号。观摩室可以让更多学生观看，也可以供教师评价。

4. 示范室

在示范室内可以选择收看任一微格教室的教学训练情况，同时可以将示范室的信号传输到每个微格教室。示范室一般是一个多用场所，也可以作为演播室。

三、微格教学系统的应用

1. 微格教学的基本程序

微格教学系统的应用需要按一定的程序对学生进行特定教学技能的训练。微格教学的程序包括如下几个基本步骤。

① 确定训练目标。即明确通过训练要使学生了解每一项教学技能的理论和方法，并掌握各个项的执行程序和实施要求。通过多次实践、评价、修改，使技能趋于完善，并通过综合训练，形成课堂教学能力。

② 学习和研究教学技能。在进行微型教学实践前，应先组织学生对各项教学技能的有关理论、方法程序、实施要求进行学习研究，以便为进行教学设计和实践打下基础。

③ 观摩有关教学技能的示范材料。通过播放反映某项教学技能的示范性录音、录像资料，或一些优秀教师的课例实录，使学生对教学技能的事实、观念、过程、操作程序有形象化的了解，使学习者获得不同风格的教学技能模仿样板，使训练目标和要求更加具体化。

④ 编写微型教学教案。编写教案是进行教学技能训练的重要环节，是实现训练目标的保证。它能使被训练者更规范、有效地掌握教学技能。教案的具体内容通常包括教学目标、时间分配、教师教学活动行为、设想的学生学习行为、计划应用的主要教学技能等。

⑤ 角色扮演——微型课堂教学实践。首先要组成微型课堂。微型课堂由被训练者（扮演教师角色）、被训练的同学（扮演学生角色）、指导老师、评价人员（可由指导老师和学生担任）和操作摄像设备的工作人员组成。在微型课堂上，被训练者进行一段教学内容的教学，实践一两项教学技能，时间一般为 10 min 左右。在上微型课之前，指导老师要做简短说明，让被训练者明确所训练的技能、教学内容、教学设计思想和所要达到的目标。

⑥ 声像记录。在实践过程中，利用视听设备对被训练者的教学行为和学习者的学习行为进行记录，以便能及时准确地反馈。在没有上述条件时，也可用录音、照相、文字记录等方法，但不如录像反馈真实、准确、生动。对于有条件的学校，通过视听设备可将微型教学实践的实况同时传送到另一教室，以便供其他同学观看，并由指导老师进行实时同步的评述分析，以提高对教学技能的认识。

⑦ 重播录像，自我分析。实践活动完成后要重放录像，让被训练者以“第三者”的身份观察自己的教、学行为，并与自己的教学设计相对照并找出不足。被训练者看过自己的实践录像后，首先要进行自我分析，检查实践过程是否按教学设计进行，是否达到了预定的目标。

⑧ 讨论评价，修改教案。指导老师、评价人员、学生角色都要从各自的立场来评价实践过程，有不同看法时可重放录像，帮助形成较为统一的意见。微型教学的评价应以总结优点为主，使被训练者建立自信心，但也要提出不足和努力方向，以便改进。最后评价人员要根据自己的判断填写评价单，给出具体结果。

⑨ 再实践。经过评价，已经达到基本要求的可进入下一技能的学习，实践新的教学技能。未达到要求的则需要进行教学计划，准备再实践。

2. 微格教学中的角色扮演

角色扮演是微格教学的中心环节，是受训练者训练教学技能的具体教学实践活动，在活动中每个受训练者都要扮演一个角色，模拟进行教学，从而使受训练者获得充分的实践机会。角色扮演包括两个方面：

① 扮演“教师”角色。当训练者充当“模拟教师”时，要求能按照自己的备课计划，在有控制的条件下训练专项的教学技能。

② 扮演“学生”。当训练者充当“模拟学生”时，要求充分表现中小学生的特点，自觉进入特定情境。

3．微格教学中的反馈评议

反馈评议水平是微格教学的质量保证，在微格教学中的反馈评议方式有以下几种：

① “教师”角色扮演者的自我评价。这是由“教师”角色扮演者并邀请小组其他同学一起，通过观看自己教学活动的录像，分析技能的应用方式和效果，看是否达到预期目标，同时认真听取被邀观看者的意见。分析时要列出优缺点：肯定成绩，发现不足，如果自己认为非常不满意，可以申请重新进行角色扮演和录像。

② 组织讨论，集体评价。小组同学根据观看的教学过程录像，对教师角色扮演者的教学活动提出看法，做出评价，包括进行定性评价，要求能用概括性语言给出成绩或总结性评语。进行量化评价，能对录像记录中出现精彩之处或出现错漏的事实给出量化的表述。这也是对学生分析判断能力的训练。此外，还要求能提出建设性意见。

③ 指导教师的评议。学习者对指导教师的评议是十分重视的，指导教师的评价应尽量客观、全面、准确。在评议过程中要注意保护学习者的自尊心和积极性，要以讨论者的身份出现，以期获得最佳效果。

四、微格教室的设计

1．微格教室的要求与布局

微格教学是一个有控制的实践系统，为了顺利地完成微格教学的任务，必须筹建与之配套的符合其特点规律的微格教室。教学组织形式的小组化是微格教学的重要特征，它决定了微格教室的小型化，其面积一般在 20 m^2 左右，能容纳 5 ~ 10 名学生。

微格教学要求被训者在真实的教学环境中进行实践活动，因此微格教室是一个具有真实课堂情境的模拟教室。它除了常规的教学设备如黑板、讲台、学生课桌、幻灯机、投影仪等之外，还要有进行技能学习、实践、评价的现代化视听设备。

微格教室应尽量减少外界的干扰，防止受训者受到非智力因素的影响，同时也有利于提高传声器的录音质量。微格教室的地板宜采用地毯或其他软质材料，以减少噪声。微格教室的数量应根据待训人员的多少和培训的方式决定。如有多间微格教室，则可建立一个与之分离的控制室，便于对各种设备进行统一控制，避免各种操作对模拟课堂的干扰。如有条件，还应为微格教室建立配套的资料室，用于保存教学技能的示范资料和被培训者角色扮演的资料，供指导教师、研究人员教学和研究使用。微格教室的建设可与其他电教用房综合考虑。微格教室视听设备与其他电教设备具有相关性和相似性，因此微格教室的控制室可以和卫星教育电视、闭路电视系统、电视节目制作的控制室合并，把它们有机地联系起来形成一个相互关联的网络，还可把微格教学室建设成一个多功能的音像资料视听室。

2．角色扮演室与视听分析室分离的微格教室设计

角色扮演室与视听分析室分离的微格教室一般由主控制室、资料室、角色扮演室与视听分析室四个部分组成，如图 10–7 所示。

这种类型的微格教室是将学生分为两大组，角色扮演小组与视听分析小组轮换场地。配置摄、录、放等设备，角色扮演室可加装单向观察玻璃。在图 10–7 中，❶为主控制室、❷～❺为角色扮演室、❻～❾为视听分析室、❿为资料室。

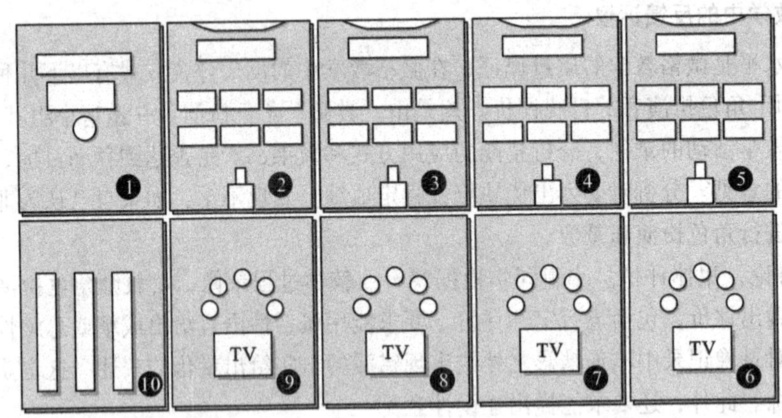

图 10-7　角色扮演室与视听分析室分离的微格教室

3．角色扮演室与视听分析室合一的微格教室设计

角色扮演室与视听分析室合一的微格教室是将摄、录、放等设备配置在角色扮演室，角色扮演室同时兼做视听分析室，如图 10-8 所示。

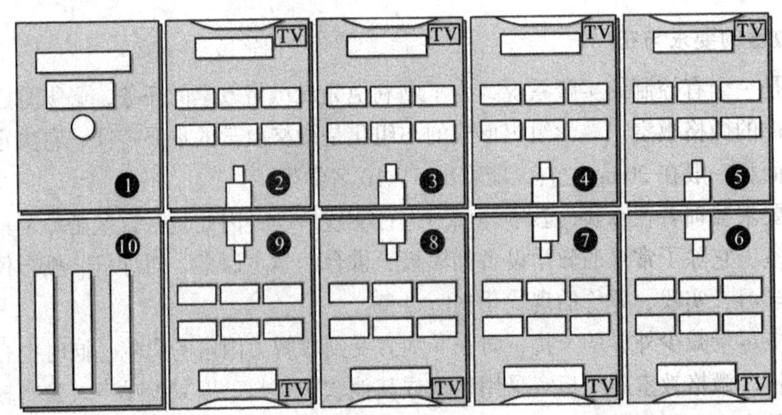

图 10-8　角色扮演室与视听分析室合一的微格教室

这种类型的微格教室可以让学生在同一间教室同时进行角色扮演和视听分析，各微格教室均配置齐全的摄、录、放等设备。在图 10-8 中，❶为主控制室、❷～❾为角色扮演室兼视听分析室、❿为资料室。

4．数字化微格教室设计

（1）数字化微格教室的优势

数字化微格教室实际上是将计算机技术、网络技术、视音频技术、视频压缩技术、存储技术以及传输技术进行综合性的应用，构建出一个集视音频录制、实时监控、局域网内点播为一体化的系统。在该系统中，通过计算机和网络的控制与管理，以视频数字压缩格式的硬盘录像机为核心，以配备方位可调的高清晰彩色摄像机为影像摄取和高灵敏度的拾音器为音频拾取设备，采集多路视音频素材，并经视频合成卡合成后，在硬盘录像机中进行实时压缩存贮。以方便调阅和回放观看，这不仅仅局限于微格教室，在校园网范围内均可调阅观看。对于数字化微格教室来说，其优势主要体现在以下几个方面：

① 由于实现了录制与回放的分离，使的对于微格教学训练录制减少了干扰，使得能够用更少的设备投入，来训练更多的学生。

② 由于实现了数字化，录制的视频资料以数字方式存储，其调用回放观看，将不再受时间，地点的限制，只需在接入校园网上的任何一台计算机上进行点播调阅，既可进行回放观看。

③ 由于实现了在校园网内的点播观看，其点评的人员也不仅仅局限于本班的同学和任课老师，其他班级的同学或非任课的教师也可以进行点评和指导；点评的时间和地点也更为灵活，组织方式也可以实现集中式点评或分散式点评。

④ 由于数字视频资料占用空间小，图像质量高，可无限次的点播调阅，使资料的保存更加方便，也为教师技能掌握的精品训练资料提供了更为方便的积累方式，能够让不同班，不同年级的同学间的观摩更为方便。

（2）数字化微格教室的设计

数字化微格教室一般由控制室、角色扮演室、和视听分析室三部分组成，如果条件容许，还可以设立示范室。在角色扮演室中配置高清晰度彩色摄像机、万向云台、云台控制解码器、拾音器等设备。控制室中主要放置硬盘录像机、视音频处理器、同步监视电视墙、系统控制单元（云台控制器、视音频特技机）、视频服务器等设备，主要用途是对各个微格教室进行录像控制、同步观看各个微格教室的训练情况、提供训练时的实时录像。视听分析室中配置联网计算机和大屏幕电视机。

第四节　教学常用的多媒体教学系统

多媒体教学应用就是指利用多媒体计算机，综合处理和控制符号、语言、文字、声音、图形、图像等多种媒体信息，把多媒体各个要素按教学要求，进行有机组合并显示在屏幕上，同时完成一系列随机交互式的操作，多媒体教学应用是计算机辅助教学的重要部分，也是当前世界教育技术发展的新趋向。

此外，利用多媒体网络，人们可以通过信息高速公路，以通讯的方式进行学习。这就使家长与学校、家庭与信息资源中心、家庭与社会有关部门联系起来，按一定的目标，完成某一学科的学习或训练。

多媒体教学，可以使学习者获得多重刺激，从而提高学习和记忆的效果。多媒体教学系统使学习者以交互方式进行学习，有利于学生参与，有利于激发学生的兴趣，有利于帮助学生建立新旧知识之间的联系，有利于调动学生的学习主动性和积极性，促使学生自觉地进行学习。利用多媒体进行教育和教学是教育改革的一个重要途径。

一、多媒体综合电教室

多媒体综合电教室是指多种教学媒体汇集在一个教室内，以利于开展多媒体组合的教与学活动。多种媒体应包括传统教学媒体（如黑板、白板、书本、挂图、模型、标本等），还包括各种现代教学媒体（如幻灯、投影、扩音、录音、电视、录像、多媒体计算机等）。多种教学媒体按照媒体优化组合和教学设计的原则组织教学活动，多媒体综合电教室是当前许多学校开展多媒体组合教学的主要场所。

1. 多媒体综合电教室的特点

多媒体综合电教室的特点是：首先，教室内的多种教学媒体主要是供教师使用，媒体起辅助教师教学的作用，充当教师上课的教具；其次，多种教学媒体集中于讲台或讲台附近的立柜内，以方便教师操作与控制。

2. 多媒体综合电教室的类型

多媒体综合电教室根据其教学媒体数量的多少、质量的高低、教学功能的差异，可分为以下几个档次。

① 录像/VCD—电视组合型。它是在普通教室（40～60 座）中装配如下常用的现代教学媒体：投影机、电视机、录像机、VCD 等比较普及的教学设备等。这些教学媒体可单独放置在讲台附近或组合在讲台内，便于教师操作使用与控制。在教学时教师可以使用录像机和电视机播放教学节目，而使用投影仪呈现某些概念、意义等较难理解的教学内容。有效地利用这样的系统组合，可以带来如下的优点：丰富教学内容、扩大教育信息传播量，有效地提高学生的学习积极性；教学设备普及较广，设备使用方便；教学信息可重复播放或长时间呈现，有利于教师进行重点讲述或实时点评；有效组合该系统可以在一定程度上减轻教师的教学负担。

使用该系统需注意的是：教学内容的选择和组织应进行认真的思考和设计；宜进行集体播放式教学；要注意电视机、录像机的图像和声音的质量，以免对教学效果产生不良的影响。其主要缺点是录像与电视的内容相对固定，教师必须掌握相应的编辑技术才能根据自己的教学目的及教学特点进行编排。

② 标准型。标准型多媒体综合电教室克服了录像/VCD——电视组合型的缺陷，因为它增加或改用了一批较高档次的设备与技术。它的主要设备包括图像、声音和控制等三个系统。图 10-9 所示的系统共用一个大屏幕投影机，多媒体计算机的文字与图像信号可直接输入投影机；录像机、影碟机、实物视频展示台等输出的视频信号通过视频切换器后也可以分别输入投影机。闭路电视、校园网的信号也可以输入投影机。声音系统是将所有音频信号通过调音台再输入到一个共用的功率放大器，输出保真度高的声音；各种教学媒体的使用均可通过控制系统加以控制。

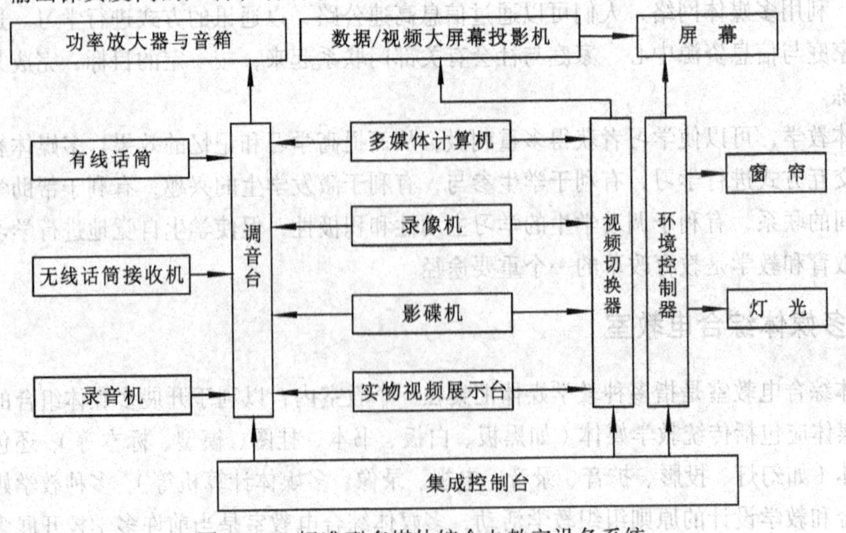

图 10-9 标准型多媒体综合电教室设备系统

与简易型相比，标准型综合电教室增加或改用的设备主要有以下几种：

大屏幕投影机按其连接设备的性能不同可分为：视频投影机，只能接录像机、影碟机、摄像机等视频信号；数字投影机，可连接视频和计算机等信号。多媒体综合电教室采用数字投影机，克服了使用普通电视机的缺陷，能直接输入计算机信号，获得清晰的画面。另外，它通过投影能获得大尺寸的画面（80～200 in（1 in=2.545 cm）)，能满足50～200人的教室或学术报告厅开展多媒体教学活动。

实物视频展示台实物视频展示台是由一个倒挂的摄像机摄取放置于台面上物件的图像信号送至投影机呈现图像。放置的物体可以是实物、模型、标本，也可以是照片、书本，甚至是学科演示实验。由于台面有底灯照射，还可投影幻灯片和投影片的图像。在某种程度上，它还有代替幻灯机与光学投影器的功能。

多媒体集成控制系统为了方便对多媒体综合电教室内多种教学媒体和设备设施（如银幕、灯光、窗帘等）的操作与控制，把操作与控制的功能键集中放置于讲台的一块面板上，这就需要通过集成控制系统去实施。常用的集成控制系统有以下几种控制方式。

轻触开关式：它通过控制器连接各种教学设备，并集成各种设备的控制信号，用手动轻触开关方式集中操作。其特点是简单、可靠、易于使用、价格较低。

计算机控制式：它是通过计算机去控制主控制器的信号输出，从而实现对各种教学设备与设施的操作与控制。这一方式技术先进，控制界面友好，使用方便。如果使用触摸屏方式则价格偏高，适宜在有条件的学校使用。

③ 计算机-投影组合型。鉴于标准型多媒体教室的主要缺点，很多学校开始根据实际经费等情况，增加或减少某些设备或设施，建成实用的多媒体教室。现在比较推崇的组合方式就是“多媒体计算机+数据/视频大屏幕投影机”，不但基本上保证了标准多媒体型的功能，并且设备简单、操作方便、投资较少。如果多媒体计算机能够连网，则更有利用现代教学设计的实现。从目前的发展趋势及国外的相关情况看来，普通教室改建成多媒体教室将大部分采用这种类型的组合。

④ 多功能型。它在标准型基础上增加了以下设备：摄录像装置在教室装配有2～3台带云台的摄像机，用于摄录师生的教学活动过程。摄像机信号传送到中心控制室供记录储存，或同时传至其他教学场所供教学观摩或扩大教学规模。学习反应信息测试分析系统，该系统能让全体学生在座位上通过应答器对教师提出的问题作选择性的回答，并通过计算机实时收集与分析学生的学习反应信息，使教师能及时全面了解学生的整体和个别情况，实现教学的个性化。

⑤ 学科专业型。该类型是在简易或标准型配置的基础上增加一些某种学科教学特殊需要的设备，如生物课教学需用的彩色显微摄像装置等，这样便成为了某一学科专用的多媒体综合电教室。标准型多媒体教室的功能比较全面，曾经在一段时间里成为各个学校多媒体教室的建设标准。其主要缺点是设备费用高、维护困难，对教师的技术操作能力有较高的要求。因而不适于大范围内普及应用。

3．多媒体综合电教室的教学功能

多媒体综合电教室的教学功能有以下几个方面：

① 便于教师利用多种媒体辅助教学活动。

② 能利用多种媒体组合，优化教学过程，突破教学重点、难点，提高教学质量与效率。

③ 多功能型多媒体综合电教室便于观摩示范教学，还能扩大教学规模。

④ 能用于开展新型教学模式的教学试验与研究。

⑤ 能用于多媒体学术报告、专题讲座等活动。

⑥ 通过学习反应信息测试分析系统，能用于课堂教学效果的研究和分析。

4. 多功能教室中主要设备介绍

（1）多媒体计算机

多媒体计算机主要用于演示计算机辅助教学、计算机辅助设计课程和其他各门计算机课程，键盘和鼠标的操作过程及结果都能在屏幕上显示出来。机器配置一般可根据实际教学需要而定，如果要引入远程教育技术手段和进行网络知识教学，则要安装网卡和调制解调器。

（2）多媒体投影仪

多媒体投影仪是多功能教室的核心设备之一，作为视频显示的终端设备，其性能质量的优劣直接影响到教学效果的好坏。投影机有三管式和彩色液晶式两大类，在多功能教室中普遍采用液晶投影机。彩色液晶投影机是以液晶板代替显像管作为显像源的一种新型的彩色投影机。其基本工作原理是以高亮度金属化卤素灯做光源，通过光学系统把强光分成红、绿、蓝三色，分别照射在带有图像的液晶显示板上，产生三种颜色的图像，然后由一组透镜将图像合成放大，通过镜头投射到机器前方的幕布上。彩色液晶投影机在固定位置上，投影画面大小可根据需要随意改变，同时还具有体积小、重量轻、安装方便、无需进行三基色调整等诸多优点，因而在多功能教室的设计中被广泛采用。

（3）视频实物展示台

视频实物展示台（又称视频投影仪）是多种用途的投影显示设备，通过多媒体投影机或电视机可演示如板书教案、图片、图表、幻灯片、负片及教具实物等。基本结构是由摄像单元、显示平台、照明灯光和选择控制开关组成。主要功能有：①展示功能。实物展示台通过自已的摄像单元把置于平台上的文字、图片、实物、模型等转化为视频信号，显示在视频终端上。实物展示台不仅具有传统投影仪展示透明胶片文稿的功能，还具有展示实物、模型等三维物体的先进功能通过改变焦距可实现对展示物品的局部放大,非常适合对细节部分的展示和讲解摄像头多角度旋转，可展示平台以外的更多内容，还能演示135幻灯片和负片。②输入选择器。输入选择器是展示台的视频输入选择切换部分，决定在几路视频输人中采用哪一路信号输出。选择器一般有视频投影、A/V1、A/V2和三挡。在多功能教室的设计中，输入选择器起到了音视频分配器的作用，通过它实现录像机、影碟机等视频设备和展示台之间的信号切换功能，操作非常方便，同时又节省投资。③特殊功能。不同型号的展示台其特殊功能也不尽相同，选购设备时可根据实际使用需要而定。如画面存储功能、数码静像扫描、显微功能等。

（4）录像机、影碟机

录像机（VTR）、影碟（VCD）机是播放录像带和光盘的视音频设备，主要适用于播放录像带、VCD等视听教材。

（5）功放机与音箱

功放机的全称是音频功率放大器，是多功能教室音频系统的核心设备，其性能指标决定了整个放声系统的好坏。音箱是音频系统的终端设备，作用是实现电-声转换，它把经过功率放大器放大后的电信号通过音箱中的扬声器还原成原来的声音信号。在多功能教室的音频部分设计中，通常要求功放机的额定功率基本等于音箱的额定功率，功放机的额定输出阻抗与音箱的额定阻抗一致。根据教室的面积适当选择功放机的功率大小。

（6）卡座机

卡座机是重要的音源设备，各项技术指标要求较高，通常为双卡式。机内不设功率放大器和扬声器，一般也不带收音调谐单元，操作十分简便。主要用于播放录音磁带和现场录音。

（7）话筒

话筒（传声器）是多功能教室的音源设备之一，它是将声音变成电信号的转换器话筒型号种类很多，按电信号的传输方式分为有线话筒和无线话筒按指向性分类有全方向性、双方向性、单方向性和超指向性等按换能原理分类可分为磁换能器和电换能器两种，即动圈式话筒和电容式话筒。动圈式话筒和电容式话筒，在实际应用中都较为普遍，互有优势。动圈式话筒结构牢固，使用简单，不需要馈送电源，性能稳定电容式话筒频带宽，灵敏度高，失真小，是性能最好的一种，广泛应用于各种会议室、报告厅及教学活动场所等，但需外供电源，机械强度较低。

考虑教育教学活动的特点和实际需要，教室一般应设计配备无线话筒。无线话筒是用超高频载波在近距离内传递输出信号的电容式话筒，它的结构是由电容拾音话筒、发射单元（包含电池）和接收机组成。分手持式和领夹式两种，专业级无线话筒的有效距离为 100～500 m。无线话筒具有不需要传送电缆，活动范围广，有较大的灵活性，受众容易感到亲切、自然等诸多优点，比较适合教学活动等移动声源的拾音。

二、多媒体学习中心

1. 多媒体学习中心的构成

多媒体学习中心的多种媒体主要是给学生自主学习使用，媒体成为学生学习的主要工具，教师在教学活动中起指导作用；多种媒体被放置在房间的不同区域以方便学生取用。该类型环境在国内只有少数学校的少数学科开始试点建设，但在美国许多学校普遍都设置和使用这一类型的学习环境。这一类型学习环境的教学媒体设置，大致可分为下列几个区域。

① 学生学习活动区：它一般被安排在房间中央，桌椅摆设便于个别学习和小组讨论。

② 文字印刷资料区：它用于摆设学科学习需用的教科书、参考资料、图片、挂图等。

③ 模型、标本区：摆放各类实物、标本和模型等。

④ 媒体区：有幻灯投影媒体、录音媒体、电视录像媒体和连网的计算机。

⑤ 学生作业展示区：学生作业可写于黑（白）板上，或用纸书写后，张贴在板报栏上。

⑥ 教师指导学习区：备有黑板（白板）和各种呈现教学信息的媒体与工具，便于教师进行指导性的讲授；另外在房间一角设有教师专用的办公桌和相应的教学资料，便于教师准备教学和接受学生咨询，指导学生进行高效的学习活动。

2. 多媒体学习中心的功能

① 为学生营造了一个优良的自主学习环境，为学生进行个别化学习和小组学习提供多种媒体的良好学习条件。

② 便于开展学生个别化自主学习的教学试验与效果研究。

③ 有利于学生参与意识的培养和学习积极性、主动性的发挥。

④ 有利于培养学生全面的信息能力。

⑤ 有利于培养学生之间的合作精神。

⑥ 有利于培养具有创新精神和创新能力的新型人才。

三、网络教学系统

网络教学系统通常由计算机网络和网络教学系统两部分构成。

1. 网络教室的基本构成

网络教室其是一个小型局域网络，该网络可以通过代理服务器与校园网或 Internet 连接。网络教室系统硬件的基本配置包括学生机、教师机、集线器或交换机、服务器等设备，并通过双绞线连接。机房中的服务器可用高性能的 PC 承担，也可用普通的 PC 服务器承担。学生用计算机除常规 PC 的配置外还需各配网卡、耳机和话筒。由于教师机经常处于多任务工作状态，所以教师机在 CPU、内存等方面的配置应高些。有条件的机房还可以配置功放、投影仪等多媒体演示设备。

网络教室系统中学生机和教师机的操作系统一般选用 Windows，服务器的操作系统可选择 Windows 2000 Server 以上版本，它除存放本地的一些教学资源外，还应提供简单的 WWW、FTP、E-mail 等常见的 Internet 应用服务。此外，服务器还应安装代理软件，使学生机用户可以通过服务器访问校园网或 Internet，这样既可增强网络的安全性能，同时还可以进行数据流监控、过滤、记录和报告等网络管理职能。

网络机房中学生机及教师机等网络设备的布局，通常有普通教室型、U 形、小组协作型、综合型等。具体实施时可依据教室空间结构、学生群体的特征以及教学活动的内容和模式等因素设计摆放格局，以满足实际教学需求。

2. 网络教学系统

网络教学系统是指在计算机网络系统的基础上为开展网络多媒体教学所提供的控制系统，这类教学系统在中小学的网络机房中使用较广泛，它包括多媒体控制与教学管理两部分。

（1）多媒体控制部分

该部分是以计算机网络系统为基础，在教师机和学生机上增加相应的硬件控制和软件控制，它的核心技术是音频、视频信号和控制信号的传输。按照控制信号传输方式的不同，可以将多媒体网络教学系统划分为以下的基本类型：①基于硬件方式的多媒体控制。该方式需要给每台计算机安装多媒体传输卡，且教师机与学生机的多媒体传输卡是不同的。在各计算机之间直接铺设多媒体线路（非计算机网络）传输音视频信息，另外还需配置专用的控制面板，用于教学控制。基于硬件方式的多媒体控制成本较高，存在安装繁杂、不可升级等缺点。②基于软件方式的多媒体控制。它是在计算机局域网的基础上，利用专用软件进行教学控制和数据传输，是目前网络教学系统的发展方向。该方式无需额外的硬件设备，成本低、容易升级。由于系统太依赖于操作系统及网络性能，因此在稳定性及系统维护上比较麻烦。

（2）教学管理部分

该部分直接支持网络机房的教学活动，它通常包含以下功能：①教学功能：可利用教师视音频、外部视音频等多媒体节目源进行教学。②示范功能：可以将指定学生的屏幕、话音及声音广播进行示范。③交互控制功能：教师可用键盘、鼠标对选定的学生进行遥控操作；学生也可用键盘和鼠标对教师或其他学生进行遥控操作；遥控过程的控制与交互可以通过相应的开关来设定。④监视功能：教师可以利用手动的方式对指定学生的屏幕画面或声音进行监视；也可以利用自动的方式对全体或部分学生的屏幕和声音进行扫描监视。监视功能不影响被监视者正在进行的操作，也不会被察觉；自动监视的时间间隔可以调节。⑤学生控制功能：教师可以对学生进行锁键、黑屏、重新启动等控制操作。⑥分组讨论功能：教师可任意指定每 2～16 人为一组，将全体学生分为多组进行分组讨论，教师也可加入到任何一组参加讨论。⑦电子举手功能：学生有问题提出或需要帮助时，可以按功能键进行电子举手。⑧快速抢答功能：教师开启快速抢答功能，学生按功能键抢答，最先按键的学生被显示。⑨学籍管理功能：可对学生的姓名、学号、班级等学籍信息进行管理并显示在屏幕上。⑩联机考试功能：具备教学反馈功能，教师选择此功能后，先可以指定一个正确答案，再通过屏幕或声音将试题发送给学生，学生按 A、B、C、D 回答，收卷后计算机立即自动批卷，教师可以马上了解学生对所学知识的掌握情况，从而对教学效果做出正确的评估。

3. 数字化学习环境

数字化学习环境是基于计算机网络的学习环境。信息时代的学习与以多媒体和网络技术为核心的信息技术的发展密切相关。信息技术的发展，使人们的学习和交流打破了过去的时空界限，为人类能力的提高和发挥带来了新的空间。以数字化为支柱的信息技术已成为拓展人类能力的创造性工具。信息技术应用到教育教学过程后，引起了学习环境、学习资源、学习方式向数字化方向的发展，形成了数字化的学习环境、数字化的学习资源和数字化的学习方式。现代教育技术必须适应这个发展趋势，高度重视数字化教学环境的建设和利用。

（1）数字化学习环境的组成

美国教育技术首席执行总裁论坛（CEO Forum on Educational Technology，ET-CEO 论坛）在 2000 年 6 月召开的以“数字化学习的力量：整合数字化内容”为主题的第三次年会中，将这种数字技术与课程教学内容的整合方式称为数字化学习，提出了数字化学习的观念，就是指学习者在数字化的学习环境中，利用数字化学习资源，以数字化方式进行学习的过程。并着重阐述了为达到将数字技术整合于课程中，建立培养适应 21 世纪需要的数字化学习环境、资源和方法，是 21 世纪学校、教师、学生和家长必须采取的行动。数字化学习环境是指能对学习信息进行数字化处理、传输、显示的硬件设施和相关软件构成的系统。

信息技术的核心是计算机、通信以及两者结合的产物——网络。这三者是一切信息技术系统结构的基础。现代教育技术应用环境的基础是多媒体计算机和网络化环境，这种学习环境，经过数字化信息的处理具有信息显示多媒体化、信息传输网络化、信息处理智能化和教学环境虚拟化等特征。

为了适应学习者的学习需要，数字化环境包括以下几个部分（见图 10-10）：

① 设施：如多媒体计算机、多媒体教室网络、校园网络、城域网络、因特网等，使学习环境具有开放性。

② 资源：为学习者提供经数字化处理的、可全球共享的学习材料和学习对象，使学习资源具有多样性和共享性。

③ 平台：向学习者展现学习界面，实现网上教与学活动的软件系统，使学习过程具有交互性。

④ 通信：为实现远程协商讨论提供保障，使学习过程具有协作性。

⑤ 工具：在网络平台中包含有多种学习工具，为学习者进行知识构建、创造实践、解决问题提供条件，使学习过程具有创造性。

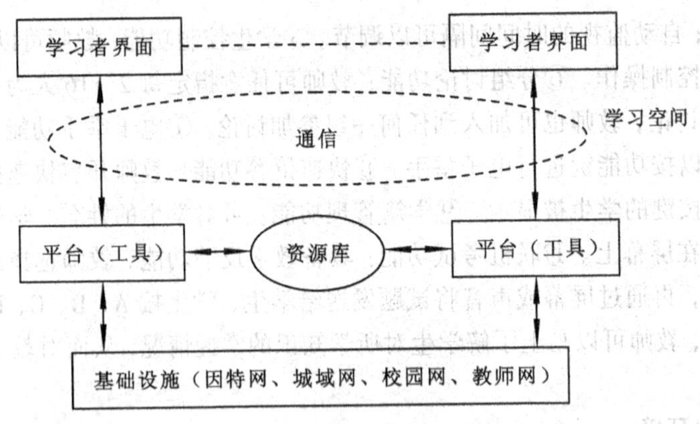

图 10-10 数字化学习环境

数字化资源是数字化学习环境中的关键，数字化资源是指经过数字化处理，可以在多媒体计算机上或网络环境下运行的多媒体材料。它能够激发学生通过自主、合作、创造的方式来寻找和处理信息，从而使数字化学习成为可能。数字化资源包括数字视频、数字音频、多媒体软件、CD-ROM、网站、电子邮件、在线学习管理系统、计算机模拟、在线讨论、数据文件、数据库等。数字化学习资源是数字化学习的关键，它可以通过教师开发、学生创作、市场购买、网络下载等方式获取。数字化学习资源具有切合实际、及时可信，可用于多层次探究，可操纵处理，富有创造性等特点。

数字化学习不仅仅局限于教科书的学习，它还可以通过各种形式的多媒体电子读物，各种类型的网上资源、网上教程进行学习。与传统的教科书学习相比，数字化学习资源具有多媒体、超文本、友好交互、虚拟仿真、远程共享等特性。

（2）在数字化学习环境中学习方式的变化

在数字化学习环境中，人们的学习方式发生重要的变化。数字化学习与传统的学习方式不同，如图 10-11 所示。学习者的学习不是依赖于教师的讲授与课本的学习，而是教师和学生利用数字化平台和数字化资源进行协商讨论、合作学习，并通过对资源的收集利用，进行探究知识、发现知识、创造知识、展示知识等方式的学习。因此，数字化学习的实施具有多种方式：

① 资源利用的学习：即利用数字化资源进行情境探究学习。

② 自主发现的学习：借助资源，进行自主发现、探索性的学习。

③ 协商合作的学习：利用网络通信，形成网上社群，进行合作式、讨论式的学习。

④ 实践创造的学习：使用信息工具，进行创新性、实践性的问题解决学习。

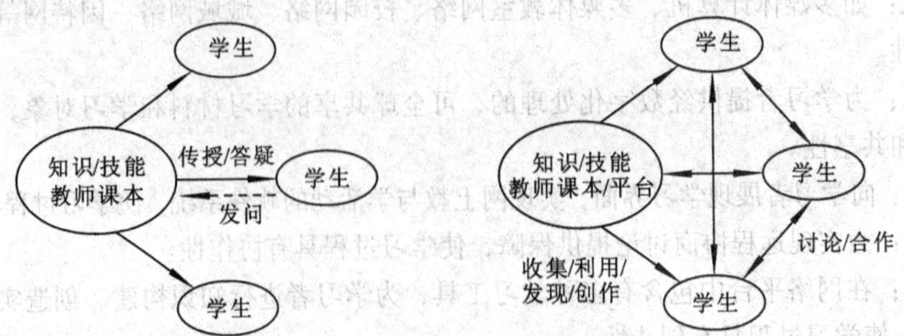

图 10-11 传统学习（左）与数字化学习方式（右）的比较

由此可见，数字化环境中的学习具有如下的重要特点：①数字化学习的课程学习内容和资源的获取具有随意性。事实上只要网络系统具有较理想的带宽，学生和教师就能够通过网络和资源库获得所需的课程内容和学习资源。学生可以不受时空和传递方式的限制，通过多种设备，使用各种学习平台获得高质量课程的相关信息，方便地实现信息的传送、接收、共享、组织和储存。②数字化学习使课程内容具有实效性。通过数字化的学习环境，教师和学生能够充分利用当前国际、国内现实世界中的最新信息作为学习资源，并将其融入课程之中，学习者可以进行时事评论和信息利用。这种以现实为基础的信息利用，将有助于培养学生发现知识的能力和加深对现实世界的理解。③数字化学习使课程内容探究具有多层次性。数字化资源具有高度的多样性和共享性，把数字化资源作为课程教学内容，针对相同学科的主题内容，教师和学生可以根据自己的需要、能力和兴趣选择不同的难度水平进行探索。④数字化学习使课程内容具有可操纵性。数字化学习过程，既把课程内容进行数字化处理，同时又利用共享的数字化资源融合在课程教学过程中，这些数字化学习内容能够被评价、被修改和再生产，并允许学生和教师用多种先进的数字信息处理方式对它进行运用和再创造。⑤数字化学习使课程内容具有可再生性。经数字化处理的课程学习内容能够激发学生主动地参与到学习过程中，学生不再是被动地接受信息，而是采用新颖熟练的数字化加工方法，进行知识的整合、再创造，并作为学习者的学习成果。数字化学习的可再生性，不仅能很好地激发学生的创造力，而且为学生创造力的发挥提供了更大的可能。

（3）数字化环境中的学习，要充分发挥信息技术作为认知工具的作用

在过去很长的一段时间里，人们在信息技术应用于教学过程中存在一个偏向，就是把信息技术作为演示工具，把太多的注意力放在单纯事物的演示和知识的呈现上，而未能充分发挥信息技术具有数字化的优势，从而忽视了信息技术与课程的有效整合。

数字化学习的关键是如何有效地应用数字化技术的优势达到课程学习的目标，因此在信息技术与课程整合中，要培养学生学会把信息技术作为获取信息、探索问题、协作讨论、解决问题和构建知识的认知工具。

作为课程学习内容和学习资源的获取工具。信息化社会中，学习者能否占有信息、如何占有信息、占有信息的及时程度，是学习者学习能否成功的关键。学习者发现所需信息，是学习者获取及加工信息的基础与前提。在数字化学习环境下，将信息技术作为信息获取工具，是学习者发现与获取所需信息的一种良好途径。将信息技术作为知识获取工具，一般有如下三种途径：

① 利用搜索引擎。通过搜索引擎，可以非常容易地查询和挖掘网络环境中珍贵的数字化学习资源。如百度、雅虎、谷歌、搜狐、网易等网站都提供资源搜索功能。

② 利用各种类型网站。包括各类教育网站、专业网站、主题网站等。其中政府教育网站如中华人民共和国教育部（http：//www.moe.edu.cn）、中国教育和科研计算机网（http：//www.edu.cn）等；基础教育网站如中国基础教育网（http：//www.cbe21.com）、中小学信息技术教育网（http：//www.nrcce.com）等；专业网站如高中语文（http：//www.pep.com.cn/gzyw）、中国数学（http：//www.mathschina.com）等。

③ 利用地区或学校教育资源库。教育资源库都是数字化教育资源的科学化、系统化的集合，国家教育部非常重视教育资源库建设，连续出台了相关政策与措施以推动教育资源库建设的进程。许多企业、学校等单位纷纷参与教育资源库建设，并已经取得了一定的成效。高质量教育资源库

具有教学针对性强、内容科学、实用性高、冗余度低的特点，建设高质量教育资源库有利于避免资源重复开发造成的巨大浪费和实现资源的高度共享，可以在学校教学和学生自主学习中发挥重要的作用。在学校校园网络环境下，利用学校内部教学资源库或著名教育资源库，学习者可以从中查找或搜寻到所需的学习资源，解决问题，并从中扩大学生的视野。教育资源库也为教师提供了丰富的、生动形象的课堂教学内容，提高了教学效果。

第五节 智能教室

一、智能教室的理论基础——泛在学习

随着技术的发展，远程教育在经历了 Web-Learning（网络学习）、E-Learning（数字化学习）、M-Learning（移动学习）阶段，迎来了 U-Learing（泛在学习）。

另外，信息技术的发展，导致计算机在计算能力和存储容量提高的同时体积也越来越小，其发展趋势是把计算能力嵌入到各种设备中去，而且这些设备可连网使用。计算机技术进一步发展迫切地需要全新的计算模式，这就是普适计算（Pervasive/Ubiquitous Computing）。计算模式（Computing Paradigm）的发展，在 20 世纪 80 年代经历了从主机计算（Mainframe Computing）到桌面计算（Desktop Computing）的革新，再到 90 年代的普适计算提出。目前尚未有明确定义，但目标都是“要建立一个充满计算和通信能力的环境，同时使这个环境与人们逐渐地融合在一起”。“普适计算 2007 国际会议”官方网站指出，普适计算是指人们可以在任何时间（anytime）任何地点（anywhere）通过我们日常生活中的物体和环境中的某一连网的动态设备，而不仅仅是计算机设备进行随时随地的交流和协作。清华大学徐光祐教授等的定义是：“普适计算是信息空间与物理空间的融合，在这个融合的空间中人们可以随时随地、透明地获得数字化的服务。”

普适计算环境的泛在学习是指在信息空间与物理空间相融合的空间里，学习的发生、学习的需求以及学习资源无处不在，学习者可以得到普适计算环境随时、随地的支持。Satyanarayanan 认为从分布式计算、移动计算到普适计算的发展历程来看，研究普适计算的动力在于四个方面：智能空间的有效运用（effective use of smart spaces）、不可见性（invisibility）、本地或局部可伸缩性（localized scalability）和屏蔽非均衡条件（masking uneven conditioning）。通过将计算基础结构嵌入到建筑结构中，一个智能空间（smart space）可以将两个脱节的世界（指移动和固定）联系在一起。从技术上，实现普适计算必须做到满足三个条件：①市场上大量出现可供购买的尺寸大小不一、种类繁多的显示设备和廉价、低能耗计算设备；②存在将所有计算设备（如嵌入式计算设备、辅助设备）连接在一起的网络；③研制出用于实现普适计算应用系统的软件支撑系统。

泛在学习就是任何人可以在任何时间、任何地方、利用任何设备（媒体）进行学习任何知识。泛在学习，顾名思义就是指无时无刻的沟通，无处不在的学习是一种任何人可以在任何地方、任何时刻获取所需的任何信息的方式。然而，无处不在的学习并不一定能无处不在地得到学习支持。无处不在的学习并不一定能无处不在地产生相应的学习效果。泛在学习的主要特征在于：

① 永久性（Permanency）：学习者可以将每天的学习进度记录下来，在不删除的情况下，学习者永远也不会失去学习进度。

② 易于获取（Accessibility）：整个学习过程是学生自主控制的，学习者可以随时随地获取文档、数据或者视频资源。

③ 即时性（Immediacy）：无论学习者身处何地，他们都能即时获取信息，这为学习者即时解决问题提供便利。

④ 交互性（Interactivity）：通过同步或异步的交流方式，学习者可以与专家、教师或者学习伙伴进行交互。

⑤ 教学活动的真实性（Situating of instructional activities）：学习可以真实地融入我们的日常生活。我们面临的问题或习得的知识是自然世界里真实可信的。

⑥ 适应性（Adaptability）：学习者可以在合适的地点以合适的方式获得正确的信息。

⑦ 协作性（Collaborative）：学习者可以在计算机支持的泛在协作学习（Ubiquitous CSCL）环境中实现社会知识建构和共享的社会认知过程。

从学习环境的分类来看，泛在学习环境是属于深入层次较高、学习的移动性最高的一种学习环境。一个泛在学习环境是一种整合的学习环境，它整合了物理的、社会的、信息的和技术的多个层面和维度。在一个泛在学习环境中，各种教育机构（Educational Institutions）、工作坊（Workspace）、社区（Community）和家庭（Home）将会被有机地整合在一起。

学习者的泛在学习高度实现，可与普适计算技术融合，而智能教室的研究是普适计算技术在泛在学习中的应用。

二、智能教室

1. 智能教室的概念

智能教室英语有 Intelligent Classroom，i-Classroom，Smart Classroom 等称法。智能教室包含以下三部分：用于为师生创建灵活、多用途场所的新型教室；新的授课与学习技术，包括互动电子白板、装有学习资源和软件的计算机、视频会议系统、摄像头、屏幕和投影系统以及桌上触摸屏等；新的授课与学习实践，这些实践构建于面向不同学生的个性化学习课程基础之上，而这些个性化的学习课程又以学生现有的学习程度为基础，为他们的学习设置了新的挑战。具体来说，智能教室是：①一个完全自动服务、用户友好、便利教和学活动、资源丰富、装备操作简单、易用的环境；②一个配有智能控制单元、计算机和视音频设备、允许教学者使用大量不同类型的媒体；③一个交互式学习环境，计算机和其他的电子设备是主要的信息传输系统，是学生个性化和个别化学习的环境；④一个多媒体教室，能够为教学者提供视频投影，互联网接入，DVD 与录像回放等功能，便于教学者快速获取高质量多媒体教学材料，并提供了在线课程展示所需的媒体；⑤一个完全整合的交互系统，允许用户从一个中控点无缝接入媒体。允许用户以一种尽可能自然的方式与其交互；⑥一个依靠智能交互空间技术增强真实感的教学环境。

2. 智能教室的分类

按实现功能类型划分，可分为基本智能教室（Essential Smart Classrooms）、交互智能教室（Interactive Smart Classrooms）、双向视频智能教室（Two-Way Video Smart Classrooms）。

按智能教室构建的技术基础划分，有普适计算技术、人工智能技术、电子交互白板技术、分布式伺候计算技术和智能空间技术。

三、卓越智能教室系统组成

1. 主要设备

卓越智能教室主要设备有人体力学讲台、智能教学操作台、智能录播系统、智能录播编辑机、图形工作站、特写摄像机、全景摄像机、学生场景摄像机、板书摄像机、多镜头覆盖系统、网络发布系统等设备。

2. 系统功能

① 全自动多场景录制编辑：系统可实现教师、学生、黑板和多媒体设备等多个场景之间，依据动作、声音或其他因素自动切换，进行全过程、全场景的无人值守自动录制和自动编辑。

② 录制过程常态化：教师授课的同时，不需要助理或他人帮助而自动完成授课全过程的录制（不得带后台控制设备）。在录播过程中，授课教师可以自主的控制开始和结束。为方便课间休息，需提供录播暂停功能，恢复后继续从原停止位置录播，不另行生成文件，不影响最终录制结果。

③ 录制结果：要求为流媒体文件格式（采用 MPEG4 算法），可通过 Microsoft IE 浏览器或通用的流媒体播放器播放。录制画面的质量应达到 1 024×768 分辨率，通过投影仪能清晰回放。

④ 录制模式：录播系统在录制的过程中可自动地将现场画面进行网络直播，远端教室可用 IE 浏览器直接收看。在多镜头和多视频设备同时工作时，只输出显示一个最符合用户要求的画面，而不是分屏显示。同时系统可以按照用户需求，支持画中画录制模式。录播系统要能按照授课的进度，自动给出教师的近景镜头，中景/板书镜头，远景镜头，保持录制画面效果的生动真实（在技术部分附各类镜头的具体参数）。

⑤ 支持电子文件和计算机软件：系统必须能够支持任意格式电子文件和任何计算机软件，如 PDF、Office、各种图片、CAD、Flash 等，在教师讲课时根据需要同步录制。

⑥ 多媒体设备的统一控制：为方便教师使用，录播系统应提供一体化的人机操作面板，教师能通过统一的操作面板，使用所有的教学设备和控制录播进程。系统必须支持教学用多媒体设备的统一控制，各多媒体设备之间的切换及设备的控制按钮要集中安置在显著且方便操作的地方。录播系统能够录制教师的授课画面和讲课内容的同时，支持录制在授课中用于教学的 DVD 或录像机播放影片声音/画面、视频展示台输出的画面、教师授课计算机输出的声音和画面、教师携带的笔记本输出的声音和画面、教学用卡座录音机播放的声音、学生回答问题的画面和声音、至少两组外接设备的视频图像和声音。

⑦ 支持黑板板书录播：系统可以在教师板书的同时，按照需要对教师和板书进行定位录像，黑板上字能清晰的被反映。支持板书长度不小于普通教室的黑板宽度。录播系统要支持教师在授课过程中对正常黑板板书的录制，要求能清晰准确地反映板书的内容，在保证字迹清晰的前提下，最大限度地保证对黑板内容阅读的连续性，尤其要满足公式推导的显示连续性。

⑧ 支持学生回答问题过程的拍摄录制：学生回答问题时，学生使用手持话筒通过声音触发系统自动切换到学生场景摄像机将回答问题的过程拍摄下来。

⑨ 设置片头片尾：开始录制或直播前，系统应可根据教师个人喜好自动或手动设置、选择合适的片头、片尾图片及文字信息。

⑩ 自动添加课标和校标：开始录制或直播前，系统应可输入授课教师姓名、课程名称、校标或者课标，在直播或录制过程中自动添加到输出画面中，给观众必要的信息提示。

⑪ 录播系统应支持在录播完成后，授课教师直接应用录播系统查看录像并导出录像文件。并支持后台非线性编辑。如果需要，教师还可以在后台非线性编辑机上重新编辑已录制好的课件。

⑫ 录播系统应支持用户管理，可以在录播系统上建立教师数据库，教师用账号密码登录到录播系统后，系统能自动找到对应的教师名字、教授的课程名称，并将这部分信息自动添加到录播的画面中。录播系统应能支持设备的灾难恢复，当设备发生故障后，截止故障发生时，录制的内容应该保留下来，支持修改编辑。

⑬ 数字媒体直播点播系统，要求教师上完课后无需管理人员干预直接将该课程存储在对应课程体系下，方便学生收看直播和点播以及师生互动交流。

四、理想智能教室功能

① 身份识别功能：具有识别教师、本地学生、远程学生的功能，还可以根据门禁系统辨别来访者。

② 设备集成智能控制：中控加摄像智能感知。

③ 环境智能调节：可根据房间环境的亮度自动调节照明、室温的能力。

④ 教学情景创设：根据教学需要，创设出相应的教学情境，如声光电感受。

⑤ 课堂教学实录：将每一节课的教学活动记录下来。

⑥ 泛在无线接入环境。

第六节 校园网络系统

一、"数字化校园"与校园网

教育要信息化，首先必须是校园数字化。"数字化校园"是以校园网为背景的集教、学、管理、娱乐为一体的一种新型数字化的工作、学习、生活环境。其特点应突出体现在三个方面：网络化、智能化和个性化。

1. 网络化

网络化是一种趋势，前期大规模的基础网络建设在这时将产生深远的影响，所有的工作、学习、生活都将被赋予鲜明的网络特色，如数字化管理、数字图书馆、科研管理、资源共享等，这一切都将直接或间接地与 Internet 相连。

2. 智能化

从技术的角度讲，智能化就是自动化，就是通过一系列智能技术使设备或者系统部分地具有人的智能，从而能够部分地代表人的劳动。

3. 个性化

个性化的影响已经越来越大，通过网络，人们可以将自己的需求发布出去，也可以通过其网站和定制系统获得所有具有相同需求的资料。可以说，个性化是信息技术所取得的最为伟大的成就之一，数字化校园为个性化教学开辟了广阔的视野。

网络化、智能化、个性化将成为继 PC、基础网络后数字化发展的又一个全新的阶段，它们将成为未来数字化校园的热点。在这三者中，如果说网络化是基础、是环境，个性化就是标准，智能化就是目的，就是人类千百年来所梦寐以求的美好愿望。

校园网则是“数字化校园”的核心，是学校教学、远程开放教育基础设施建设中的一项重要组成部分。校园网是利用先进的建筑综合布线技术构架安全、可靠、便捷的计算机信息与线路；利用成熟、领先的计算机网络技术规划计算机综合管理系统的网络应用环境；利用全面的校园网络管理软件、网络教学软件为学校提供教学、管理和决策三个不同层次所需要的数据、信息和知识的一个覆盖全校管理机构和教学机构的基于 Internet/Intranet 技术的大型网络系统。

二、校园网建设的原则和内容

1. 校园网建设的原则

校园网必须具备教学、管理和通信三大功能。教师可以方便地浏览和查询网上资源，进行教学和科研工作；学生可以方便地浏览和查询网上资源实现远程学习；通过网上学习学会信息处理能力。学校的管理人员可方便地对教务、行政事务、学生学籍、财务、资产等进行综合管理，同时可以实现各级管理层之间的信息数据交换，实现网上信息采集和处理的自动化，实现信息和设备资源的共享，因此校园网的建设必须有明确的建设目标。在建设校园网时一定要把握以下几个原则：

① 统筹规划，分步实施的原则：就是按照国家远程教育工程所提出的总体规划和实施方案，充分利用现有的信息网络资源，制定适合本校的建设方案。就具体部门来讲，由于网络技术和资金的限制，不可能一步到位，要分步实施，但是分步实施必须要在统筹规划的前提下进行。如果缺少了这个前提，那么整个校园网将建设得支离破碎，这样必定陷入相互不兼容和前期投资的极大浪费。所以要认真地进行科学的论证，制定整体方案，确保网络的整体性和实用性。

② 先进性和开放性原则：校园网络要尽可能采用现有的先进技术，满足现代远程开放教育大量信息的获取、存储、传输和应用的需要。采用开放性的网络体系，以方便网络的升级、扩展和互联；同时在选择服务器、网络产品时，强调产品支持的网络协议的国际标准化。

③ 实用性原则：系统能最大限度地结合本校的现有教育网络的特点，满足教学与管理的实际需求。在设计方案中宜采取总体设计，分布实施的建设方案，使系统的完善程度始终与远程开放教育相一致。

④ 可扩展性原则：为满足不断增长的信息需求，校园网系统在设计中的主干网络的设备、信息终端以及网络总带宽等关键部位留有相应数值的余地，以便于系统今后的升级和扩容。

⑤ 使用性原则：建设的目的在于用，不用何必建，所以校园网必须建立在应用系统基础上。它的软件系统应适应教师、学生的使用要求，操作界面友好且操作过程简单，易于掌握。另外，还必须根据本校实际情况，选择恰当的应用系统。

⑥ 可管理性：利用图形化的管理界面和简洁的操作方式，合理地网络规划策略，提供强大的网络管理功能；使日常的维护和操作变得直观，便捷和高效。

⑦ 安全性：内部网络之间、内部网络与外部公共网之间的互联，利用 VLAN/ELAN、防火墙等对访问进行控制，确保网络的安全。

⑧ 投资保护：选用性能价格比高的网络设备和服务器，采用的网络架构和设备充分考虑到易升级换代，并且在升级时可以最大限度地保护原有的硬件设备和软件投资。

2．校园网建设的内容

校园网系统的建设一般分为四个部分，可形象的概括为“修路”、“买车”、“运货”、“培训驾驶员”这四个工程。

“路”就是校园网的网络系统，它是校园的基础设施，包括结构化综合布线、服务器和终端机、内外连接设备（如交换机和路由器等）和系统软件平台的选择和建设。

“车”就是运行在校园网网络系统上的应用系统，主要包括网络办公管理系统、网络多媒体教学系统和通信信息服务系统等。

“货”就是应用系统上的基础数据，如学生的信息、教师的信息、多媒体课件、图形、声音、视频和动画素材等教育教学信息。

“驾驶员”就是校园网的使用人员，这些人员可分为四类：学校领导、系统维护人员、课件制作人员和应用系统使用人员。

三、校园网的功能

校园网是以现代教育技术、网络技术、多媒体技术和计算机技术为基础，向远程教学的学生、教师提供教学、科研、管理以及综合信息服务的多媒体宽带传输系统。电大校园网应实现教育信息化，远程交互式教学和各项信息管理功能，也是建立远程教育体系的基本保证和重要的传输手段。校园网应以信息资源为核心，硬件系统为物质基础，并通过网络软件系统实现整体的管理与应用，校园网也是一个具有宽带通路和交互功能的局域网，也应具有教学、科研、管理和信息交流的功能。

1．多媒体教学功能

校园网是为远程开放教学和科研提供现代化的信息传输环境，提供教学资源、辅助教师备课，参与课堂教学活动和支持教师业务提高等；校园网也是为学生学习活动提供支持服务的现代化信息传输系统，学生可利用网络资源和信息技术进行网上学习、答疑、提交作业，开展实践和讨论等一系列教学活动。在网络教学中，教师能够充分利用网络技术的优势，依托多媒体技术的功能，综合各种媒体资源，形象直观地进行授课，激发学生的学习兴趣，引导学生自主学习，从而提高学生学习效率。

2．办公自动化管理功能

校园网具有教务、行政和后勤管理功能。其中教务管理包括学生注册、学籍、学分和自然状况的管理，课堂管理，教学计划、信息资源、考试、实验环节等各项管理；行政事务管理包括文书档案、公共行文、各种会议、人事管理等；后勤管理包括财务管理、固定资产管理、办公用品管理，车辆管理和食堂管理等。通过建立教职员工的信息、学生信息、教务信息和教学信息等数据库，实现计算机智能化管理，有利于提高学校日常事务处理的效率和准确性，实现网络化、自动化、数字化的无纸化办公。

3．信息交流服务功能

通过 Internet 接入服务，可满足校内、外各种通信要求，提供电子邮件、网络视频会议、VOD 点播、远程教育、专题研讨以及网络信息的发布、检索、浏览、存取和交流等信息服务。

四、校园网规划的策略

随着现代远程教育工程的不断深入，网络建设已不仅仅满足于简单的接收、播放和数据传输的功能，它已涉及文字、图像、视频、数据、信息管理、数字信息传输、网络技术、多媒体技术和“三网合一”的多媒体融合的领域。一个完善的校园教学网络系统，应具有高效、快捷的传输性能、多媒体、大容量的存储功能，从而丰富整个学校的教学和科研，同时也将扩展学生学习方式，对实现远程开放教育具有重大的意义。

1. 网络技术选择策略

在现代远程教育网络系统中，在网络上运行的不再是单一的媒体信息，而是由多种媒体综合而形成的一种复杂的数据流，它不但要求网络对信息具有高速的传输能力，还要求网络具有对各种信息的高效综合能力。目前我国现代远程教育发展很快，特别是“现代远程教育工程”的实施，即中国教育科研网提速工程和中国现代远程教育卫星宽带多媒体传输平台的建设，极大地推动了现代远程教育的进程。现在通信领域有许多技术可供远程教育选择。这些技术主要可分为：一是计算机光纤网；二是卫星电视传输系统；三是通信技术网。它们各有各的不同特点。计算机网络是一种没有物理结构的信息网，能支持双向对称或非对称性的数字化网络，具有传输快、不受干扰、时滞少、交互性强等优点。但是因本地计算机网大都接在电信网或有线电视网上，所以对计算机网起决定性因素的仍是本地通信网。卫星电视传输系统具有覆盖面广，网络带宽高，节目资源丰富，组网灵活等优点。特别是目前改造后的卫星电视数字传输网络，可与互联网接入，形成天地合一的传输网络，改善原来交互性差、时滞时间长和单向传输的缺点，是目前我国远程教育应用最好的系统网络。通信网中的交换机已经计算机化，局面干线传输也采用了光纤并数字化，其传输速率可达 Gbit/s。但是连接大面积用户终端的本地网大都是市话电缆，模拟方式传输，带宽仅为 kHz 级，因此限制了大容量、高速率传递到户终端的多媒体信息化应用。

2. 结构化综合布线策略

校园网的信息通道是整个网络的基础，结构化综合布线系统是整个校园内的传输网络，各种传输介质（光纤、电缆等）是每个工作站和服务器以及工作站之间相互连接的纽带，是负责传输数据的通道，也是与外界通信数据网络设备的连接通道。如果布线混乱将会埋下事故的隐患，一旦通道遇阻，整个校园网就会陷于瘫痪。

随着远程教育和网络技术的不断发展，网络系统在不断地扩充和升级，综合布线要能适应这种变化。即在网络设备的扩充和网络主干线提速等变化时，不用对布线系统重复建设，就可以适应网络技术的新局面。

总之，结构化综合布线是一项基础建设，其质量对于校园网的正常运行和未来的发展是十分重要的，优质的结构化综合布线可以提高网络管理的质量和效率，也可以延长网络使用的年限，实现对于网络扩充的超前性。

3. 主要设施选择策略

目前，在校园网络的建设上又出现了许多新技术和新设备，不同的网络技术和网络设施的采用，将直接关系到校园网的整体规划和发展前景，所以我们对网络技术和设施的选择一定要具有超前的意识和实用的想法，确保网络的建设重在应用和扩充发展的思路上。其主要有以下几个方面：

① 校园网络的传输设施。校园网的传输主要取决于主干网的性能，主干网主要是由交换机、分布在各个楼宇中的主干结点和连接他们的传输介质共同组成的。主干网设计非常关键，它关系

到整个校园网络的性能和质量，因此在设计主干网络时要综合考虑网络的带宽、超前性、可靠性和实用性的特点，要以当前和未来网络技术的发展和远程教育应用规模为基础，进行整体的设计，要根据"现代远程教育平台"的规划，一般的校园网络应设计成 1000M/100M 系统，主干网应采用无阻塞高性能和支持 1000M 传输速率的交换设备，用户桌面应达到 100M/10M，对互联网的接通路由器应接到专线上，最好用光纤连接，主干网要直接与卫星电视宽带网络高速连接，实现天地合一的远程宽带教育网络。

② 对服务器的要求。由于校园网的主要功能定位在实施远程开放教育上，因此在服务器的选择上，要以教育教学功能为主。也就是说，选择的服务器要支持多媒体教室、校园网和广域范围内的视频点播、交互学习和远程教学，并支持数百个以上并发流。服务器的功能要完善，技术要先进，容量要大，I/O 速度要快，能提供众多用户同时访问。一般由视频服务器、VOD 服务器、数据库服务器和 WWW 服务器等共同组成服务系统。

③ 交换机的选择。交换机是校园网的中心设备之一，它对校园网络的传输速率、性能、稳定性等起着决定性的作用，因此一般要选择速率高、交换功能强、支持多种技术具有网管功能和满足大负荷网络运行的交换系统，这样不但能满足现阶段众多用户的需求，而且网络扩展性也特别强，易于将来的升级。

五、校园网络的基本结构框架

根据校园网应用的三大功能，校园网应由信息中心、数字卫星接收站、多功能电教室、计算机网络电子教室、视听阅览室、办公网和一些其他应用构成的局域网络系统，并通过路由器与因特网相连。图 10-12 所示的是一个校园网络的拓扑结构。

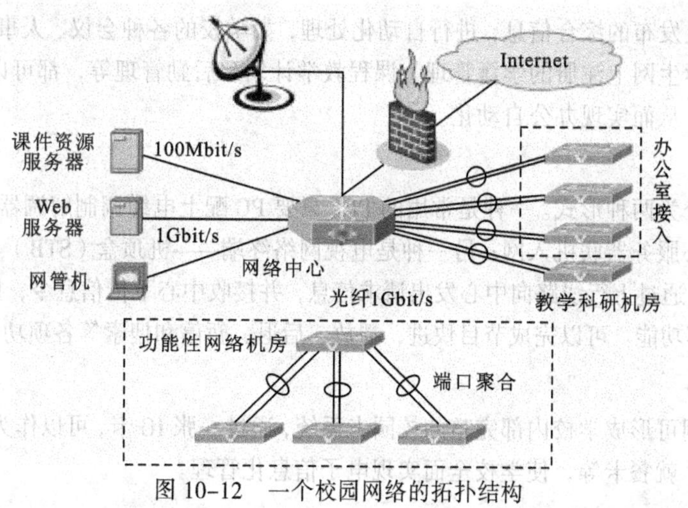

图 10-12 一个校园网络的拓扑结构

1. 信息中心

信息中心是整个校园网络的指挥中心，它应具备一整套视频处理、电视广播、大容量存储和制作等能力的教育技术部门，其主要设施应用由卫星数字电视接收装置、资源服务器、视频服务器、Web 服务器、VOD 点播系统、数据库系统、主干交换机、各种软件系统及多媒体制作系统等构成。所有学校内部的闭路电视网、计算机局域网都应汇集到信息中心，由它负责整个校园网的信息交换与保障网络的正常运作。

2．卫星视接收系统

卫星视接收系统是指配有数字化卫星天线和接收设备，并应具有数字化大容量存储设备。其特点是与校园网相连，构成天地合一的网络，将由卫星传输数字电视、IP 广播、VBI 数据和语言广播等信息下载后整理上网复用，实现网上教学。

3．多功能教室

多功能教室是指配备有多种媒体设备的功能教室。数字化投影系统是以计算机为核心，其主要设备有数字投影仪、录像机、影碟机、视频展视台、大屏幕投影机和主控系统等构成，并与校园网相接。可供教师、学者用于演讲、学术报告、普通课件演示和多媒体教学用，也可用于各种形式不同的会议。

4．计算机网络教室

计算机网络教室主要是指由计算机连成的局域网，也是教学应用最多的局域网，教学内容可直接从网上发布。该教室与校园网连接，可将教师机或学生机上的内容通过网络广播到其他机器上，实现交互式学习。这类教室主要用于信息技术课、计算机课、实验课和其他类型课程的教学和辅导等，更适合学生自主灵活地学习。

5．视听阅览室

视听阅览室是指由各种多媒体设备（计算机、录像机、电视机、录音机、VCD、DVD）组成的视听系统，并接入卫星电视系统。它可为教师和学生提供各种教学资源和工具，教师可利用网上资源和设备进行课程设计和制作，学生可利用网上资源和各种设备自主学习、复习和与他人交互学习。

6．办公系统

通过校园网上发布的综合信息，进行自动化处理，如学校的各种会议、人事管理、财务管理、固定资产管理、学生网上注册的学籍管理、课程教学计划和后勤管理等，都可以在校园网上进行信息接收和发布，从而实现办公自动化。

7．网络终端

网络终端可分为两种形式。一种是常用的 PC，只要 PC 配上电缆调制解调器（Cablemockem），就可以与信息中心服务器联机入网；另一种是电视网络终端——机顶盒（STB）。机顶盒接收用户遥控器操作指令，通过上行线路向中心发出请求信息，并接收中心下传信息令，控制电视机及视听信息输出或播放等功能。可以完成节目快进，播放、后退、暂停和搜索等各项功能。

8．其他应用

如利用校园网可形成学校内部完整的校园卡系统，通过一张 IC 卡，可以作为学生证、上机证、借阅证、电话卡、就餐卡等，使学校全面实现电子信息化管理。

思考与练习

1. 简述教学环境的构成要素和基本作用。
2. 什么是信息化教学环境？建设它有何意义？
3. 常用的信息化教学环境有哪些？各有什么特点？

参考文献

[1] 南国农．信息化教育概论[M]．北京：高等教育出版社，2004.
[2] 祝智庭．现代教育技术——走向信息化教育[M]．北京：教育科学出版社，2002.
[3] 何克抗，李文光．教育技术学[M]．北京：北京师范大学出版社，2001.
[4] 杨改学，张筱兰、郭绍青．现代教育技术教程[M]．兰州：甘肃教育出版社，2000.
[5] 张剑平．现代教育技术——理论与应用[M]．2 版．北京：高等教育出版社，2006.
[6] 施良方．学习论——学习心理学的理论与原理[M]．北京：人民教育出版社，1994.
[7] 南国农，李运林．教育传播学[M]．2 版．北京：高等教育出版社，2005.
[8] 何文茜，高振环．现代教育技术[M]．北京：北京大学出版社，2009.
[9] 徐明威．现代教育技术[M]．北京：电子工业出版社，2008.
[10] 于春燕，王友社，等．现代教育技术[M]．合肥：安徽大学出版社，2006.
[11] 张有录，大学现代教育技术教程[M]．2 版．北京：中国铁道出版社，2009.
[12] 张有录，媒体教学论[M]．北京：国防工业出版社，2008.
[13] 张有录，多媒体课件制作[M]．兰州：甘肃民族出版社，2001.
[14] 何克抗，吴娟．信息技术与课程整合［M］．北京：高等教育出版社，2007.
[15] 张筱兰．信息技术与课程整合的理论与［M］．北京：民族出版社，2004.
[16] 朱新春，等．教学工作技能训练[M]．北京：人民教育出版社，2001.
[17] 陈晓慧．现代教育技术[M]．北京：北京邮电大学出版社，2009.
[18] 祝智庭，钟志贤．现代教育技术——促进多元智能发展[M]．上海：华东师范大学出版社，2003.
[19] 张剑平，张苏静．现代教育技术技能教程——技能与训练[M]．北京：高等教育出版社，2006.
[20] 耿建民，周速．新编现代教育技术[M]．上海：华东师范大学出版社，2009.
[21] 苏育青．现代教育技术——促进多元智能发展[M]．杭州：浙江教育出版社，2003.
[22] 陈琳．现代教育技术[M]．北京：高等教育出版社，2006.
[23] 蒋家傅，董武绍．现代教育技术[M]．北京：电子工业出版社，2004.
[24] 李克东．新编现代教育技术基础[M]．上海：华东师范大学出版社，2002.
[25] 刘世清，刘家勋．教育信息技术使用教程[M]．北京：电子工业出版社，2003.
[26] 陈丽．远程教育基础[M]．北京：高等教育出版社，2004.
[27] 丁兴富．远程教育学[M]．北京：北京师范大学出版社，2001.
[28] 杨改学．现代远程教育[M]．北京：国防工业出版社，2003.
[29] 钟志贤．远程教育导论[M]．北京：高等教育出版社，2001.
[30] 李力．现代远程教育论[M]． 广州：南方日报出版社，2001.
[31] 张有录．图像教学信息的数字化处理[J]．河西学院学报，2004（5）.
[32] 张有录．音频教学信息的数字化处理[J]．中国有线电视，2003（19，20）.
[33] 韩骏，刘菁．开远的网络教学平台 Moodle 系统[J]．中小学信息技术教育，2006（1）.
[34] 王陆．虚拟学习社区的社会网络结构研究[D]．西北师范大学博士学位论文，2009.
[35] 朱晓瑞，李全林．多功能数字化微格教室的构建[J]．长江大学学报：自然科学版，2008（4）.
[36] 陈再焕．基于校园网的微格教学实验室[J]．泉州师范学院学报：自然科学，2004（4）.

[37] 陈传锋．微格教学的教学设计模式[J]．海南师范学院学报：自然科学版，2001（3）．
[38] 金美贞．关于提高师范微格教学效果的思考[J]．浙江师范大学学报：自然科学版，2002（2）．
[39] 魏建华，杜建荣．基于H.264的数字化微格教学系统的设计与应用[J]．中国电化教育，2006（4）．
[40] 王勇．基于Web的教务管理系统研究与开发[D]．西安理工大学硕士学位论文，2007．
[41] 楚叶峰．分布式教务管理系统的设计与实现[D]．吉林大学硕士学位论文，2007．
[42] 陈增发．高校教务管理系统研究与实现[D]．苏州大学硕士学位论文，2008．
[43] 王陆．虚拟学习社区原理与应用[M]．北京：高等教育出版社，2004．